字印象

汉字源流与汉字文化

邹芙都◎编著

重庆大学出版社

重庆市社会科学规划普及项目（2018KP05）优秀成果

图书在版编目(CIP)数据

汉字印象:汉字源流与汉字文化/邹芙都编著.--
重庆:重庆大学出版社,2020.10
ISBN 978-7-5689-2017-9

Ⅰ.①汉… Ⅱ.①邹… Ⅲ.①汉字—汉语史—通俗读物②汉字—文化—通俗读物 Ⅳ.①H12-49

中国版本图书馆 CIP 数据核字(2020)第 109155 号

汉字印象:汉字源流与汉字文化
HANZI YINXIANG:HANZI YUANLIU YU HANZI WENHUA

邹芙都 编著
策划编辑:张家钧
责任编辑:张家钧　　版式设计:张　晗
责任校对:邹　忌　　责任印制:赵　晟
*
重庆大学出版社出版发行
出版人:饶帮华
社址:重庆市沙坪坝区大学城西路 21 号
邮编:401331
电话:(023)88617190　88617185(中小学)
传真:(023)88617186　88617166
网址:http://www.cqup.com.cn
邮箱:fxk@cqup.com.cn(营销中心)
全国新华书店经销
重庆市正前方彩色印刷有限公司印刷
*
开本:720mm×1020mm　1/16　印张:27.75　字数:467 千
2020 年 12 月第 1 版　　2020 年 12 月第 1 次印刷
ISBN 978-7-5689-2017-9　定价:88.00 元

前　言

《汉字印象：汉字源流与汉字文化》是一本面向大众的普及性文字学与文化学读物，旨在让读者通过阅读本书对我们的汉字，特别是深奥的古文字有全面的印象与大致的了解。“汉字源流”主要向读者展示汉字的发展脉络，勾勒出从文字体系形成到今天文字模样的发展演变脉络；“汉字文化”主要从古文字字形本身去窥探古代文化，揭示古人造字的现实及心理依据，并探讨汉字在一些特殊的文化活动中的运用。本书结合相关学术研究成果、考古材料以及图片，力求用浅显易懂的文字图文并茂地向读者展示文字学相关的学术观点、历史事实以及社会文化现象。本书共分六章，前三章属于“汉字源流”部分，后三章属于“汉字文化”部分。

第一章主要探讨汉字的起源问题。本章介绍了“汉字”一词的来源、文字与语言的关系及文字产生的背景，阐明了汉字属于古老的意音文字，具有象形性、超时间性、超地域性等特性。本章重点介绍了关于汉字起源的几种主要传说，包括仓颉造字、八卦说、起一成文说、结绳说、契刻说，讨论了这几种传说各自的合理性或缺陷。本章结合相关考古材料，管窥汉字起源的真相，主要向读者揭示了两类与汉字起源有关的原始刻符，即几何形刻画符号和象形刻画符号，展示了一些代表性遗址出土的刻符，包括贾湖文化刻符、双墩文化陶器符号、仰韶文化陶器符号、马家窑文化陶器符号、大溪文化陶器符号、大汶口文化陶器符号、良渚文化刻符、二里头文化陶器刻符、殷商文化陶器刻符等。本章还介绍了学界的主流观点，如几何形刻画符号不是文字，象形刻画符号可能是文字的前身；讨论了图画同源说；结合考古材料与历史传说以及零星的比甲骨文更早的文字材料和学界观点，将汉字的积累期定在大约4500年前的大汶口文化时期。

第二章主要介绍甲骨文及以后的汉字，介绍了汉字分类的几种不同标准，并着重从纵向角度展示了汉字的形体演变与发展。本章分节介绍了商代文字、西周文字、春秋文字、战国六国文字、秦系文字及汉以后的文字，详细介绍了各时代文字的基本面貌、地域特色以及现存各时段的主要文字材料，为读者深入了解各时段的文字面貌提供了翔实可参的材料来源信息。本章还概说了汉以后汉字书写字体的演变，如隶书、草书、行书、楷书等；最后兼谈了文字形体演变与发展的两种基本方式——简化和繁化。

第三章主要介绍汉字的构形。本章先介绍了传统的象形、指事、会意、形声、转注、假借“六书”理论以及新兴的“三书”理论，接下来分节介绍了象形字、指事字、会意字、假借字、形声字。本章在介绍每一类字时都阐述了其产生的方式及途径，并列举了大量例字来详细说明。在列举单字时，本书都列出了现在能见到的此字最古老的字形，也列出了各阶段的代表字形，即甲骨文、金文、楚简文字、小篆、秦简文字、汉隶等不同时代、地域、书写载体的文字字形，以揭示文字演变的具体面貌，也是对第二章内容的延伸。

第四章主要讨论汉字字形本身所蕴含的传统文化。本章主要通过列举象形字和会意字来了解古人的生产生活，从相对古老的字形入手，窥探古人造字的奥秘，挖掘汉字形体本身蕴含的文化信息。本章主要选取了与日常生活（衣、食、住、行、用）、人伦观念（氏族、繁衍）、社会经济（农业、养殖、渔猎、工商）、文教卫生（教育、医疗）、宗教信仰（信仰、祭祀）及国家统治（政治、军事、兵器、刑法、奴隶）六大方面相关的汉字来讨论。本章的讨论结合了相关古文字字形、考古材料、历史文化背景、田野调查材料等信息，真实、形象地展示了汉字古文字字形蕴含的文化信息。

第五章主要从审美的角度来审视汉字。本章探讨了汉字书法之美，选取著名的书法作品来展示历代书法面貌及人们在文字上的审美追求。本章着重介绍了晋代以前的墨书材料，向读者展示了从商代到汉代的墨书文字形态及其特点。本章还介绍了三类特殊的文字：商周时期的“族徽文字”、春秋以后的美术字体“鸟虫书”及历代的玺印文字，这三类文字都体现了古人独特的审美追求。

第六章主要探讨汉字运用中一些妙趣横生的现象。本章借助具体案例，着重讨论了避讳的发展历程、产生原因、避讳方式、避讳种类及其影响，甲骨文、金文及近代以来的趣味字——合文，汉字在字谜、谶语、测字中的运用，对联、回文诗中的汉字“游戏”等，展现了汉字本身的独特魅力与百变气质。

目　录

第一章

扑朔迷离：汉字的起源

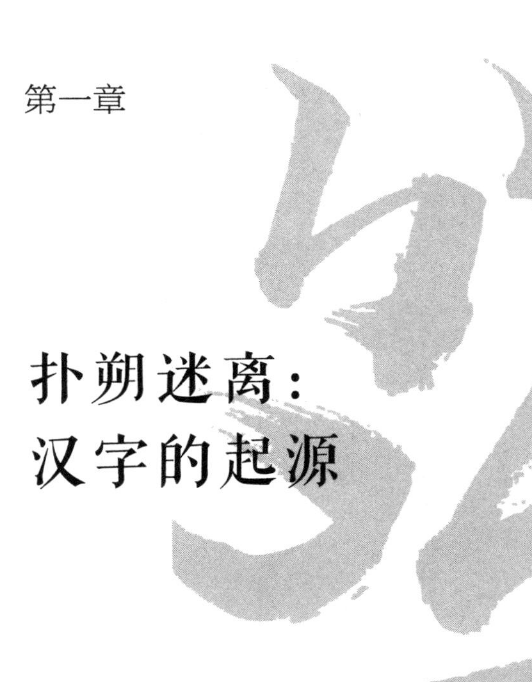

第一节　汉字与汉语

我们说的话叫汉语，写的字叫汉字，汉字是记录汉语的符号。汉语，又被称作华语、中国话、中文等，是中国的官方语言，也是联合国六种工作语言之一，全球至少有15亿使用者。汉字，也被称作中文字、中国字、方块字等，是书写汉语的文字，我国历代皆以汉字为主要官方文字，也被借用于书写日语、朝鲜语、越南语等语言，历史上也曾是日本、朝鲜、越南等国的官方文字。汉字是独立起源的表意文字，历史悠久，3000多年前的商代甲骨文是迄今发现的最早的成系统的汉字，汉字的起源时间应该比商代更早。古汉字象形度很高，与古赫梯象形文、古苏美尔文、古埃及象形文字以及玛雅象形文字等一样，都是早期的象形文字。但除汉字外，世界上其他古文明使用的象形文字都已经废弃不用，变成死文字退出了历史舞台，而汉字则被世代传承，至今仍焕发出无限生机，成为迄今为止连续使用时间最长的文字。

一、为什么叫“汉字”

今天，说起汉字大家都耳熟能详，但明确规定用“汉字”一词来称呼我们的文字则是中华人民共和国成立后的事情。在秦朝以前，人们把汉字称作“文”“名”“书”或“书契”，秦代始见使用“文字”一词，这一称呼为后世沿用。最早使用“汉字”来称呼我们的文字的应该是历史上存在于中原王朝周边的少数民族，而且应该是汉朝以后的事情。“汉”本来是一条河流的名字，即“汉水”，“汉中”即因“汉水”而得名。公元前206年，项羽自立为西楚霸王，封刘邦到汉中为汉王，后来刘邦建立汉朝，便沿用了此称号。汉朝是中国历史上较为强盛的王朝，对后世有很大的影响，我们今天所说的“汉族”“汉服”“汉语”等，其中的“汉”都是源于汉朝，“汉字”之“汉”，也源于汉朝。由于汉朝的强大，周边少数民族政权习惯将中原王朝之人称为“汉人”，中原王朝使用的文字也就是“汉字”。南宋人江少虞编纂的《事实类苑》一书中有“盖用汉字”的记载，是迄今所见较早记录“汉字”一词的文献，可知至少在南宋时期，中原王朝的汉人已经开始接受“汉字”这一对文字的叫法。两宋时期，北方的辽、金、蒙古长期与宋王朝对峙，特别是南宋，中原沦丧，民族冲突和融合促进了“汉字”这一说法的传播，“汉字”一词应该就是在此时为宋人熟知并运用。

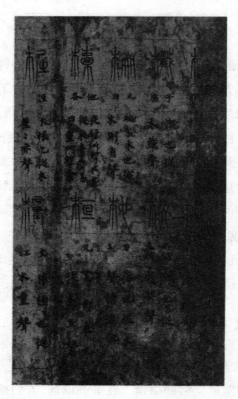

唐人写本《说文解字·木部》残卷(局部)。《说文解字》由东汉许慎所著，是中国历史上第一本按部首编排的字典。该书共14卷，分为540部，共收9353字，重文1163字，每字均作字形、字义和字音的解释及说明，同时收录有小篆、籀文、古文字形

南宋覆灭后，蒙古人入主中原建立元朝，并将统治区域的人民划分为“蒙古人”“色目人”“汉人”“南人”四等，“汉人”“南人”大部分都是宋朝遗民，“汉字”一词也因此被广泛使用，这在蒙古人所著文献中多有体现，如《金史》《辽史》等书中，“汉字”一词频繁出现。到满族建立清朝，前期以满文为官方文字，汉字为辅，“汉字”一词更广为流传。中华民国建立后，多称汉字为“国字”。中华人民共和国成立后，规范统一叫“汉字”。

二、为什么有文字

说话是人类与生俱来的本领，这里的“话”指的就是语言。一般而言，不同地域、不同民族的人有不同的语言，据语言学家统计，当今世界存在至少 5000 种不同的语言。语言是人类社会发展到一定阶段的产物，是人类交流最直接的工具。语言的产生对人类社会的发展具有重大的意义，有学者认为，没有语言，人类社会就组织不起来。语言是通过声音的传播来达到交流的目的，而声音是稍纵即逝的，传播距离也有限，因此语言交流要求说话双方或几方必须同时在一定的范围内，人类的语言交流自然受到时间和空间的限制。在没有录音设备的时代，人类通过语言传递信息，只能依靠口耳相传，然而通过口耳相传的方式传递信息，很容易发生错误，玩过口耳相传游戏的人都知道，一句话从一个人口中说出，等传到最后一个人耳中，再说出来的话可能已经与原话内容大相径庭了。为了克服语言交流难以传于异地、流于异时的局限，人类便思考借助其他方式来辅助信息的传递，文字便应运而生了。

文字的产生就是为了克服语言传递信息的局限性，文字是用来记录语言的，一种文字一定对应一种语言，但一种语言不一定有其对应的文字。文字的出现要比语言的出现晚得多。语言学家指出，如果把 36 亿年生物的进化过程缩短为一年，那么文字是在这一年的最后一天的最后一分钟产生的。文字是具体有形的符号，通过文字记录语言来传递信息，可以打破时间空间的限制，大大方便了人类的交流。有了语言，人类脱离动物性走上了独立发展的道路，文字的出现则大大加快了人类发展的脚步，可以说，文字的创造和发明是人类社会发展中一个重要的里程碑。

三、独特的汉字

文字是用来记录语言的，汉字自然是用来记录汉语的。世界上的文字成百上千，但现代文字大致可分为两类：一类是表音文字，又叫字母文字，简言之就是用一个一个的字母组成的线性符号，世界上绝大部分文字都属于这一类，如英文、法文、日本假名、朝鲜文等；另一类就是意音文字，文字中既有表示读音的部分，也有表示意义的部分，即由声符和意符组成，我们的汉字就是属于这一类文字。

一般而言，拼音文字一个读音就对应一个文字形态，读音相同写下来的文字就是相同的。我们的汉字与语音不是一对一的关系，一个汉字可能会有多个读音，如汉字“和”在普通话中就有 hé、hè、hú、huó、huò 等多个读音，如果再加上各地方言读音，那就更多了；一个读音也可能对应多个汉字，汉字是一个一个独立的方块，每个汉字有着特定的形态，汉语中同音字很多，但记录这些同音字的汉字是各不相同的，这就可以把相同的语音区别开来。如读音为 yú 的汉字有鱼、于、余、盂、榆、臾等多个，如果不借助汉字，只单独说一个 yú，那我们就不能明白说话者究竟说的是什么，但只要写出汉字，就一目了然了，不会混淆。跟汉语一样，日语和朝鲜语中也存在大量的同音词，日本自己发明的假名属于拼音文字，同样的读音写出来的文字就是相同的，不能准确记录语言，因此日文中至今还保存有大量汉字，以保证文字记录语言的准确性；韩国和朝鲜历史上曾使用汉字记录他们的语言，20 世纪两国相继废止汉字改用拼音文字，但他们的语言受汉语影响很大，也存在大量同音词，拼音文字不利于记录他们的语言，近年来废止汉字的弊端日益显现，韩国国内恢复使用汉字的呼声也日益高涨。

一种语言的读音是会发生改变的，古代人说话和今天的人说话是有差别的，今天各地不同的方言，一定程度上就是语音变化的历史写照。用拼音记录语言，语音变了，文字的形体自然会随之改变，如果让普通英国人去读莎士比亚作品的原稿，他们可能会一知半解，因为古代英文和现代英文是有很大区别的，莎士比亚距今还不算太远，如果再久一些，那可能就会不知所云了。我们的汉字就不一样了，汉语的读音虽然一直在变化，但记录汉语的汉字始终没有发生太大的变化，我们今天使用的是这个字，古人使用的同样是这个字，虽然外形有一些变化，但始终一脉相承。

今天的我们，即使不是专业人士，去读古人的文言文，也能大致读懂，这就是汉字超时间性的体现。

我们的汉字也是超方言性的。汉语是世界上众多语言中的一种，是汉民族日常交流使用的语言，汉语和汉字虽然是汉民族的语言和文字，但汉语与汉字自古以来都是历朝历代的官方语言与文字，为生活在中华大地上的各民族共同使用。今天我们一提到汉语，首先想到的就是普通话，普通话是中华人民共和国成立后人为规范的汉语，为广大人民共同使用，之所以要对语言进行规范，就是为了克服各地方言差异，方便各地人民交流。其实，据文献记载，中国历史上各朝各代都有自己的通用语（相当于今天的普通话，只是古人不这么叫而已），汉以前叫“雅言”或“雅音”，汉及以后改称“通语”，元以后多称“官话”，民国时期称“国语”，这些不同的称呼，其实都是就汉语而言的。

汉语的使用者很多，由于历史和地理的原因，汉语形成了许多分支，即我们说的方言，汉语方言多种多样，一般而言有七大方言区，各方言区的人说的都是汉语，但彼此差异很大。假如一个福州人与一个温州人都用自己的方言进行交流，彼此之间可能完全听不懂对方在说什么。各种汉语方言差异虽然很大，但归根结底它们还是同一种语言，记录这些方言的文字也只有一种，那就是我们的汉字。汉字是记录汉语的符号，为汉民族所共用。不同方言区的人都可以用自己的方言来读汉字，因此，几乎可以认为有多少种汉语方言，就有多少种汉字读音，这是世界上其他文字所不能比拟的。

第二节 汉字起源的传说

我们的汉字有着悠久的历史,古老却充满活力。相信很多人都有这样的疑问:汉字是怎样起源的,起源于何时、何地,汉字从何而来,或者说是谁发明了汉字,是一个人或是一群人。这些问题不但困扰着今人,也困扰着古人。从古到今,关于汉字的起源有着各种各样的传说。这些传说有的自有道理,可供参考;有的颇具神话色彩,扑朔迷离;有的是异想天开,供人一笑罢了。

一、仓颉造字

"仓颉造字"是关于汉字起源流传最广、影响最大的传说,据文献记载,仓颉原姓侯冈,名颉,俗称仓颉先师,又称史皇氏。传说仓颉"龙颜四目,生有睿德":相貌不凡,长着四只眼睛,天生聪明伶俐、品德高尚。对于其身份历来有不同的说法,有的说他是黄帝的史官,有的说他是某部落的首领,前一说法较为流行。东汉许慎《说文解字·叙》中记载,黄帝的史官仓颉,看到鸟兽脚印各不相同而可区分为何种鸟兽,受其启发而始创文字。因传说其创造了文字,被后世尊为"造字圣人",早在汉朝就已经为仓颉立庙供奉,今仓颉陵、仓颉庙、造字台等有关仓颉的文化遗迹更是灿若星辰。

关于仓颉造字的传说,早在 2000 多年前的战国时代,就已经广为流传了。成书于战国时期的《荀子》记载："故好书者众矣，而仓颉独传者，壹也。"这是今天我们可以看到的关于仓颉造字的最早记载，大意是说古代喜欢创造文字的人很多，而仓颉是唯一整理和传承文字的人。这条记载还比较朴实，可能符合文字起源时的原始面貌：文字并非一个人发明创造而出，应该是集体智慧的结晶，但这些文字一定是经过整理的，才使散乱的文字成为有体系的文字，方便大家使用，而这个整理文字的人，后世把他称作仓颉。战国时期另一本文献《世本》有"沮诵、仓颉作书"的记载，提到了另一个创造文字的人——沮诵，说明在战国时期人们并没有把造字的功劳完全加在仓颉一人身上。随着时间的推移，其他造字之人逐渐淡出人们的视野，到了秦汉时期，"仓颉作书"已成为唯一，仓颉也逐渐被神化。先秦时期只有仓颉造字事迹的简单记载，没有关于仓颉容貌的描写，而秦汉时期，仓颉的面貌也逐渐清晰。秦丞相李斯所著《仓颉篇》第一句便是"仓颉作书"。西汉刘安编撰的《淮南子》将仓颉造字进一步神化：古时候仓颉创造了文字，致使天上下起了粟雨，

沂南北寨汉墓出土的"仓颉造字"画像。图中有"苍颉"字样，"苍颉"即"仓颉"。仓颉坐在一株开着花的树下，四目、披发、长须，身着兽皮，坐在一块兽皮上，右手持笔一类的东西，左手张开五指，正与对面一人交谈。西汉时纬书《春秋元命苞》记载，仓颉"龙颜侈侈，四目灵光，实有睿德，生而能书。于是穷天地之变，仰观奎星圜曲之势，俯察龟文鸟羽山川，指掌而创文字，天为雨粟，鬼为夜哭，龙乃潜藏"。此画像石是文献中"仓颉四目"形象现存最早的具象形态

鬼神也在夜里啼哭，可谓是惊天地、泣鬼神。由于汉代谶纬学的发达，造字的传说也在此时被完全神化，后世各种仓颉造字的传说基本都在此基础上改造而成，“仓颉四目”的形象也是在此时形成的。西汉末年的《春秋元命苞》记载，仓颉龙颜而四目，天生会书写，能洞察天地万物的变化，于是观魁星圆曲之势、察人兽鸟形之迹、看山川河湖之状而创造了文字，这显然已是进一步的神化加工了。

历史上仓颉是否真的存在过，我们已经不得而知。但汉字绝非某一个人可以创造出来的，汉字从起源到成熟应该经历了漫长的岁月，是先民们在生产生活中不断积累起来的，这些散乱的原始文字在某一时期应该经历过系统的整理，我们已不知这些整理者的姓名，可能是仓颉，也可能是其他人。在不清楚某事物来源的情况下，古人习惯将某一事物的产生归功于某一圣人，如杜康造酒、奚仲作车、后稷作稼、皋陶作刑等，仓颉造字也同于此类现象。

二、八卦说

八卦是古代占筮的符号，用“⚊”代表阳，用“⚋”代表阴，用这两种符号，按照大自然的阴阳变化平行组合成八种不同形式，即☰（乾）、☱（兑）、☲（离）、☳（震）、☴（巽）、☵（坎）、☶（艮）、☷（坤），称为八卦。传说八卦由上古的伏羲氏创造，有人认为八卦也是汉字的起源之一。

许慎在《说文解字·叙》提到了上古时期庖牺氏创八卦以治万民的故事，庖牺氏即我们今天所说的伏羲氏，伏羲根据天地自然现象以及鸟兽皮毛纹理创制八卦，并运用八卦来治理部落。《尚书序》中也有类似的记载，并明确指出伏羲氏“始画八卦，造书契，以代结绳之政，由是文籍生焉”。这些记载表明古人认为在上古时期，存在一个用八卦符号来记录事情的阶段，八卦是文字的雏形。纬书《易纬》则进一步将八卦各卦象与汉字对应，认为乾卦为天字的古文，坤卦为地字的古文，离卦为火字的古文，坎卦为水字的古文，巽卦为风字的古文，震卦为雷字的古文，艮卦为山字的古文，兑卦为泽字的古文。宋人郑樵也有类似的看法，他在《通志·六书略》中说汉字“水”“火”“川”是分别从“坎”“离”“坤”三卦演变而来的。今人罗君惕也有此说，他在《六书说》一文中指出，八卦与文字的关系很密切，如八卦的阳爻作“⚊”，演变为“一”字；两个阳爻作“⚌”，演变为“二”字；乾卦作“☰”，演变为

"三"字;坎卦作"☵",演变为"水"字。

汉字起源于八卦说,是不符合客观实际的,汉字与八卦是两种不同性质的符号系统。八卦的起源与古人的占卜有关,出土的商周甲骨及青铜器上有类似于卦象的数字卦符号,有学者认为这些是后世二元阴阳符号卦的前身。也就是说,今天我们所见的这些卦象,产生时代较晚,是在文字已经成熟之后才产生的,所以八卦不可能是文字的起源。与"八卦说"类似的传说还有"河图洛书说",认为文字源于"河图"和"洛书",与八卦一样,河图、洛书出现较晚,也不可能是汉字的起源。

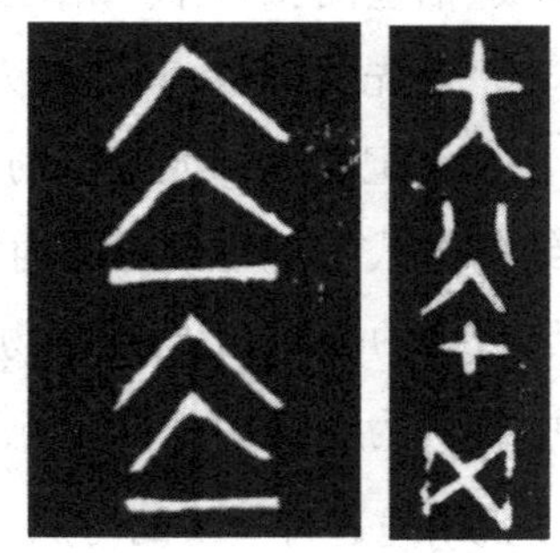

西周铜器上的数字卦

三、起一成文说

宋人郑樵认为所有的汉字都是由"一"演变而来的,他根据《说文解字》540 个部首从"一"开始至"亥"结束的排序,结合道家"道生一,一生二,二生三,三生万物"的哲学思想,创立了"起一成文说"。他在《通志·六书略》中详细阐述了他的看法,提出汉字"一"可作五种变化,用来概括汉字的各种结构。他认为:

"衡为一,纵为丨,斜丨为/,反/为\,至\而穷。"

"折一为㇕,反㇕为㇆,转㇆为㇗,反㇗为㇛,至㇛而穷。"

"折一为㇇者,侧也,有侧有正,正折为︿,转︿为﹀,侧﹀为<,反<为>,至>而穷。"

"一再折为冖,转冖为凵,侧凵为[,反[为],至]而穷。"

"引一而绕合之,方则为口,圆则为○,至○则环转无异势,一之道尽矣。"

郑樵所处的时代能见到的古文字材料很少,他的这种看法是建立在小篆字形或隶楷文字基础之上的,结合道家学说附加演绎,纯属主观臆造,没有认识到汉字演变的基本规律，所以这种说法是不可取的。

四、结绳说

结绳，顾名思义就是在绳子上打结，结绳记事即用结绳的方式来辅助记录事件，结绳记事在我国有着古老的历史。《易经·系辞》记载上古时古人用结绳的方式处理日常事务，后来文字的出现取代了结绳记事。《庄子·胠箧》也提到了结绳记事，古时候的“容成氏、大庭氏、伯皇氏、中央氏、栗陆氏、骊畜氏、轩辕氏、赫胥氏、尊卢氏、祝融氏、伏牺氏、神农氏”等先民部落，其部族人民都曾采用过结绳的方式来记事。《周易正义》中有一段文字记载了结绳记事的具体操作：上古之时没有文字，人们要订立盟约，就以结绳的方式来记录约定的内容，约定之事大则打一个大结，约定之事小则打一个小结，打结的多少，由约定事物的多寡而定，然后盟约双方各执所结之绳以为凭证。徐中舒认为金文中的(十)、(廿)、(卅)等字，就是结绳的象形字，(卖)就是注视结绳进行交易的写照。

结绳是一种辅助记忆的简单记事方式，其基本功能是计数和备忘，是一种普遍存在于世界各地各民族的记事方式，这种方法在近现代一些落后的原始地区仍有孑遗。简单的结绳就以结绳的多少来计数，从而辅助记忆。传说波斯王大流士（前558—前486）在出征塞西亚人之前，把一根打了60个结的绳子交给他的指挥官并说：“爱奥尼亚的男子汉们，从你们看见我出征塞西亚人那天起，每天解开绳子上的一个结，到解完最后一个结那天，要是我不回来，就收拾你们的东西，自己开船回去。”这个传说是结绳计数的例子，应该是结绳最基本的功能。我国云南的独龙族1949年之前在亲朋约会时，会用两根绳子打上相同的结，约会双方各执一根，过一天就解开一个结，绳结解完，便在约定之处相会。这都是简单结绳的例子。除了简单的计数，结绳也可以表达复杂的意义，辅助记忆复杂的事情。复杂的结绳可以通过结绳的大小、方式以及绳子的颜色、粗细来记事。南美洲秘鲁的古印第安人将绳子染成七种不同的颜色，每种颜色代表不同的含义，以此打结来记录事件，如黑色表示死亡，白色表示和平、银子，红色表示战争，各地有专门使用和讲解记事绳的人员，称作“魁普”，统治者可以通过这些结绳了解各地的收成、税收、账目、敌情等，可以说是将结绳记事发挥到了极致。复杂的结绳过于繁复，操作不易，需要经过专门训练的人才能掌握,结打多了可能自己都不知道每个结代表什么意思了,而且结绳保存传递不易,所以这种方式不利于普及。

结绳是备忘的工具,不能够记录语言,所以结绳和文字完全是两个不同的概念,结绳不是文字的源头,但一些数字可能跟结绳有关,如前面提到的十、廿、卅等,可能就是当时结绳计数的象形。但结绳归根结底只是一种帮助记事的手段,其实用性较弱,表意十分有限,根本不能用以记录复杂的语言,所以自然也不能成为文字,也不可能是文字的起源。

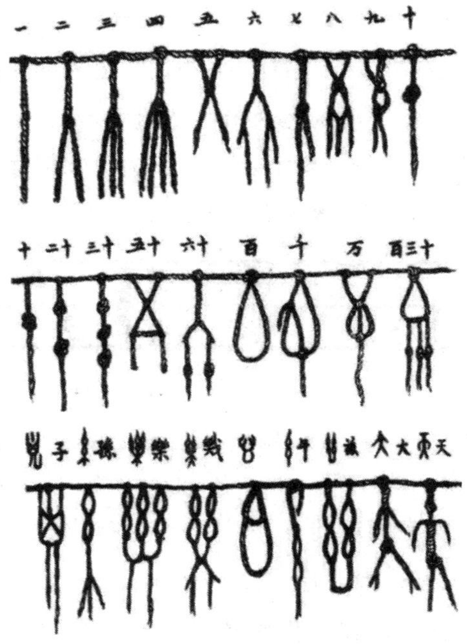

今人根据古文字字形虚构的结绳。这种主观地将结绳与汉字结合起来的方式是不可取的,是不符合汉字发展规律的

五、契刻说

与结绳一样,契刻记事也是一种辅助记忆事情的方式。契刻记事就是在竹、木、骨、角等材料上刻画记号或齿口,每个刻画代表一定的含义,以此来记录事件。古人多用契刻的方式来制定契约,先在特定的材料上刻好记号再从中对开,约定双方各执一半,以此作为凭证。《列子·说符》中记载了一则有趣的故事,说古代宋

国某个人外出游玩，在路上捡到一块别人掉了的“契”，上面密密麻麻都是刻齿，大喜，于是带回家收藏好，并告诉邻居说：“我的富贵指日可待了。”宋国人拾到的“契”，就是这种契约凭证，上面的齿口应该就是代表约定的具体内容。

契刻记事起源很早，考古材料表明原始社会末期的仰韶人就已经在使用这种记事方式了。直到20世纪中叶，契刻记事的方式在我们一些少数民族地区仍在使用。居住在云南西双版纳的基诺族曾使用刻木记事这种原始记事方法，基诺族木刻采用厚实、坚硬的竹片为原料，每个村寨制作8枚，其中1枚是值勤木刻，其余7枚都是记账木刻，值勤木刻在8枚木刻中最长、最宽，一般长约1.66米、宽1厘米，共刻有4个缺口，是负责村社安全或应付某些临时公务的村社值勤人员互相传递的牌照和行使权力的凭证。平时值勤人员手持值勤木刻在村社的公房里值勤，遇事需要和其他村寨联系时，送信者带上一枚木刻为信物前往，如果是紧急情况，就把辣椒、鸡毛和火炭绑在木刻上，表示十万火急。

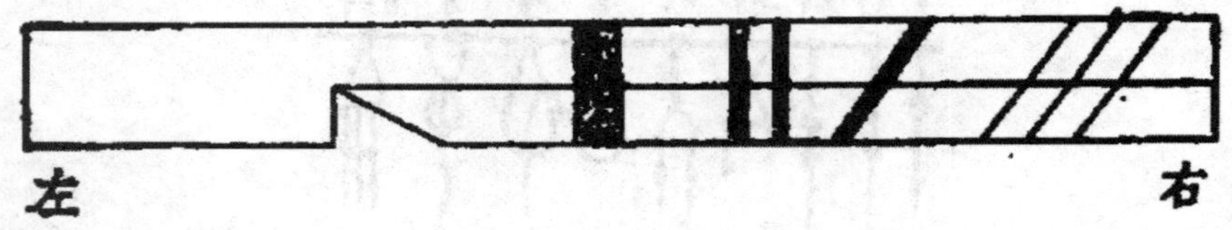

基诺族的货币木刻。右边3个细而斜的刻痕表示3分，其左边的1个粗而斜的刻痕表示1角，再往左的两个竖痕表示2元，最左边的1个宽刻痕代表10元，这枚木刻表示的货币总数就是12元1角3分

契刻材料上的刻痕没有固定的意义，每一个刻痕或缺口表示的意义是由约定方根据事件临时规定的，和结绳一样，它起一个提示的作用，人们看到这个刻痕就可以想起约定的内容。文字学家们也对契刻给予了适当肯定，认为契刻“约定俗成”的性质已经十分接近文字，已经带有书写的性质，可以说契刻是文字产生前的记事方法，但契刻并没有与语音发生联系，还不算是文字。结绳和契刻这种约定俗成的记事方式，与文字记事有着共通之处，文字的起源可能曾受到它们的启发。

第三节 汉字起源的考古资料

仓颉造字的传说虚无缥缈,八卦说、起一成文说更是无稽之谈,结绳、契刻只是古人的记事方式,与文字不同,这些传说都不能解决汉字起源的问题,要窥探汉字起源的奥秘,还必须依靠考古发掘。我们知道,商代甲骨文是迄今发现最早的成系统的汉字,但是甲骨文已经是很成熟的文字了,甲骨文以前的汉字是怎样的,至今还没有可靠的材料来证明。

古文字学者和考古学者已经在出土的陶器、玉器、龟甲、兽骨等实物上发现了许多人为的刻画符号,其中以陶器上的符号最多。据有关学者统计,迄今为止,出土的新石器时代到商代的刻符材料接近两百批,从周代到汉代的也有七十多批。有学者主张一些早期的刻符就是文字,是汉字的早期形态,但也有学者反对,这些刻符是否是文字,学界还未达成统一的认识。这些刻符可大致分为两种:一种是简单的几何刻画符号;另一种是类似图画的刻画符号。由于出土刻符材料很多,本书篇幅有限,这里只列举几个具有代表性的例子向读者展示。

一、贾湖文化刻符

贾湖文化是以舞阳贾湖遗址为代表的中国新石器时代早期的重要文化类型,主要分布在淮河上游的支流沙河和洪河流域,最北可达颍河、汝河流域。其文化年代大约在公元前7000—前5800年。其中位于河南舞阳县北舞渡镇贾湖村的贾湖遗址出土了带有刻符的甲骨、石器、陶器,共计14件,17例刻符。其中龟甲刻符9例,分别刻在8片龟甲上,其中腹甲7例,背甲1例;骨器刻符3例;石器刻符2例;陶器刻符3例。整理者将这些符号分为三大类:原始文字性质类、记号类、数字类。

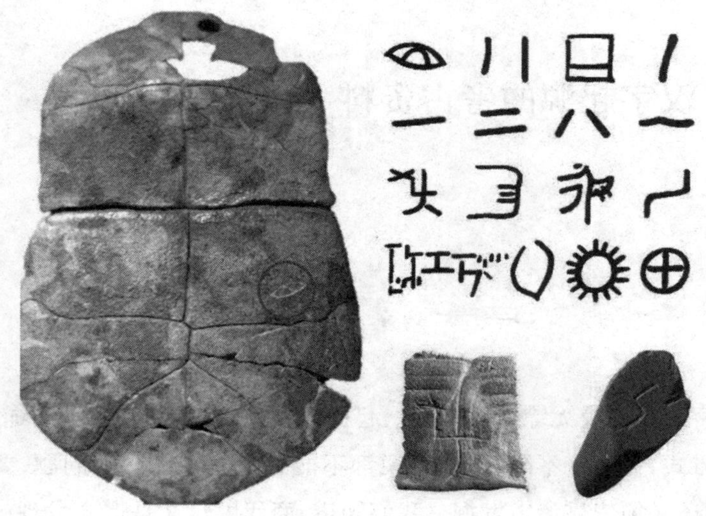

贾湖遗址出土刻符摹本及带刻符的龟甲、石器

贾湖刻符大部分刻画在甲骨上,与早期的占卜有关,这与商代的甲骨文很相似,而且一些符号与甲骨文神似,因此很多学者都认为这些刻符已经具有原始文字的性质,与殷商时期的甲骨文属于同一个系统,如符号[目形刻符]显然是眼睛的象形,与甲骨文类似,就是后世的“目”字。但也有学者认为这些符号跟彝族的文字更相近,它们应该是彝文的滥觞。贾湖刻符刻画位置特殊,应该代表着一定的含义,但它们是不是文字,还没有确切的证据可以证明。

二、双墩文化陶器符号

双墩遗址位于安徽蚌埠淮上区小蚌埠镇双墩村北。今已出土双墩刻符陶器600多件,其刻符大多刻在陶碗的外底圈足内,类似于后世碗底的提款,少数刻符在碗的腹部、豆座圈足内、杯座圈足内、平底内外、圆片上、钵口沿上、坠底部等残陶片上。有的一个器物刻一个符号,有的一个器物上刻有多个符号。双墩刻符的文化年代距今7100~7300年,是目前发现的淮河中游地区最早的刻画符号之一,这些符号有植物类、动物类、几何类等多种类型。

双墩遗址出土的部分陶器及其刻符。双墩刻符的类型大致可分为象形图形、几何图形、组合图形三类。其中象形类包括动物形(含猪、鹿、鱼等动物)、植物形(植物、花瓣等)、房屋形三种,象形类符号相对较少。几何图形包括三角形、方框形、十字形、网格形、钩形、直线、弧线等多种,数量众多。组合图形由象形图形和几何图形组合而成,数量较少

双墩刻符数量多、种类繁杂,刻画部位固定、技巧娴熟,包含着丰富的远古信

息。一些学者认为这套符号丰富且结构复杂,有自己的创意,是一套独立的早期符号系统,它们在同时期不同的遗址中使用,反复使用频率高,是具有文字性质的记录符号,是文字起源的源头之一。但这些符号基本是单个出现的,不成句子,也无法释读,它们是否记录了语言,它们是不是汉字的前身,目前学者们还不能给出确切的答案。多数文字学学者认为双墩刻符还算不上是文字,它们只是具有一定表意、计数和简单的记事功能的一种地域性的刻画符号,也可以称之为处于前文字阶段的符号体系。

三、仰韶文化陶器符号

仰韶文化以关中地区为中心,包括甘肃天水地区和泾水上游、渭水流域、河南西部、山西南部等地区,其持续时间大约在公元前 5000—前 3000 年,因此类文化遗址于 1921 年首次在河南三门峡渑池县仰韶村发现,按照考古惯例,故将此类文化称为仰韶文化。仰韶文化多处遗址中出土有陶器刻符,其中以西安半坡、临潼姜寨两处遗址出土最多。

半坡遗址位于陕西西安东郊灞桥区浐河东岸,距今 6000 年以上。该遗址共出土带有刻符的陶器碎片 113 件,不同符号 26 种,都是简单的几何形刻画符号。这些符号均单个出现,绝大部分符号均刻画在陶钵的外口沿,但多为碎片。这些符号有的刻画比较规整,深度、宽度均匀,应该是陶器未烧以前就刻好的;有的刻画不够

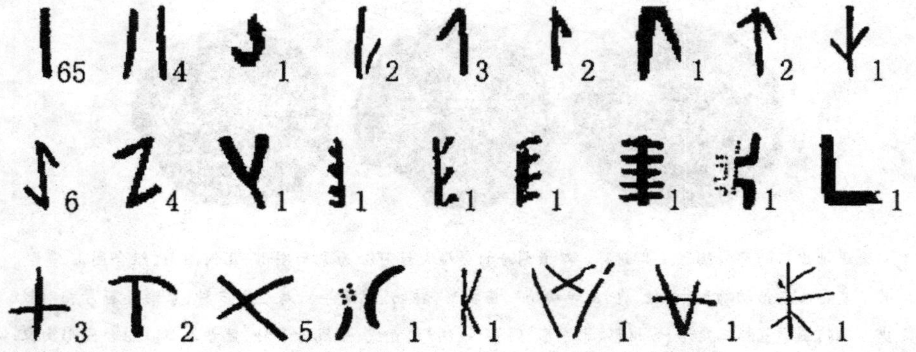

西安半坡仰韶文化遗址出土陶器刻画符号摹本。图片摘自牛清波著《中国早期刻画符号整理与研究》,每一符号右下角数字表示此类符号的数量

规整，深度不一，可能是在陶器烧制后刻画的。

姜寨遗址位于陕西西安临潼区临河北岸，文化年代约为公元前 4600—前 4400 年。该遗址共出土带有刻符的陶器及碎片 129 件，不同符号 36 种。符号的刻画位置与方式和西安半坡遗址的大致相同。

临潼姜寨仰韶文化遗址出土带有刻画符号的陶钵

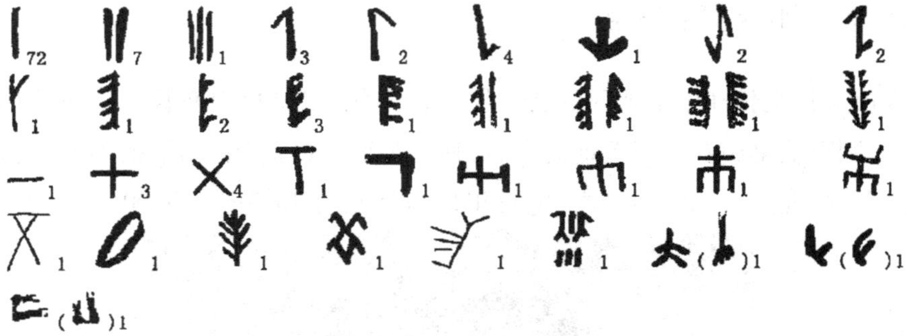

临潼姜寨仰韶文化遗址出土陶器刻画符号摹本。图片采自牛清波《中国早期刻画符号整理与研究》，每一符号右下角数字表示此类符号的数量

半坡陶符被发现后，引起了古文字学界的高度重视，同时也掀起了探讨汉字起源的热潮。不少文字学家都认为这些符号就是文字，是汉字的前身。于省吾先生更是对其中一些符号作了考释，他把×读作“五”，把+读作“七”，把T读作“示”，把↓读作“中”，把↑读作“矛”，把⁝读为“阜”。同时也有一部分学者认为这些符号只是一些简单的标记符号，与后世的文字有很大的差异，而且都是单个出现的，不具备记录语言的功能，因此这些符号还不是文字。

四、马家窑文化陶器符号

马家窑文化以甘肃中部区域为中心，包括甘肃大部区域以及青海东南部等区域，距今4000~5900年，此类文化遗址1923年首先发现于甘肃临洮县的马家窑村，故名。马家窑文化多处遗址中出土有陶器符号，一些遗址还出土了骨刻符。其中青海乐都柳湾遗址出土陶器符号最多。

柳湾马家窑文化遗址位于青海乐都县（今乐都区）柳湾村，1974—1978年发掘，其中马厂类型的多座墓葬中出土的陪葬彩陶上带有陶符，绝大多数画在饰有彩绘图案的陶器的腹下部，少数画在陶壶或其他器物的底部，仅有个别画在器物的颈部。这些符号都是在陶器烧制前用毛笔之类的工具画上去的，简单而规整，绝大部分符号都是以黑彩绘出，仅有极个别的使用红彩。带有陶符的陶器共计679件，不同类型陶符共计144种，其中139种为简单的几何符号，另有5种为动物形符号。这些符号绝大多数以单个出现在陶器上，也有少数陶器上刻有两种不同的符号。

五、大溪文化陶器符号

大溪文化是长江中游地区的新石器时代文化，主要集中在长江中游西段的两岸地区，因重庆巫山县大溪遗址而得名，其分布东起湖北中南，西至四川东部，南抵洞庭湖北岸，北达汉水中游沿岸，绝对年代为公元前4600—前3300年。大溪文化

柳湾遗址出土带陶符（右下）的陶罐，现藏于甘肃省博物馆

柳湾马家窑文化出土部分陶符摹本,整理者认为后5种为动物形象符号,序号63—67分别是犬、鸟、马、羊、虫的写照

多处遗址曾出土带有刻符的陶器,如湖北秭归的柳林溪遗址以及湖北宜昌的杨家湾遗址等。

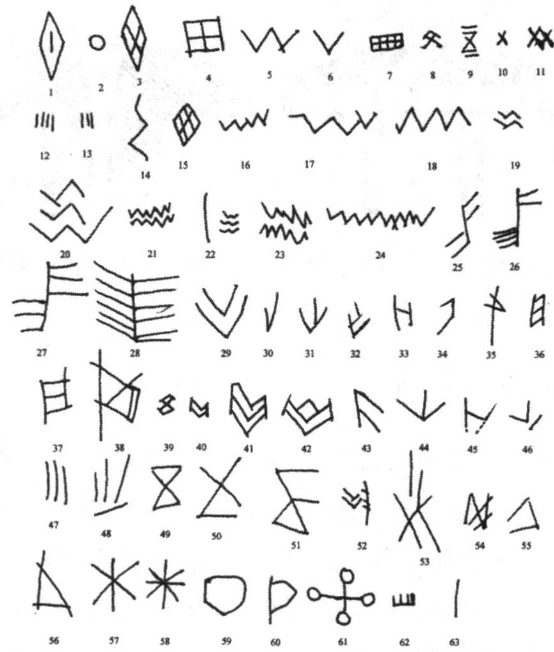

秭归柳林溪遗址出土陶器刻符摹本。一些学者试图对一些符号进行释读,如图中符号4近似甲骨文的"田"、符号8近似甲骨文的"文"、符号49近似甲骨文的"五",符号26、27近似甲骨文"旗""帜"一类的字。但这些符号与甲骨文还有很远一段距离,而且也多以单个出现,是否是文字前身,还需要进一步考察

柳林溪遗址位于湖北秭归县茅坪镇庙河村，其中新石器时代遗存距今 6000 年以上，遗址中发现带有刻符的陶器共计 80 件。这些有刻符的陶器大部分是陶碗残片，有 71 件之多，刻符均刻在陶碗外底圈足内，每件残片上基本只有 1 个刻符；9 件为某种支座的顶部或柱身，每件残片上刻符数量众多，9 件陶片上共有刻符 160 个；另有一件陶罐残片，口沿上刻有陶符 1 个。这些刻符共有 232 个，不同类型刻符 63 种，多数是简单的几何刻画符号。学者推测这些符号可能与自然界、生产、生活中的水、山、土、动物、植物和工具以及计数有某种必然联系。

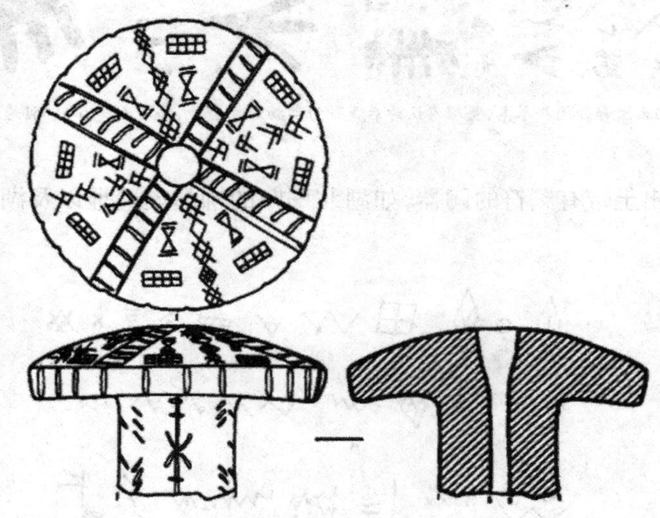

秭归柳林溪大溪文化遗址出土支座及刻画符号摹本。有学者认为这种支座上的刻画符号不属于陶符，而是纹饰

六、大汶口文化陶器符号

大汶口文化以泰山—沂蒙山系为中心，东至黄海之滨，西至鲁西平原东部，北达渤海南岸，南到江苏淮北一带，文化年代距今 4500～6300 年，延续时间约 2000 年，因山东泰安大汶口遗址而得名。属于大汶口文化的莒县陵阳河、蒙城尉迟寺、大朱家村、诸城前寨等多处遗址出土了带有刻画符号的陶器共计 26 例，不同类型符号 10 个。这些符号大多刻画在一种大口尊的外壁上。这些陶器符号不是简单的几何图形，刻画规整，大部分符号为单线勾画，只有[illegible]、[illegible]两个符号与众不同，

这两个符号是否与其他符号性质相同,目前还没有统一的认识。这些符号是否是文字,学界还存在很大的争议。

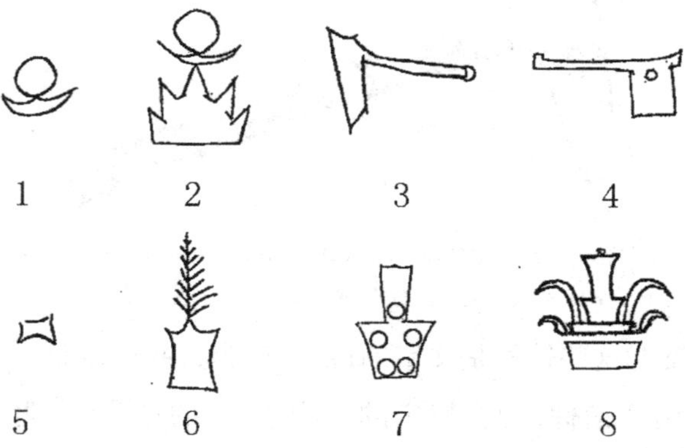

大汶口文化陶器符号摹本

这些陶器符号与后世的甲骨文形状结构相似,象形程度很高,但又与图画的仔细描绘不同;刻画在一些特定的陶器上,与后世青铜器上铸造族徽、人名的位置类似;同一符号在不同的地域出现,个别符号还有繁体和简体的不同形态。基于以上特点,不少学者主张这些符号已经是早期的文字了,是原始的汉字。陶符在陵阳河、蒙城尉迟寺、大朱家村等地都有发现,有学者认为符号是符号的简体形态;符号是符号的简体形态。不少学者还尝试着释读了其中某些符号,但意见没有统一。如符号1有学者认为其上半部表示太阳,下半部分表示火,这个符号就是后来的“炅”字,符号2是它的繁体,也是“炅”字;也有学者认为符号1上半部分表示太阳,下半部分表示云或山,这个符号表示太阳从山里或云里升起,也就是后世的“旦”字;符号3有学者认为是斧头的象形,从而把此字释为“斤”,但也有学者指出这个符号与出土的早期先民使用的鹿角锄形状相似,所以这个符号描绘的是这种农具;符号4有学者认为是一种叫戉的兵器的象形,所以把这个符号释作“戉”字;符号6有学者认为是种植树木以划分疆界,所以这个符号就是后来的“封”字。

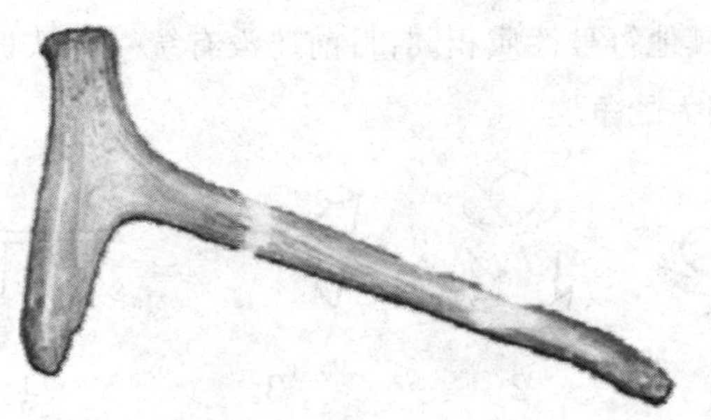

鹿角锄。2014年山东乐陵五里冢龙山文化遗址出土。这类用鹿角制成的农具,锄尖经过磨制,十分锋利,经久耐用。河姆渡、半坡等遗址也出土了类似的农具

但也有学者反对这些符号是文字的说法,认为这些应该是一些特定的符号,反映古人的原始生活和信仰,画在特定的器物上,有的还涂红,明显具有宗教意味。这些陶器是一种原始的礼器,上面的刻画与农事、天象有关,有的特意涂上朱色,可能是用来祭日出、求丰收的。如有学者认为符号1下半部分其实是一种鸟,就是传说中的太阳神鸟——金乌,符号1向后人传递了先民“金乌负日”的观念;符号2是金乌负日飞过山顶的写照。有学者认为符号5是土地,表示要把谷种种进地里;符号6表示土地上长着杂草,要清理草木,以便播种。大汶口文化的陶尊,是用来祈求粮食丰产的礼器,仲春时节,人们用这些上面刻画着农耕图像的硕大陶尊举行祭祀活动,祈求丰收。

大汶口文化遗址出土的带有陶符的大口尊

七、良渚文化刻符

良渚文化主要分布在今浙江北部和江苏南部的太湖周围地区。其年代在公元前3300—前2000年，因1936年浙江余杭县（今余杭区）良渚遗址的发现而得名。良渚文化以精美的玉器而闻名，一些玉器带有刻符，一些遗址出土的陶器上也带有刻符，而且还有一些刻符是几个连续的符号。据有关学者统计，良渚文化中带有符号的器物达554件，其中陶器536件、石器11件、玉器7件，共有符号656个，其中陶器符号632个、石器符号14个、玉器符号10个。这些符号可分为两类：一类是简单的几何刻画符号；另一类是象形度较高刻画符号。

良渚文化遗址出土的刻符种类繁多，大部分都单个出现在陶器上，也有少数成组出现。成组刻符一般出现在黑陶罐外壁，正是由于有成组出现的陶符，有的学者认为这些符号可能已经具备记录语言的功能，它们中的一些应该已经是文字了。如下图第1组符号有学者释读为"朱𣄰戋石，网虎石封"，意为"朱𣄰去到石地，在石的境界内用网捕老虎"；第2组符号释为"巫戌五俞"，读为"巫钺五偶"。此外，良渚文化遗址出土的玉器上的一些刻符与大汶口陶器刻符一样，如符号22，这些

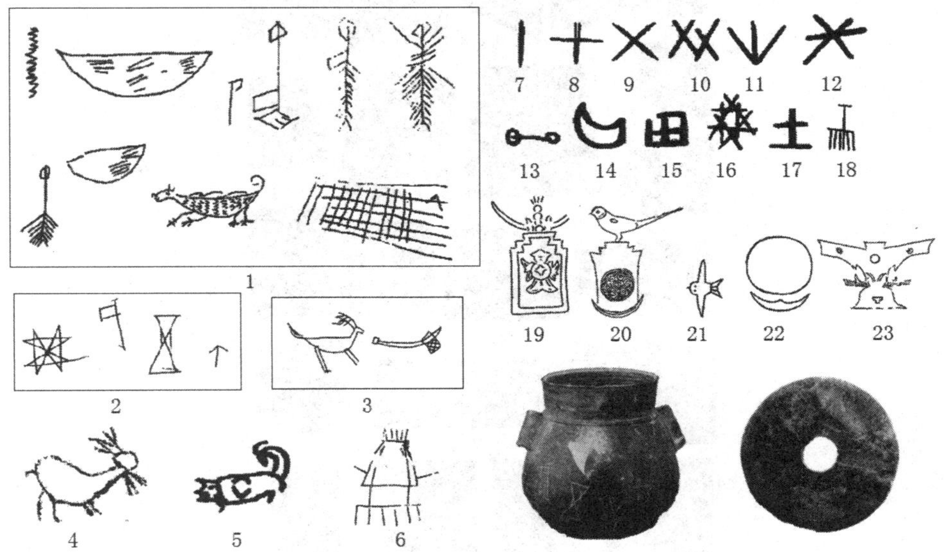

良渚文化遗址出土的部分刻符摹本及陶罐、玉璧。其中1、2、3为一器多符，分别刻在三件陶器上；4、5、6为象形刻画符号；7—18为几何刻画符号；19—23为刻在玉璧上的符号

符号在两种文化中都有出现,而且不是偶然相似,说明这些符号显然具有一定的含义,是先民们共同认可的。

八、二里头文化陶器刻符

二里头文化以河南洛阳偃师二里头遗址为代表,主要集中分布于河南西部、中部地区,包括二里头遗址之外具有二里头遗址文化特征的上百处遗址所反映的文

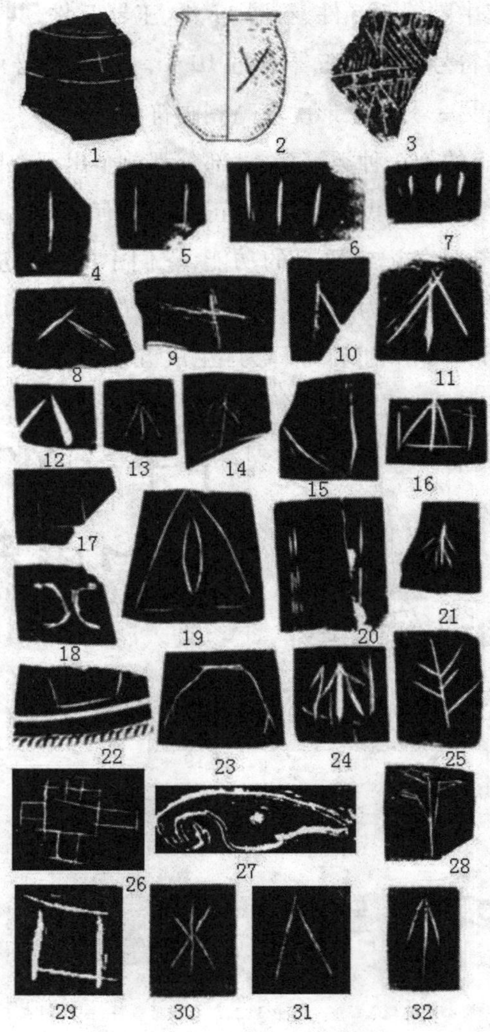

二里头遗址发现的部分陶器刻符拓本及摹本

化面貌。首先发现于河南郑州洛达庙遗址，但尤其以二里头遗址发现的该类文化遗存最具代表性和典型性，故以此命名。二里头文化可分为四期，文化年代为公元前1900—前1500年，相当于历史上夏代末期，部分遗存已进入商代早期，是探索夏文化的关键性研究对象。1959—1978年考古工作者先后对二里头遗址进行了二十次发掘，在出土遗物中发现有刻符。

二里头遗址出土的某些陶符与后世的甲骨文、金文有很高的相似度，有学者用甲骨文、金文材料对二里头遗址中的部分符号进行了考释，认为它们是夏代后期的文字，比甲骨文更为原始，其结构仍比较复杂，不仅有独体的象形字，而且有复合的会意字。如符号13、14是箭头的象形字，二者一个是简体，一个是繁体，因此应该释为“矢”字；符号22为器皿的象形，为“皿”字；符号24是个复合的会意字，表示人在路上，释为“道”字。有学者认为，二里头刻符处在夏文化后期，与商代文字已经有了很高的相似度，有的在甲骨文中可找到相同或相似的字，应该就是早期文字，但这些符号不是最早的中国文字，更不是汉字的源头。考虑到这些符号所在的器物的种类和位置，学者们推测有的符号是用来做标记的，大概由于这些陶器常常在公共场合使用，做上标记便于相互区分。

九、殷商文化陶器刻符

史书记载，夏朝末年，商部落首领汤打败夏朝最后一位统治者桀，取代夏的统治地位，建立商朝，至周武王伐纣，商历时约600年，大致从公元前1600—前1046年。甲骨文的发现表明，至少在商王朝后期已经有了成熟的文字，商王朝早期的系统文字尚未被发现，但零星出土了一些文字。说商代已经有文字，这是确定无疑的。考古发掘还出土了许多带有刻符的商代遗物，这些刻符有很大一部分与早期刻符类似，是简单的几何符号，不可释读，应该不是文字，但有一些刻符已经可以确定就是汉字了。

郑州商城遗址位于河南郑州市区偏东部，遗址年代为公元前1500年左右，是一处商代中前期的都城遗址。在此遗址范围内，考古发掘出土了大量带有刻符的遗物，如该遗址出土有多件带有刻符的大口尊或大口尊残片，刻符基本都位于口沿内部，其中一些是简单的几何刻画符号，另外还有一些应该就是早期汉字。

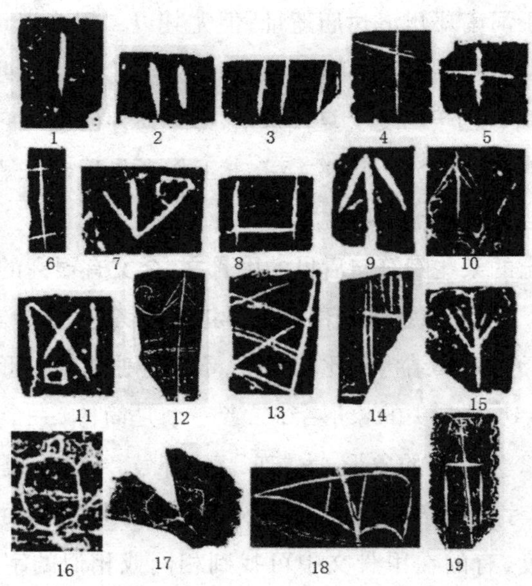

郑州商城遗址出土的大口尊上部分刻符拓本,其中部分还是简单的几何刻画符号,但有的应该已经是文字,如符号 18 可释为"目"或"臣"字

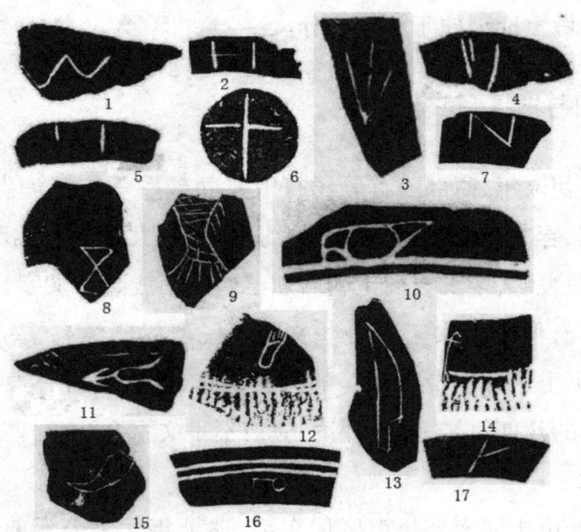

藁城台西商代遗址出土的部分陶器刻符摹本。其中部分为简单的刻画符号,如 1—7;另外一些与后代的甲骨文、金文有密切联系,应该是汉字的早期形态,学者对这部分可释读的符号作了考释。如符号 10 释为"目"或"臣";符号 11 释为"大";符号 12 释为"止",符号 13 释为"刀";符号 14 释为"戈";符号 16 释为"巳"等

藁城台西商代遗址位于河北藁城县(今藁城区)台西村,是一处商代中期的居住遗存和墓葬。该遗址共出土79件带有刻符的陶器,绝大部分为碎片,符号多刻在陶瓮、簋、罐、豆等器皿上,一般一件器皿上只有一个符号,有的一器两符。这些符号有的是简单的刻画符号,另一部分应是早期的汉字。

十、小结:几何形刻画符号不是文字,象形刻画符号可能是文字的前身

迄今出土刻符众多,时间跨度从新石器时代一直到殷周时代,分布在中华大地各个区域。这些刻符大致可分为两类:一类是有物可象的象形刻画符号;一类是抽象的几何刻画符号。对于这些刻符的性质,学界意见有较大的分歧,大概有三种意见:一种认为这些象形符号和几何符号都是汉字的起源;一种认为抽象符号是汉字的起源;一种认为象形符号是汉字的起源。

这些意见中,最后一种是比较接近实际的,象形符号在发展中可能逐渐成为文字,而抽象的几何符号发展为文字的可能性是较小的。这类几何符号即使在文字出现以后也是一直存在的,如小屯殷墟遗址出土的遗物上也发现了类似的几何刻符,甚至到了春秋战国时期,同样的刻画符号依然可见,如侯马遗址就出土有类似

山西侯马东周晋国遗址出土的部分陶器刻符拓本。这些陶器符号均为简单的刻画符号,与早期的刻画符号一样,都是简单的记号、简单的区别符号

的刻符。也就是说,这些简单的刻画符号一直没有发生太大的变化,一直停留在原始状态,因此它们与文字不是同一个系统。时至今日,在一些少数民族地区,类似的符号也能见到,如云南的傣族,若几家人合伙烧制陶器,为了区别各家陶器,就会在各自的陶器上画上一些符号以示区别,这和原始陶器上的符号有异曲同工之妙。

与傣族烧陶类似,原始先民在陶器或其他器物上刻画的几何符号,尤其是单个刻符,从本质上讲,就是一种简单的区别符号,它们的存在,就是为了区别各自的器物,虽然有的符号跟后代的文字有一定的相似度,有学者将这些相似的符号看作汉字,但毕竟时代相隔太久,这样简单的对应是很难让人信服的。与几何图形类似,原始的象形刻画符号最初应该也是一些区别记号,但这些象形符号因为直接对应一定的形象,它们更容易固定下来,并与语言结合,所以这些象形符号就有可能发展为文字。如先民为了区别自己的器物在陶器上刻画了一只“鹿”,并把它固定下来,每次都画一只“鹿”,久而久之他可能就把这个符号读作“lù”,并用它来表示“鹿”这种动物,那么这个符号就有可能发展成文字。

文字产生以后,人们依然会在各自的器物上做标记以示区分,因为有了文字,所以识字的人会选择在陶器上写上某个字来区别,这些字有的可能是他们的名字或者他们的族氏名、地名等。但因为不认识字或为了简便,人们依然使用简单的几何刻画符号来区别,这就是商代以及后代刻画符号中文字符号与几何符号并存的原因。

第四节　汉字起源蠡测

今天很多人存在一个误解，认为甲骨文就是最古老的汉字，其实这种说法是不对的，我们只能说甲骨文是迄今为止发现的最早的成系统的汉字。事实上，甲骨文已经是比较成熟的汉字了，汉字的起源远早于这些甲骨文。甲骨文不是最早的汉字，那么最早的汉字又在哪里，汉字的源头又在何处？迄今为止，还没有确切的发现来回答这些问题，但关于汉字的起源，文字学界比较赞同的说法是汉字起源于图画。

一、图画也是一种原始的记事方式

我们前面说过，结绳和契刻都是先民使用过的原始记事方式。其实，除了这两种方式外，图画也是一种古老而且重要的记事方式，考古材料表明，世界上很多文明都经历过图画记事的阶段。所谓图画记事，就是通过画图的方式来记录事件、传递信息。

人类在很早的时候就已经掌握了绘画的本领，世界上很多地区发现的岩画可以将人类的绘画史追溯到4万多年以前。19世纪末以来，考古工作者在法国西南部与西班牙北部发现了大量旧石器时代的人类洞窟，这些洞窟里保存有大量原始人类留下的壁画，著名的如西班牙阿尔泰米拉壁画、法国拉斯科壁画等。法国与西班牙发现的这些岩画，距今1.5万~4万年，向人们展示了一幅幅生动的原始图卷，是早期人类留给后人的宝贵文化遗产。专家指出,这些岩画不是为了欣赏而创造,它们的存在更多是出于宗教目的,可以说这些图画是一种原始的记事表达,它们是在向神灵传递某种信息。

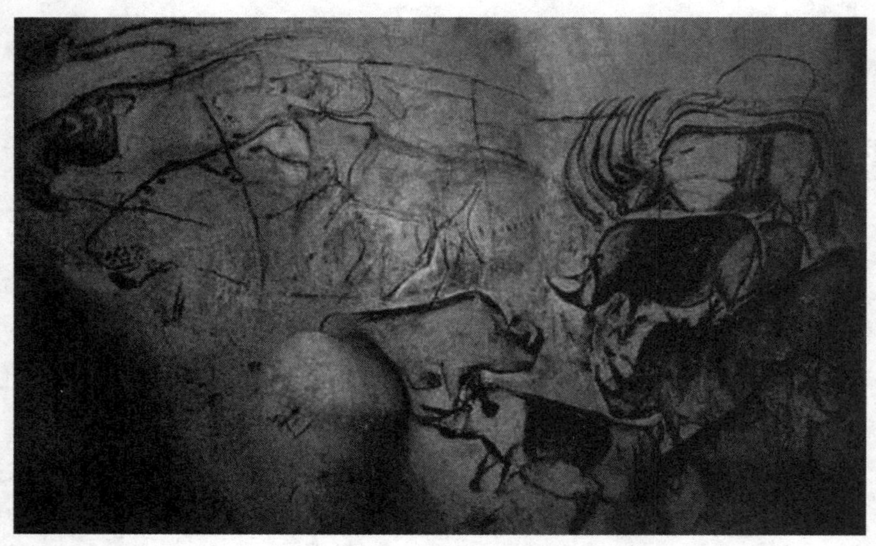

法国拉斯科洞窟壁画。法国西南与西班牙北部发现的洞窟壁画,形象生动,描绘的多数是动物形象,包括野牛、野猪、野鹿、犀牛等。由于这些壁画多绘制在危险的角落或隐秘的地方,有的绘画新旧重叠,有的绘画内容为负伤的野兽,甚至在岩画上有敲击痕迹,因此专家认为这些岩画不是用来供人欣赏的,而是与狩猎前的某种原始巫术有关

这些通过特殊手段刻画在岩石上的图画就是通常所说的岩画,原始的岩画在世界各地都有发现,主要分布在欧洲、非洲、亚洲。我国境内也发现了许多原始岩画,主要发现地有江苏连云港,宁夏贺兰山、大麦地,新疆尼勒克、皮山,青海的哈龙沟,甘肃的靖远、嘉峪关,内蒙古阴山、狼山,四川珙县,云南沧源、路南,广西左江等。

大麦地岩画位于宁夏回族自治区中卫市腾格里沙漠南缘,在 6 平方千米的数道东西走向的裸露石崖上有岩画 1089 幅,单体图像达 4210 个。关于这些岩画的绘制时间,学界意见分歧很大,但可以肯定的是,这些岩画不是同时期的产物,其中早期岩画可以追溯到距今 2 万~3 万年的旧石器时代晚期,但最晚的则是 1000 多年前西夏时期的作品。岩画的内容以动物形象为主,包括岩羊、鹿、牛、马、驼等动物,也有反映狩猎、畜牧、战争、舞蹈等的场景,还有对日月星辰、天地神灵、人体器

官的描绘，同时也包含一些抽象的图案符号。这些绘制在人迹罕至的戈壁滩上的岩画，数量巨大，显然不是为了审美而进行的绘画创作，而应该是具有记事性质的图像，传递着先民们的某种信仰与追求。

大麦地岩画线描图

将军崖岩画是我国境内发现的较早的岩画，距今 4000 年以上，位于江苏连云港锦屏山南麓。岩画主要内容为人物、农作物、兽面、太阳、星象等各种符号，但这幅岩画总体来说画面抽象，反映何种场景很难确定，一般认为这幅岩画展示的是东方原始农业部落对太阳、土地、农业的原始崇拜和依赖。它的存在不是出于审美需求，而是向神灵传递某种信息，因此这幅岩画可作为原始先民以图画的方式记事的证据。

将军崖岩画局部。岩画绘制在一块南北长 22.1 米、东西宽 15 米、面壁光滑的花岗岩上，图像可分为三组，岩画线条宽而浅，粗率劲直，作风原始，断面呈“V”形，是以石器敲凿磨制而成

如果说原始岩画的记事性质体现得不明显，那么下面两个例子足以说明图画记事是切实存在的一种记事方式。

北美印第安人车偃部落的“汇款信”

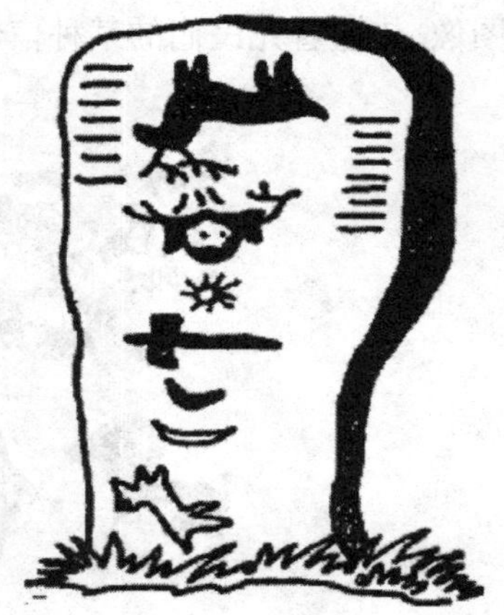

某印第安人部落首领墓碑

左图是北美印第安人车偃部落的一位父亲托人带给儿子的信。信中有两个大人和两个小人，大的穿裙者代表父亲，小的代表儿子，大人小孩都出现了两次，一次是父亲送儿子出门，一次是父亲呼唤儿子回家；53 个小圈代表 53 块钱币；左上角的两只鳖，代表他们是以鳖为图腾的；父亲的话用嘴边的线条表示，线条回勾，意思是叫儿子早日回来。周有光先生曾用打油诗描述信件内容，“往日送儿去，今日望儿还。知儿衣食艰，捎银五十三。密密打圈儿，须念得之难。公务摒挡毕，早早回故园”。右图是某印第安部落首领的墓碑，向人们展示的是这位首领的功绩及死因。图中的鹿代表这位首领，鹿倒置代表已经死亡；鹿左右的横线代表他出征过七次，经过九次战役；星象与斧子符号表示在连续两个月的征战中，他被人用斧子砍死。

河南汝州阎村仰韶文化遗址出土了一件陶缸，这种陶缸一般作为葬具使用，大多素朴无彩，这件绘有彩绘的陶缸尤其特别，有学者认为这是一件某部落首领使用的葬具。缸上面绘有一幅图画：一只白鹳口中衔鱼，面向一柄石斧而立。有的学者认为这幅图应该不是纯粹的装饰画。有的学者认为，白鹳应是首领本人所属氏族的图腾，鱼则是敌对氏族的图腾，石斧是权力的标志，是首领所用实物的写照。首领生前曾经率领白鹳氏族同鱼氏族进行了殊死的战斗，并取得了决定性的胜利。人们将这些事迹寓于图画当中，记录在首领本人的瓮棺上，通过图腾形象与御用武器的顶级组合来表现重大历史事件，以纪念首领的伟业。也有学者认为全图是当时农耕渔猎生活的真实写照。解读虽有不同，但有一点是大家公认的，即这幅图具有特殊的记事功能，与一般的图画是有所不同的。

绘有“鹳鱼石斧图”的陶缸

这类图画已经有一定的表意性质，与这类图画类似，原始的岩画也应该具有某些含义，只是由于年代久远，今天的人们不能准确解读古人传递的信息罢了。相比结绳、契刻，图画记事准确性更高，可以包含更多的信息，但图画毕竟还是图画，不能与语言中的词语对应，虽然它们可以传递信息，有时也能用于交际，但它们依然不是文字。

二、汉字起源于图画

上文我们列举了许多出土陶器刻符的例子，这些陶符中有一部分是图画性质的象形符号，我们说过这些符号如果跟语音结合，那么它们就有可能是文字了，但是我们没有证据能证明它们是否已经与语音结合有了读音，所以不能确定它们是否是文字。但文字起源于图画，是为学界普遍接受的。当图画用于记事进入人们日常交际时，这些图画已经距离文字产生很近了。世界上最古老的几大文字起初都是象形文字，象形文字图像性很强，基本是对某一事物的具象描写，这些象形文字，应该就是受图画的启发产生的。我们的汉字中的象形文字，也应该源于图画。

早期的象形文字与图画可能会很难区分,它们在形体上也许会相同,只有当人们开始用图形或者其他符号来记录自己说的话的时候,图画与文字分流,才是文字产生的时候。文字区别于图画最大的特点是文字是记录语言的,也就是说文字有一定的读音,表示一定的意思,是一个个单独的符号。用文字记录的信息,阅读者可以一目了然;而图画有时也可以表达一定的信息,但它没有读音,我们看一幅画只能看到它画了什么,根据画的内容去解读其中的意思,这种方式传递的信息是模糊的。

在原始社会里,人们很有可能用"鹿"作为自己家族或部落的族徽,并在制作器物时在器物上刻画一只鹿作为标记,事实上出土的陶符中确实存在这类标记,但我们并不能说这个图画"鹿"已经是文字了,只有等到某一天人们都把这个符号读作"lù",固定下来表示平时说话所指的鹿这种动物,这时这个图形就可以算作是文字了。陶符、岩画中都有鹿的形象,如、,甲骨文的"鹿"写作,它们三者所描绘的都是一只鹿,所表示的意思可能也都是指鹿这种动物,但是前两个不记录语言,所以不是文字,甲骨文已经用于记录语言,有了读音,所以已经是文字了。但从何时开始这些图形区别于图画开始记录语言而成为文字,目前还没有确定的材料来证明。目前考古出土了一些零星的文字材料,这些文字比甲骨文还早,可以一窥甲骨文之前汉字的面貌。

三、比甲骨文更早的汉字

殷墟甲骨文是商王朝后期的文字材料,是商王武丁到帝辛 200 多年历史的文字记录,其中最早的是武丁早期的甲骨文,距今大约 3300 年。比甲骨文更早的系统汉字至今尚未发现,但有一些零星的文字材料出土,大多数学者已经确定它们就是比甲骨文更早的汉字。

1953 年考古工作者在河南郑州二里岗商代早期遗址的发掘过程中发现了两块带字的牛骨:一块是牛肋骨,是在发掘范围内翻动过的土层中捡到的,上刻有 11 字;另一块是牛肱骨,属于正常发掘出土,上刻有 1 字,字形作,此字常见于后世甲骨文,即"㞢"字。带字牛肋骨的出土引起学界强烈反响,文字虽可释读,但这块肋骨并不完整,而且没有完整的出土信息,针对其制成时代、性质、记录的内容,学界展开了激烈的讨论，至今意见仍有分歧。但对其时代的认定已经基本统一，多数学者认为这块肋骨是商代早期的文字材料，距今 3600 多年，比已知的殷墟甲骨文早 300 多年。关于这块带字肋骨究竟是正式的占卜记录，还是占卜人员平时练字的随意刻写，学界意见尚未达成一致；上面的 11 个汉字应该怎样释读，学界也莫衷一是。有学者将其认定为占卜记录，并将其读为两条记录，①乙丑贞：及孚。七月。②……又（侑）乇（亳）土（社）羊。第①条是在乙丑这一天进行占卜，贞问是否能够追赶上逃跑的俘虏；第②条是就“对亳地的社庙进行祭祀”之事进行的占卜。

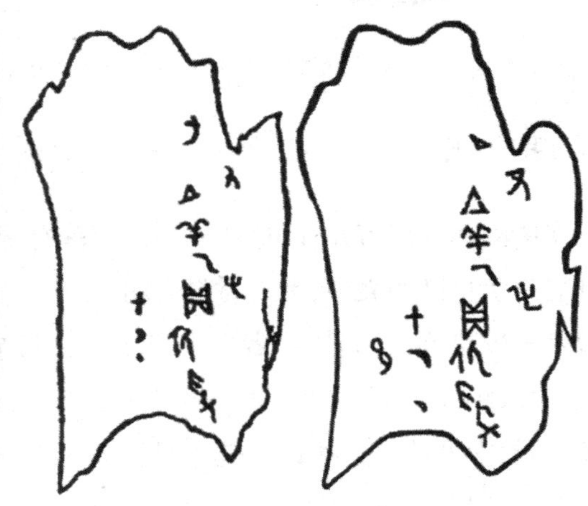

二里岗遗址出土卜骨的拓本及两种摹本

1984 年春在山西襄汾县陶寺遗址一灰坑出土 1 件陶扁壶，陶扁壶为残器，存留口沿及部分腹部，陶扁壶的正面（鼓腹一侧）和背面（平腹一侧）各有一个朱红色的符号，似为毛笔类工具所书。经专家断定，这件陶扁壶是公元前 2200—前 2000 年的器物。学者一般都认为陶扁壶上的符号是文字，与甲骨文、金文同属汉字体系，并对其进行了考释，正面之字可确定为“文”字。背面符号是一个字还是两个或三个字，学界意见没有统一。有学者认为，背面的文字是“尧”字，认为“发现的陶寺城址坐落在黄土高原上，面积很大，陶扁壶上的‘文尧’，包含着唐尧后人追述尧丰功伟绩的信息”。也有学者认为背面的字应读为“邑”，“文邑”是指“夏邑”，“意味着夏人毁弃禹都之阳城的行为恰是他们建立夏邑的工作”。

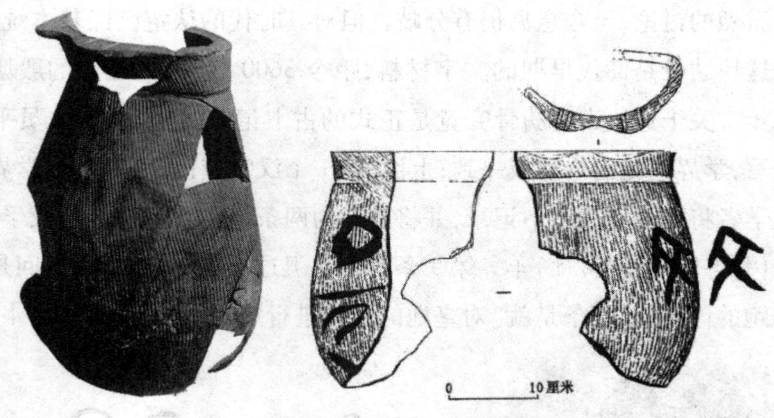

山西陶寺遗址出土的带有朱文的陶扁壶及线图

四、早期中国可能存在不止一种文字

早期中国多种部落并存,这些不同的部落有着自己独特的文明,不同的文明完全有可能产生自己的文字,考古材料表明,古代中国可能存在多种古老的文字。

1991—1992 年,考古工作者在山东邹平县苑城乡丁公村龙山文化遗址中发掘出一件陶片,距今 4100~4200 年。陶片上刻有 5 行 11 个奇怪的符号,刻写草率,难以识读,多数学者认为这些符号是一种原始的文字,但与汉字并非同一体系,可能是当时东夷地区某些部落使用的文字。因为发现于丁公村,其被称为"丁公陶文"。但也有学者认为这块陶片上的符号可能是某位不识字的人照着某种文字摹刻的,所以看起来像字,又不完全是字。

丁公陶文原片及摹本

1993—1995 年,考古工作者在江苏高邮一沟乡龙虬庄(今龙虬镇)遗址中采集到一片泥质磨光黑陶盆口沿残片,距今 4500 年以上。陶片内壁有 8 个刻画符号,纵向两行,每行 4 个,左行 4 个刻画符号类似甲骨文,右行 4 个类似动物的图形。

有学者认为这些符号是文字,与甲骨文类似,可能是甲骨文的前身,但也可能是不同于甲骨文的另一体系的文字。与丁公陶文一样,这个陶片上的符号潦草不成笔画,也可能是某个不识字的先民照着某种文字随意摹刻的。

龙虬庄陶文原片及摹本

五、小结

上文我们讨论了关于汉字起源的传说,列举了一系列与汉字起源有关的考古材料,但汉字起源的问题依旧扑朔迷离。汉字起源于何时何地,传说和考古材料都还不能给出准确的答案。文字学家认为,汉字并非起源于一时,汉字体系的形成应该经历了一个漫长的过程,是人们在生产生活过程中逐渐积累起来的。严格来说,关于汉字的起源要探讨的是"汉字这一文字体系的形成过程开始于何时,结束于何时,汉字是怎样从最原始的文字逐步发展成为能够完整地记录语言的文字体系的"?

在汉字产生之前,结绳、契刻、图画都是先民们使用过的记事方式,但从象形度很高的甲骨文来看,汉字的直接来源应该是图画。贾湖刻符中的几个符号与甲骨文神似,但我们尚未发现它们与甲骨文之间的直接发展脉络,因此不能认定它们是汉字的前身,不能据此把汉字的起源追溯到 8000 年前;半坡陶符也是简单的记号,不具备文字的性质,因此也不是汉字的前身。学界普遍认为大汶口出土的刻画符号具有一定的含义，而且具有很高的象形性，有可能是汉字的前身。也就是说，根据现有材料，汉字体系的形成期，可以追溯至距今 4500 年左右的大汶口文化时期。从大汶口文化时期起，汉字开始积累，陶寺遗址发现的陶扁壶上面的“文尧”（或释读为“文邑”）也说明在 4000 多年前人们已经能使用文字记录语言了，虽然只有短短两个字，但对于认识早期文字面貌尤为重要。二里岗遗址出土的商代卜骨，说明在商代早期商人已经能熟练地运用文字记事了，说明至少在 3600 多年前的商代早期，汉字体系已经成熟，可以独立记录语言了。先秦史书《尚书》载：“惟殷先人有典有册，殷革夏命”，就是说商王朝的先民已经有了记载历史的典册，上面记载了殷人打败夏人的事件，这条记载也暗示了在商初期殷人就已经有完善的记事体制了。今天商朝历代商王以至夏朝历代夏王的世系都有完整的记载，说明夏朝是存在文字记载的，不然这些世系是怎样完整流传下来的呢？

传说仓颉造字，我们已经交代过仓颉可能是历史上某个或某群整理文字的人，而仓颉所在时代是黄帝时期，距今有 4500 多年。如果说文字学家关于汉字体系形成时间的推测可靠，那么与传说中文字产生的时代也正好吻合，这说明了什么呢？真相究竟怎样，还有待更多考古材料来证明。

第二章

源远流长：
汉字材料概说与汉字形体演变

在第一章里，我们大致梳理了关于汉字起源的神话传说，列举了相关考古材料，讨论了汉字起源的相关问题。由于年代久远，加上考古材料有限，我们很难弄清楚汉字究竟形成于何时。虽然最古老的汉字长什么样还不能确知，但商代的甲骨文是我们目前发现的最古老的成系统的汉字，即使从商代晚期的甲骨文算起，到现在汉字也有长达三千年的历史了，三千年沧海桑田，汉字的“长相”也发生了天翻地覆的变化。数千年来汉字究竟经历了哪些外貌形体上的变化，不同时代的汉字又各有什么特点，各时代的汉字又有哪些不同的书写材料，促使汉字演变的规律又是什么？这些内容就是本章需要解答的疑问。

第一节　有册有典——文字的载体及分类

为了更加深入地理解和研究汉字，体现汉字的自身特点，我们可以从不同的角度采用不同的标准将汉字分为不同的类别，常见的汉字分类依据有书写载体、时代、字体、形成方式等。

一、书写载体视角下的汉字分类

汉字的书写载体本是无定的，人们把字写到什么上，什么就成了文字载体。就现在来说，拿支钢笔在纸上写字，“纸”就是文字的载体；拿把刻刀在石头上刻字，“石头”就是文字载体；用手指在沙地写字，“沙地”就成了一时的文字载体。在国外，古时候的印度人会把文字书写在树叶、树皮上，称为“贝叶文”；两河流域文明的“楔形文字”，则常书写于泥版之上。总之，文字的书写载体是花样繁多的，我们在这里要谈的仅是古文字阶段汉字的主要书写载体。

目前我们已知的古文阶段的汉字载体有陶器、青铜器、龟甲兽骨、玉石、竹简木牍、丝帛、漆木器等，相应地，我们就可以把汉字分为陶文、金文、甲骨文、玉石文字、玺印文字、竹简文字、帛书文字等类型。

（一）陶文

陶器本是先秦时期重要的生活、生产用品，产生的时代很早，相传“神农耕而作陶”,将陶器的发明归于炎帝神农氏。陶器易得,产生又早,因此在陶器上书写文字便是很自然的事情了。目前所知最早的汉字陶文发现于山西陶寺遗址一件陶扁壶残片上,为“文尧”(或释读为“文邑”)二字,陶寺遗址出土器物上的这两个陶文距今已有4000余年,比目前已知的甲骨文、金文早数百年,因此这两个陶文还被誉为“最早的汉字”。

陶文虽然产生得很早,但是被后人发现的时代却较晚,我国最早鉴定和收藏陶文的是清末著名金石学者山东潍坊人陈介祺。目前已发现的先秦陶文已达12000余件,主要是战国时期的,其中又以齐国和秦国陶文为最多,这一时期的陶文内容多是制陶工人印刻在陶器上的,其内容以“物勒工名”(即书写制作者的名字,便于追究责任)为基本格式。

(二)金文

“金文”的“金”与当代汉语中的“金”意义不同,我们现在说的“金”多指“黄金”,而先秦时期的“金”则是兼指白金、青金、赤金、黑金、黄金,这“五色金”,即分别指银、锡、铜、铁、金几种金属。夏、商、周时期青铜即在铜料中加入一定比例的锡或铅而成的合金,是当时用来铸造器物的最主要的金属,而铸刻于青铜器上的文字就被称为金文或铭文,“金”为金属意,“铭”为铸刻意。

青铜器与当时的生产生活密不可分,按照其用途的不同可以分为食器、酒器、水器、乐器、兵器、工具等类型,其中食器有鼎、簋、甗、鬲、盨、簠、豆、罍、匕、俎等;酒器有卣、爵、觚、觯、角、彝、觥、盉、斝、尊、壶、斗等;水器有盘、匜、鉴、镐等;乐器有铙、铃、钟、镈、钩鑃、铎等;兵器有戈、戟、刀、剑、弓箭、钺、矛、甲胄等;工具有斤、锛等。各种器物均可以铸造、刻写铭文,按照铭文所在青铜器载体的不同亦可分别称为鼎铭、簋铭、甗铭等。

最早的金文一般都认为是商代早期出现的,金文被后世发现的时代较早,汉武帝刘彻曾因得到前代宝鼎而改年号为“元鼎”,汉宣帝时期曾在美阳(今陕西武功地区)得到一件带有文字的铜鼎,并令张敞进行释读,而且早在宋代就已经有人开始对金文进行专门的收藏和著录。到目前为止,已公布的金文总量大约为1.8万件。

(三)甲骨文

先秦时人笃信鬼神,因此经常会进行占卜,占卜的工具中有一类是龟壳和各种动物的骨头,也有个别时候会使用人骨。在占卜的过程中,人们会将相关事项记录在龟甲兽骨之上,这就成了甲骨文。又因为甲骨文主要是当时的占卜记录,所以又被称为卜辞。甲骨文基本上都是使用青铜刀或者其他坚硬的工具刻写上去的,只有个别是使用毛笔类的工具书写的。甲骨文的年代主要是商代末期和西周早期,其被后人发现的时间较晚,学界公认是在 1899 年。

(四)玉石文字

玉石本是先秦时期常见的物品,时人出于某种目的将文字刻在或写在玉石上,使玉石也成为文字载体。目前发现的先秦玉石文字并不多,但其出现的时代还是很早的,在商代出土的玉器上就已经发现有朱书文字,目前已知的比较著名的玉石文字有秦骃玉版、石鼓文和诅楚文等。

(五)玺印文字

玺印本是作为一种信用凭证使用的,材质有青铜和玉石等类型。玺、印本无区别,秦始皇登基称帝以后将“玺”作为皇帝印章的专用名,“印”则作为平民印章的称呼,从此造成了后世玺和印的区别。玺印上的文字便是玺印文字,目前已知最早的玺印文字是商代晚期的。

(六)帛书文字

在纸张发明以前的先秦时期,很难找到既轻便又易于书写和携带的文字载体,丝绸制作的布帛便是当时为数不多的符合这些要求的材料。由于布帛容易腐烂,目前所发现的先秦帛书文字极少,最著名的就是长沙子弹库出土的楚帛书。此外《越绝书》载越王“以丹书帛”(使用丹砂作为颜料书写于帛上),是先秦使用帛作为文字载体的例证。但是丝绸制作而成的帛缯主要是用来穿衣修饰的,价值不菲,使用帛缯写字的,估计只有当时的王公贵族了。因此布帛虽然轻便,却由于价格昂贵,而无法广泛使用。

(七)简牍文字

上述的多种先秦时期的文字载体,无论是陶器、甲骨还是玉石、布帛,均不是当时的主要书写材料,陶器、青铜器是当时的实用容器,是生活、生产的工具,龟甲兽骨则是占卜使用的巫术器具,玉石、玺印、布帛的主要用途也不是书写文字,它们归根到底都是临时性的文字载体。竹子、树木随处可见,易取易生,将其茎干削制成为轻薄的竹木片，作为文字载体是再合适不过的了，正因这些特性和优点，竹简、木牍便成了我国在纸张发明以前使用最为广泛的文字载体。

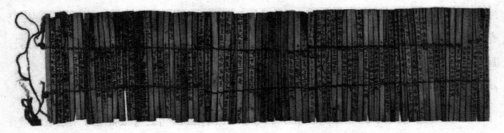

内蒙古自治区阿拉善盟额济纳旗居延遗址出土东汉永元年间（公元 89—105 年）木简《永元器物簿》，简以细麻绳编连成册，全册长 91 厘米，是目前发现保存编连长度最长的简册。现藏于中国台湾“中研院”

二、时代视角下的汉字分类

按照时代的不同我们可以将汉字分为古文字阶段与今文字（或称隶楷文字）阶段两大类。笼统地说，秦代以前属于古文字阶段，汉代以后则属于今文字阶段；但严格来说，因为秦代既有小篆又有隶书，所以应是古文字与今文字的过渡阶段。通俗一点讲，古文字就是“古时候的字”，这个概念是后人“以今视古”而产生的一种认识。早在汉代就已经有了“古文”与“今文”的区别，西汉时鲁恭王为了扩建宫室拆了孔子的旧宅，在房屋的墙壁中发现有一些书写于竹简上的书，包括《尚书》《礼记》《论语》《孝经》等，这些书是前代之人藏于此处的，书写所使用的文字并非西汉时期通行的隶书。司马迁将此事载入《史记 · 儒林传》说：“孔氏有古文《尚书》，而安国以今文读之。”在这里司马迁即使用了“古文”“今文”这两个概念，后来东汉时期的班固作《汉书 · 艺文志》也记述了这件事：“鲁共（恭）王坏孔子宅……而得古文《尚书》及《礼记》《论语》《孝经》凡数十篇，皆古字也。”班固同样称孔子旧宅所得之书为“古文”。在汉代人的眼里，秦代及其以前的战国、春秋、西周等时期，就是“古”，汉代人所处的两汉就是“今”，“古时候”的字与汉代的“今”文隶书不同，就成了当时人们心目中的“古文字”。古文字内部还可以再按照时代进行细分，分为商代文字、西周文字、春秋文字、战国文字以及秦文字几种类型。

隶楷阶段的文字资料多能系统地保存于字书之中，如《说文解字》《玉篇》等，所以释读起来不存在困难，而古文字阶段的文字，如战国文字、金文、甲骨文等，不要说现在的非专业人士无法对其进行释读，就算是在2000多年以前的西汉，一般人也已经不认识这些字了，所以是否属于已识字，是古文字与今文字的重要区分标准。

三、字体视角下的汉字分类

字体是汉字呈现出来的体式和总体风格，或者也可以说就是汉字的形状。现实生活中我们可以看到汉字的形状往往是千差万别的，书写者、书写工具、书写方法等因素均会对其形状产生影响。按照传统的说法，古往今来的汉字字体可以分为甲骨文、金文、篆书、隶书、草书、行书、楷书等类型。现在电子印刷产生以后，电脑排版中还有宋体、仿宋、黑体、新宋体等多种字体。

甲骨文、金文这两种字体就是对应龟甲兽骨和青铜器这两种载体上的文字而言的，龟甲兽骨坚硬，书手使用刀具刻字，不可能像手拿毛笔写字一样轻松自如，因此形成了甲骨文笔画多方折的字体特征。金文多是铸造而成，因为文字是事先制造在泥质陶范上的，因此可以更多地保留手写文字的特征，笔画圆转，线条流畅。

篆书又有大篆、小篆的分别，小篆以前西周、春秋金文中的字体可以统称为大篆。小篆则是战国时期在秦文字的基础上而产生的一种字体，其字形、字音、字义的资料完整地保存在许慎《说文解字》这部书中。隶书与小篆的形成时代基本相同，均是在战国时期秦文字基础上产生的，秦始皇统一六国以后成为当时通行的标准字体，并传至后世。

隶书以后的汉字还有草书、行书、楷书等多种字体。草书的“草”是草率之意，今天我们说某人的字写得不规整、潦草，就是这个意思。广义上，无论什么时代只要是写得潦草的字，均可以称为“草书”，从这个意义上讲，甲骨文、金文、小篆、隶书、楷书均有写得潦草、草率的“草书”。但是我们通常所讲的作为字体的“草书”则是一个狭义的概念，专指汉代伴随着隶书的产生而形成的一种字体。行书是东汉时期形成的，是在较为草率的隶书基础上发展而来的。楷书则又是在行书基础上形成的，“楷书”的“楷”意为楷模，“楷书”就是可以作为楷模的字或有法度的字，这是因为楷书的书写比行书或草书更为端庄规整。

四、形成方式视角下的汉字分类

前文已述汉字有不同的载体，文字在这些载体上的形成方式也是各有不同的，总体上可以分为铸、刻、写三类。在坚硬的金属类、玉石类文字载体上形成文字，主要靠铸造或刻写。准确说来，在铁质工具应用以前主要是铸，铁制工具产生以后，在青铜器上刻写文字变得较为容易，因此春秋战国的金文中刻款文字逐渐增多。先秦的玺印主要有青铜和玉石材质两种，青铜材质的玺印文字主要是铸造上去的；玉石材质的玺印文字则是刻上去。陶器上的汉字有的是使用印章戳印上去的，有的是在陶器表面使用坚硬工具刻上去的，也有个别是使用笔墨书写的。书写的文字主要是在竹简、布帛这两种载体上，此外在玉石、陶器等材质上也偶有发现。

以上就是从时代、文字载体、字体、形成方式几个角度对汉字进行的总体分类，除了这几种视角以外，我们还可以从其他方面对汉字进行分类，如从地域的角度可以将汉字分为中国使用的汉字和外国使用的汉字、从使用规范的角度可以将汉字分为正体字与俗体字等。总而言之，汉字产生以后沿用至今，在数千年的时间里历经发展和演变，形成了丰富的形态和表现形式。为了能更好地描述汉字的动态发展历程，下文将从时代的角度，依照商代文字、西周文字、春秋文字、战国文字、秦系文字的顺序对汉字进行介绍。

第二节　王室档案——商代文字

一、商代甲骨文

（一）甲骨文的发现

甲骨文的发现颇有几分传奇色彩，前文已述甲骨本是占卜使用的工具，占卜结束之后，甲骨作为档案记录可能会被有意地保存一段时间，以备留档查看之用。商末的都城在今河南安阳小屯村附近，周武王克商，纣王自焚而死，商朝随之灭亡。商朝的都城被弃成为废墟，“殷墟”之名便是由此而来。作为占卜记录的刻有文字的龟甲、兽骨也被掩埋于地下，从此销声匿迹，在此以后直到清末的数千年时间里，文献中从未有甲骨文被发现的记载。

清朝末期小屯村一带的农民在耕种田地、挖井取水、取土建房等翻整土地的时候，常会挖掘出龟甲或者兽骨。在当时的条件下，普通的农民可能连自己的名字都不会认、写，更不要说几千年前的古文字了。这些甲骨在当地人看来可能就是古时候普普通通的骨头而已，而在中药里有一味以动物骨骼为原材料的药——“龙骨”，可以用来治疗心悸怔忡、失眠健忘、金疮出血等症。因此当地人便把刨出来的大块甲骨当作药材卖给了药铺，而那些小块的散碎的骨头则被回填或者当作废品丢弃。

哪一位小屯村的村民在哪一天最先挖到甲骨，现在已无法得知。无论是挖掘甲骨的村民还是药材商，都不是饱读诗书、通晓古今的知识渊博之人，无法对这些材料的性质做出正确的判断，“龙骨”入药服用前要经过打碎研磨，又使甲骨文字被人发现的概率大大降低。然而历史总是如此巧合，恰恰有这样一位因生病需要服用“龙骨”的读书人，辨识出了甲骨文，这个人就是王懿荣。

王懿荣，字正儒，一字廉生，山东福山（今烟台福山区）人。他出身书香门第，祖父为嘉庆年间的进士，曾官至山西巡抚；父亲则官至四川按察司使。王懿荣青年时期便喜好金石之学，广为搜求文物古籍。他与著名的金石学家潘祖荫、吴大澂等人交往颇深，高中进士之前，就已经成为名闻京城的金石学家。后来王懿荣曾担任清政府的国子监祭酒一官，国子监是当时国家的最高学府，出任此职足以说明其学识过人。正是这样的人生阅历，为王懿荣奠定了辨识甲骨文的基础。据说 1899 年的某一天，王懿荣因为感染疟疾而服用中药，药材中正有“龙骨”，王氏平素略通医道，发现药方中的“龙骨”寻常未见，待家人抓回药材后，王氏出于好奇打开药包查看，发现“龙骨”上有一些图画式的符号，经过仔细辨识，他确信这些符号应是古老的汉字。

辨认出龙骨为古老汉字以后，王懿荣便高价向中间商求购，一时消息传出，甲骨成为时人争相抢购、收藏的文物，古董商人便趁机哄抬价格。据记载，当时的甲骨价格曾高达“每字一两”和“每块银二两”。王懿荣虽然是最早发现和竭力收藏甲骨的学者，但是他并没有给后世留下甲骨文的研究著作。1900 年，八国联军进犯北京，王懿荣投井自杀，以身殉国，王氏去世后，家人将其所藏甲骨卖给了刘鹗。

刘鹗原名孟鹏，后更名鹗，字铁云，又字公约，号老残，江苏镇江人，出身官僚世家，是清末著名的小说家，著有《老残游记》。刘鹗在王懿荣的影响下也开始收藏甲骨，1903 年他将自己收藏甲骨中的一部分，加以墨拓编为《铁云藏龟》一书，“铁云”是刘鹗的字，“龟”指甲骨。《铁云藏龟》是第一部甲骨文著录书，具有重要意义，该书明确提出甲骨文是“殷人的刀笔文字”，准确判定了甲骨文的时代。

古董商人知道“龙骨”的价值之后，便开始坐地起价、囤积居奇，一方面到小屯地区怂恿村民大肆挖掘，然后从村民手中低价收购；另一方面为了垄断销路，则对外诡称甲骨乃是得自河南汤阴。后来罗振玉经过多年的打探，最终在 1908 年得知甲骨的确切出土地点是在河南安阳的小屯村。这个时候离王懿荣开始对甲骨进行辨识收藏，已经过去了十年之久。

（二）甲骨的使用

殷人占卜使用的龟甲主要是腹甲，背甲较少，兽骨则主要是牛肩胛骨，此外还有牛肋骨、鹿头骨、鹿角、虎骨、鳖甲、象肩胛骨、人头骨、人髋骨、猪肩胛骨等。各类甲骨相加，总量是很庞大的。殷代早已开始饲养牲畜，卜辞中常有祭祀杀牛、羊、猪、犬的记载，占卜用的兽骨很大一部分应该来自这些牲畜，其他的野生动物兽骨，则应是捕猎所得。至于人骨则有可能来自战争中的俘虏，也有可能来自本国的奴隶。在甲骨卜辞中多有属臣向商王进献龟甲的记载，由此可知占卜使用的龟甲一部分是由进贡而来的。龟的产地集中于殷墟南方和长江流域，也有一部分是本地所产。

殷人得到甲骨以后并不是直接就用来占卜的，而是要经过一番加工处理，大致流程有先经清洗、刮削除去甲骨表面的不净、不平整之处，锯除多余的部分；然后在龟甲背面或兽骨的一边，使用刀具进行钻和凿，目的是在甲骨表面钻出圆形，凿出椭圆形的坑，但是并不穿透甲骨（见下图）；接着把钻凿后的甲骨背面朝下在火上灼烧，因为钻凿处较薄，加热以后便会裂开，在正面形成的裂纹就是所谓的“卜兆”，殷人正是根据这些卜兆的样式来判断吉凶的；有时这次占卜的最终结果是否应验，事后也会记录在甲骨上。还需要特别指出的是，甲骨的整治、钻凿、灼烧等程序应是由多人分工完成的。

龟腹甲钻凿形态

（三）甲骨文的分期

甲骨文最初被发现的时候人们仅知其为古老文字，后来逐渐清楚其为殷人文字，再后来得知甲骨出自殷墟小屯村以后又辨明其为殷末文字。然而殷末的商王有武丁、祖庚、祖甲、廪辛、康丁、武乙、文丁、帝乙、帝辛九位，时间跨度达200年。能否将众多的甲骨进一步分期具体到每一个王世,是当初不少学者一直在努力解决的问题。

最初的甲骨文一直是小屯村当地人私挖乱掘所得,出土的甲骨经过转手倒卖,最终散落于各处私人手中,资料缺乏完整性、系统性。直到1928年我国才开始了对殷墟甲骨的科学考古发掘,结束了甲骨被盗掘毁坏的历史。董作宾先生是当时发掘工作的主持者之一,董先生在整理出土甲骨文资料时发现不同王世的贞人往往不同,“贞人”即占卜命龟之人,在卜辞中出现在记录时间的干支以后、“贞”字以前。以此为基础,董氏提出了以卜辞相关材料中的世系、称谓、贞人、坑位、方国、人物、事类、文法、字形、书体十项内容来判定甲骨的时代,并按照这十项标准将商代甲骨文分为了五期:

第一期:武丁及其以前;

第二期:祖庚、祖甲;

第三期:廪辛、康丁;

第四期:武乙、文丁;

第五期:帝乙、帝辛。

董先生的这一发现打破了以往对于甲骨文分期的模糊认识,其成果直到今日仍被沿袭使用。五期分类法提出以后,有学者发现在同一王世下会存有几组不同贞人集团的卜辞,而同时某一组贞人的卜辞又会存在于不同的王世。因此依照王世来划分卜辞尚不够精密,主张先将卜辞按照字体等内容先划分为若干类,再对各类卜辞存在的王世进行考证,这种分期的方法比之前的五期分类法又前进了一步,使甲骨文的分期分类更为精确。

(四)甲骨文的内容

甲骨文从总体上说可以分为卜辞与非卜辞两大类。前文已述甲骨文的主要内容是当时的占卜记录,除此以外还常刻写有部分其他内容,如甲骨进贡的记录、干支字表等,这部分内容就是非卜辞。一条完整的卜辞是由前辞(又称叙辞)、命辞(又称贞辞)、占辞、验辞四部分组成的。前辞记录的是占卜时间和贞人,命辞即此次占卜所要卜问的事项,占辞即商王对卜兆做出的吉凶等判断,验辞就是事后对这次占卜是否应验的结果的记录。这四个部分是一条理想化卜辞所具备的内容,实际的卜辞文例中经常会省略其中的某些部分。

卜辞占问的内容是非常广泛的,商朝人对鬼神很迷信,几乎会对所有的事情进行求神问卦,卜问吉凶。依照陈炜湛先生的主张,卜辞的内容可以大致分为十类,分别是年岁、天象、旬夕、祭祀、征伐、田猎、疾梦、使令、往来、妇事。

1.年岁

殷商时期农业是安邦之本,商王自然会关心农事,卜辞时常有对年成好坏、耕作等方面的贞问,可以略举两例:

《甲骨文合集》9735:

甲午卜,延贞:东土受年?

甲午卜,延贞:东土不其受年?

"甲午"是占卜的时间,"延"是贞人,"东土"即商王东方的领土,"年"即年成、收成。这两条卜辞先是从正面卜问"东土会有好收成吗",又从反面问"东土不会有好收成吗?"

《甲骨文合集》41535:

其祷年于河,今辛巳酒,受年?

"祷"即祈祷意,"河"即河神,"酒"意为用酒祭祀。这条卜辞意思是:向河神祈求年成,在辛巳这天用酒祭祀(河神),会有好的收成吗?其实就是在卜问哪一天向河神举行祭祀,才会受到保佑得到好收成。

2.天象

天气好坏直接影响着商代先民的生活作息与农业生产,一些特殊的天象,如日食、月食,还有着诸多神异的色彩,影响着人们的思想认识,因此卜辞中也常有贞问天象的记录。

《甲骨文合集》11423 正面:

癸未卜,宾贞:兹雹不唯降忧?十一月。

癸未卜,宾贞:兹雹唯降忧?

"宾"也是一位贞人,"雹"即冰雹,直至今天仍属于气象灾害。"降忧"即带来灾难、忧患。这两条卜辞是从反、正两个方面贞问:这次冰雹不会带来灾祸吗?这次冰雹会带来灾祸吗?

《甲骨文合集》37604:

戊午卜,贞:今日王其田宫,不遘大风?

“王”即商王,“田”意为田猎,“宫”是地名,“遘”意为遭遇。这条卜辞是说:戊午这一天卜问,商王今天去宫地进行田猎,不会遭遇大风吗?大风会造成行动不便,影响追捕猎物,因此商王田猎专门对是否会遭遇大风进行卜问。

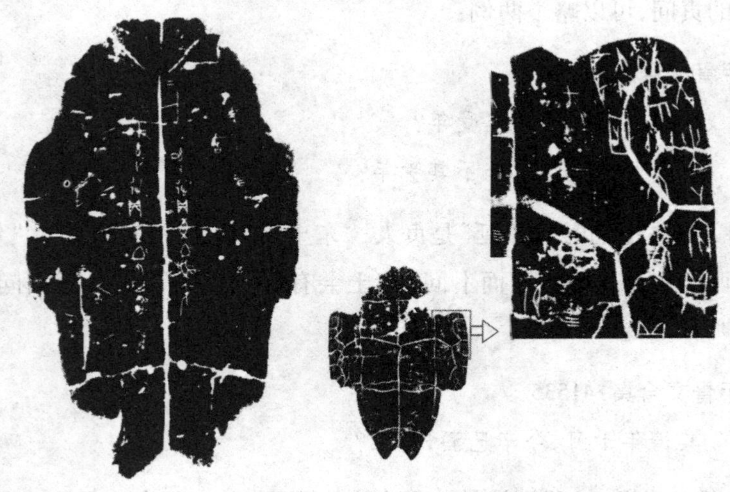

《甲骨文合集》9735(左)、《甲骨文合集》11423 全版及局部放大(右),这两版均为龟甲

3.旬夕

商王在每一旬这个时间段内,常会卜问这一旬或下一旬的吉凶,也会在白天的时候卜问今夕(今夜)是否有灾祸,这便是旬夕卜辞。

《甲骨文合集》1118:

癸巳卜,古贞:旬亡忧?二月。

“古”是贞人,卜辞载:二月癸巳这天进行占卜,古贞问:这一旬是否有灾祸?

《东京大学东洋文化研究所藏甲骨文字》1223:

甲寅卜,行贞:今夕亡忧?在十月。

这条卜辞是说:十月甲寅这天占卜,贞人行贞问:今晚没有灾祸吗?

4.祭祀

祭祀祖先神明是求得保佑的重要手段,卜辞中此类内容非常普遍。

《甲骨文合集》13619：

癸巳卜，㱿贞：子渔疾目，祼告于父乙。

“㱿”是贞人的名字，“子渔”是人名，“疾目”意为眼睛有疾病，“祼”意为“祼祭”，是一种祭祀方式，“父乙”是商王武丁的父亲，“父”是亲属称谓，“乙”是谥名。这条卜辞意为：癸巳这天进行占卜，㱿贞问：子渔的眼睛生病，祼祭告于父乙好不好？

《甲骨文合集》326：

丙午卜，贞：燎于河五牢，沉十牛，宜牢，又羌十又……

“燎”是一种祭祀的方式，即用火烧，“牢”是圈养的牲畜，这里指牛，“沉”是沉入水中，“宜”是将动物肢体分解，“羌”是俘虏的羌人。这条卜辞意为：丙午这天占卜，贞问：用火烧五牢的方式祭祀河神，沉入河中十头牛，肢解一牢，外加使用十几个羌人。一次祭祀要用十几头牲畜和十几个俘虏，可见殷人祭祀的隆重程度。

5.征伐

商人四周存在着诸多敌对方国，即使是商人手下的属臣也时有反叛，军事征伐

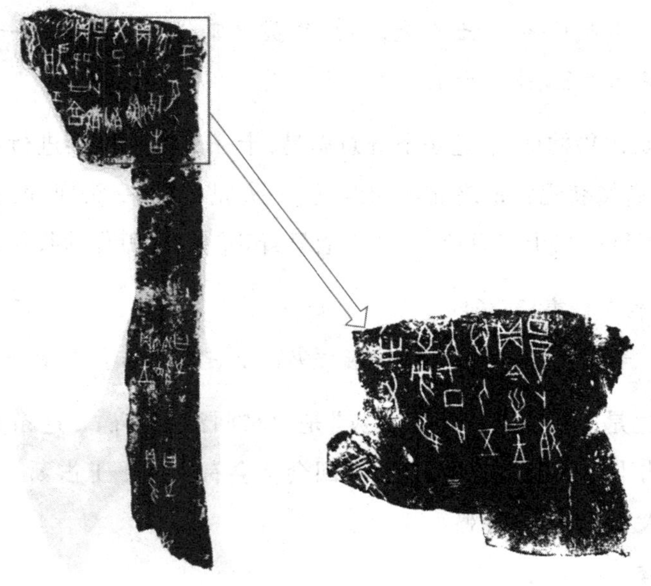

《甲骨文合集》13619（左）、《甲骨文合集》6409（右），这两版均为牛肩胛骨，但都残缺不全

必不可免，卜辞中也常见商王对战争行动吉凶进行的卜问。

《甲骨文合集》6409：

丁酉卜，㱿贞：今早王登人五千征土方，受有佑？三月。

“登人”意为召集人，“土方”是商人的敌对方国，“受有佑”即受到保佑之意。该卜辞可以翻译为：三月丁酉占卜，㱿贞问：今早商王召集五千人征伐土方，会受到保佑吗？

《甲骨文合集》6664 正面：

甲辰卜，争贞：我伐马方，帝授我佑？一月。

“争”同样是贞人，“马方”是另一个敌对方国，“帝”是上帝。这条卜辞意思是：一月甲辰这天占卜，争贞问：我攻打马方，上帝会保佑我吗？

6.田猎

田猎是商代补充食物、消除动物灾害的重要途径，同时也是贵族游玩、演练军事的重要活动。

《甲骨文合集》10197：

乙未卜：今日王狩光，擒？允获马二、兕一、鹿二十一、豕二、麑百二十七、虎二、兔二十三、雉二十七。十一月。

“光”是田猎的地点，这条卜辞意思是：十一月乙未这天进行占卜，今天王在光地田猎，会有擒获吗？最终捕获两匹马、一头兕、二十一头鹿、两头野猪、一百二十七只麑、两只虎、二十三只兔子、二十七只野鸡。这次田猎的收获是很丰富的。

《甲骨文合集》37364：

辛未王卜，贞：田叀，往来亡灾？王占曰：“吉。”获象十，雉十又一。

“叀”也是田猎地点，“往来亡灾”是说来回没有灾祸。这条卜辞意为：辛未这天王进行占卜，贞问：去叀地田猎，来回会不会有灾祸？王占断卜兆说：“吉。”最终获得十头大象、十一只野鸡。

7.疾梦

殷代之人认识有限，在生病之后，认为是鬼神作祟未得到祖先庇佑，因此常会进行占卜，贞问疾病是否能痊愈；在做梦之后，也常通过占卜来确定梦的吉凶。

《甲骨文合集》13634 正面：

甲辰卜，古贞：疾舌，唯有害？

这条卜辞说：甲辰这天进行占卜，贞人古贞问：舌头生病，会带来灾害吗？

《甲骨文合集》272 正面：

贞：王梦，唯忧？

贞：王梦，不唯忧？

上述两条卜辞从正反两面贞问：商王做梦，会不会有灾祸？可见时人的思想中梦是和吉凶相关的，直到当今社会这种思想仍有几分盛行。

8.使令

使令卜辞即对商王发布命令进行的占卜。

《甲骨文合集》223：

壬午卜，宾贞：令兔执羌？

“兔”是人名，“执”是抓获之意，这条卜辞意为：壬午这天占卜，宾卜问：令兔抓获羌人好吗？

《甲骨文合集》31974：

丁亥贞：王令毕众送伐召方，受佑？

这条卜辞意在卜问：王令毕众追伐召方，是否会受到保佑？

9.往来

商王或者其他贵族到哪里去，路途当中是否顺利，这也是需要卜问的内容。

《甲骨文合集》37498：

戊戌王卜，贞：田丧，往来亡灾？王占曰：“吉。”获狐一。

“丧”是商王去田猎的目的地，这条卜辞大意是：戊戌这天商王占卜，贞问：到丧地田猎，往来途中有没有灾祸？王占断说：“吉。”最终这次田猎获得一只狐狸。

《甲骨文合集》7957：

辛酉卜，争贞：今日王步于䢦，亡害？

这条卜辞是在卜问：今日王行走到䢦这个地方，是否有灾害？

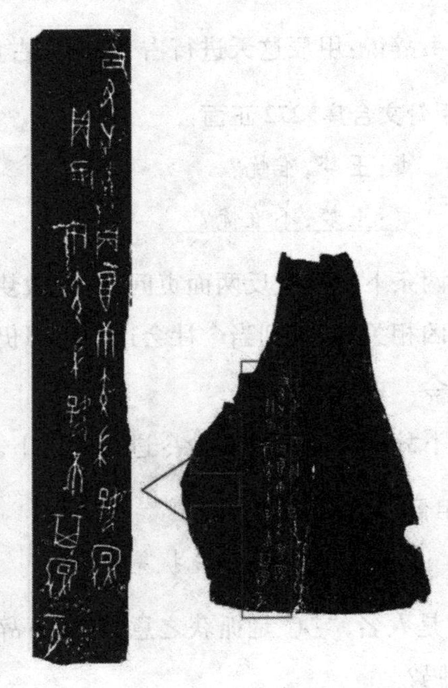

《甲骨文合集》37498(左)、《甲骨文合集》154 整版和局部放大(右)，这两版均为牛肩胛骨

10.妇事

与妇女有关的嫁娶、生子等事同样是卜辞中常见的内容。

《甲骨文合集》116 正面：

贞：今五月娩？

辛丑卜，宾贞：其于六月娩？

贞：今五月娩？

贞：其于六月娩？

贞：今五月娩？

贞：其于六月娩？

这一版卜甲中反复贞问商王妻子究竟是五月分娩还是六月分娩。

《甲骨文合集》154：

己丑卜，㱿贞：翌庚寅妇好娩？

贞：翌庚寅妇好不其娩？一月。

妇好是商王武丁的配偶，上述两条卜辞从正反两方面贞问，下一个庚寅日，妇好会不会分娩？

从前文的举例可知商王占卜的事项，可谓事无巨细，大到征伐祭祀，小到举步行走。正因如此，甲骨文具备了多方面的研究价值，同时也使我们得以借助卜辞一窥商代社会生活的方方面面。

二、商代金文

介绍金文必须要先了解一下青铜器以及铭文的铸造问题，据有关学者研究，商周铜器的铸造主要是采用块范法（又称土范法）。块范法的铸造过程是先使用泥土等材料制成想要铸造器物的模型，这个模型被称为模或母范；再使用泥土严实地敷在模型外表，然后将外表的泥土分割成数块，从模型上剥离下来，剥离下来的部分即被称为外范；接着再制作一个和想要铸造的铜器内部相当的模型范，这个范又被称为芯、心型、内范；再将内范与外范套合，并使二者之间保持一定间距，这个间距就是目标铜器的器壁厚度；最后将融化的铜液浇注到内范与外范的空隙中，等到铜液冷却凝固，除去内范外范，就可以得到想要的铜器了。

根据这种铸造工艺，若要在铜器上形成铭文，就需要在内范和外范上下功夫。如果将文字以阴文或阳文的形式反书于内范上，则就会在器物内壁形成阳文或阴文的铭文；同理，如果将文字以阴文或阳文的形式反书于外范上，则就会在器物外壁形成阳文或阴文的铭文。

商代金文数量虽远不如商代甲骨文丰富，但总量也算较为可观，约有6400件。只是铭文字数较少，一般不超过十字，字数最多的小子𧊒卣也不过47字（含重文），这可能和当时的习俗以及铜器铸造工艺水平有关。从铜器的种类来说，则是以酒器为主，这从侧面反映出了殷人喜好饮酒的习俗，纣王“酒池肉林”不过是整个商朝贵族总体风气的写照。

商代金文的主要内容有族氏铭文、祭祀的祖先名、器主私名以及个别的记事铭文。族氏铭文或称族徽文字，是由一个或几个铭文组成的，用来表示自己族氏的文字。这类铭文中常有一些象形程度很高的文字，以及线条式或几何式的符号，如[illegible]、[illegible]、[illegible]等。《左传》中有“国之大事，在祀与戎”的说法，“祀”即祭祀，“戎”即战争。可见祭祀是当时国家层面的重大活动。商周时期的青铜器很多都是专为祭祀祖先而铸造的礼用器，因此铜器上也常会铸刻所要祭祀的祖先的名字，如父丁、母乙、祖辛、妣戊之类。铜器标注器主私名，就和现在将名字写在书本上一样，是为了表示器物归属的。商代金文与甲骨文有不少都是同时期的，因此金文中有很多族氏名和人名也同样见于甲骨文当中，如天黾、舌、妇好等。商代金文中的记事铭文，数量较为稀少。

商代金文的总体风格偏向于古朴、端庄、稳重，字形中象形的意味比甲骨文更为浓重，这和金文使用的场合较为隆重以及书写过程限制较少有一定关系。金文更接近于当时的正体字，甲骨文则属于特殊情境下使用的俗体字。

小子𧶠卣及铭文拓本

三、商代其他文字材料

商代文字除了大宗的甲骨文和一定数量的金文以外，还发现有部分陶文、玺印文字和玉石文字，现分别介绍如下。

（一）陶文

商代陶文数量不多，《古陶文汇编》一书收录有110多件，陶文多是单个文字，少见数字者。其内容有事物象形、数字、人名等。陶文多为刻写而成，也偶见墨书文字，字迹较为潦草。

（二）玺印文字

据相关文献记载，玺印起源很早，《后汉书·祭祀下》载："尝闻儒言，三皇无文，结绳以治，自五帝始有书契。至于三王，俗化雕文，诈伪渐兴，始有玺印，以检奸萌。"（大意为：曾听有学问的人说，三皇的时代还没有文字，用结绳记事的方法处理事务，到五帝的时代才有文字，到了三王的时候，使用文字的人多了，欺诈逐渐兴盛，出现了玺印，用来查验奸伪。）三王就是指夏商周三代之君，但这只是传说，没有实物证据。于省吾先生曾公布三枚商代玺印的印文，不过这批资料的真伪却在学界一直存有争议。可喜的是，2012年又有学者公布了三枚出土于安阳殷墟的商代玺印，这就从考古出土实物的角度证明了商代是确实存有玺印的。

目前所见的几枚商代玺印印文以族氏铭文为主，这些族氏已见于商代金文和甲骨文，有的印文中还带有动物纹饰以及田字格，考古出土的三枚商代玺印均为青铜铸造。

（三）玉石文字

商代玉石文字同样十分稀少，准确的数量目前还没有专门统计。其文字一部分是墨书文字，亦有刻写而成的文字。文字内容有的是祖先之名，有的是记事之辞，或者是器主之名，此外还有数字卦。

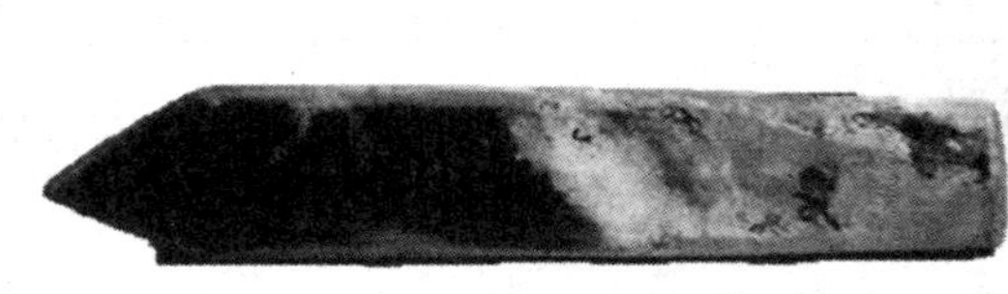

河南三门峡上村岭虢国墓地出土的商代玉戈，戈上刻有"小臣𣪘"三字

第三节　贵族狂欢——西周文字

西周时期的文字主要是金文、甲骨文,此外还发现有陶文和玉石文字,其中金文是整个先秦时期的巅峰。这主要是因为周武王克商建立起西周王朝以后,经济文化较商代均有较大的发展,青铜器以及铭文的铸造工艺大为进步。目前所见的西周甲骨文与商代甲骨文相比数量已经大为减少,但是地域分布却更为广泛。西周的陶文和玉石文字仅有零星的发现,数量依旧不多。

一、西周甲骨文

甲骨本是古人占卜所用的卜具,先秦时期不是只有商王才进行占卜活动,商王属下的贵族大臣也要占卜,因此就发现有非商王的卜辞,例如:殷墟花园庄东地发现的商代甲骨即属于武丁之子,在远离山东的济南大辛庄也出土有商代甲骨文。同时也不是只有商代人才进行占卜,周人同样使用龟甲兽骨卜问吉凶,因此西周及其后的春秋、战国时期也理应存有甲骨文。中华人民共和国成立以后,随着考古事业的发展进步,确实在全国多地发现了几批西周时期的甲骨文。

(1)1950 年殷墟四盘磨出土了 3 片卜骨,其中一片刻有文字。这批材料的特殊性在于,是在商人国都发现的周人甲骨。

(2)1954 年山西洪洞县坊堆村周代遗址发现一片有字卜骨,共有 8 字。

(3)1956 年陕西长安县(今西安长安区)张家坡村出土了 3 片有字卜骨,卜骨刻有 4 组数字卦,需要特别指出的是张家坡村所处的位置在西周时期属于周都丰、镐的范围以内,所以这几片甲骨可以说是在周人国都发现的,意义非凡。

(4)1975 年北京昌平区白浮村燕国墓地出土了 100 余片甲骨,这是属于周代诸侯国——燕国的甲骨文。

(5)1977 年陕西岐山县凤雏村发掘的西周宗庙建筑遗址出土了 17000 多片卜骨和卜甲,其中有字部分合计 300 多片。因为出土地即文献记载中的周原,这批甲骨便被习称为"周原甲骨",周原甲骨是目前为止出土数量最多的西周甲骨。

(6)1979 年陕西扶风县齐家村发现了 6 片带字甲骨,这批资料中有一片龟甲保存状况较好,是当时所见最为完整的西周卜甲。

(7)1991 年河北邢台南小汪西周遗址发掘出一片卜骨,共 10 多字。

(8)2003—2011 年陕西岐山县凤凰山周公庙遗址出土了 800 余片有字甲骨。有学者认为周公庙遗址可能是周公的采邑,这样的话,这批甲骨就应属于周公族人的占卜记录。

西周甲骨。此版为龟甲的一部分,宽约 3 厘米,在比大拇指指甲盖稍大的区域共刻有 30 个单字,显示出周人高超的微雕技艺

(9)2018 年 1 月宁夏回族自治区彭阳姚河塬遗址出土了 3 片卜甲,其中一片刻有 35 字,内容是卜问派人到某地进行巡视的吉凶。这批材料是目前西周甲骨的最新发现。

从上述材料可知西周甲骨在陕西、宁夏、河南、河北、北京、山西等地均有发现,大大扩展了我们对甲骨文出土地的认识。西周甲骨与商代甲骨在本质上是相同的,都是用于占卜的,因此西周甲骨的主要内容也是占卜记录。但是周人和商人的甲骨文还是有一些不同,在甲骨的整治上周人甲骨多见方形的凿,与商代卜辞多椭圆形的凿不同。在文字形体上周原甲骨字形小如粟米,笔画纤细,往往需要放大数倍才能辨认清晰,这是以往所未见到的;西周卜辞在用字上也有自己的特色,常见“囟”“卧”等字。周礼因于商礼,西周甲骨和商代甲骨之间,也基本上是保持了一种继承与发展的关系。

二、金文

西周金文与前代相比,最大的特点有二:一是铭文篇幅更长,长达数百字者不乏其例,如最长的毛公鼎铭文有 497 字(含重文 9 字,合文 9 字);二是数量丰富、制作精良,西周金文器物的数量有 7400 余件,其中虢季子白盘、兮甲盘、毛公鼎等铭文为书法家所重视,成为书法学习者的临摹拓本。

(一)西周金文的整体风格

西周时期从周武王建国开始,到周幽王烽火戏诸侯而亡国,共有十二王,从时代上说,武王、成王、康王、昭王这一时期属于西周早期,穆王、恭王、懿王、孝王则属于西周中期,夷王、厉王、宣王、幽王属于西周晚期,三个时期的金文风格各有不同。

西周早期的金文继承殷商金文而来,因此很多铜器的文字仍带有浓厚的商代金文特征,铭文布局不够规整,字形依旧富有象形色彩,书写气势豪放,笔画浑厚凝重,线条流畅,多为中间粗两端尖细的形状(如献侯鼎铭);在西周早期的晚些时候开始出现了书写规整拘谨、结体匀称、笔画均匀的风格(如御正卫簋铭)。

西周中期的金文象形程度有较大的下降,文字有两种风格较为突出:一种字体规整谨严,但笔画仍有肥细与波磔变化(如长由盉铭);一种文字笔画趋向于粗细一致,进一步向线条化方向发展,波磔与粗肥的现象消失,文字结体更加松散自由,一改拘谨的风格（如乖伯簋铭）。

西周晚期的金文布局更加工整规范，行款整齐，个别铭文在制作文字范时打有界格，以求对应行列。字形开始纵向结体呈细长形，大小如一，笔道遒劲有力，线条灵动。其代表性的铭文有虢季子白盘铭、大克鼎铭、㝬簋铭等。

献侯鼎铭

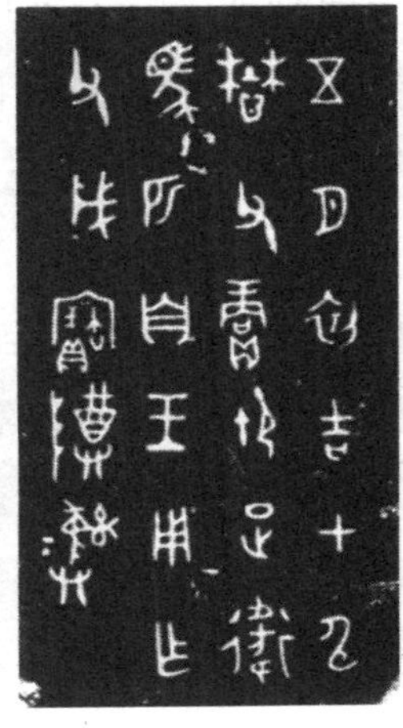

御正卫簋铭

长甶盉铭

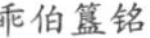

乖伯簋铭

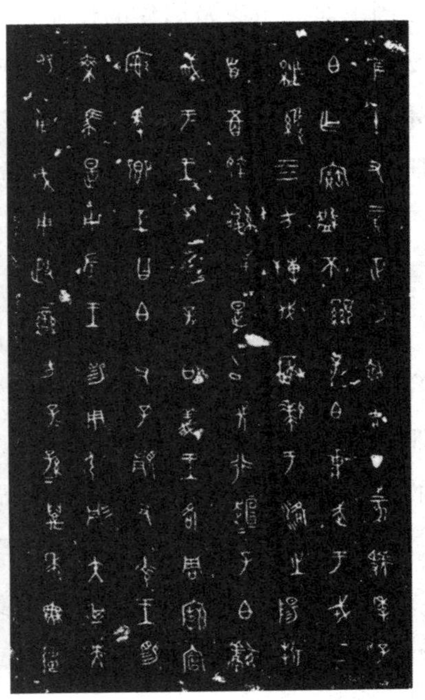

虢季子白盘铭

(二)西周金文的重要内容

作为金文载体的青铜器在商周时期是贵族阶级才能大量享有的贵重物品,有能力铸造铜器的都是当时社会的权贵,器主包括周王、诸侯国国君、王室大臣、封邑领主、诸侯家臣等,不少都是商周重要历史事件的主导者和参与者。因此铭文的内容也就涉及了西周社会的诸多领域,为我们了解两千多年前的社会提供了一个窗口。下面我们从战争、册命、礼仪、商业、法律五个角度来介绍一下西周金文记载的内容。

1.战争

西周时期面临着玁狁、南夷、东夷、淮夷等诸多敌对势力,青铜器铭文中记载有不少周王朝与其作战的内容。例如:虢季子白盘铭就记载了器主虢季子白率领军队在洛水之阳与玁狁作战,最终斩敌五百,俘虏五十,取得胜利,受到了时王的嘉奖与赏赐;敔簋铭记载了西周晚期南淮夷侵伐周人,敔率军战胜敌军,被赏赐玉器、钱财、土田;晋侯稣钟铭则记载有周王亲自率军征伐东夷的事迹。

2.册命

周王对大臣以及诸侯的任命赏赐,也是西周金文中的常见内容。例如:伯晨鼎铭文载"王命垣侯伯晨:嗣乃祖考侯于垣",意即周王册命垣国之君伯晨说,继承你祖先的职位,作垣国之侯。这是周王对诸侯继位的册命。师晨鼎铭文载"王呼作册尹册命师晨:胥师俗司邑人",意即周王令作册尹任命师晨辅佐师俗管理邑人。这是周王对大臣职务的任命。

3.礼仪

吉礼、军礼、凶礼、宾礼、嘉礼这五种礼制在西周金文中均有反映,吉礼方面的内容可以参看金文中众多的对上帝、祖先等的祭祀内容;军礼则可以参看有关铭文中俘获献捷的内容;而青铜器铭文"遣"(如用遣爵)、"用遣母灵"(如否觚)即凶礼中的遣奠之仪;霸伯盂铭文记载了周王使者对霸国的一次出使,涉及了宾礼中行聘、私觌、归饔饩、飨宾、还玉等诸多环节,是有关宾礼的重要材料;两周金文中诸多为嫁女而做的媵器则是研究嘉礼的资料。总之,西周金文中的礼仪内容是十分丰富的,借助金文研究礼制已成了相关学科研究中的一个重要方向。

4.商业

西周金文中有一些关于商品交易、管理商业和器主经商的记载,是西周时期商业发展的真实写照。例如:格伯簋铭文就记载了格伯使用三十田换取倗生四匹良马;颂簋铭文记录了周王命令颂管理成周商业;剌鼎铭文则有器主剌开始从事商业的记载。通过这些内容我们可以知道西周时期的商业是较为发达的,而且土地是可以进行私人交易的。

5.法律

西周金文中还有部分关于当时法律制度的内容,𠑇匜记载了牧牛与自己长官之间的一次诉讼,牧牛败诉并被要求缴纳罚金和立誓,铭文中还提到了鞭刑、墨刑以及审理案件的负责人、参与者等内容,是了解西周法律制度的重要材料。

三、西周陶文

《古陶文汇编》共收录有西周时期的陶文46件,数量不多,在西周文字中只是少数的存在。西周陶文文字多为刻写,偶有戳印而成的,戳印陶文的样式与战国陶文类似。陶文的内容有数字、象形符号、单字,也有多达数字的记事之辞。其文字风格与同时期的金文较为接近,出土地主要集中于陕西岐山、扶风,亦有个别出自山东。

四、西周玉石文字

《商周青铜器铭文暨图像集成》中收录有几件西周时期的玉器文字,文字有刻写和墨书两种形式,内容有职官、记事、占卜记录、人名等。字数最多的是一件出土于陕西岐山的太保玉戈,戈铭记载了周王命令太保出使南国的经过。刻写的玉石文字与同时期的甲骨文字体风格较为一致,而墨书的玉石文字则是笔画粗细相间,线条婉转,与商代的墨书文字风格差别不大。

第四节　和而不同——春秋文字

周平王迁都洛邑(今河南洛阳)以后,拉开了春秋时期的历史序幕。经过犬戎之乱,周王室逐渐衰微,同时各地的封国却在积蓄势力,不断壮大,个别强盛之国不断向外扩张,诸侯力争不统于王,礼乐征伐自天子出的局面一去不返。春秋时期诸侯国在大力发展经济、军事实力的同时,也着力促进文化方面的进步,而由于诸侯国对周王室的向心力的减弱,各国文化的地域色彩得以不断增加。这体现在文字层面,就是文字异形现象的萌芽和发展。目前所发现的春秋文字主要是金文,此外还有部分玉石文字,下面就对二者进行分别介绍。

一、金文

春秋时期的金文总数在2200件以上,远低于西周时期7000件以上的总量,而且在铭文字数上春秋金文也大幅减少,数百字以上的铭文远没有西周丰富。春秋时期铸作铜器的器主多是诸侯国国君及其卿大夫,铭文的主要内容与西周时期也有一些不同。西周金文习见的周王册命赏赐的记载,在春秋金文中几乎消失不见,这和周王室地位衰落的史实密切相关。下面我们从祭祀、军事、世系、婚姻、职官、历法六个方面简单介绍一下春秋金文的内容。

1.祭祀

青铜器在铭文中常自名为“彝”,《说文解字·糸部》对“彝”的解释就是“宗庙常器”,充分表明了青铜器在宗庙祭祀方面的用途。春秋金文中亦有不少关于作器祭祀的记载。例如:郑臧公之孙盧鼎“作铸肆彝,以为父母。其献于下都,曰:呜呼哀哉,烈叔烈夫人,万世用之”,就是讲为父母铸造这件祭祀铜器,将其献于黄泉,说:内心悲痛啊,光明的叔和他光明的夫人,永远使用这件鼎;王子午鼎又说“自作肆彝列鼎,用享以孝于我皇祖文考”,即自己铸作祭祀用的列鼎,用来祭祀我伟大的爷爷和有文德的父亲。

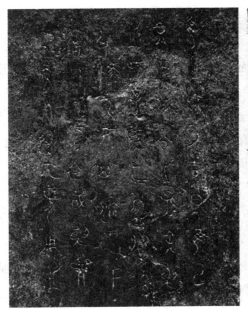

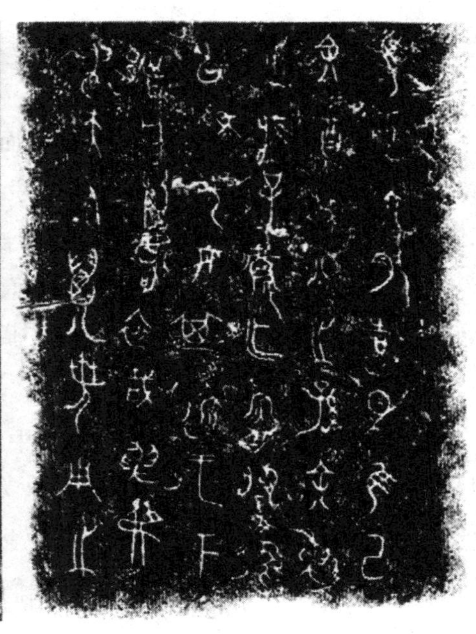

郑臧公之孙盧鼎铭文照片及拓本

2.军事

春秋时期列国之间兼并战争增多,在金文当中对此同样有所反映,甚至可以发现一些见于传世文献记载的著名战役的影子。例如:收购自香港的子犯编钟铭文记载了子犯(即传世文献中的咎犯,又名狐偃)辅佐晋文公重耳复国继位,率领晋军与楚国战斗等内容,这次战争即《左传》《史记》等文献记载的春秋时期赫赫有名的“城濮之战”;而随州文峰塔曾国墓地出土的曾侯与钟铭文则记载了吴国征伐楚国,楚国将要灭亡之际,曾侯力挽狂澜安定楚命的内容,这次战斗就是典籍中伍子胥报仇雪恨的“柏举之战”。

3.世系

器主在铸作铭文时为了歌功颂德彰名于后世，往往会先自报家门介绍自己高贵的出身，这就使金文有了丰富的世系记载。例如：秦公镈铭文开头即明言："我先祖受天命，赏宅受国，烈烈昭文公、静公、宪公"，意即我的祖先承受天命，建立秦国，光明的文公、静公、宪公，文中直接叙述了秦国的三代世系，加上器主就是四代；楚国铜器东姬匜中器主自称"宣王之孙，雍王之子东姬"，同样交代了自己的出身世系。

4.婚姻

婚姻是"合二姓之好，上以事宗庙，而下以继后世也"，在先秦社会，通婚是建立和发展两国、两族之间关系的重要手段，含有浓厚的政治色彩。已发现的春秋金文中，娘家为嫁女所做的陪嫁之器（即媵器）不在少数。例如：鲁伯愈父盘载"鲁伯愈父作邾姬仁媵沬盘"，是姬姓的鲁国嫁女于曹姓的邾国；陈侯簠铭文载"陈侯作王仲妫䵼媵簠"，是妫姓陈国嫁二女儿于周王。

5.职官

铜器器主作为贵族阶级，往往在国中任有官职，因此金文中常见职官之名。例如：𪒠镈铭文中器主𪒠自述个人履历"余为大攻厄、太史、大遂、太宰"，介绍了自己历任的四个职位；其他官名如鲁太宰原父簋中的"太宰"、蔡大膳夫簠中的"大膳夫"、曾太保庆盆中的"太保"等，均向我们揭示了春秋时期的列国职官系统。

6.历法

铭文开头往往记叙铸作铜器的时间，这些记时之辞是先秦历法的真实描述。蔿夫人嬭鼎铭文载"唯正月初吉，岁在涒滩，孟春在奎之际"，记录了月份、朔日，太岁在涒滩，岁星在奎，是春秋时期太岁纪年、岁星纪年的重要证据；蔿子受编钟与编镈铭文记时之辞是"唯十又四年叁月，月唯戊申，荒落昧爽"，记录的时间为楚王十四年三月朔日戊申日，太岁在大荒落的位置，黎明时分，涉及国君纪年、朔日、太岁纪年等历法内容。

二、玉石文字

春秋时期的玉石文字数量较之前的商代和西周时期要丰富很多，主要是人们发现了侯马盟书和温县盟书这两批大宗的文字材料，此外还有唐代初年就已发现并传至今世的石鼓文和陕西凤翔县南指挥村出土的秦景公石磬等材料。

1.侯马盟书

该资料1965年底出土于山西侯马，内容主要是订立盟约的言辞，故被称为侯马盟书。依照先秦的礼制，各方订立盟约有一定的仪式和程序，首先要拟定盟辞，之后要杀牲歃血（歃血就是用牲血涂于嘴唇），接着当众宣读盟辞，将誓词告于天地神明，作为监视，最后就是将牲、盟书共同埋藏于地下。盟书是用毛笔书写于玉石之上的，共计出土5000余件，因掩埋于地下已有2000多年，字迹多有脱落，能辨识文字者仅有600余件。盟书文字均为书写，有红色朱书和黑色墨书两种，甲骨文为契刻而成，金文为铸造而成，这两类材料的字体形态与当时的手写文字已有较多差异，盟书文字则体现了春秋时期手写汉字的真实面貌，其价值不言而喻。

盟书的内容可以细分为六类：①宗盟类。其内容是强调要效忠本族宗主，反对政敌；②委质类。这是从敌对阵营中分化过来的一部分人所立的盟誓，表明自己与

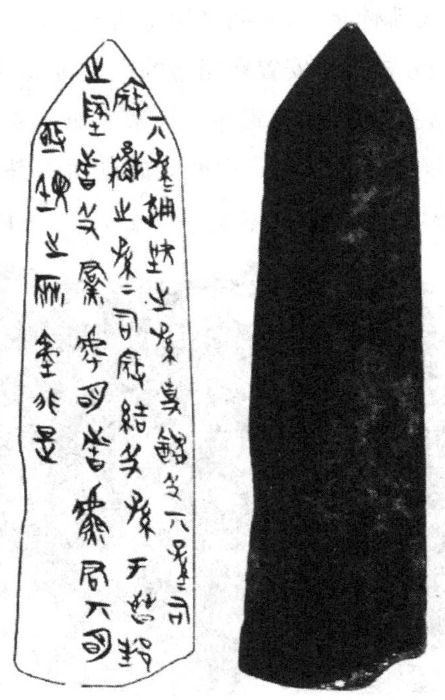

春秋时期晋国“侯马盟书”部分照片（右）及摹本（左）

敌营决裂,效忠新主;③纳室类。即盟誓人立誓不侵占他人财产的誓词,并说明如有违约,甘受诛灭和制裁;④诅咒类。即对某些罪行进行谴责和诅咒;⑤卜筮类。记录的是与盟誓有关的占卜;⑥其他。即一些不能归入以上五类之中的盟书。其中前三类内容为朱书,诅咒和卜筮类盟书则为墨书。

2.温县盟书

大约于1980年出土于河南温县,性质与侯马盟书类似,总数高达数万片,但是该资料尚在整理中,至今尚未大量公布。

3.石鼓文

石鼓文在唐朝初年被发现,共10枚,因为其形状类似于鼓,所以被称为石鼓。石鼓文的发现曾在唐代轰动一时,著名诗人韦应物、杜甫、韩愈等均有诗作进行赞美描述。石鼓文的写作年代经学者考证应是秦襄公之世,其字体采用的是春秋时期端庄典雅的秦文大篆,具有非常高的书法艺术价值,唐代的书法名家虞世南、褚遂良、欧阳询均对其大加称赞。

石鼓文自唐初被发现流传至今,其间经历了诸多曲折。被发现之初,石鼓并未受到保护,直到唐代后期才被迁移安置在当地的夫子庙,才算得到了有意保存。到了五代十国时期,兵荒马乱,石鼓不幸散落。宋朝前期又被找回,只是其中一件石鼓已遭毁坏,被凿成了舂粮用的石臼。宋徽宗时期将石鼓迁至都城汴京,加以保管,后来又使用金泥填涂字口,以期保护文字。金人攻入汴京以后,将石鼓运往燕

石鼓及石鼓文《吾车》篇拓本

京，又将金泥剜出，弃石鼓于荒野。元代初年石鼓复被找回，置于庙堂。明清两代石鼓一直存放于国子监。抗日战争期间，为了避免石鼓落入敌手，石鼓被辗转送往上海、南京、重庆等地。抗战胜利以后，石鼓被送返北京，安放于故宫博物院，其颠沛流离的命运总算结束。

十篇石鼓文均为四言诗，后人分拟篇名为《车工》《汧沔》《田车》《銮车》《灵雨》《作原》《而师》《马薦》《吾水》《吴人》，从现存的内容来看，主要是描写秦国君王渔猎及其相关事宜。

4.其他材料

20 世纪 80 年代在陕西凤翔县秦景公墓还出土有 20 余件石磬残片，其上刻有文字，最多的一件存有 37 字，最少的仅留 1 字，字体风格与石鼓文相近，只可惜残泐严重。除此以外还有其他几件见于著录的玉石文字，铭文均较短，这里就不再介绍了。

三、春秋文字的地域特色

春秋时期尤其是到了春秋中晚期，无论是金文还是玉石文字，其地域风格都是

𬴂镈拓本

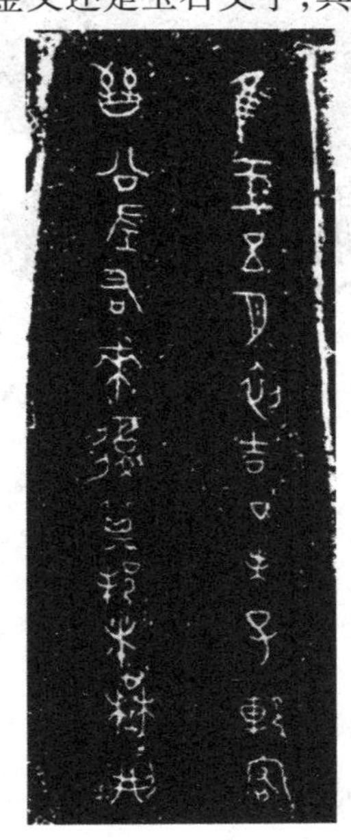

子犯编钟拓本(局部)

较为明显的。齐鲁文字在这一时期多见一种笔画纤细婉转、字形竖长庄正、结构匀称秀丽的文字风格，如𬯀镈；晋文字的风格可以晋公盘、子犯编钟为代表，字形方正，笔画遒劲有力，线条多方折，结体谨严；南方地区的楚国文字以及吴越地区的文字在春秋时期开始了强烈的艺术化倾向，出现了鸟虫书字体，笔画故作弯曲，增添装饰性符号，线条灵动柔顺，刻意突出字形结构中的某些部位，如王子午鼎；与其他地域相比秦文字则较为保守，更多的是继承了西周文字的风格，字形舒展方正，笔画粗细均匀，近于后世的小篆，如秦景公石磬。

王子午鼎拓本（局部）

秦景公石磬拓本（局部）

第五节　文字异形——战国六国文字

战国时期是一个大变革时代,诸侯为求争霸,纷纷变法图强,形成了战国七雄的政治格局,同时在文化上也造就了百家争鸣的盛况。正如《说文解字》所谓"分为七国,田畴异亩,车途异轨,律令异法,衣冠异制,言语异声,文字异形",意即天下分为七个强盛之国,田亩尺量相异,车轨宽度不同,法律制度有别,衣服帽子形制不同,语音多有不同,使用的文字写法不一。

学界常按照战国文字自身的地域特点将其分为五系,即齐系文字、燕系文字、晋系文字、楚系文字、秦系文字。由于秦系文字的特殊性,本书将其单独列为一节进行讨论,本节从略。战国文字最大的特点就是各系文字中的"异形"现象特别突出,各系文字均有一些独特的字形,例如:齐系文字中"寿"作,上部写作""形,就是齐系文字所特有的,其他系的此字多作;燕系文字中"喜"作,其他系文字多作,中间部分的写法明显不同;三晋文字中"百"字作,这是独一无二的,其他系文字多作;楚系文字中"金"作,与其他系文字作截然不同。实际上就算是同一系文字内部不同国家之间也存在字形差异,例如:曾国文字中"左"写作,而楚国文字"左"写作,大相径庭。

这种文字歧异的现象直到秦始皇统一天下,废除六国文字以后,才逐渐消失。与战国时期学术思想上的"百家争鸣"一样,各系文字在存有差异的背景下,相互影响共同向前演变,形成了多姿多彩的战国文字。

一、战国文字的发现

战国文字资料在历史上发现较早,西汉时期鲁恭王破坏孔子旧宅所得到的古文《尚书》《礼记》等,应该就是战国文字写成的;其后西晋时期汲郡(今河南卫辉市附近)一个名叫不准的人在盗掘魏襄王墓时发现了几十车的竹简,史称"汲冢竹书""汲冢书""汲冢古文"等。当时称竹简上的文字为"蝌蚪文",其实同样也属于战国文字。在这些资料的发现年代,战国文字还是可以被当时人识读的。汉代发现的古文经书,经学者的整理与发扬,产生了著名的"古文经学"。晋代学者荀勖、束皙等整理汲冢竹书,得到古书10余种,共75篇,现在仍存的《穆天子传》即出自汲冢竹书。北宋中叶秦国故地发现了诅楚刻石,算是一次比较重要的战国文字发现。诅楚文,顾名思义,其内容就是秦王祭祀神明,谴责楚国背信弃义,暴虐无道,侵伐秦国,诅咒其出师不利,同时祈求天神保佑己方胜利,是一篇难得的具有巫术色彩的战国文字资料。

自诅楚文以后,战国文字的发现沉寂了下来,只有个别资料且主要是战国金文偶见于记载。直到近代,尤其是中华人民共和国成立以后,随着考古事业的进步,战国文字资料开始了井喷式的大发现,迄至今日,战国文字资料已经发展成为所有古文字门类中最为丰富的。按照文字的载体来说,战国文字有金文、陶文、玺印文字、货币文字、封泥文字、竹简文字、帛书文字、漆器文字、玉石文字等,过去金文、陶文、玺印文字是战国文字的主要材料,但是随着包山竹简、郭店竹简、上海博物馆藏竹简、清华大学藏竹简、安徽大学藏竹简的刊发公布,竹简已经成为最大宗的战国文字资料。

二、齐系文字

齐国本是师尚父姜子牙建立的封国,其后田氏代齐,齐国成为陈氏之国,陈、田先秦时期读音相近,因此陈氏即田氏。齐国是山东地区的强国,向外输出文化,周围小国均受到齐系文字的影响,风格多有相似之处,因此学界将战国时期山东地区诸国文字称为齐系文字,主要涵盖齐、鲁两个大国。齐系文字主要包括铜器铭文、玺印文字、陶文、货币文字等类型。

(一)铜器铭文

战国时期齐国君主常自称陈侯,并且将陈字写作"塦",与陈国之陈常作"陳"多有不同,增加了"土"旁,这是区分陈国铜器与齐国陈氏铜器的线索之一。有学者统计,春秋和战国时期的齐系铜器总量为200余件,若仅计算战国时期的齐系铜器的话,应有100多件。

此时齐系铜器的器主有不少都是可以和文献记载中的人名相对应的。比如陈逆簋、陈逆簠等器中的"陈逆",其人见于《左传·哀公十四年》,簋铭交代陈逆为陈纯之后裔,簋是为祭祀皇祖之用;簠铭则记载该器是为其妻子"季姜"所作。十四年陈侯午敦铭文中的"陈侯午"即田齐桓公,也就是"讳疾忌医"这则寓言的主人公。陈侯因咨敦铭文中的"因咨",就是"邹忌讽齐王纳谏"故事中的那位齐威王。陈璋壶铭文记述了铸造该壶的铜料乃是陈璋征伐燕国所得,由此可知陈璋就是史书中那位几乎灭掉燕国的齐国名将田章。

齐国铜器中有数件量器,如子禾子釜、陈纯釜、左关卮等,为研究齐国的度量衡制度提供了重要帮助;传世和出土的几件齐国符节,如齐节大夫马节、辟大夫虎节等,为研究齐国军事、驿传制度等方面提供了重要帮助。除了上述礼器、量器、符节以外,齐系铜器还有存世的一些车辖、铜灯等杂器。1954年在山东枣庄出土了两件战国早期的邳伯夏子罍,铭文记述了邳伯自作铜器用以祈福,展示了战国时期齐系小国的文字风采。

齐系兵器铭文主要见于戈、戟、剑之上,多为铸造,因此结体宽博,运笔粗犷。因为战争的频繁,齐系兵器的数量较为丰富,铭文的内容有的是记录其产地的地名,如平陆、薛、高密造戈等;有的是"物勒主名"即标明器物的领主,如陈侯因咨戈、滕侯昃之戈等。

(二)玺印文字

齐国玺印有500余方,玺印按照印文内容可以分为官玺、私玺、吉语玺等类型。官玺就是政府机构所用的玺印,内容常有职官名;私玺就是个人使用的玺印,内容为人名;吉语玺的内容就是一些祈福或吉利、正德的文辞,如正行无私、忠信等。此外还有单字玺,即印文仅有一字的玺印。齐国的官玺中所见的职官名有司马、工师、司徒等;私玺所见的人名姓氏有高、卜、陈、曹、毛、鲍等。

战国中期齐国铜器陈侯因咨敦铭文拓本

（三）陶文

齐国陶文数量较多，据孙刚《齐文字编》统计，总数在6000个以上。齐系陶文一般都是使用玺印按制而成，文字多是阴文，具有边框，常可以在陶文中发现与玺印文字相同的内容。陶文的内容以"物勒工名"为主，常会书写工匠姓名或籍贯加姓名，例如："高鱼槚里人潮"，"里"是当时的行政单位，《周礼·地官·遂人》中的"五家为邻，五邻为里"就是说五户人家称为一邻，五邻（即二十五户人家）称为一里，"高鱼槚"为里名，"潮"是工匠的私名。

（四）货币文字

战国时期列国仍旧使用金属货币，齐国是刀币的发源地和主要使用国，刀币即形状似刀形的青铜货币，齐国刀币又可分为大刀和明刀两种。齐大刀得名是因为刀币的面文常铸有"齐大刀""齐之大刀""即墨大刀"的铭文，"即墨"是齐国地名，在刀币铭文中应表示其铸造地；与此相似，明刀得名是因为此类刀币上常有一个

"明"字铭文。到了战国晚期,齐国受到秦国的影响开始铸造方孔圆钱,圆钱的面文多铸写"賹刀""賹四刀""賹六刀"等,"賹"有记载的意思,圆钱面文就是说这枚圆钱记载一枚、四枚、六枚刀币,这实际上就是圆钱与刀币之间的兑换关系。

三、燕系文字

此处的燕系文字主要是指战国时期的燕国文字,燕国自西周初期立国以后一直偏处周之北境,发展到战国时期燕国文字也形成了强烈的地域色彩。燕系文字资料主要有铜器铭文、玺印文字、货币文字、陶文等。

(一)铜器铭文

燕国铜器总数较少,《燕文字编》仅列 19 件,其中长篇铭文更为稀少,比较著名的有燕王职壶、燕侯载簋。燕王职就是传世文献中"千金买骨",为求贤而高筑"黄金台"的燕昭王,壶铭记载此器是"克邦残城,灭齐之获",即战胜敌国,攻陷城池,灭亡齐国时所获,讲述了历史上著名的燕国伐齐之战;而燕侯载簋则讲述了燕侯载其人的诸多美好德行。见于著录的还有一些燕国量器,如重金方壶、武平钟、王后鼎等,铭文中记载了燕国觳、掬等容量单位。除此以外,在一些燕国符节、杂器上也发现有文字。

据学者统计,燕国的兵器铭文有 150 多件,数量较为丰富。其种类主要有戈、戟、矛、剑、弩机等,燕国兵器中常带有君王的称号,如燕侯载、燕侯脮、燕王詈、燕王职、燕王戎人、燕王喜等。此外还有一些载有职官名、地名的兵器,如左工尹、右工尹、首阳、不降等。

(二)玺印文字

燕国玺印文字资料数量众多,总数在 600 方以上,燕国官玺中含有大量的职官名,如中军、司马、司徒、司工、尉、铸师等,还有地名,如夏屋、方城、洵城、武阳等。燕国私玺的数量远多于官玺的数量,涉及的姓氏资料非常多,有王、乔、公孙、鲜虞、肖、韩、长等。

(三)货币文字

燕国所使用的金属货币有刀币、布币以及圆钱。与齐国刀币类似,燕国刀币的面文上常有一"明"字,因此也被称为燕国明刀,在刀币的背面则常有铸造炉次的

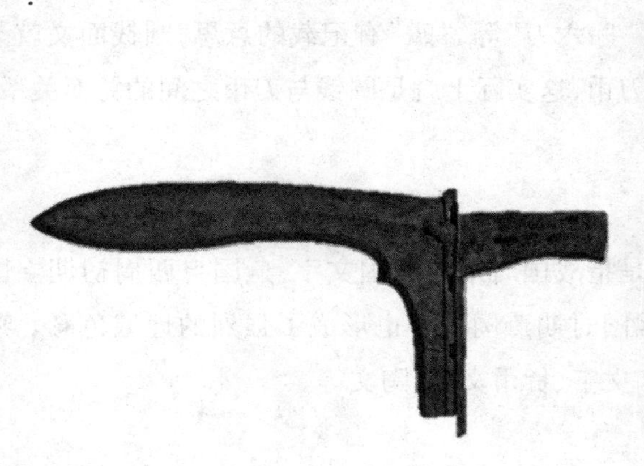

战国早期燕国兵器燕侯载戈

标示之词:外炉、右下、中乙、右七等。燕国还有数种布币,布币起源于一种铲形农具,后形制进行了简化,又因为先秦时期曾长期使用“布帛”当作商品交换的等价物,所以这种铲形钱币也被称为布币,燕国布币常载有燕国地名,如安阳、襄平、安平、韩号等。燕国圆钱也铸有表示其与刀币兑换关系的“一刀”“明刀”等词,这也与齐国近似。

(四)陶文

燕国陶文主要是使用印章钤印而成的,同时也有一些是刻写上去的。何琳仪先生根据形制的差异将燕国陶文划分为三类:第一类是长条形陶文,内容多为陶工某,“陶工”就是制作这件陶器的工匠,“某”是指工匠之名,如陶工午、陶工昌;第二类是正方形的印文,内容多是左/右宫某,“宫”意为王宫;第三类是印面由若干长条形组成的联钤长条形,此类陶文内容较长,多是某年某月,左/右陶尹,里某,轨某,左/右陶工某(即交代了陶尹、里、轨、陶工四个级别的制陶者)。

四、晋系文字

晋系文字或称三晋文字,主要是指三家分晋以后的韩、赵、魏三国文字,同时还包含受晋文化影响的周边诸国,如中山、郑、卫、东周等的文字。三晋的国力较为强盛,流传于后世的文字材料较为繁多,就其书写材料而言有铜器铭文、玺印文字、陶文、货币文字,此外还有部分其他载体的文字,如玉石文字、牛骨墨书等。

(一)铜器铭文

三晋的铜器铭文数量较多,且不乏一些长篇重器。例如:韩国铜器中比较重要的有屭羌钟,钟铭记载了器主屭羌率军攻伐齐国,取得胜利,受到韩氏宗主、晋公以及周天子的称扬与赏赐。韩国的量器亦有不少发现,例如:春成侯钟载“重十八镒”,成皋令赵容鼎载“容斗”等,是研究韩国重量和容量制度的重要材料。赵国铜器中有库啬夫鼎、司马成公权等,此两器是反映赵国度量制度的资料。魏国铜器很多都是刻写的计量铭文,例如:匡上官鼎中的“容半齋”,上乐厨鼎中的“容三分”,魏公瓶铭文中的“三斗二升”等。“物勒工名”的形式较为常见,如赵无智鼎“梁廿又七年,大梁司寇赵无智铸,为量容半齋,下官”。“梁”是指魏国,魏国都于大梁,因此又被称为“梁”,“司寇”为赵无智的官名,是这件鼎的监造者,“下官”也是官府机构,在这里表示鼎的置用场所。

1977 年河北平山县中山王墓出土了大量的中山国铜器,中山国是华夏化的狄人所建立的国家,战国时期也曾繁盛一时。墓中出土的中山王鼎有铭文 469 字,中山王壶有铭文 450 字,䗢蚉壶有铭文 204 字,均是战国时期难得的长篇铭文,记载了中山国世系、燕国之乱、征伐燕国、相邦贾勤于政事等诸多史实,补充了文献中关于中山国历史的部分缺失。中山国铜器中也有大量“物勒工名”以及标注计量的内容,例如:十三年左使车壶“十三枼,左使车,啬夫孙固、工附,重一石三百刀之重”,“十三枼”就是十三年,“左使”“啬夫”“工”均为负责铸器的职官,“一石三百刀”是铜壶的重量。中山国铜器中还有一件兆域图铜版,即刻画在铜版上的墓地陵园设计图,铭文记载了各个墓主堂室的大小规格、墙垣长宽及相互之间的间距,同时还有一些诅咒之语,如“进退兆窆者,死无赦,不行王命者,殃连子孙”。“兆窆”就是墓穴,这就是说“进出墓穴的人(指盗墓),杀无赦,不遵从王命的人,子孙后代遭殃”。这是目前能见到的唯一的先秦兆域设计图,价值重大。除了这些铜器以外,中山王墓里还发掘有众多的杂器,如车帐杆接扣、帐橛、狗项圈、铜虎、铜牛、铜犀牛以及不知名的神兽等,令人眼界大开。

三晋的兵器数量丰富,其中以韩、赵、魏三国兵器为主,其他国家的兵器极少,中山王墓中有具铭的钺和刀出土,就兵器的种类而言,又以戈、戟、矛、铍最为常见,此外还有剑、矢簇、弩机等。三晋兵器铭文多为刻写,因此显得较为草率,铭文的内容也是“物勒工名”为主,例如:赵国兵器,十五年守相廉颇铍,铍铭为“十五年,守相廉颇,邦左库工师采隅,冶句,调剂”。“守相”“邦右库工师”“冶”均为职官,“调剂”意为调和铸造兵器所使用金属的比例。在三晋兵器中中山侯钺的铭文值得注意,钺铭为“天子建邦,中山侯忮作兹军釽,以儆厥众”。意即天子建立国家,中山侯忮铸作这件军旅所用的兵器,用来警示众人。这是为数不多的记事兵器铭文,也表明铜钺具有显示君威、惩戒臣属的作用。

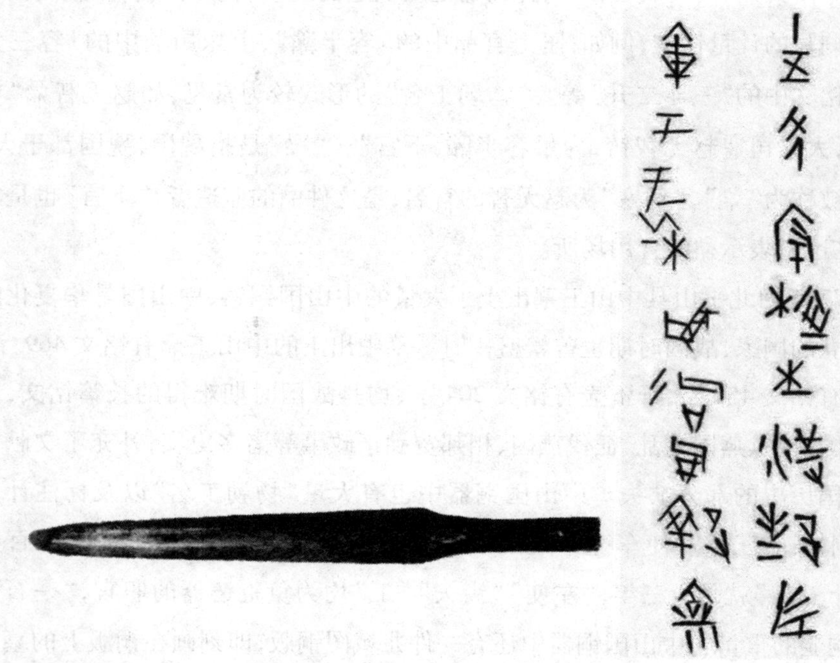

战国晚期赵国兵器十五年守相廉颇铍及铍身刻写的铭文摹本

(二)玺印文字

三晋的玺印是所有战国玺印中最多的,《战国玺印分域编》收录有近1500方,十分可观。三晋玺印文字以铸造的阳文为主,印文布局规整,笔画遒劲有力,内容也涵盖官印、私印、吉语印等类型,其中私印数量最多。官印中有司寇、司工、宗正、相邦、啬夫、大夫、丞等职官;私印姓氏有邯郸、公乘、令狐、长、司马、韩、王、赵、孙等;吉语印有宜有千金、富安、长生、正行无私等语。

（三）陶文

三晋的陶文数量不多，文字以钤印为主，也有刻画上去的。其内容有的是地名，如格氏、修武、句渎等，有的是制陶工匠的私名。

（四）货币文字

三晋的货币主要是布币，同时还有圆钱、刀币和金饼，布币、圆钱、刀币面文主要是铸造地的地名。三晋货币上的文字笔画多方折，简省笔画的现象比较突出，书写也较为草率，这可能和铸造货币的工匠文化水平以及货币的主要用途有关。又限于书写材料货币的质地和形状，货币文字呈长条状的较多，形成了有别于其他文字的显著风格。

（五）其他

三晋文字除了上述内容以外，还有一些玉石文字和牛骨墨书，玉石文字有中山王墓出土的几十件玉器墨书和守丘刻石，玉器上的墨书文字书写规整，笔画流畅，风格与侯马盟书文字近似，是了解中山国文字实际情况的重要依据。守丘刻石刻写有 19 字，文字线条纤细，这与三晋铜器刻铭一致。1998 年在河南新郑郑韩故地遗址，出土有 39 件属于韩国的书写有文字的牛肋骨，内容是当时的物品收支账本，其文字与侯马盟书的书写风格一脉相承，均是先秦手写文字的真实面貌。

五、楚系文字

楚系文字主要包括楚、曾（即随国）、邓、徐、越、蔡等国的文字，其中以楚、曾两国的文字资料为大宗。楚国在西周时期本是地处蛮夷之地的小邦，直到春秋以后才开始强盛起来，北上争霸，有问鼎中原之心，到了战国时期楚相继吞并周边的曾、越等国，一举成为当时国土面积最为辽阔的诸侯，位列战国七雄之一。俗语说“干千年，湿万年，不干不湿就半年”。古代的器物保存在水中可以隔绝空气，避免细菌的滋生，有利于长久保存，楚地气候湿润，雨水丰沛，正是这种得天独厚的自然条件，使两千多年以前的楚系文字材料得以较好地保存到现在，目前所发现的楚文字资料是战国文字中最为丰富的。按照文字载体来说主要有铜器铭文、竹简文字、帛书文字、玺印文字、货币文字等。

(一)铜器铭文

楚系铜器铭文数量较多,自宋代开始已有著录,比较著名的有楚王酓章钟,铭文载“唯王五十又六祀,返自西阳,楚王酓章作曾侯乙宗彝,奠之于西阳,其永持用享”。楚为芈姓熊氏,在出土文献中芈姓写作“嬭”,“熊”氏写作“酓”,“酓章”就是熊章,早在宋代,著名词人李清照的丈夫赵明诚即指出楚国只有楚惠王在位超过56年,所以器主当为楚惠王,此说至为准确。巧合的是,1978年湖北随州曾侯乙墓中又出土了一件铭文与这件钟相同的镈,失散数百年的铜器得以重聚。

近代以后楚系文字的一次大发现就是1933年安徽寿县李三孤堆楚王墓铜器的出土,由于墓葬等级高,此次出土铜器的数量较大,可惜墓葬是被盗掘的,出土器物多已流散不知所踪。目前见于著录的就已达80余件,包括多种食器、酒器、水器等。其中铭文较长有楚王熊悍鼎、楚王熊前鼎、曾姬无恤壶及铸客簠等,诸多铭文中记录了楚国职官、楚王名等信息。

到了1957年,在安徽寿县邱家花园又出土了三枚鄂君启车节和两枚鄂君启舟节,车节有铭文148字,舟节有铭文164字。车节与舟节分别是当时陆路和水路交通运输的通行、免税凭证,两种铭文分别记载了鄂君启通过陆路和水路运送物品的种类、线路以及免税规定,对研究当时的税收、交通线路等有重要价值。

1978年在湖北随州擂鼓墩(今属随州曾都区)考古挖掘的曾侯乙墓是楚系铜器的又一重要发现,此次出土的具铭铜器见于著录的已有200余件,其中最著名当属被誉为国之瑰宝的65件曾侯乙编钟。编钟铭文书写精致美观,艺术价值极高,主要记载了当时的乐律,以及几个国家之间的乐律对应关系,是十分难得的先秦音乐文献。除了乐器以外,还出土了众多的食器、水器、酒器以及杂器。除了这几次集中出土以外,楚系铜器还有不少零星的发现,如1984年湖南长沙发现的燕客问量,2005年河南上蔡出土的景之鲰鼎等。

楚国兵器铭文多为铸造而成,楚系范围内的其他国家越国、蔡国、徐国也是如此,兵器的种类有戈、戟、剑、矛、弩机等。铭文的内容常常为记录器主之名,如蔡公子从戈、坪夜君成之用戟等。较有特色的是楚系兵器铭文中鸟虫书较为常见,尤其是越国兵器上的文字最为突出,这类文字将正常的字形加以变化,在结构或笔画中融入鸟头、鸟爪、虫形的图案,使文字更加美观华丽,如[illegible]、[illegible]、[illegible]。

鄂君启舟节

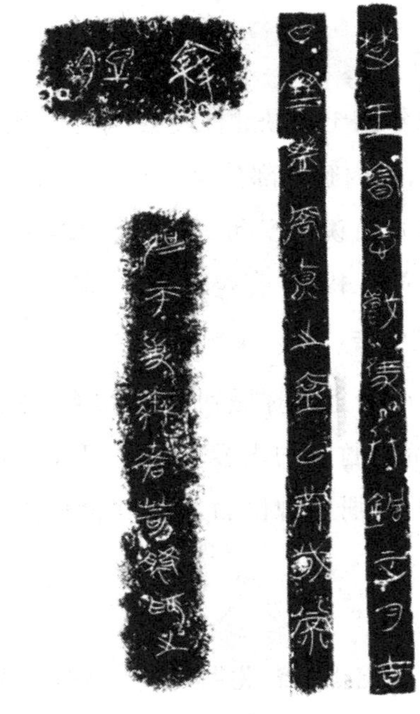

楚王熊悍鼎铭文拓本

(二)竹简文字

中华人民共和国成立以后,人们在湖北随县、江陵,湖南慈利,河南信阳、新蔡等地相继发现多批数量繁多的战国楚、曾的竹简,截至目前,竹简文字已经成为楚系文字中的“富矿”。在这里我们按照资料发现的顺序,将比较重要的几批竹简向大家作简单的介绍。

1.信阳长台关竹简

1957 年出土于河南信阳长台关,竹简共 148 枚,竹简的内容分为两部分:一部分是典籍古书,有 119 枚竹简,记载了申徒狄与周公的谈话,属于墨家学说的文献;另一部分是遣册,有 29 枚竹简,所谓遣册就是记载随葬物品种类、数量的文献。

2.望山竹简

1965 年冬至 1966 年春出土于湖北江陵望山 1 号墓和 2 号墓,1 号墓共发掘竹简 207 枚,2 号墓发掘竹简 66 枚,值得一提的是,此次发掘还出土了举世闻名的越王勾践剑。1 号墓竹简的内容是墓主生前的卜筮祭祷记录,2 号墓竹简的主要内容是遣册。

3.九店竹简

1981—1989年出土于湖北江陵县九店公社56号墓和621号墓，其中56号墓出土竹简164枚，其内容一部分是与称量农作物有关的记载，一部分是属于日书，“日书”类似于今日所说的皇历，是古人行事选择良辰吉日和驱凶避祸的参考书；621号墓出土竹简88枚，内容残泐严重，有人说是与烹饪相关的典籍。

4.曾侯乙墓竹简

前文在介绍楚系金文时提到了1978年发掘的曾侯乙墓，这次发掘还出土了240余枚曾国竹简。竹简的内容主要是记载了陪葬的车马、车马配件、兵器、甲胄等，即上文所说的遣册。曾国竹简的问世使人们见识到了楚国以外楚系竹简的面貌。

5.包山竹简

1986—1987年出土于湖北荆门包山大冢2号墓，竹简共有278枚，分为司法文书、卜筮祭祷记录、遣册三类。这批资料中的司法文书简是首次发现的有关楚国司法方面的文献，对了解楚国案件审理程序、法律、职官等具有重要意义。

6.慈利竹简

1987年这批竹简出土于湖南慈利县石板村，经初步清理共有竹简残片4557片，估计拼合后的完整竹简应有800~1000枚。竹简的内容为记事性质的古书，以吴、越二国的史实为主，相关资料迄今尚未完整发表。

7.郭店竹简

1993年出土于湖北荆门沙洋县郭店村，共有竹简800余枚，有字简730枚。这批竹简保存较好，文字较为清晰。其内容是先秦时期道家和儒家学派的古籍。其中有道家著作《老子》甲、乙、丙三种抄本，还有如今已经失传的一篇《太一生水》，郭店简本《老子》可与今本《老子》相对照，二者在文字和篇章顺序上均有不少差别；儒家著作有《缁衣》《鲁穆公问子思》《性自命出》《穷达以时》《尊德义》《六德》，以上竹简原本没有篇名，均是考古工作者整理材料时所添加。

8.上海博物馆藏战国竹简

1994年年初上海博物馆从香港购回两批出土时间和地点不明的战国楚系竹

简，经清理共1600余枚，内容包含了80多种古书，涉及先秦儒家、道家、兵家、杂家学说，其中的绝大多数原本已经失传，价值十分重大。其中的《周易》是目前所见的最早版本，可以和今本《周易》互参；《孔子诗论》是关于《诗经》研究的重要文献；还有记载古史传说的《容成氏》、记载孔子弟子颜渊与孔子对话的《颜渊问于孔子》、记载龟卜的《卜书》等。到目前为止，上海博物馆藏战国竹简共出版了9册，尚未完结。

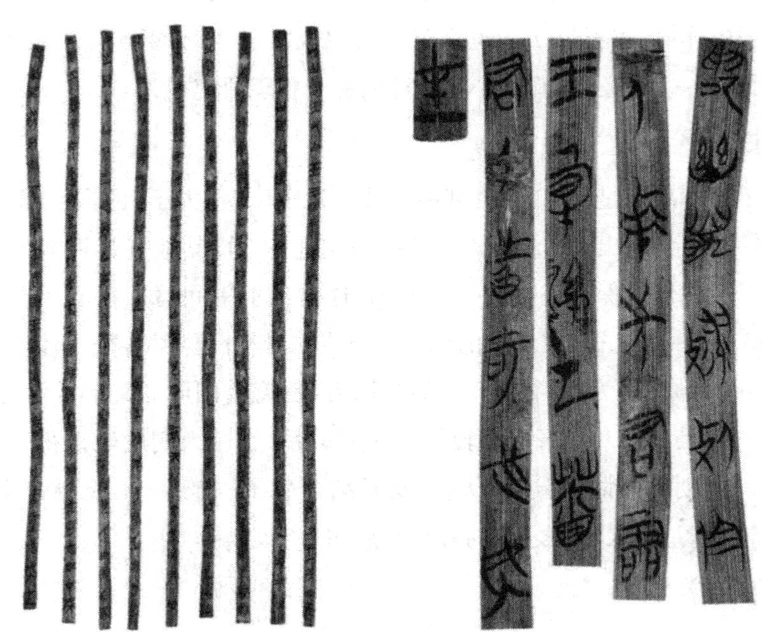

《上海博物馆藏战国楚竹书》"君人者何必安哉"图版(左)及末简放大图(右)

9.清华大学藏战国竹简

这批竹简是由清华大学校友赵伟国先生2008年向母校捐赠的，竹简约有2500枚。其内容多是经、史类的古书。其中《尹诰》(《咸有一德》)、《傅说之命》篇名见于伪古文尚书，但是内容全然不同，有力证明了东晋梅赜所献的古文《尚书》乃是伪作；《系年》讲述了西周至战国早期的诸多史迹，是难得的史书，可以与《左传》《国语》《史记》中的内容相补勘；《算表》是考古发现的战国时期数学计算器，可以用来运算100以内任意两个数字的乘法，这个《算表》在2017年的时候入选了吉尼斯世界纪录，是世界上最早的十进制计算器；《越公其事》则讲述了吴越之间的史实，与《国语》《左传》中的记载多有不同。

清华简的资料截至2018年11月共出版了8册，还有大量资料尚在整理中，更多的价值让我们拭目以待。

10.安徽大学藏战国竹简

2015年年初，安徽大学从香港购买入藏一批竹简，经鉴定其年代为战国，共1167枚，其内容全部是书籍类文献，具体包括《诗经》、楚国历史、诸子学说、楚辞以及其他方面的作品，多不见于传世文献。安徽大学于2019年8月出版了《安徽大学藏战国竹简（一）》，公布了简本《诗经》的初步整理研究成果。

（三）帛书文字

长沙子弹库帛书是1942年由湖南长沙一批自称"土夫子"的盗墓贼盗掘出土，随后几经转手被倒卖出国。盗掘出土的帛书不止一份，其他资料目前仅有残片公布。在这里我们仅谈保存完整的一份帛书，这份帛书中间写有正反相倒的两段文字，一段13行，一段8行，在帛书的四周绘有十二月神图像并各配一段文字。中间13行的文字被学界称为《甲篇》，8行的被称为《乙篇》，四周的文字被称为《丙篇》。《甲篇》的内容是讲日月星辰的运转与灾祸的关系，告诫人们虔敬祭祀、敬天顺时；《乙篇》是一部创世神话，讲述了伏羲、女娲结合生子以及炎帝、祝融、共工等传说事迹；《丙篇》则是十二月神之月的各种禁忌与适宜之事。

（四）玺印文字

楚系玺印在《战国玺印分域编》中收录的不到400方，印文多是阴文，玺印内容与其他几系相似。官玺中的职官名有大府、宰官、职岁、莫嚣、大夫、连嚣等；姓氏有北宫、公孙、陈、黄、蔡等；吉语有忠信、精忠、敬、呈志等。

（五）货币文字

战国时期楚国的货币有布币、铜贝、金版和铜钱牌。铜贝形状类似于海贝，同时常铸写有"[illegible]"（巽）字，使整个铜贝形似鬼脸和蚁鼻，故又被称为"鬼脸钱"和"蚁鼻钱"。金版是以黄金制成的，形状呈扁平的板状，又称"版金"。其面文常有"郢爯""陈爯"等，"郢""陈"是楚国地名，在这里是表示货币的铸造地，"爯"是称量之意。铜钱牌形状为扁平的长方形，表面装饰有花纹，在中间的位置铸有呈环状排列的铭文："视金一/二/三/四铢"，就是说这枚钱牌视同黄金一、二、三、四铢的意思。

第六节　书同文字——秦系文字

这里所说的秦系文字既包括春秋战国时期的秦国文字，又包括始皇帝统一天下以后的秦代文字。秦国兼并东方六国的过程中逐渐废除了其他国家的文字，战国时期的齐系、三晋、楚系、燕系文字均未能传至后世，我们今日使用的汉字是以秦文字为母体演变而来的，因此秦系文字在汉字发展史中的地位是独特的。

一、秦文字的资料

秦系文字的资料按照文字载体来说有铜器铭文、玺印封泥文字、陶文、玉石文字和简牍文字。

（一）铜器铭文

春秋时期的秦系铜器较重要的发现有甘肃礼县大堡子山秦公墓出土铜器，此墓遭到盗掘，器物各处流散，随葬铜器的详细情况已无法得知。目前已刊布的铭文资料有30余件，器主有秦公和秦子，学界认为这位秦公应该就是文献记载中的秦襄公或秦文公；陕西宝鸡太公庙还出土过数件秦武公编钟和编镈，铭文记载了秦国受封立国、征服戎狄、招贤纳士等史实；民国时期在甘肃天水还出土了一件秦公簋，簋铭主要是称颂秦国祖先以及标榜自己的治国功绩，簋盖还刻有该器的容量为“一斗七升大半升”；宋代的金文著录书中还有一件盄和镈（或称秦公镈），铭文长达

142字,铭文内容与秦公簋多有相同。

战国时期的秦系铜器与东方六国近似,铭文开始趋向于简略,多是铸刻铜器的铸造者、度量、置用地等内容。秦国建立以后,为了统一度量衡,颁行了诸多的标准量器,并铸刻始皇帝诏书:廿六年,皇帝尽并兼天下,诸侯黔首大安,立号为皇帝,乃诏丞相状、绾,法度量则不一,歉疑者皆明一之。大意是:二十六年(公元前221年),秦始皇兼并了六国,天下太平百姓安宁,立号为皇帝,下令丞相状、绾,规范度量衡制度,将有阙疑和不一致的地方全部明确和统一起来。秦二世时又在一些铜器上加刻了一道诏令:元年制诏丞相斯、去疾,法度量,尽始皇为之,皆有刻辞焉。今袭号,而刻辞不称始皇帝,其于久远也,如后嗣为之者,不称成功盛德。刻此诏,故刻左,使毋疑。大意是,秦二世元年(公元前209年),丞相斯(李斯)、去疾制诏书,始皇帝规范度量衡,在器物上加有刻辞,如今二世承袭皇帝的称号,而之前颁布的刻辞不称"始皇帝"(仅称"皇帝"),时间久了,后世之人不知这是始皇帝的功德,因此刻写这份诏书,刻在左侧,使后世人不产生疑惑(分不清刻辞中"皇帝"指谁)。这类带有始皇帝诏书或带有两代秦帝诏书的各类铜器,目前已有较多的发现。

秦系兵器数量众多,有戈、戟、弩机等类型,铭文以"物勒工名"为主要格式,多铸刻铸造铜器的时间、负责机构、工匠,内容较为单一。出现的不少负责监造的人名均见于文献记载,如主持变法的商鞅、芈月的弟弟魏冉、秦始皇的亚父吕不韦、建造都江堰的李冰、连横合纵的张仪等。

春秋早期秦子镈铭文拓本

春秋中期秦公簋铭文拓本

(二)玺印封泥文字

先秦时期出于保密的需要将简牍文书或其他重要物品进行封装捆扎,在封口处使用胶泥封缄，这块胶泥就是“封泥”，封泥上常使用印章钤印以作凭证，这些钤印文字便是封泥文字。由于封泥文字同样是使用玺印钤印而成，所以学界常将玺印和封泥放在一起讨论。秦系玺印封泥的数量非常多，据学者研究，秦系玺印的总数近1600方，封泥的数量则近7000枚。玺印封泥文字以2字或4字为主，常带有界格。其内容包含大量的秦国、秦代各级职官，从中央到地方，上自皇帝下至工匠均有发现。秦印中的私印内容更是丰富，据统计大致有150多个单姓，如王、高、胡、申、翟、傅、谢、路等，还有40多个复姓，如下官、相里、公族、胡毋、夏侯等。

（三）陶文

秦系陶文目前所知的数量已达4000件以上，陶文绝大多数是戳印而成的，只有少数是刻画的，文字的内容以“物勒工名”为主，格式一般是地名或机构名或再加上作器者的私名，如右司工御、美阳工若等。抗战期间在陕西户县（今西安鄠邑区）沣河河滩出土了一件刻写有秦王赏赐大臣宗邑之事的瓦片，因此被称宗邑瓦书。据瓦书的记载，其制作年代是公元前334年，瓦书的文字方折明显，带有早期隶书的风格。

（四）玉石文字

秦系石刻及玉石文字资料较为丰富，比较著名的有石鼓文、诅楚文、秦骃祷病玉版以及秦始皇刻石。石鼓文和诅楚文前文已有介绍这里就不再重复了。秦骃祷病玉版为私人收藏之器，1999年始公布于学界。其形呈长条状，共有两块，分别称为甲版和乙版，正反两面书写有朱书文字，内容相同，共有299字，根据玉版的形状学界又称其为玉牍或玉简，其记载的内容是秦惠文王骃因生病向华大山（即华山）山神进行祈祷祭祀之事。秦始皇登基称帝以后东行巡游，为歌功颂德，扬名后世，在巡行各地时曾下令刻石书写功绩。其事迹亦见于《史记·秦始皇本纪》，据记载当时所留下的刻石有峄山刻石、泰山刻石、琅琊台刻石、芝罘刻石、东观刻石、碣石刻石、会稽刻石。这些刻石的原石曾遭毁坏，未能完整流传至今，但是刻石的文辞内容却在传世文献中保存了下来，为我们了解秦代史实提供了重要帮助。从流传下来的刻石拓本看，这些刻石都是用小篆书写而成，文字典雅古朴，艺术价值极高，至今仍是篆书学习的取法之本。

(五)简牍文字

中华人民共和国成立以后,秦系简牍资料也有大量发现,其时代从战国至秦代以至秦汉之际均有涵盖,出土地集中在湖北、湖南、四川、甘肃等地。在这里将几批比较重要的秦简资料介绍给大家。

1.睡虎地秦墓简牍

1975 年出土于湖北云梦县睡虎地 11 号墓,共有竹简 1155 枚,简文内容共有 10 种:《编年记》记载墓主喜生前各年发生的重要事件及其生平;《语书》是一篇文告;《秦律十八种》是秦国当时 18 种法律条文的摘抄,有《军爵律》《田律》《工律》等;《效律》是关于核验县、都官物资、账目的律文;《秦律杂抄》是各种律文的摘抄;《法律答问》采用问答的形式对秦国法律的部分内容进行解释;《封诊式》是各类案例的汇编;《为吏之道》记载为官者应遵循的准则;《日书》甲种和《日书》乙种是当时的占验之书。根据竹简中墓主生平的记载,可知这批简的写成年代在秦始皇三十年(公元前 217 年)之后不久。

战国晚期睡虎地秦墓简《秦律杂抄》1—3 简

2.青川木牍

1979—1980 年出土于四川青川县郝家坪，共有木牍 2 枚，内容是秦武王二年（公元前 309 年）颁布的为田之法。

3.放马滩秦简牍

1986 年出土于甘肃天水放马滩 1 号墓，墓主下葬年代在秦王政八年（公元前 239 年），有竹简 460 枚，木版地图 4 块，竹简内容有《日书》、志怪故事等。

4.龙岗秦简

1989—1991 年出土于湖北孝感云梦县龙岗 6 号墓，共有竹简 150 余枚，木牍 1 枚。简文主要内容也是法律条文，整理者将其分为《禁苑》《驰道》《马牛羊》《田赢》和《其他》五类。木牍出土时放置于墓主腰部，正面有墨书 35 字，反面 3 字。木牍的内容或以为是“冥判”，也就是墓主生前本有罪，死后被改判为无罪的判决书。

5.关沮秦简

1992—1993 年出土于湖北荆州关沮乡周家台 30 号墓，共有竹简 381 枚，木牍 1 枚。学界根据竹简形制和书写风格将其分为三类，甲组内容为二十八宿占、五行占以及秦始皇三十六年（公元前 211 年）、三十七年历日（公元前 210 年）；乙组为秦始皇三十四年（公元前 213 年）历日；丙组为病方、农事、占卜、巫术等。

6.王家台秦简

1993 年出土于湖北纪南城王家台 15 号墓，竹简共编号 813 号，内容有《日书》《易占》《效律》《政事之常》《灾异占》等。《易占》是与《周易》并列的一种占卜之书；《政事之常》与睡虎地秦简《为吏之道》性质类似；《灾异占》是据各类灾异现象来预测国家、臣民吉凶的著作。

7.里耶秦简

2002 年出土于湖南龙山县里耶镇遗址的古井中，共有竹简 36000 余枚，内容主要是秦代当地政府的各类档案，有关资料尚未完整公布。

8.湖南大学岳麓书院藏秦简

2007 年湖南大学岳麓书院购自香港，共 2098 枚；2008 年香港一位收藏家又捐赠 76 枚竹简，前后共计 2174 枚竹简。竹简的内容大致有《质日》《为吏治官及黔首》《占梦书》《数》《奏谳书》《秦律杂抄》《秦令杂抄》等。《为吏治官及黔首》同样是讲述为官者的准则;《占梦书》是解梦之书;《数》是各类算术题;《奏谳书》则是地方官吏的上奏奏折。这批秦简资料,如今已出版了5册,但尚未完全公布。

二、小篆与隶书

在很多文献记载中小篆是由秦代的李斯等人发明的,汉代的《说文解字》就曾说:“秦始皇帝初兼天下,丞相李斯乃奏同之,罢其不与秦文合者。斯作《仓颉篇》,中车府令赵高作《爰历篇》,太史令胡毋敬作《博学篇》,皆取史籀大篆,或颇省改,所谓小篆者也。”大意就是:“秦始皇刚兼并天下的时候,丞相李斯上奏建议统一天下文字,废除与秦文字不同的文字,李斯、赵高、胡毋敬在大篆的基础上,省简其字形,创造出小篆,分别写成《仓颉篇》《爰历篇》和《博学篇》。”《仓颉篇》《爰历篇》和《博学篇》实际上就是秦时教授儿童识字学习的课本,这段话就是说李斯等人从大篆中创造出小篆,教习学童,通行于全国。

至于隶书则又传说是一个名叫程邈的人创造的,唐代张怀瓘所著《书断》载:“邈,字元岑,始为衙县狱吏,得罪始皇,幽系云阳狱中。覃思十年,益大小篆方圆而为隶书三千字,奏之,始皇善之,用为御史。以奏事繁多,篆字难成,乃用隶字,以为隶人佐书,故名隶书。”大意是说,程邈善于书写大篆,起初在县中作监狱官,后得罪秦始皇,被关押在云阳的监牢中,经过十年深思,改变大篆、小篆方折圆转的笔法,造出三千字的隶书,秦始皇称赞说“好”,便赦免了他的罪行,让其担任朝廷里的御史,因为这种字体便于隶人(也就是低级官吏)使用,所以就称为“隶书”。

无论是小篆还是隶书,传说中均归于个人的创造,这与传说中仓颉造字、奚仲造车、仪狄造酒一样,是将群众的劳动成果归功于英雄人物。目前出土的大量古文字资料,向我们如实地展示了秦系文字从春秋向战国以及秦代演变的全过程,梳理这些内容就可以发现,小篆和隶书其实都是秦文字自身演变的结果,二者产生的年代应该是在战国。

了解小篆和隶书的产生,还得先从秦文字的总体发展特点说起。平王东迁以后,宗周故地尽归属于秦,秦国地处周之西陲,经济文化较东方六国落后,荀子就曾说过“秦无儒”,这种文化面貌体现在文字上就造成了秦系文字的保守和因循守旧，也就是守西周之旧，保持西周文字的整体风气继续发展。我们目前能见到的春秋时期的秦国文字，尤其是青铜礼器上的文字，如秦公钟、秦公镈、石鼓文等，文字风格与西周金文非常接近，只是字形书写得更加规整舒朗而已。

这种规整风格的秦系文字发展到战国时期，进一步简化结构，调整笔画的方折，固定偏旁的位置就成为小篆类文字。商鞅方升是秦孝公时期商鞅监造的标准量器，方升表面刻写有铸器的时间以及容量。后来传至秦代秦始皇又在方升表面加刻诏书。这样，同一件方升上便流传有分别属于战国中期和秦代的两种文字，但是仔细观察铭文的话，就会发现这两种文字完全是同一种书体——小篆。同样，战国中期的杜虎符、战国晚期的新郪虎符，也是使用与秦代阳陵虎符完全相同的小篆书写的。这些资料的发现完全可以使小篆创自秦代的说法不攻自破，我们可以明确地说战国中期小篆就已经产生了。秦代李斯等人对篆书的贡献很可能是在整理材料以及规范书写等方面，而不是创制。

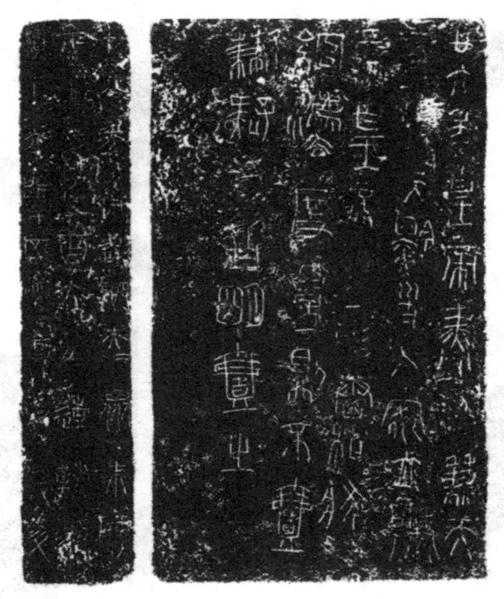

商鞅方升拓片。左侧是秦孝公时期的铭文，右侧是始皇帝诏书

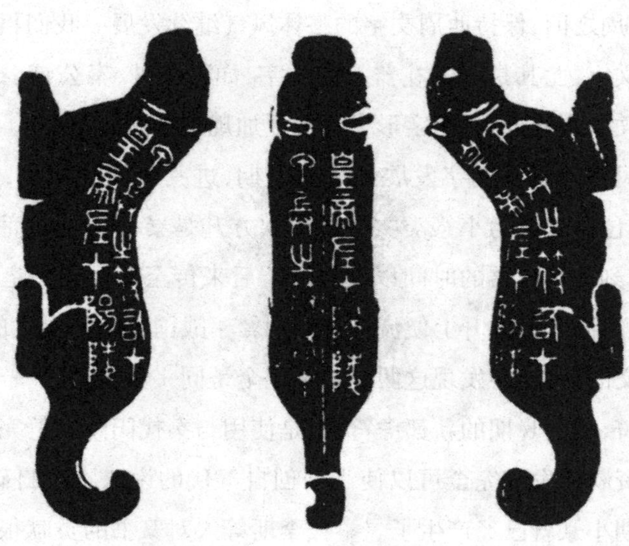

秦代阳陵虎符拓片

战国中期杜虎符拓片

战国晚期新郪虎符拓片

我们写字时应该会有这样的感受:一笔一画地写楷书,要比写潦草一些的行书费时,而写得潦草一些也不会造成认读困难。其实两千多年前的古人也有这样的感受。练习过书法尤其是有过篆书学习经历的人应该能体会到,篆书的圆转笔画以及粗细均一的线条,笔笔藏锋的技法,使其书写起来很费力。战国时期的秦人为了便于书写,提高效率,便不断地改变当时篆书的字形,把连着的笔画偏旁断开,圆转的线条改为方折,删减一些笔画或偏旁,这样到战国时期就逐渐形成了一种"潦草"的俗体——隶书(有时为了和汉代隶书相区分,秦文字中的隶书又被称为"秦隶"或"古隶")。

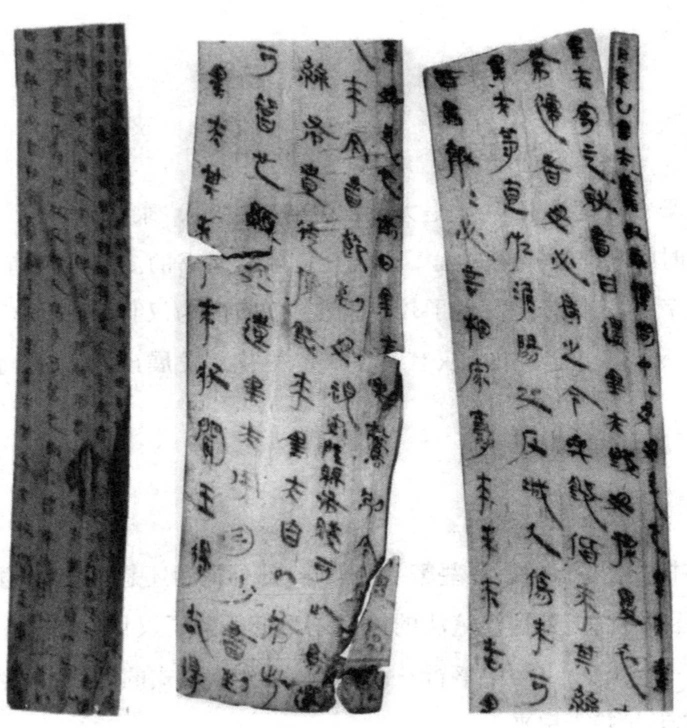

睡虎地秦墓出土的战国晚期木牍(左)与红外图版(右)。木牍长 23.4 厘米、宽 3.7 厘米、厚 0.25 厘米,正面墨书 5 行,背面墨书 6 行

第七节　一脉相承——汉以后的文字

汉字从篆书演变为隶书，就是大家常说的“隶变”，“隶变”不是一蹴而就的，也需要一定的时间来完善整个过程。秦代灭亡以后隶书的演变并没有终止，汉武帝以后秦系文字中的隶书又发生了较多的变化，演变为汉代隶书，学界习称为“今隶”“汉隶”，又称“八分”书。汉代以后，从隶书又发展出了草书、行书、楷书等字体。

一、汉隶

秦隶在书写上还保留有一些篆书的意味，部分笔画还是圆转的，虽然在笔法上出现了波磔和钩挑，但是这类笔法的比例还很低。到了汉代，隶书字形更加简化，篆书风格进一步减少，书写中盛行一波三折、蚕头燕尾式的笔法，而且文字开始横向结体，整体形状趋于扁平。

二、草书

草书是在汉代形成的，草书的“草”就是草率、简便、草稿之意，在秦系文字由篆书向隶书演变的过程中，就曾出现过某些字或某些偏旁的草率、简洁写法，产生了草书的一些书写笔法。在隶书产生以后，将隶书字体进行快写，省去或简化字形

西汉海昏侯墓出土木牍及漆书(局部),文字为工整的汉隶

中的部分笔画与偏旁,改变书写笔法,逐渐形成一种草率的字体——草书。

草书有章草和今草之分,章草是在隶书基础上形成的草书,这类字体收笔带有隶书式的波脚,两字之间也不相连;今草是在楷书基础上发展而来的,字与字之间勾连顾盼。“章”字有条例、法则之意,章草与今草相比书写更为谨严,更有法度,因此后人名之“章草”。到了后来还有一种“狂草”,我们熟知的唐代书法家草圣张旭就以狂草著名,这种字体往往无法辨识,失去了交际的作用,演变为艺术式的创作。

三、行书

行书是介于今草与楷书之间的一种字体,弥补了楷书书写较慢和草书不易辨识的缺点,唐代张怀瓘《书断》说:“行书者,后汉颖川刘德升所作也。即正书之小伪,务从简易,相间流行,故谓之行书。”大意是“行书是刘德升创作的,行书就是正书,也即楷书的伪变,书写时务求简易,笔画如行云流水,所以称之为行书”。行书集楷书和草书优点而成,具有二者的特点,接近楷书多一些的行书又被称为“行楷”,同理,接近草书多一点的又被称为“行草”。

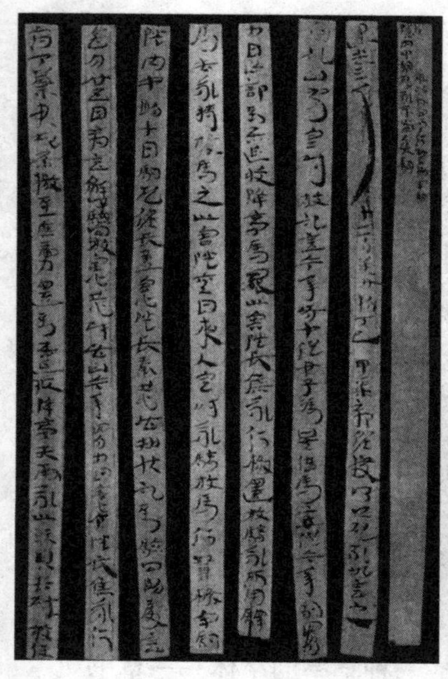

居延汉简章草《劾死驹状》(局部)

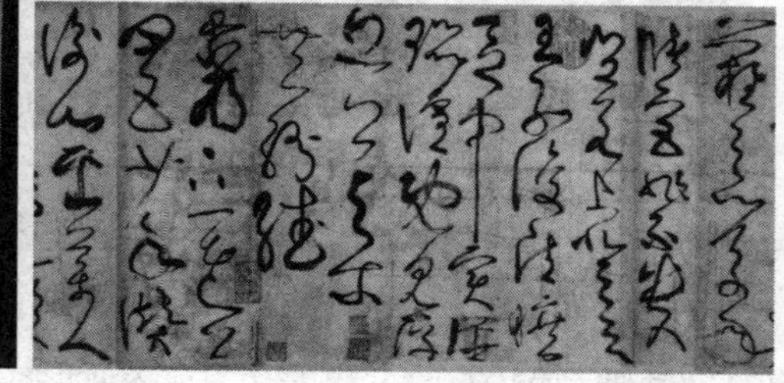

唐代张旭狂草《古诗四帖》(局部)

四、楷书

楷书又称真书、正书等,是源自行书的一种字体,在吸收行书笔法的同时,将字形书写得端庄工整一些,就成为早期的楷书。楷书产生以后一直发展到南北朝时期才成为社会上主要使用的通行字体。流传至今日,楷书仍是我们日常书写时使用较多的字体。

第八节　源远流长——概说文字发展脉络

人们使用汉字的主要目的在于传情达意，用于沟通交际，这就要求汉字尽可能准确地传达思想，现在简化汉字中的已、巳、己，冼、洗，贝、见，孑、子、孓等，在字形上仅有一点一笔的不同，差距很小，书写时稍微不规范，就会造成认错字的可能，这是汉字需要极力避免的。而同时汉字的使用毕竟是要“写”出来的，为了提高效率必须加快书写速度，这就要求汉字结构与笔画尽可能简洁。繁体字中的擊、慶、龍、雞、靁、塵等结构复杂，简化为击、庆、龙、鸡、雷、尘以后笔画明显减少，书写起来自然要快捷很多，更加便于使用。汉字在几千年的时间里，从商代发展到战国秦汉，从秦汉发展到现在，从篆书发展为隶楷，从隶楷发展到简化字，主要就是遵照准确记录和便于书写这两方面的要求来不断演进的。

在商代的甲骨文、金文以及西周早期的文字中，汉字的象形意味还比较浓厚，一些字就是按照事物的形状描摹出来的，类似于简笔画，如(虎)、(车)、(鱼)等，各个字形的组成部分是婉转的线条。后来这种象形的风格逐渐减少，汉字的线条向横平竖直的笔画发展，偏旁慢慢地简省，转变为了抽象符号，如(虎)、(车)、(鱼)，最终成为隶楷文字。古文字向今文字发展的整个过程中，体现出了简化、繁化和规范化的总体演变规律。

一、简化

古文字阶段汉字字形简化的手段主要有省简重复、改换偏旁、截取字形、借用笔画等。

（一）省简重复

省简重复就是将字形中几个相同的偏旁进行删减，仅保留一部分。如："则"字从[古文字]演变为[古文字]，将左侧两个相同的偏旁删除了一个；"渔"字作[古文字]，像是河水中有很多鱼的样子，后来简省为[古文字]，仅在河水中保留了一条鱼。现在简化汉字中"靁"省作"雷"，也是相同的现象。

（二）改换偏旁

改换偏旁就是把结构复杂和书写比较费力的偏旁，改换为另一个简单易于书写的偏旁。如："庙"字本来写作[古文字]，从广从朝，后来写作[古文字]，将"朝"改换为笔画少些的"苗"；铸造的"铸"有时写作[古文字]，从金从畴，又写作[古文字]，将"畴"改换为"寸"。中华人民共和国成立后简化繁体字时也采用了这类方法，如将"對"改为"对"，将左侧偏旁进行了改换。

（三）截取字形

汉字在简化时有时候会从原字形中截取一部分来代替这个字，从而达到简化的目的。如：前文举过的"车"字[古文字]，演变为[古文字]的时候，就是只选取了原字形中的一个车轮来表示"车"；"尔"字原本写作[古文字]，后来仅截取字形上部的[古文字]来表示这个字，遂成为今天的"尔"字。

（四）借用笔画

借用笔画就是字形内部的不同组成部分，相互之间共用一个笔画。如："疒"字在甲骨文中本来写作[古文字]，左侧是床形，右侧是人形，后来将右侧人形的躯干与左侧床形的床板合写，作[古文字]形；"重"字本来作[古文字]，其字形像一个人背负囊袋，后来将此字写作[古文字]，将人形和囊袋写在了一起。

汉字简化过程中上述手段并不是孤立使用的，一个汉字往往经过了多种方式的简化才最终成为如今的样子。如：上文所说的“铸”，在更早的时候写作；后来写作时，是经过了截取字形的简化；以后再简化为，是改换了简单偏旁。

二、繁化

汉字发展过程中也存在一种与简化相反的发展趋势，那就是繁化，繁化有时是为了字形的美观，有时是为了增加字形的区分度，避免不同汉字之间的混同，也有的繁化仅是受书写习惯的影响，并无深层原因。据此，繁化可以分为有意繁化和无意繁化两种。

（一）有意繁化

古文字阶段某些汉字也存在易于混淆的现象，增加笔画或偏旁可以增加字形的辨识度。如：古文字中“王”作，“玉”作，二字的区别仅在于中间一笔位置的上下，到了战国秦文字中将“玉”写作，增加一点就使二字易于区分了；在金文中“七”作，“甲”作，“十”作“”，三者的差别仅在于中间横笔的长短，长些的是“七”，短些的是“甲”，最短的是“十”，极易混淆，后来“七”写作了，与其他两字的区别就明显了。

有的时候增加偏旁还可以更好地表达字意，如：“云”甲骨文中本来只作，后来增加“雨”旁作，将云、雨的气象关系表达得更为清楚了。

（二）无意繁化

无意繁化可再分为增加笔画和增加偏旁两种。前者如：“天”字写作，又在上部增加“-”作；“厥”字作，又增加横笔“—”作；“平”字作，增加“八”形笔画又作等。后者如：“商”字由增加“口”旁写作；“中”字由增加“宀”旁作等。

三、规范化

汉字在经历简化和繁化的过程中也在进行着规范化。在商代和西周的文字里，汉字的形体规范性较差。同一个字可以正着写，也可以左右颠倒着写，如：

“马”字既作又作。某些字的字形在视角上也存在差异，如：“龟”既作俯视的又作侧视状的。也有一些字会在不同语境中改变偏旁，如：牝牡的“牝”，在卜辞中，如果表示母牛就写作，母羊就写作，母狗就写作，母虎就写作。此外，同一个字的几个偏旁的相对位置也常常会变化，如：“男”既作，田左力右，又作，力左田右。

诸如此类，文字形体没有整齐划一的现象还有很多，这势必会对文字的使用造成障碍，因人们在使用文字时也逐渐开始有意识地进行汉字的规范化工作。就目前的资料来看，在西周金文中汉字的规范性要高于商代甲骨文，如“牝”的诸多异体已经不再使用，文字的视角和方向也逐渐统一，偏旁的组合位置也相对固定。但是即使发展到战国时期，这种不规范的现象仍没有消失，一直到秦始皇兼并六国，将小篆、隶书作为标准字体并推广以后，才算彻底终结。小篆作为标准字体基本上规定了每个字的固定结构、偏旁位置以及笔画数量，这样就使汉字的形体最终定形，之后的隶书、楷书、行书、草书虽然书写笔画上各有差异和变化，但是字形结构基本上都是沿袭小篆。

下一章我们将谈论汉字的构形，我们列出了所举例字的代表性字形，以向读者更好地展现汉字字形的发展情况。

第三章

博大精深：
汉字结构的基本类型

第一节　六书非“书”——汉字构形概说

说起汉字的结构，我们很多人首先想到的可能都是“上下结构”“左右结构”“包围结构”等术语，其实这些只是汉字的字形结构，也叫书写结构，即决定我们平时书写汉字时先写哪部分后写哪部分。我们也时常会听到诸如“这个字是象形字”“这个字是形声字”这样的表达，其实这些“象形”“形声”指的也是汉字的结构，不过这个结构不是针对汉字的书写顺序而言的，而是说汉字的构字结构，也叫汉字的构形，即某个汉字的外在形体与它所代表的词的音义联系方式。例如，我们用“日”这个字形来表示汉语中“太阳”这个词语，字形“日”就是太阳的形象，这样我们就可以把“日”称为象形字，“象形”就是“日”这个字的构字结构。

一、传统的六书理论

从汉代以来，文字学者在讲汉字结构时一般都遵循六书说。六书并不是指文学上所说的《诗》《书》《礼》《易》《乐》《春秋》六部经书，文字学上的六书指的是象形、指事、会意、形声、转注、假借这六种古人归纳的构字方式。

今天能见到记载有“六书”一词的古代文献，最早的要数成书于战国时代的《周礼》，其中《地官·保氏》一篇中记载有周代用来教授贵族子弟的六种技能，其中就包含六书，书中记载：“保氏……教之六艺：一曰五礼，二曰六乐，三曰五射，四曰五驭，五曰六书，六曰九数”，这里并没有交代六书的具体名目。汉代学者开始把六书解释为汉字的六种造字方法，认为圣人创造汉字用了六种方法。

东汉人班固在其《汉书·艺文志》中阐述了六书的具体名目：“古者，八岁入小学，故周官保氏掌养国子，教之六书，谓象形、象事、象意、象声、转注、假借，造字之本也。”班固认为，周代贵族子弟（国子）八岁时开始进入官学学习，周朝的官员“保氏”用六种造字的方法来教他们认字。东汉人郑众在给《周礼》作注释时，也注明了六书的名目：“六书，象形、会意、转注、处事、假借、谐声。”另外影响最大的要数东汉许慎对六书的论述，他在《说文解字·叙》中不但列举了六书的名目，还对每一种做了解释，并列举了例字。许慎列举的六书名目是“指事、象形、形声、会意、转注、假借”。班固、郑众、许慎对六书名目用词不同，顺序也各异，但其中的内涵是一致的，归根结底，他们三家的观点其实都来源于一家，这个人就是刘歆——西汉末年著名的古文经学家。许慎师从贾逵，贾逵为贾徽之子，贾徽师从刘歆，也就是说许慎的学问一定程度上受到了刘歆的影响。另外郑众为郑兴之子，郑兴也师从刘歆；班固的《艺文志》也是从刘歆所著《七略》删改而来，因此，班固、郑众、许慎三家对六书的认识很可能都是源于刘歆。

许慎，字叔重，东汉汝南召陵（今河南漯河）人，著名古文字学家及古文经学家。关于其生平，文献记载甚少，我国南北朝刘宋时期的历史学家范晔编撰的《后汉书》记载：“（许慎）性淳笃，少博学经籍，马融常推敬之，时人为之语曰‘五经无双许叔重’。为郡功曹，举孝廉，再迁除洨长。卒于家。初，慎以五经传说臧否不同，于是撰为《五经异义》，又作《说文解字》十四篇，皆传于世。”

后世学者认为三家之中，许慎对六书的命名最为贴切，而班固对六书名目的排序最为合理，因此后世六书名目一般是象形、指事、会意、形声、转注、假借。

二、六书非造字之本

所谓造字之本，即造字所依据

之根本。古代文字学家多将六书当作汉字造字之本，认为古人造字就是在六书理论的指导下进行的。如许慎认为仓颉造字之时，就是运用了象形、形声等方法；班固也认为六书是“造字之本”。即使到了清代，古文字学者依然持有这样的观点，但有所发散。如清代戴震提出“四体二用”的学说，他认为象形、指事、会意、形声四种为造字法，转注、假借两种为用字法，但依旧持有造字之本的观点。说六书是造字之本实际上是本末倒置的，六书理论实际上是汉代学者根据汉字字形结构总结出来的理论，也就是说先有汉字，然后才有六书理论。汉字从产生到成熟经历了漫长的过程，是历史积累而成，并非某一个人的发明创造，因此不可能是在某一理论的指导下产生的，六书理论也是在汉字成熟之后人们在实践中不断积累起来的。

虽然战国时期已经出现“六书”一词，汉代学者将其当作汉字造字之本，但有学者认为《周礼》中保氏教授的六书并不是所谓的造字理论，因为古人不可能用这么深奥的理论来教授只有八九岁的小孩子，保氏教的六书，很有可能跟“九数”（有学者认为是九九乘法表）一样简单，只是一些简单的常用字。而六书说，不过是汉人的创造，这也就可以解释，为什么战国时期有六书之名，而没有六书的具体名目。成书于春秋战国时期的一些文献中偶尔会见到一些对汉字的解释，如“止戈为武”“反正为乏”，这些解说显然与后世六书理论的解说不同，这也间接说明，在春秋战国时期，关于汉字的构形理论还没有成体系。

六书说是汉代古文经学家根据汉字实际情况创立的汉字构形学说。隶书在汉代已普遍流行，传世经书均用隶书写成。当时也出土了一些秦以前用古文字书写的经书，起初多数学者并不承认这些古文经书，仍然以隶书书写的经书为正宗。但有另一群学者尊崇这些出土的古文经书，释读其文字并加以研究，因此形成了“今文经学派”和“古文经学派”两大长期对立的学派。两派长期争论，虽然源于两种文字的争论，但后来扩展到许多方面，史称“今古文之争”。汉字六书理论应该就是在这样的背景下产生的，古文经学派以古文字为研究对象，释读文字、分析文字更容易发明此学说，发明者为了正名，所以寻求文献依据来增加影响力，因此才将六书说与《周礼》中的六书对应，并把六书衍说为“造字之本”。

六书理论的创立，对文字学的发展功绩巨大，象形、指事、会意、形声等术语至今仍被沿用。但汉代在文字学发展史上还处在早期阶段，见到的古文字材料有限，对汉字的认识还不够深入,又勉强凑足“六”的数目以符合《周礼》六书的记载,导致他们在给汉字分类时很难完全从实际出发,因此六书理论是不够完善的。古代文字学者都奉六书理论为正宗,也一致认为六书就是造字之本,在解说汉字时,直接套用其说,遇到与六书理论不符合的汉字时,不惜生搬硬套,以将就六书理论,这样做显然是不科学的。

传统的六书中,象形、指事、会意有时不易区分,某些字很难说清楚究竟属于哪一类。如“大”,有人说从字形上看它是象形字,像一个张开双手站立的人,但它并不是指“人”,所以归入象形字似乎有些不妥;有人说它是会意字,以一个张开双手的人来表示“大人”,引申出“大”的意思;还有人说此字是指事字,是用抽象的符号代表“大”这个抽象的概念。几种观点,莫衷一是。六书里的“转注”后人更是不知所云,解释者有数十家,但都不解其意。而且随着文字的发展,新字不断产生,文字形体也发生了一些变化,汉代建立的六书理论已经与一部分汉字不符合,不能适应汉字的变化。

后世的学者已经认识到六书并不是汉字造字之本,也认识到传统的六书理论存在一些纰漏,运用六书理论,不能将某些汉字准确归类。鉴于此,有些学者力图打破传统六书说的桎梏,建立新的汉字构形理论,其中以三书说影响最大。

三、三书说

唐兰先生是较早打破六书说建立三书说的学者,他的“三书”即象形文字、象意文字、形声文字三类。象形文字是“画出了一个物件,或一些惯用的记号,叫人一见就能认识这是什么”,他认为象形字“一定是独体字”“一定是名字”“一定是本名之外,不含别的意义”的字。他划分的象形字包括六书理论中表名词的象形字和指事字中的一小部分。象意文字“是图画文字的主要部分”,“不过象意文字不能一见就明了,而是要人去想的”。“象意文字的范围,包括旧时所谓‘合体象形字’‘会意字’和‘指事字’的大部分。”在他看来,三书说足以概括一切汉字,“不归于形,必归于意,不归于意,必归于声。形、意、声是文字的三方面,我们用三书来分类,就不容许再有混淆不清的地方”。但他的三书说没有给非图画文字类型的以义会意的会意字留下位置,也不包括假借,把假借字排除在汉字基本类型之外,不能真正反映汉字的实际情况，其象形、象意的界限不很明确，难以把握，二者的划分意义不大。

继唐兰先生之后，陈梦家先生根据甲骨文的发展过程提出了“新三书说”，他把唐兰先生的“象形”“象意”合并为“象形”，加入了“假借”，因此，他的“新三书”包括“象形、假借、形声”三种基本类型。他所说的象形，大约包括了许慎所说的象形、指事、会意；假借基本等同于《说文解字·叙》所说的“本无其字，依声托事”；形声就是把《说文解字·叙》所说的“形声相益谓之字”解释为形与声之相益、形与形之相益、声与声之相益。陈氏之三书说基本脱胎于六书说，只是对其中几个名目做了合并。其三书说的贡献在于他提出了汉字发展的三个过程，他认为象形、假借、形声是文字发展的三个过程，他认为汉字是从象形开始，在发展与应用的过程中变作了声符，是为假借字；再往前发展而有象形与假借之增加形符与音符的过程，是为形声字。形声字是汉字发展的自然结果。

刘又辛先生从比较文字学的角度也提出了“新三书说”，其说与陈梦家先生的观点有较高一致性，也是在唐兰先生三书说的基础上，提出了包含表形、借音、形声的“新三书说”。它包括了六书中的合理部分，淘汰了“转注”。刘氏三书说的“表形字”包括六书中的象形、指事、会意；“借音字”就是假借，之所以改称借音字或表音字，是为了使假借的意义更明确。

裘锡圭先生认为陈氏三书说是基本合理的，并做了进一步的发展，他指出应把象形改为表意，假借不应该限制在“本无其字”的假借范围里，应该把通假也包括进去。因此，裘锡圭先生提出：“三书说把汉字分成表意字、假借字和形声字三类。表意字使用意符，也可以称为意符字。假借字使用音符，也可以称为表音字或音符字。形声字同时使用意符和音符，也可以称为半表意半表音或意符音符字。”

现在多数文字学者基本已经接受了新的三书说，将汉字结构划分为三类，即表意字、假借字、形声字。表意字实际上涵盖原六书说中的象形、指事、会意，这样就可以解决传统六书说这三者偶尔含混不清的问题。从汉字发展的过程来看，表意字是最先产生的一批文字，表意字对应的含义一般是具体的，有的是具体有形可像的，有的是有意可会的。但能通过表意的方式造出的字远远不能满足实际的语言需要，语言中有许多词无形可像，如虚词、抽象概念等，要表达这些概念，就只好借助已有的汉字，用跟它同音或音近的字来记录，也就是假借。当假借使用越来越多,一个字所承载的意义也越来越多,就会产生混乱,影响表达的准确性,人们便在原有的汉字上加上各种记号,来区分本义和假借义,如用加点或加口的方式。但有时加上区别符号,表意依然不明确,因此才产生了形声字,即在原有的汉字上加上形旁或声旁,这样就可以准确区分了。如“莫”像太阳落到草丛里,表示傍晚,属于表意字;汉语中表示“不要”这个概念很抽象,不好造字,因读音与“莫”相同,所以就假借“莫”来表示“不要”这个意思,这时“莫”就同时表示“傍晚”和“不要”两个意思,使用时可能会产生混乱,因此人们就在“莫”的基础上加上了一个形旁“日”,造出了一个形声字“暮”来表示“傍晚”这个意思,“莫”就不再表示“傍晚”,只表示“不要”,这样两个字就区分开了。

新的三书说已经基本为学界接受,但其也是在传统六书说的基础上整合而来,无论是在科研还是教学中,传统六书说仍然有着不可取代的作用,象形、指事、会意、形声、假借这些术语已经根深蒂固,影响深远。接下来,我们在接受新的框架基础上,依然遵循传统,灵活运用,按传统六书说的名目,分节讨论汉字的结构。

第二节　望文生义——象形字

象形，就是按照具体事物的形体描摹事物的轮廓，直接描绘出一种具有形象感的符号，用这个符号来表示语言中与这个事物对应的词语。通过描摹事物形象而产生的文字可以称为象形字。象形字大多为名词，古汉语中名词多为单音节，即一物一名，一名一词，一词也就对应一个字，因此一个象形字就可以体现一个完整的个体。

一、象形字的产生

我们在上文说过，汉字起源于图画，在象形文字产生之前，应该经历了一个图画记事的阶段。其他古文字材料表明，在成熟的象形文字产生之前，还经历了一个图画文字的阶段。图画文字，又叫图形文字、原始文字等，即用一定的图形来代表一定的意义，图画文字是用图画的形式来表达人们的语言、思维，通过一些特定的图画来提示语言，是一种辅助记忆的符号。与图画记事不同，图画文字已经具备文字的特征，可以记录语言，但它不能精确、完整地记录语言，它可以记录语言中的词，但更多情况下记录的是短语或句子。说到图画文字，被学界引用最多的例子就是后面这段纳西族的东巴经：

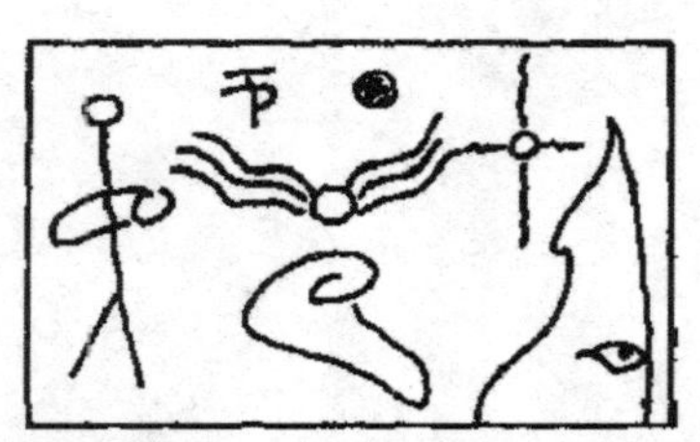

此图是纳西东巴经《创世纪》中的一段经文，表示拿着蛋；本义是解开，纳西语里解开的读音与“白”相同，所以在这里假借表示“白”，指白天，表示“黑”，指夜晚；表示“蛋”，都表示“风”；表示“湖”；表示发光的蛋；表示“山崖”。这段经文里每一个符号都有一定的意义，有的还有固定的读音，但它们并没有一字一句地记录语言，排列还具有很强的图画性。这段经文记录的实际上只是一些关键的语句，大多是实词，如果只按照图中所记录的几个符号来读，大概只能读出“捧着蛋、湖、黑、白、风吹在蛋上、山崖、蛋破了、发光”这些不成连贯语段的词句。东巴在诵读这段经文时，会加入其他词语，使其能够连贯成句，读出经书记载的内容。这段经文经东巴诵读，大意就是：“把这颗蛋抛在湖里头，左边吹白风，右边吹黑风，风荡漾着湖水，湖水荡漾着蛋，蛋撞在山崖上，便生出一个光华灿烂的东西来。”

上面的例子说明，图画文字与图画已经有了很大区别，里面的单个符号很多就是图画抽象而来，但图画文字是模糊的提示事件、提示语段，同一幅图画，提示的内容越多，人们解读出其代表的意义的准确性就越低。只有当图画文字提示的内容变少，甚至固定到语言中某一个词上，真正意义上的文字就诞生了，而这个脱胎于图画的文字，一般就是象形文字；此时文字的书写就不再是图画式的组合，而是一字一字的线性排列。

由图画到图画文字再到象形文字，一个图形符号的外形可能没有发生多大的变化，如我们在第一章列举过的“鹿”，无论在哪个阶段它可能都是对鹿的形象的描绘，但它们代表的含义可能会有区别，图画或图画文字里的鹿可能会因为它所在的位置或形态不同而代表不同的意思，如同时画两只鹿，一只大的鹿和一只小的鹿，在图画或图画文字里，大的可以表示大鹿，小的表示小鹿，而在象形文字里，无论大小，都只单纯地指“鹿”这个意思，要表示大鹿，就要用“大”和“鹿”两个字表达。这就是图画或图画文字记录事件或语言不固定性的体现。进入象形文字阶段后，图形与语言的关系固定下来，这个鹿的形象描绘，就单纯地表示鹿这种动物，无论写多大还是多小，它都只表示鹿，而不会因为写得大就表示大鹿。也就是说，只有到了“表现描绘对象的单独记号”的阶段，这个类似图画的符号才成为一个象形的文字。

文字学家相信，我们的汉字也一定经历过类似于东巴文这样的图画文字阶段，只是目前还没有发现确实可靠的考古材料。原始汉字是从什么时候脱离图画或图画文字进入象形文字阶段的，目前还没有确切的材料来证明。文字学家相信，至少在夏代（约公元前2070—前1600年），象形文字就应该已经产生了，夏王朝已进入阶级统治阶段，奴隶制国家的建立要求用文字记录来进行管理，原始汉字大概也是在夏朝逐渐走向成熟的，到商代已经是很成熟的文字了。汉字脱离图画进入象形文字阶段，此时的文字体系还未完善。早期象形文字的象形程度很高，抽象度低，因此纯粹的象形文字不能准确记录语言，象形文字基本上是一些具体有形可像的事物，光靠这些是远远不够的，但如果借助假借，象形文字就可以独立地一字一句地记录语言了。

甲骨文是目前发现的最早的成系统的汉字，虽然甲骨文中象形字还占较大的比例，据学者统计，约占25%，但甲骨文中形声字已经大量出现，因此甲骨文已经不是纯粹的象形文字，而是比较成熟的文字了。甲骨文中象形字抽象程度已经较高，线条化进一步加强，符号化明显，已经是成熟的象形文字，只是在商代和西周早期的一些金文里，还能看到一些象形程度较高的象形文字，如族徽文字。

二、象形字的分类及举例

根据象形字的构成，我们可以把象形字分为整体象形、部分象形和合体象形三类。

1.整体象形

整体象形即直接画出事物的形体，具有很强的图画性，一个字就像一幅简笔画。整体的象形字，其形体与字义是相同的，通过字形就可以直接看出字义。

（1）人及人体类

顾名思义，这类象形字就是通过对人体各部位的描绘来表示对应的意思。

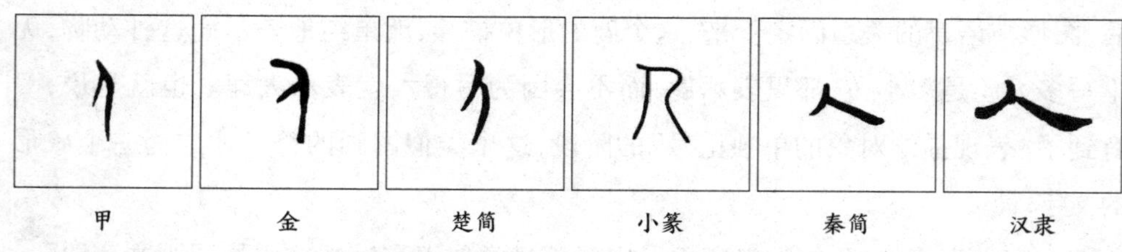

人，人侧面站立的象形，到小篆时期字形基本上没有多大的变化。

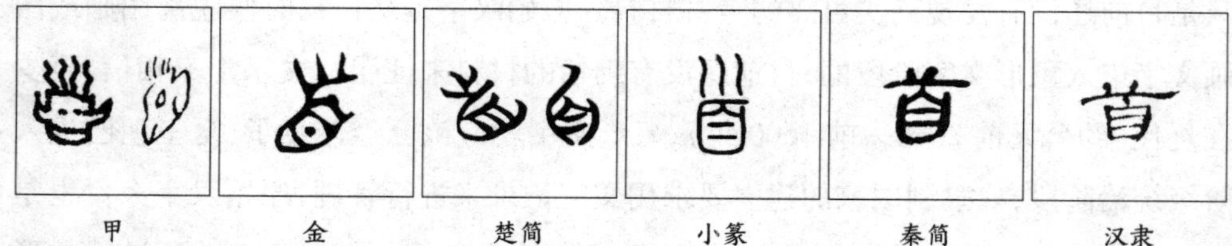

首，今天称为“头”“脑袋”。甲骨文就是对头部的整体描绘，有两种写法：一种是对人头正面形象的描绘，不仅画出了头部的轮廓，还画出了头发、耳朵、眼睛和嘴；第二种是对动物头部（可能是一种猴子）侧面的描绘，画出侧面轮廓来表示首。金文继承了侧面形象的字形，只是象形度有所降低，但总体轮廓还在，头发、眼睛也都还比较形象。楚简的首字已经完全线条化，头发部分要么省略要么变形，已经不怎么看得出象形的意味了。小篆字形承袭金文字形而来，保留了基本轮廓，但已经线条化，眼睛部分也由原来的圈拉直为两条直线。甲骨文中有关于“首”的占卜，如：“甲辰卜，出贞：王疾首，无延？”“甲辰”是时间，是占卜的日子，“出”是人名，是主持占卜的神职人员，“王疾首，无延”是占卜的具体内容，大意是商王的头生病了（可能是头痛），想知道会不会一直痛下去？“延”是延长、持续的意思，这里的“首”就是指头部、脑袋。

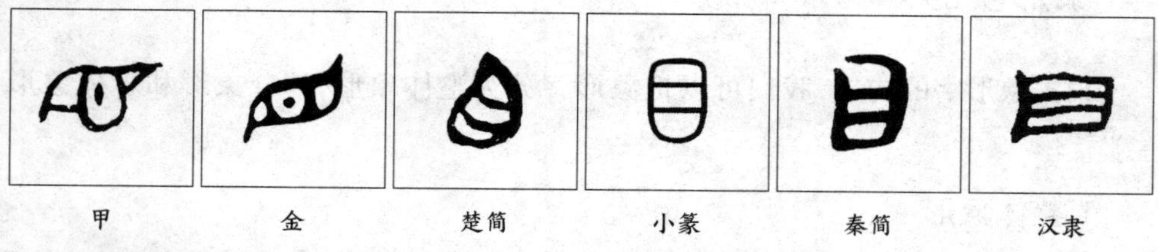

甲　金　楚简　小篆　秦简　汉隶

目，即眼睛，为眼睛的象形字。甲骨文、金文都是对眼睛的描绘，是一只横着的眼睛，金文比甲骨文更象形，画出了眼眶及瞳孔。金文以后横着的目逐渐变为竖着的目，表示瞳孔的圈也变成两道短横线，眼眶也逐渐变为方框，象形意味降低。甲骨文中有许多关于眼睛的占卜，如：“贞：王其疾目？”贞问，王的眼睛会不会有疾病发生？

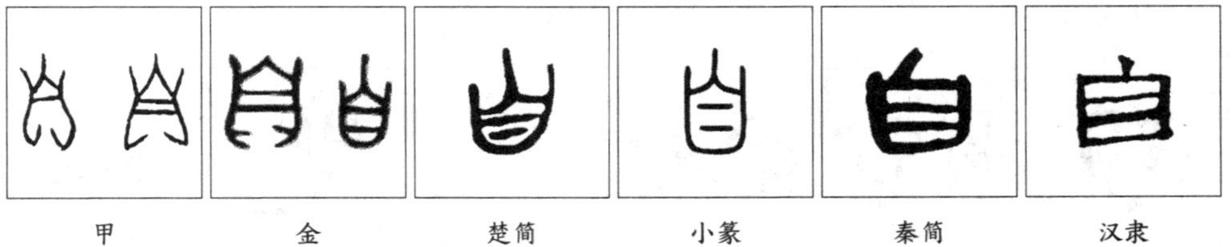

甲　金　楚简　小篆　秦简　汉隶

自，本义是鼻子。甲骨文自就是对鼻子的描绘，画出了鼻孔、鼻梁，鼻身有一道或两道横画，是没有实际含义的装饰性笔画，即饰画，也叫饰笔。金文里两个分开的鼻孔逐渐合拢，上小下大的三角形也逐渐规整，变成方形，从此形体固定下来，到小篆时都保留此字形。甲骨文中有关于鼻子的占卜，如："贞：疾自，唯有害？"这里的"自"就是鼻子的意思，卜辞大意为"进行占卜：王的鼻子不舒服，会对王有伤害吗？"除了鼻子的意思外，自也表示自己、亲自，这是由鼻子引申出来的意思，用部分代替整体，我们在平时交流中，提到自己时，喜欢指着自己的鼻子说"我"，大概古人也是出于这样的原因，才采用鼻子"自"来表示自己。在甲骨文时代"自"就已经假借作介词，表示"自从"的意思。因为自表示自己、亲自，又假借为表示"自从"，代表的意思太多，所以人们就在"自"的基础上，加了声符"畀"，新造了一个形声字"鼻"来专门指鼻子，自从此就不再表示鼻子了。

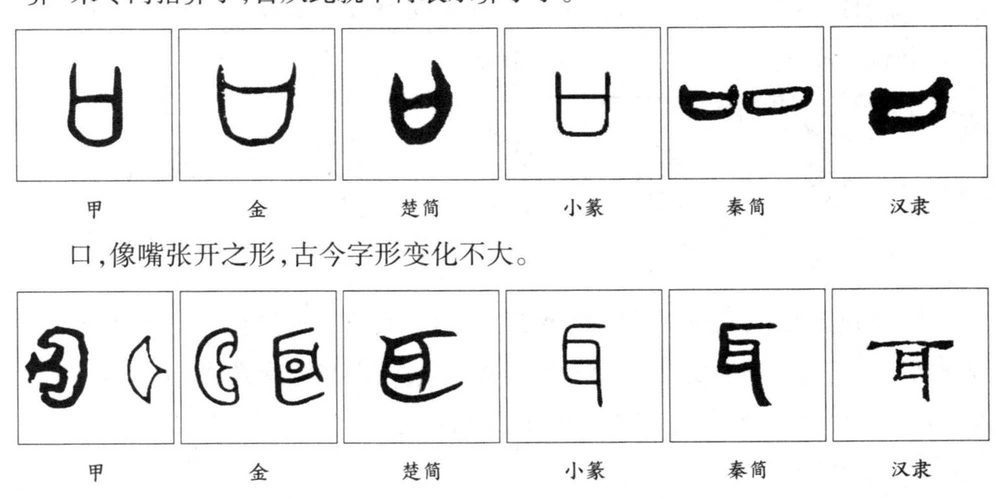

甲　金　楚简　小篆　秦简　汉隶

口，像嘴张开之形，古今字形变化不大。

甲　金　楚简　小篆　秦简　汉隶

耳，本义是耳朵。甲骨文、早期金文都是耳朵的象形，可以是左耳，也可以是右耳；金文中某些字形还画出了耳洞，后代字形在左耳字形基础上发展而来；西周以后，金文里耳字左边表示耳朵轮廓的"C"形基本不变，只是右半部分由连续的一笔分为三笔，曲线逐渐拉直；楚简耳字也继承了此种字形；小篆字形是在此基础上进一步线条化讹变而成。

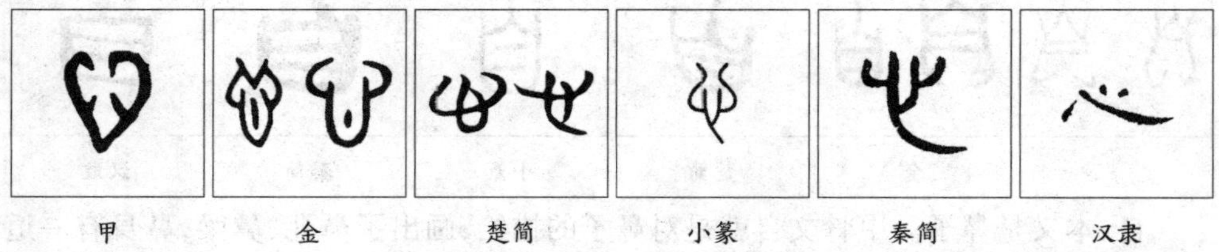

心，像心脏之形，本义是指心脏。甲骨文、早期金文都是对心脏的描绘，早期金文比甲骨文更形象。后世字形是在金文基础上发展而来，小篆之前字形变化不大，都保持了象形的形态，但隶书及之后严重讹变，原来象形的轮廓完全笔画化，成了几个不相勾连的笔画，已经没有了象形意味。

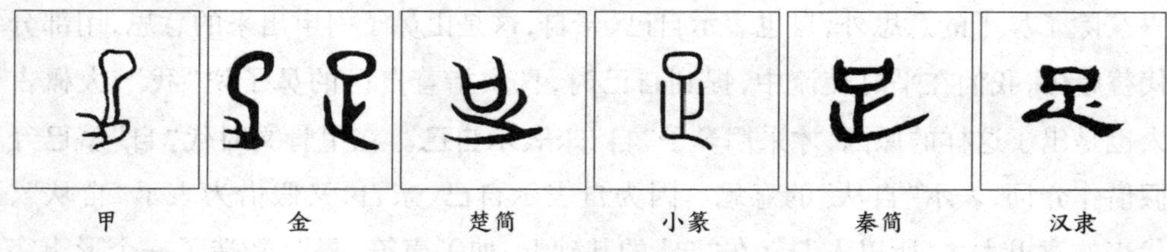

足，从甲骨文和商代金文看，足的本义应该是指人下肢膝盖以下的部分，早期字形正是对这一部分的描绘，画出了膝盖、小腿及脚掌。后期字形逐渐笔画化，膝盖、小腿讹变成圆圈，后来讹变为“口”，脚掌笔画化为“止”。

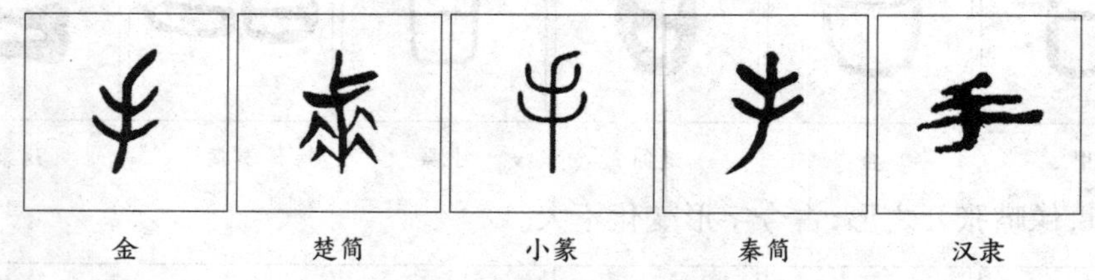

手，甲骨文未见，从金文字形看，像手掌之形，画出了五指和手臂，只是已经完全线条化。楚简手字讹变较大，字形变得很繁复，看不出象形意味；小篆继承了金文字形，仍有一定的象形性；隶书将曲线拉直，奠定了今天字形的基础。

(2)动物类

甲骨文、金文有很大一部分表示动物的字，这些字有很多是象形字，因为动物各有各的形象，是有形可像的生物，动物类象形字都是对具体动物的简单描绘。由于文字毕竟不是图画，即使象形程度再高，也不能将动物描绘得惟妙惟肖，而自然界中很多动物的形体是相近的，因此简单描绘并不能将它们区分开来。如一般的哺乳动物都是带有尾巴的四肢爬行动物，如果只用线条对它们的形象进行勾勒，那么产生的字形很可能难以区分。但聪明的古人抓住了各种动物的特点，在造字时除了描绘动物的外形外，更强调突出动物的区别特征，通过这些特点，将一个一个动物区分开来。

甲　金　楚简　小篆　秦简　汉隶

象，即大象。古代气候温润，中原一带还有大量野生象出没，商代金文（即上图金文字形中第一个“象”的字形）就是对大象的侧面描绘，如同图画，一目了然。相比金文，商代甲骨文的象抽象度更高，线条化明显，为了书写排版的方便，字形也由横置变为竖置；甲骨文的象也是大象的侧面象形，身体与足的描绘与其他动物无区别，尾巴下垂，尾巴散开与否不区别意义，但突出了象的长鼻和大耳，这也是大象与其他动物最大的区别，凭借这一特点，就可以将它与其他字区别开。西周以后金文（即上图金文字形中第二个“象”的字形）在甲骨文基础上进一步线条化，躯体由平面变为线条，但仍保留了头部长鼻的特征，小篆字形进一步线条化。楚简的象字保留了头部长鼻的形象，但身体部分用“肉”旁替代了，但这个字形并未被继承下来。

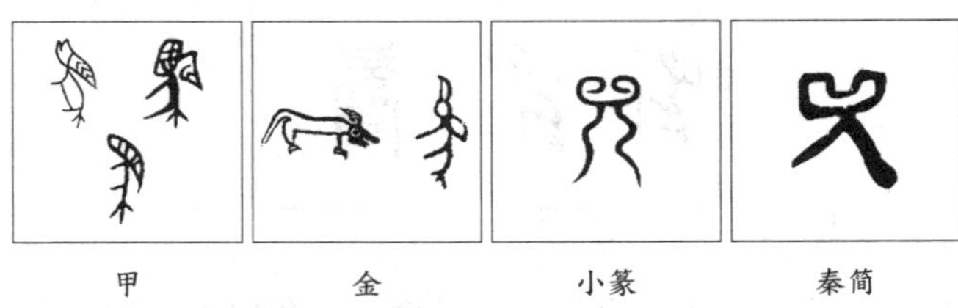

甲　金　小篆　秦简

兕，传统观念认为是犀牛，但从甲骨文及商代金文来看，犀牛说是不正确的，兕实际上是一种已经灭绝的水牛，学者称之为圣水牛。出土的商代青铜牛尊表现的就是这种动物的形象。商代金文兕（即上图金文字形中第一个“兕”的字形）就是一头水牛侧面形象的描绘，突出了牛角、牛蹄，与出土牛尊侧面形象相合。甲骨文兕是对这种水牛侧面形象的描绘，突出了水牛带有纹路的角，甲骨文里有的兕字身体已经线条化，但大角的形象仍然保留。小篆兕是如何由早期字形演变而来，由于中间缺乏字形依据，还不能确知。

河南安阳殷墟花园庄东地商代墓葬出土商代晚期牛尊照片及侧面线描图

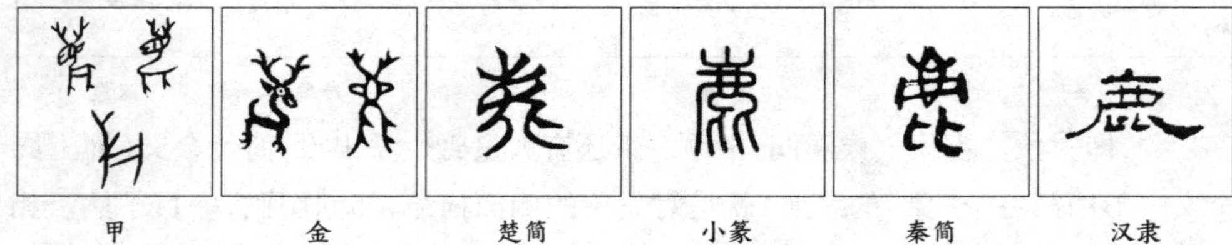

甲　金　楚简　小篆　秦简　汉隶

鹿，一种哺乳动物，雄鹿头上有树枝状的角。甲骨文及商代金文鹿（即上图金文字形中第一个“鹿”的字形）就是对雄鹿形象的描绘，角、头、眼睛、身体、足、短尾一应俱全，但突出树枝般的角和侧趾。甲骨文里有几个鹿的异体字，但作为区别特征的鹿角始终保留。金文中有的字形省略了鹿的身体，但仍保留了枝角及侧趾；楚简字形也省略了身体，鹿角、足和侧趾都线条化了。小篆鹿承袭有身体的字形发展而来，只是完全笔画化，足及侧趾讹变为“比”字。

甲　小篆

麑，初生的小鹿，还未长角。甲骨文麑像鹿未长角之形，突出了大眼睛，与鹿字的区别就在于有无树枝状的角。小篆已经发展为从鹿兒声的形声字，楷书字形承袭小篆而来。

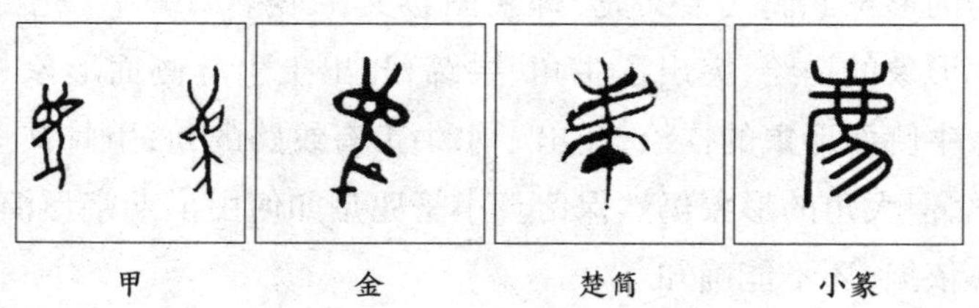

甲　金　楚简　小篆

廌，一般认为廌是一种传说中的独角神兽，能辨别是非曲直，即獬豸。其实不然，从甲骨文字形及甲骨卜辞来看，廌应该是某种真实存在的带角的哺乳动物，可能是羚羊类的动物。甲骨文突出了这种动物的直长角、大眼睛、散尾，这些特征与羚羊符合，而且甲骨卜辞里有“黄廌”的记载，说明廌的毛色为黄色，这也符合羚羊的特征。羚羊与鹿有一定的相似度，特别是头部，所以古人造字也抓住了这一特点，因此就与鹿一样，突出了它的大眼睛。甲骨文廌字有繁简的区别，后世字形在简体基础上发展而来，保留了直角、大眼、散尾这些特征，逐渐线条化演变为今天的字形。由于中原地区羚羊少见，久而久之人们就不知道廌的具体所指了，以至于将其神化为神兽了，这与古人把长颈鹿当作麒麟是一个道理。

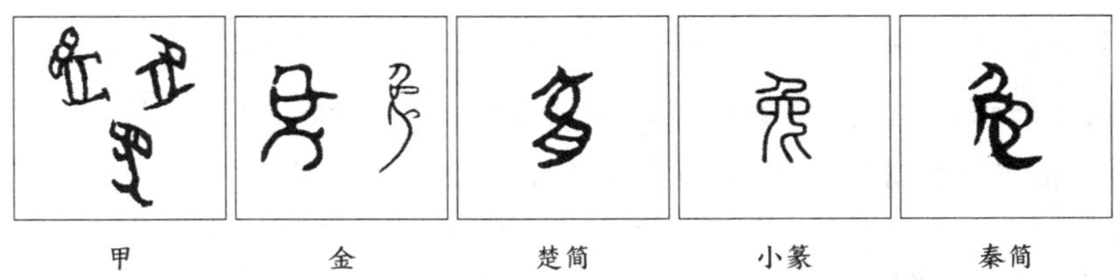

甲　金　楚简　小篆　秦简

兔，兔子。甲骨文像兔子之形，长耳、兔唇、短颈、短尾上翘，甲骨文中有许多兔的异体字，但都保留了兔子的某些特征。甲骨文后期兔字的身体由平面变为线条，金文继承了这一字形，头部逐渐讹变，最终与象字的头部形象趋同，而且侧立朝左的身体逐渐改为朝下，但始终保留了短尾，作为兔的区别特征。楚简字形讹变很大，身体及尾部消失，改从肉旁，但这一字形未被后世继承。小篆兔字承袭金文字形，线条化更明显，已看不出下半部分是兔子身体与尾部的象形。

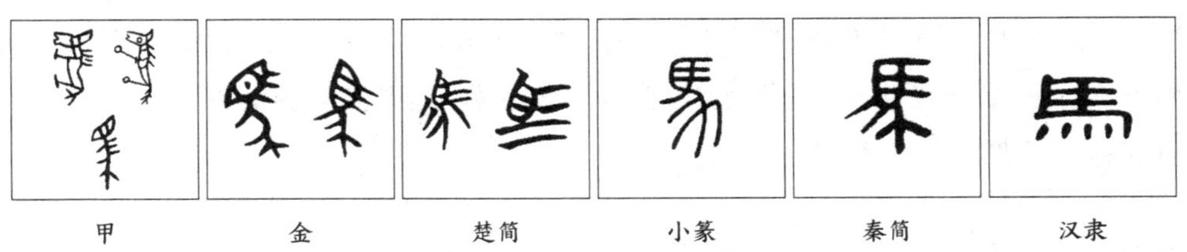

甲　金　楚简　小篆　秦简　汉隶

马，甲骨文像竖立的马侧面之形，前后字形有简体和繁体的区别。早期字形象形度更高，画出了马头、身体、蹄足、散尾，特别突出脖子及背部长长的鬃毛。晚期字形逐渐线条化，但保留了大眼睛、鬃毛和散尾这几个特征。金文字形承袭甲骨文简体字而来，鬃毛逐渐和眼睛合二为一，象形程度逐渐降低。楚简文字有简省，但都保留了鬃毛作为区别特征。小篆字形承袭金文字形进一步线条化，身体及散尾合并，成为几个线性笔画，象形意味消失殆尽，后来又逐渐演变为四点，发展为楷书馬，后根据草书写法简化成马。

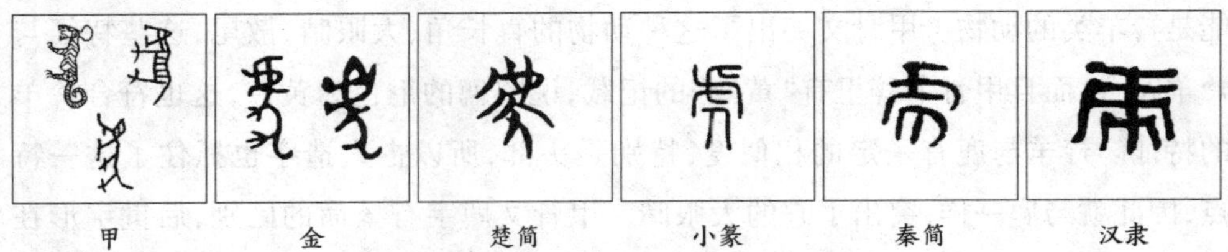

甲　金　楚简　小篆　秦简　汉隶

虎，老虎。甲骨文像老虎之形，分繁体与简体写法。繁体字形对老虎形象进行了细致的描绘，突出了老虎的利齿大口、大耳锐爪以及条形的花纹；简体字形线条化更明显，但仍然保留了大口、锐爪作为区别特征。金文里虎字逐渐省略了虎爪，但仍然突出大口，身体与尾巴部分越来越抽象，脱离象形意味，最终讹变为“人”字形，并与头部分离。小篆时，虎头部分还保留有一点象形的意味。到汉隶时，为了书写方便，很多笔画被拉直贯穿，就完全看不出象形所在了。

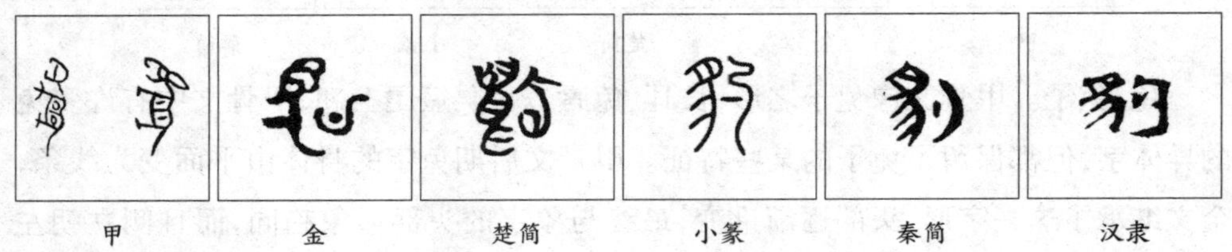

甲　金　楚简　小篆　秦简　汉隶

豹，甲骨文像大花豹之形，大口利齿、锐爪，特别突出身体上斑点状的花纹，用圆圈或小点表示花纹。文字发展的总体趋势是趋简，甲骨文里很多双勾的平面动物身体到后来都演变为单一的线条笔画。当身体线条化后，花豹的斑点花纹就无法形象地体现，不突出花纹，豹字与虎字就很难区分，所以到金文时期，豹字已经脱离象形行列，加上了声符“勺”，变成了一个形声字，左边仍是豹的抽象形象，逐渐演变为“豸”形，作为“豹”字的形符。

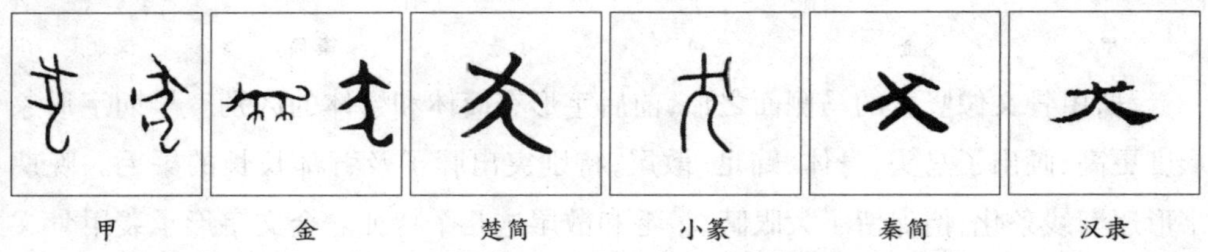

甲　金　楚简　小篆　秦简　汉隶

犬，即狗，甲骨文与早期金文都是对狗形象的描绘。商代金文犬字（即上图金文字形中第一个“犬”的字形）多横写，就是一幅生动的图画，突出长嘴、立耳、细身、翘尾，甲骨文也基本突出这几个特征，但最突出的特征是狗尾巴是上翘的。越往后发展，文字的象形程度就越低，晚期甲骨文与后世金文线条化逐渐明显，但犬字始终突出尾巴上翘的特点。楚简时期，犬字头部、身体、尾巴已经完全笔画化，小篆也基本上与此字形相同，已经完全丧失了象形意味。

甲　金　楚简　小篆　秦简　汉隶

豕，即猪。甲骨文为猪的象形，长嘴大腹，最突出的特点是尾巴下搭，与犬字尾巴上翘相区别。金文豕字已经线条化，但仍保留了尾巴下搭的特点，以后字形基本在此基础上发展而成，象形程度越来越低，直至消失。

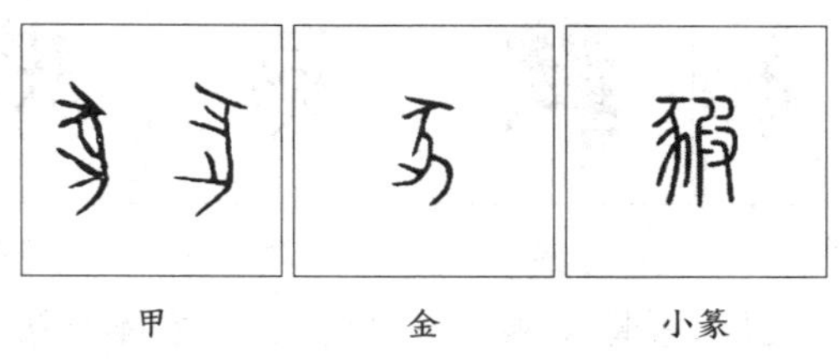

甲　金　小篆

豭，公猪，甲骨文像公猪之形，在豕字的基础上加上一道斜杠，表示生殖器，这也是豭字的区别特征，金文字形依旧保留这一特点。越往后发展象形程度降低，线条化、笔画化明显，这短短的一笔区别已经不明显，很容易与豕字混淆，所以就在原字形基础上加上了声符“叚”，这样原来的象形字就转化为一个从豕叚声的形声字，小篆字形已经是这样，后来的楷书字形是在小篆的基础上发展而来。

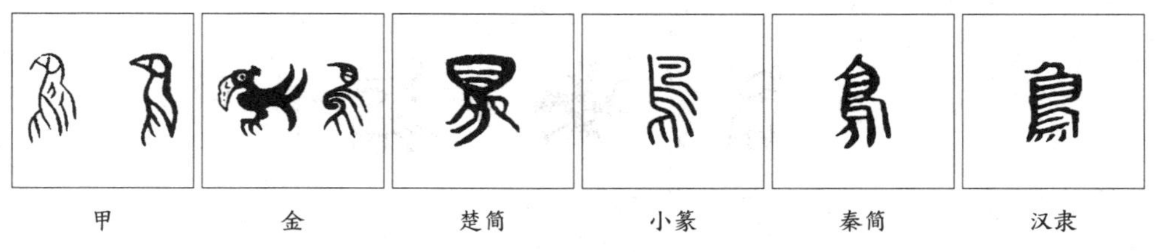

甲　金　楚简　小篆　秦简　汉隶

鸟，甲骨文、金文都像某种鸟类之形，一般为竖立的鸟形，商代金文也有站立的鸟字，都画出了鸟的喙、首、身、羽、足，突出鸟的尖喙、长尾、尖爪。后世字形象形程度逐渐降低，向笔画化方向发展，但基本保留了头、长尾羽与爪子的形态，到小篆时依然有一定的象形性，后逐渐楷化作鳥，简化为鸟。

隹，短尾鸟的总称，像鸟形。早期字形与鸟字类似，只是头部写法有区别，头、尾、身、羽一应俱全，甲骨文里异体较多，头的朝向、爪子的有无都不固定。金文字形逐渐固定，像鸟侧面之形，保留了头、羽毛、爪子。楚简字形爪子消失，小篆继承了这一写法，也没有爪子，象形程度大打折扣。早在甲骨文时代，隹字已经被假借表示虚词“唯”“惟”，后来给虚词义造了形声字“唯”“惟”，隹也回归本义，只表示短尾鸟。

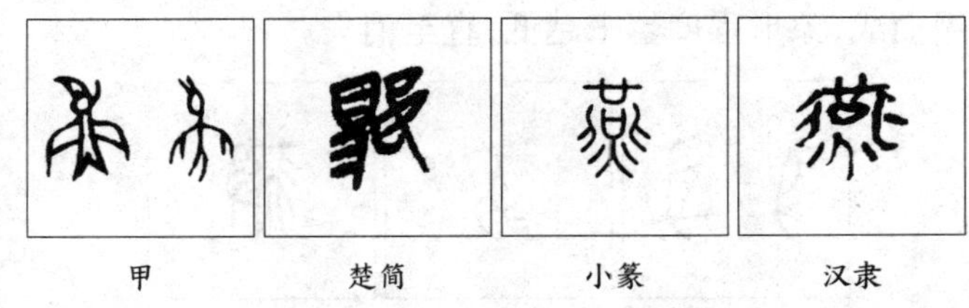

燕，像飞翔的燕子之形，甲骨文燕字有繁简之分，繁体直接描摹燕子飞翔之形，突出双翼和剪刀似的尾羽；简体更抽象，但仍是燕子的形象。楚简中燕字是一个从隹旻声的形声字，这个字形未被后世继承。小篆燕承袭甲骨文字形而来，只是已经发生了讹变，头部讹变为“廿”形，剪刀形的尾部讹变为“火”，双翼变为对称的两个“匕”，身体部分变为“口”，已经看不出具体所像了。楷书燕字继承小篆的字形，只是“火”进一步讹变作“灬”形。

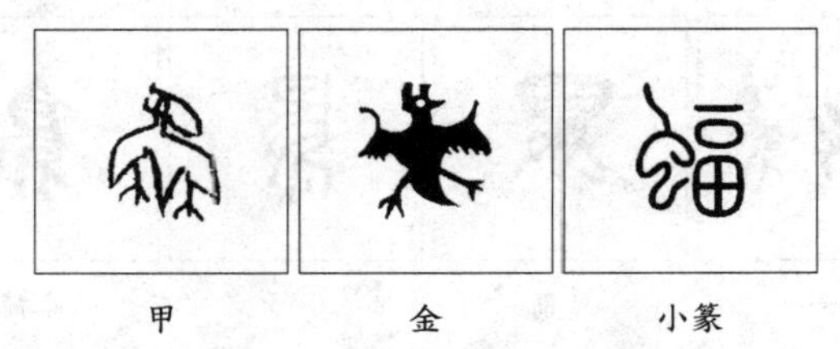

蝠，即蝙蝠，像蝙蝠之形，商代金文直接描摹的蝙蝠的形象，甲骨文更线条化，但仍是蝙蝠的象形，突出了蝙蝠的翼膜及与翼膜相连的腿。到小篆时期，蝠字已经发展为从虫畐声的形声字，今天的字形沿袭了小篆的写法。

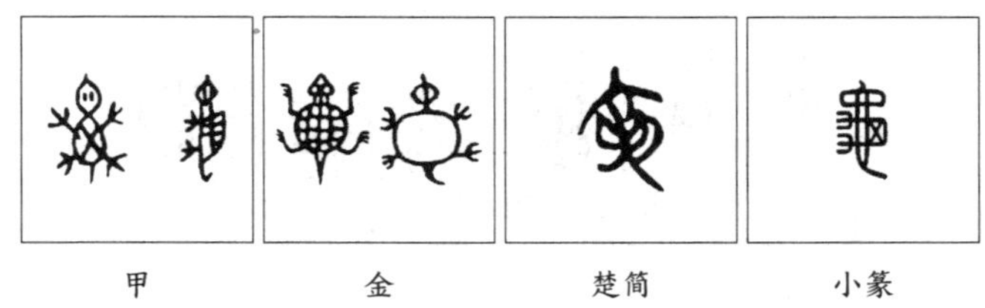

甲　金　楚简　小篆

龟,古文字像乌龟之形。甲骨文龟字有像正面和侧面两种写法,正面之形是一只爬行乌龟的俯视图,画出了龟背甲、四肢、头、尾;商代金文(即上图金文字形中第一个“龟”的字形)比甲骨文更形象,还描摹了背甲上的纹理。后世龟字继承了侧面形象,在侧面形象基础上进一步发展。楚简字形已完全线条化,看不出具体所像;小篆字形仍有很高的象形度,仍像龟侧面之形;楷书繁体作龜,依旧象形。后简化作龟,已经脱离象形了。

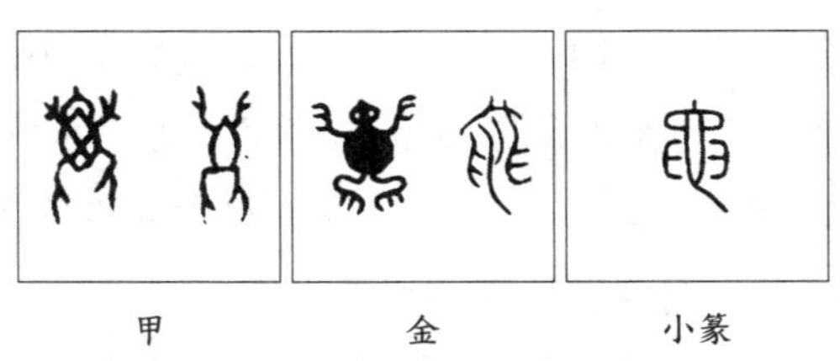

甲　金　小篆

黽(měng),本义是一种蛙。甲骨文与商代金文黽字(即上图金文字形中第一个“黽”的字形)像在水中游泳之蛙形,前腿前伸、后腿后蹬。晚期金文已经线条化,后腿消失,讹变出一条类似尾巴的细线,前腿由爪子外撇发展为向内撇,最终发展为小篆字形,头与身体写法与龟字类似,应该是形体相近互相影响所致。

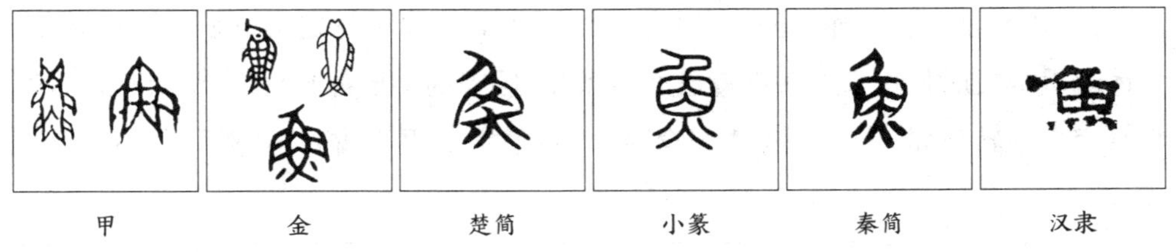

甲　金　楚简　小篆　秦简　汉隶

鱼,甲骨文、早期金文的鱼字都具有很高的象形度,早期金文更加形象,直接画出鱼的形象,但形态各异,应该描绘的是不同种类的鱼。甲骨文鱼字抽象度比金文高,但依旧是鱼的象形,勾勒出鱼鳍、鱼鳞、鱼尾。晚期金文鱼字在甲骨文基础上进一步线条化,后期鱼鳍逐渐消失,只保留了近似圆形的身体和几条表示鱼鳞的线,鱼尾讹变为“火”形,楚简、小篆都是这种字形。与“燕”字一样,小篆之后表示鱼尾的“火”逐渐演变为“灬”,楷书作魚,简化作鱼。

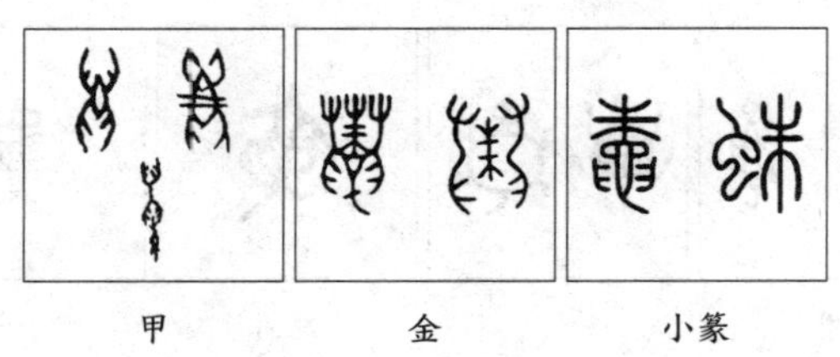

甲　　　金　　　小篆

蛛，即蜘蛛，早期为象形字，甲骨文像蜘蛛之形，画出了椭圆形的身体和腿，一般的蜘蛛本来是八条腿，比甲骨文更早的字形可能画有八条腿，甲骨文字形有所省略。甲骨卜辞中蛛字已经被假借表示其他意思了，有的字形中腹部加有一条或两条横线，就是专门的区别符号，表示这个蛛字不是表示蜘蛛这个本义。甲骨文还有一个在象形字基础上加了声符“束”的字，这个字是蛛的早期形声字。春秋金文承袭甲骨字形而来，但加上了声符“朱”，形符依旧是蜘蛛的象形形态，只是线条化了，有的字形也有简省。到小篆时存在两个表示蜘蛛的字，两个字声符相同，都从“朱”声，但形符有区别，一个承袭金文而来，讹变为“黽”字；一个是根据蜘蛛的属性（昆虫的一种），所以将形符改成了“虫”。楷书继承蛛的字形，鼄和蛛，人们选择了简单的字形，这也符合人们用字从简的习惯。

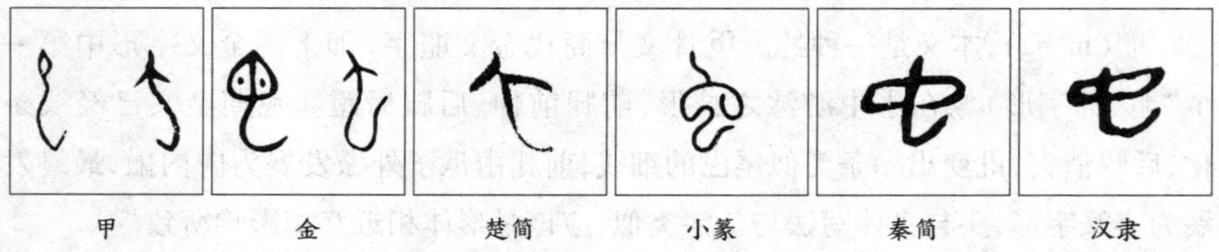

甲　　　金　　　楚简　　　小篆　　　秦简　　　汉隶

虫，本义是一种小蛇，即虺。甲骨文与早期金文像小蛇之形，画出头和细长的身体。甲骨文时代虫字的头部就已经线条化，后来的字形都在此基础上演变而来，小篆字形婉转诘屈，头部与身体完全融合，隶书字形更为古朴，还勉强能区分头与身体。

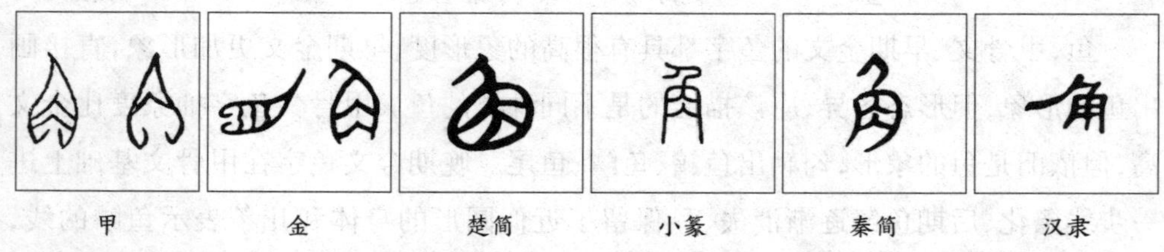

甲　　　金　　　楚简　　　小篆　　　秦简　　　汉隶

角，像牛角之形，上尖下宽，角上有纹路。后世字形牛角尖逐渐线条化并加上了饰画，主体部分也趋于规整，最终演变为小篆字形。

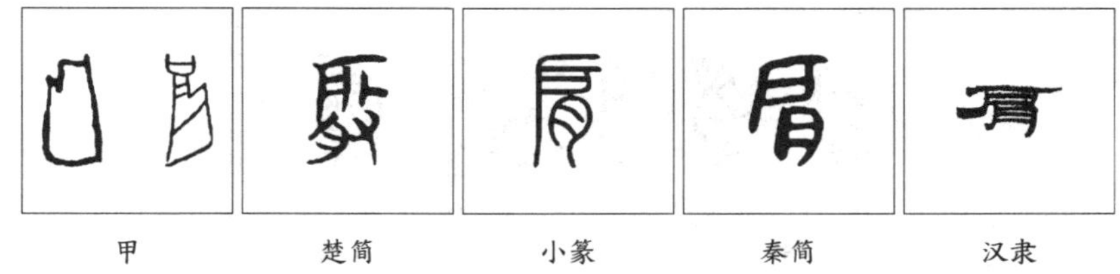

甲　楚简　小篆　秦简　汉隶

肩,甲骨文像肩胛骨之形。牛肩胛骨是商朝人占卜的重要工具,在占卜之前先要对肩胛骨进行处理,处理时要将上端的骨臼切掉一半或三分之一,形成一个缺口。甲骨文肩字像整治之后的肩胛骨之形,后世象形字形逐渐讹变为“户”字,并加上了形符“肉”,小篆及后世的字形就是这种字形。楚简文字还加上了“攴”形,应该是动词“肩负”的形声字。

河南安阳小屯村殷墟遗址出土商代卜骨照片及拓片

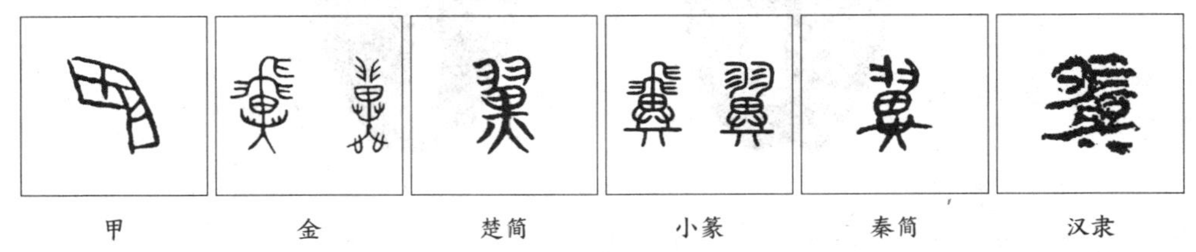

甲　金　楚简　小篆　秦简　汉隶

翼,即翅膀,甲骨文像蝉翼之形。金文已经发展为形声字,有两种写法,都以異(异)为声符,其形符一个从飞,就翅膀的功能而言,可以飞行;一个从羽,应该是就其属性而言的。小篆也保留了两种字形,小篆之后从飞的字形逐渐被淘汰,从羽的翼得以流传下来。

甲　　金　　小篆

夒，一种猴子，甲骨文像猴子之形，有蹲坐托腮和站立托腮两种形体，画出了头、身子、手、脚。金文站立字形逐渐线条化、笔画化，头演变为首字，手由单手托腮演变为双手外撇张开。小篆字形手的部分进一步讹变，脱离象形意味。

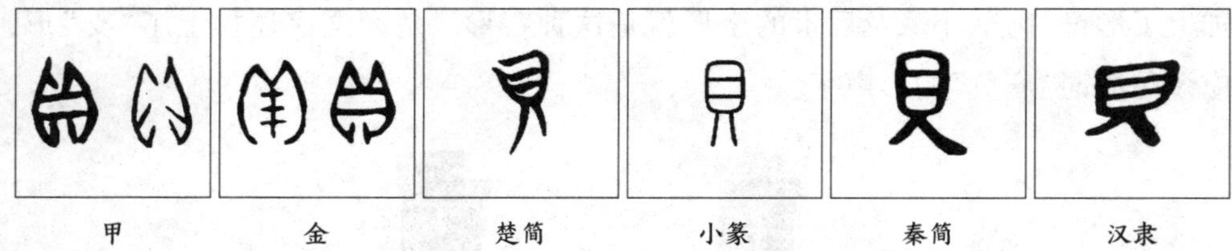

甲　　金　　楚简　　小篆　　秦简　　汉隶

贝，甲骨文、金文像一种海贝之形，周代以前流行以这种海贝充当货币。甲骨文与早期金文中异体较多，但基本保留了贝壳的轮廓，只是内部横线多少有别。晚期金文逐渐走向统一，分开的两半逐渐合拢，讹变为"目"形，尾部两条短画拉长，逐渐固定为小篆字形。楷书作貝，简化成贝。

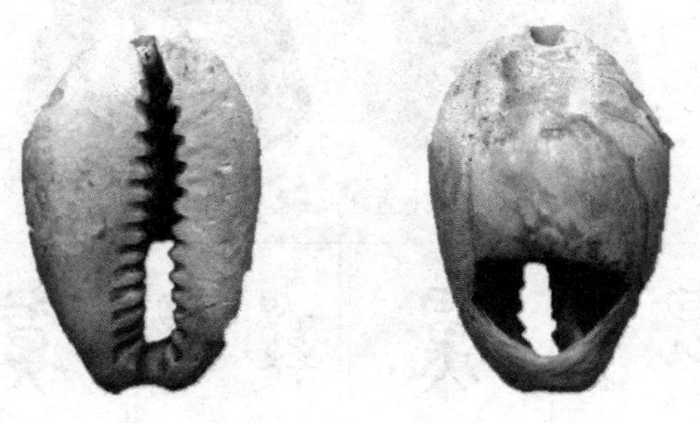

贝币

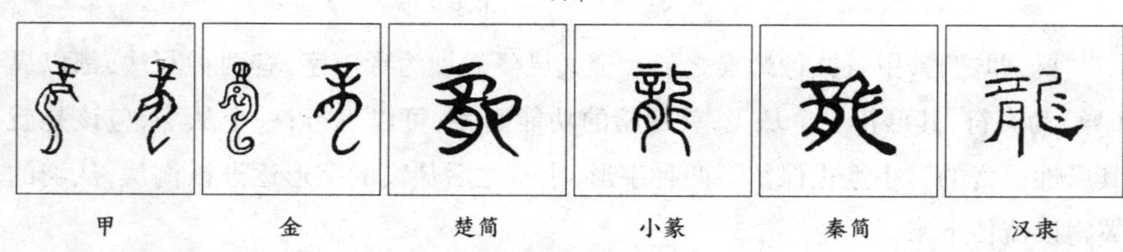

甲　　金　　楚简　　小篆　　秦简　　汉隶

龙，传说中的神兽，中国龙的观念起源很早，商周时期，龙纹广泛运用于青铜器、玉器的装饰上。甲骨文、金文龙字都为象形字，像龙形。商代金文更形象，画出了龙的形象，突出大口、长颈鹿角似的柱角。甲骨文龙字有繁简之分，简体龙字的身体线条化，仍保留大口、柱角，柱角讹变为“辛”形。西周金文在龙口中添加了长长的牙齿，突出龙的凶猛，后张口之形逐渐讹变为“肉”形，身体与头部分离。楚简中龙字头部与身体已经分离，丧失象形性，后逐渐演变为小篆字形。楷书作龍，根据草书简化作龙。

陕西扶风海家村出土的西周早期铜爬龙照片与线图

(3)植物类

与动物一样，许多植物也不易区分，古人造字时也抓住了这些植物的独特性，在文字上突出这些重要特征，作为区别特征将各个植物类文字区分开来。

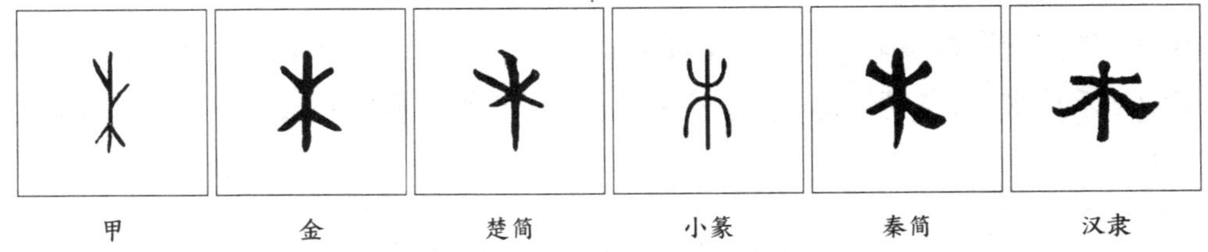

甲　金　楚简　小篆　秦简　汉隶

木，像树木之形，画出树根、树干、树枝，小篆以前字形变化不大，隶书将表示树枝的两笔拉直为一笔，奠定了今天楷书字形的蓝本。

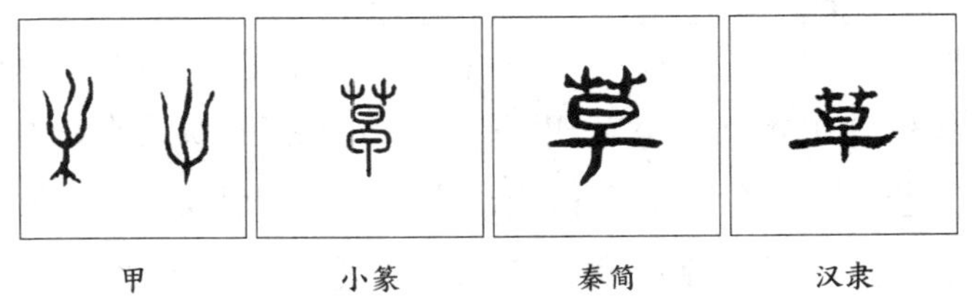

甲　小篆　秦简　汉隶

草，甲骨文像小草之形，有简繁的区别，繁体描绘的就是一株草的形象，画出了草根、细长的叶子，表示叶子的三条线弯曲成摇摆状，是为了突出草茎叶柔软、容易随风摇曳的属性。简体省略了草根，保留了柔弱摇摆的草叶，这个字形发展到后来即“屮”，繁体作“艸”，小篆字形加上了声符“早”，发展为今天的草字。

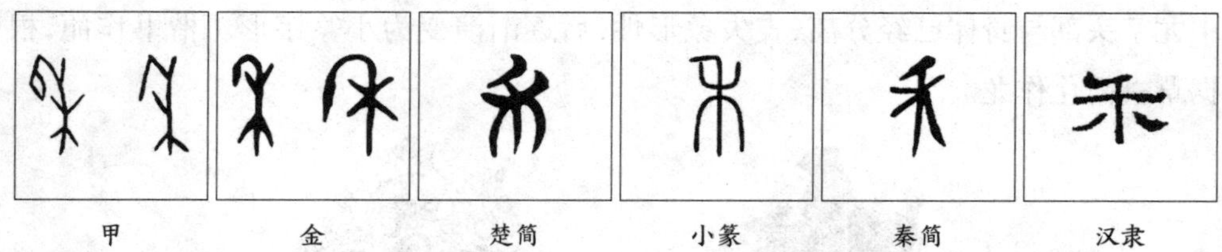

甲　金　楚简　小篆　秦简　汉隶

禾，像谷穗下垂之形，画出了根、茎、叶以及谷穗。禾的本义应该是指稷这类粮食作物，也就是粟，俗称小米，自古就是北方地区重要的粮食作物。甲骨文、金文禾就是这种作物的象形，突出狗尾状的谷穗，聚而下垂。后世字形由于线条化，谷穗也笔画化，但仍保持弯曲的形态，与木字区别开。

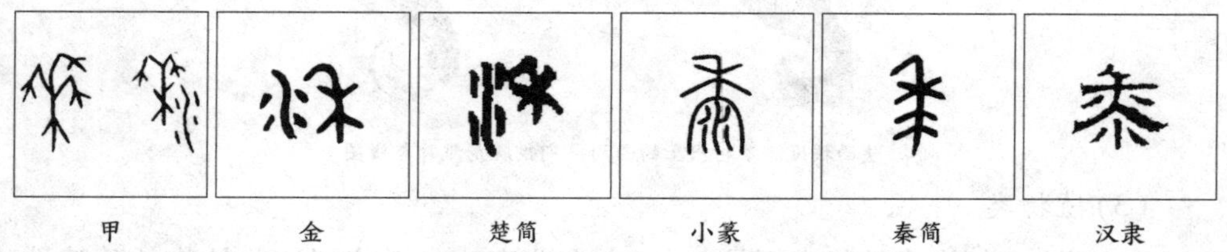

甲　金　楚简　小篆　秦简　汉隶

黍，今俗称黍子、黍谷，北方常见的粮食作物，与粟不同，黍的谷穗是散开的，甲骨文黍正是这种作物的象形，突出了散开的谷穗。甲骨文里也有加水旁的字形，是因为字形演变导致黍跟禾区分度不高，加水旁是为了便于区分两字，金文黍已经演变为从禾从水了，楚简继承了这一字形。小篆继承了早期字形，与甲骨文构形更接近。

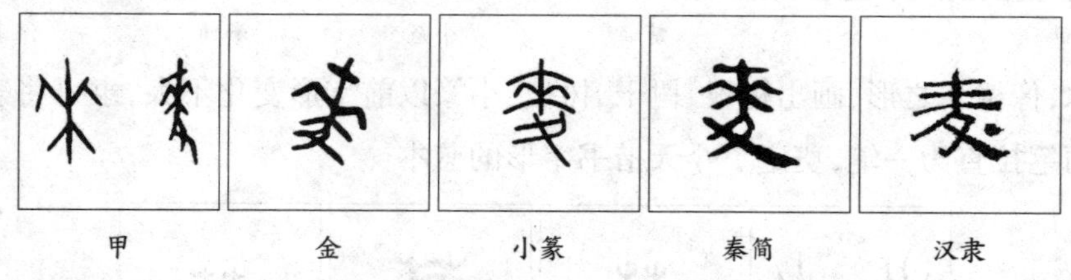

甲　金　小篆　秦简　汉隶

麦，本字为来，来的本义指小麦，甲骨文像小麦之形，突出朝天生长的麦穗，为表意明确，常在穗的部分加一横线，以突出麦穗。在甲骨文时代，来字的字形就已经基本固定，古文字阶段来字变化都不大。甲骨文中来已经假借表示动词“返回”，甲骨文中有一个在来字之下加倒止之形的字，就是麦的早期形声字，从止来声，即麥，止就是脚趾的象形，从字形看，这个字应该是表示返回意义的来的本字，不知出于何种原因，商代的人们反而用它来表示小麦，而继续假借来字表示返回。甲骨文中已用麥表示小麥，來表示返回，但仍有用來表示小麦的用例。如：“辛亥卜，贞：咸刈來？”大意是在辛亥这天进行占卜，问是否将小麦全部收割。

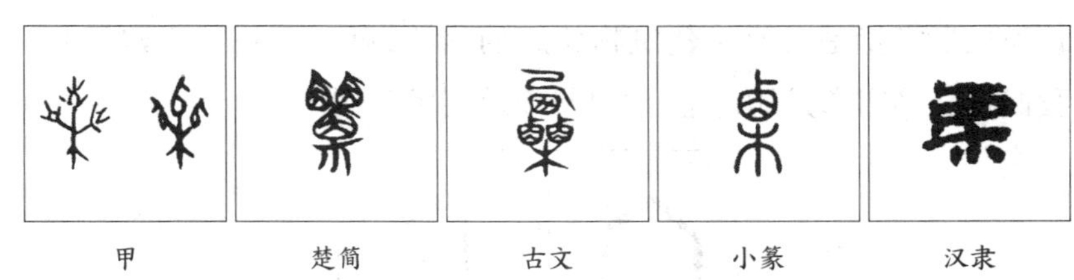

甲　楚简　古文　小篆　汉隶

栗，本义为栗树，栗树果实一般结于枝干末梢，成熟的栗树种子（即栗子）被壳斗包裹，壳斗外长有锐刺，甲骨文的一种写法正是像结满栗子的栗树之形，突出长有锐刺的果实。甲骨文中另有一个栗字，表示树梢的果实部分已经讹变为三个“卤”形，仍可看作栗子的象形。后世字形继承了讹变后的甲骨文字形，逐渐笔画化，《说文解字》古文字形将其中一个卤替换为声符“西”，发展成为一个形声字。小篆对早期字形进行了简化，只保留了一个卤，仍保留有象形的意味。隶书在古文的基础上省略了两个卤，奠定了楷书栗的基础，已经是一个从木西声的形声字了。

甲　金　楚简　小篆　秦简　汉隶

桑，甲骨文像桑树之形，画出了树根、树干及其散开的桑叶。晚期金文桑叶逐渐与树干分离，并讹变为“屮”形或“又”形，小篆、秦简及汉隶便是讹变后的字形。楚简中桑已经演变为一个从木丧声的形声字，但这个字形未被后世继承。楷书继承了小篆的字形，在小篆字形基础上演变而来。

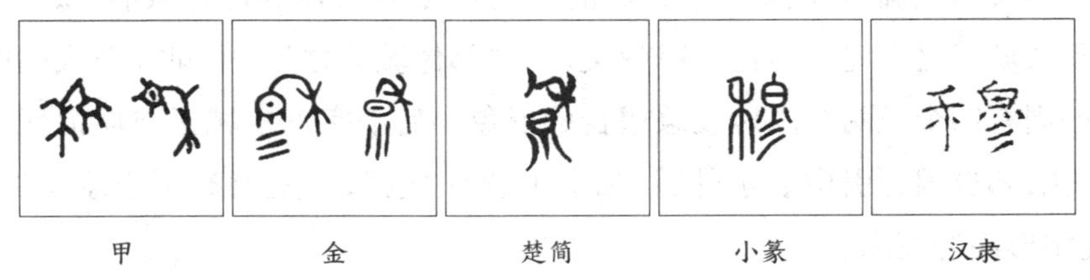

甲　金　楚简　小篆　汉隶

穆，本义是某种谷类作物，甲骨文像某种长有芒刺的垂穗作物之形。文献中没有见到“穆”用为本义的例子，甲骨文里“穆”用作地名，《说文解字》说穆是“嘉禾”，即一种良好的谷类作物，应该是有依据的。金文字形加上了“彡”，学者指出从“彡”有美好之意，是在甲骨文基础上衍生出来的新字，后世继承了这一字形。

(4)建筑类

建筑类象形字就是对原始建筑物轮廓的描绘，可以反映当时建筑物的面貌。这一点我们将在第四章具体讨论，这里只简单列举几例。

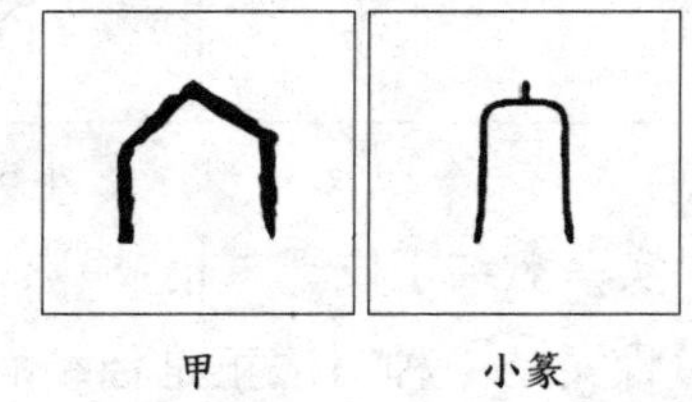

甲　小篆

宀，即房屋，甲骨文像房屋侧面之形，此字后世不单用，一般作为偏旁使用。

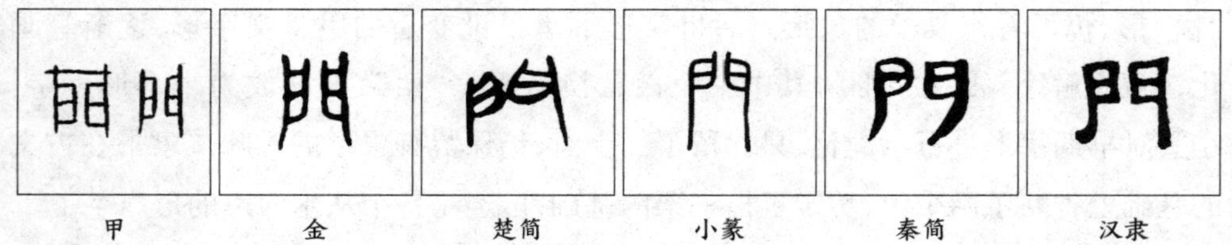

甲　金　楚简　小篆　秦简　汉隶

门，本义就是指房屋的大门，像两扇门之形，甲骨文中有的字形还画出了门楣。古今字形变化不大，只是后期字形笔画化了，楷书作門，简化为门。门与户有区别，门专指大门，一般有两扇门，户为小门，是一扇门的象形。

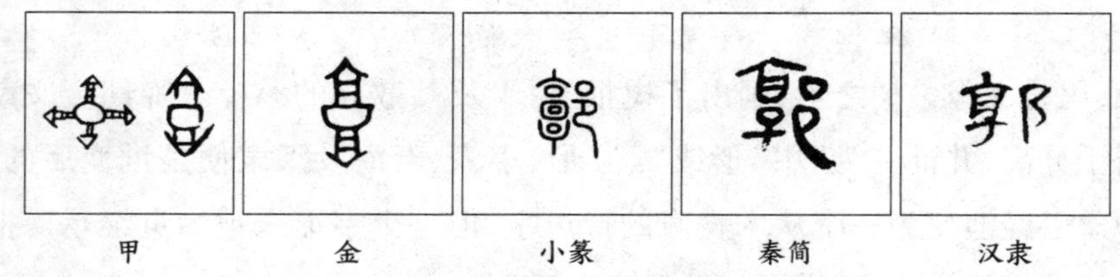

甲　金　小篆　秦简　汉隶

郭，本义是城墉，即城墙。古代城池一般为四方形，四周修筑城墙，城墙四角修筑瞭望台，城门之上建有门楼。甲骨文、金文郭像城墙之形，中间方框或圆圈代表城池，四周有四个或两个门楼或瞭望台的形象。后期字形中城楼与城池逐渐分离并笔画化，郭也因为引申表示外城，加上了意符“邑”，于是就有了小篆字形，楷书郭据此字形演变而来。

(5) 器用类

器用类象形字就是对日常生活中使用的器具的描绘，可以反映出当时的生活面貌。这一点我们也将在第四章具体讨论，这里只简单列举几例。

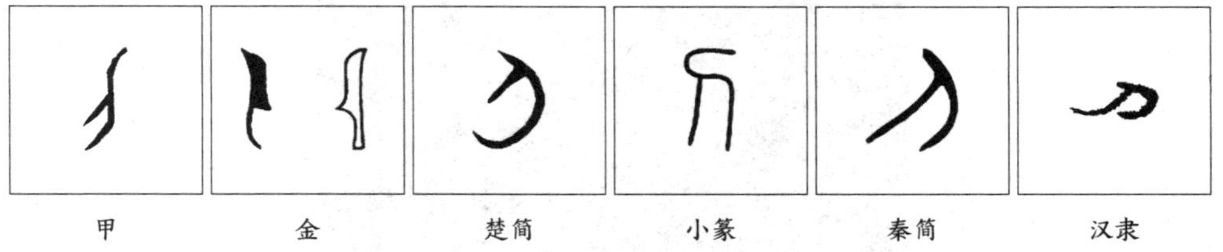

甲　金　楚简　小篆　秦简　汉隶

刀，像刀形。早期金文比甲骨文更象形，甲骨文已线条化。

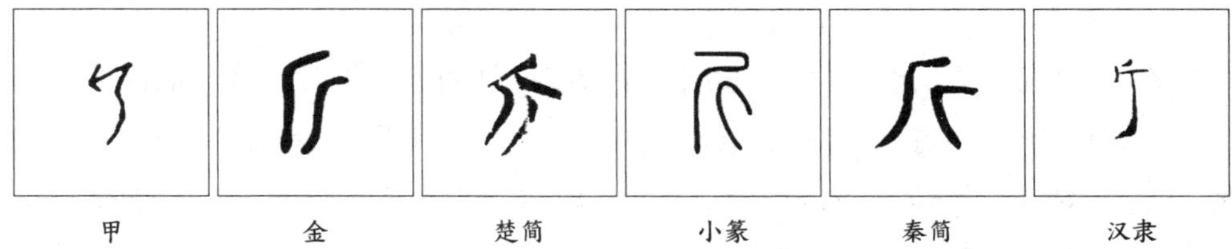

甲　金　楚简　小篆　秦简　汉隶

斤，甲骨文像斧斤之形，是带柄斧头侧面的象形。金文已严重变形，看不出象形意味了。

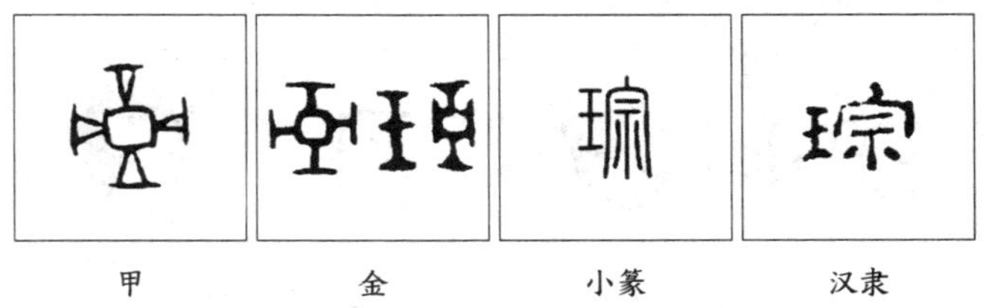

甲　金　小篆　汉隶

琮，即玉琮，一种玉质的礼器。甲骨文、早期金文是玉琮俯视图的写照，已有笔画化趋势，后来为表意明确，在象形的基础上附加了形符“玉”，到小篆时期象形部分消失，改换了“宗”作为声符，演变为一个从玉宗声的形声字。

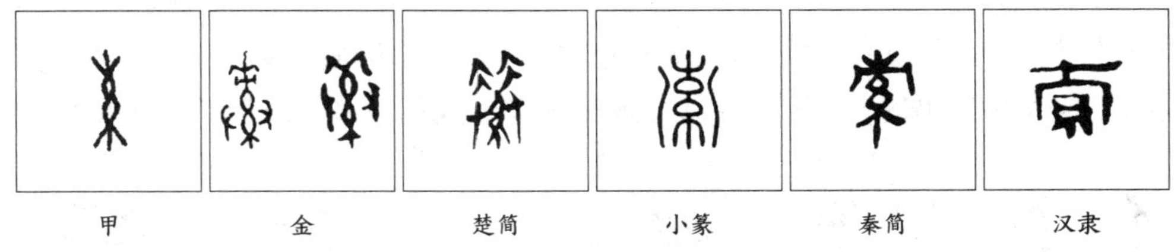

甲　金　楚简　小篆　秦简　汉隶

浙江杭州余杭区良渚镇瑶山遗址出土玉琮，现藏于良渚博物院

索，本义为粗大的绳子，由几股细绳子或线缠结而成。甲骨文像几股绳子缠结的绳索之形，上下各有三股散开的绳头。金文加上了双手，表示在搓绳子，上部的横工形表示搓绳子时固定绳子用的工具，有时这个工具也可以省略。后期字形就是在金文字形的基础上演变而来。

(6) 自然类

自然类象形字是对自然界除动植物以外的事物的描绘。

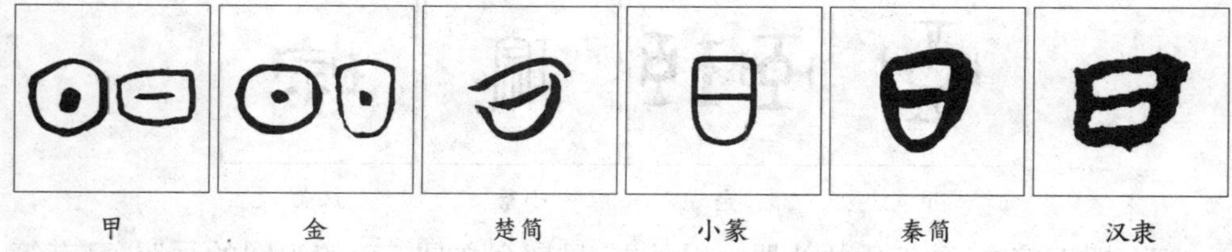

甲　金　楚简　小篆　秦简　汉隶

日，即太阳，像太阳之形。画一个圆代表太阳，中间加点是为了与单独的圆圈区别，由于甲骨文是刻写而成，囿于材料的限制，圆笔很难刻写，所以甲骨文中日多是方形，点也变成一横，类似于后世的隶书、楷书，但这并不代表甲骨文时代日字就已经是今天的模样，甲骨文日字的写法是一种特殊的写法，金文字形才代表了日的正体。金文中日仍然以圆形为主，只是圆逐渐趋于规矩，最终演变成今天的模样。

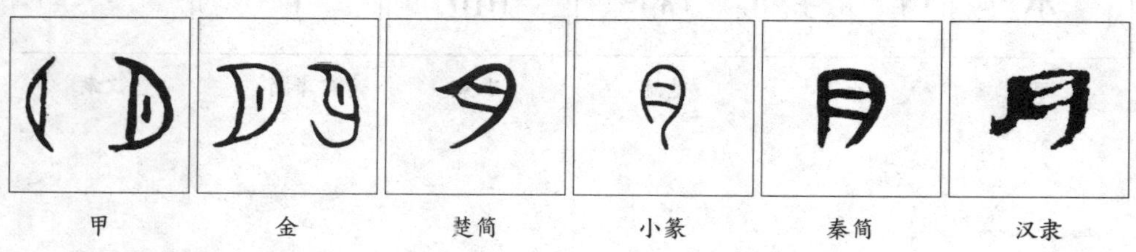

甲　金　楚简　小篆　秦简　汉隶

月，即月亮，古文字像弯月之形。最初月字中没有竖画，只是表示夜晚的“夕”字也用月字代表，为了区分两种用法，就在象形字中加一小竖画表示月，不加竖画表示夕，但这两个字在甲骨文里还是时常相混，加竖画和不加竖画都可以表示月亮，也都可以表示夕。金文里两个字就固定下来，加竖画的表示月。

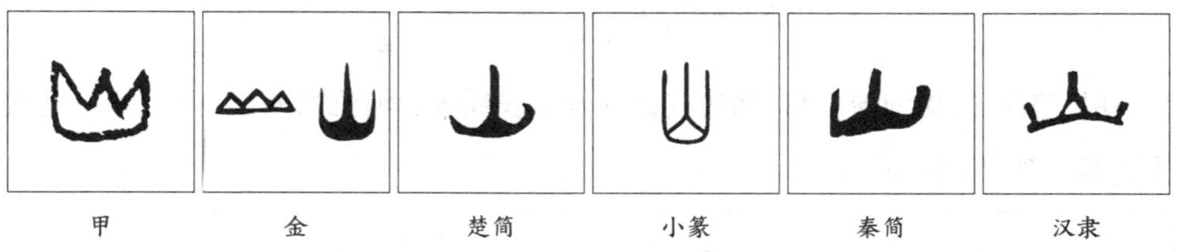

甲　金　楚简　小篆　秦简　汉隶

山，像众多山峰之形。西周以后逐渐线条化，逐渐演变为今天的字形。

甲　金　楚简　小篆　秦简　汉隶

丘，低矮的土堆或山包，甲骨文像两个相对的小土堆之形。金文中土堆之形讹变为“北”形；楚简中为了表意明确，加上了形符“土”，这一字形后世未继承。小篆沿袭金文字形，逐渐笔画化为楷书丘字。

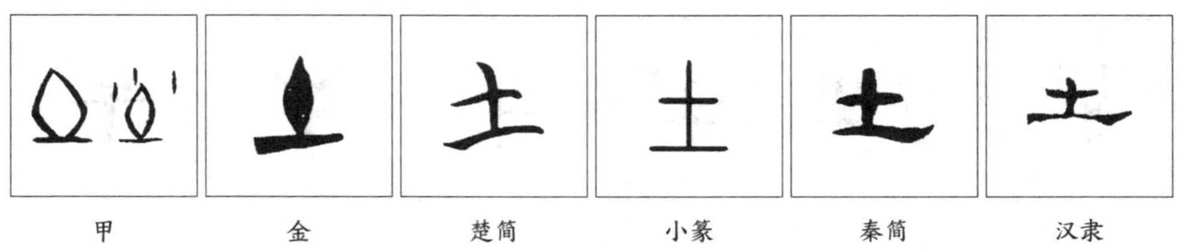

甲　金　楚简　小篆　秦简　汉隶

土，甲骨文、金文均像小土块之形，甲骨文中土块上或有几个不等的小竖点，表示小。线条化后演变为今天的字形。

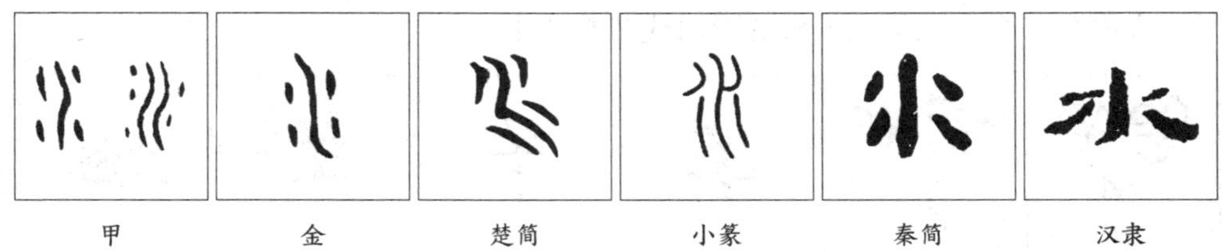

甲　金　楚简　小篆　秦简　汉隶

水，像流水之形，中间一道或两道长线表示连续的水流，是水在河流中流的象形，两边的小竖点表示两边的流水。

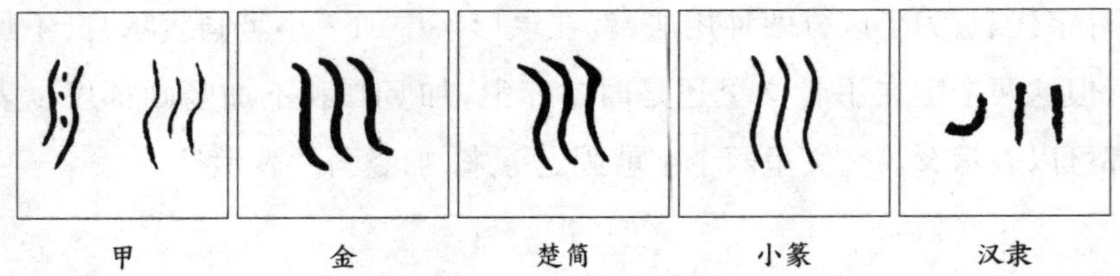

甲　　金　　楚简　　小篆　　汉隶

川，即河流，像河流之形，两边连续的两条长线表示河流的两岸，中间的一笔或几笔表示河中的流水。

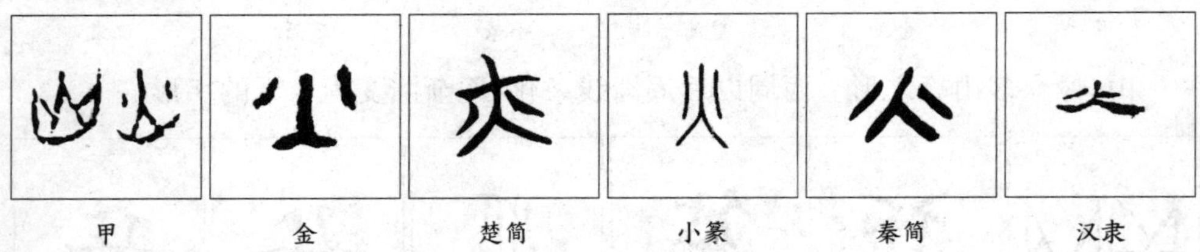

甲　　金　　楚简　　小篆　　秦简　　汉隶

火，像跳跃的火苗之形。

2.部分象形

与整体象形不同，部分象形只画出事物的局部，用这一部分的形象来代指整个事物，部分象形产生的字其字形所代表的含义大于字形本身体现出来的含义，这一类字极少。

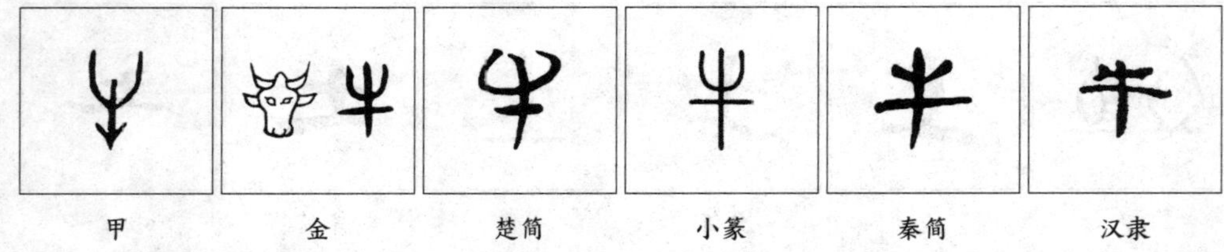

甲　　金　　楚简　　小篆　　秦简　　汉隶

牛，甲骨文已经线条化，保留了基本形状，突出向上曲折的牛角。商代金文里有象形的字形，就是一个牛头的形象，画出了牛头的基本轮廓，牛角、牛耳、眼睛、鼻子一应俱全。牛字就是以牛头的形象代替整头牛。

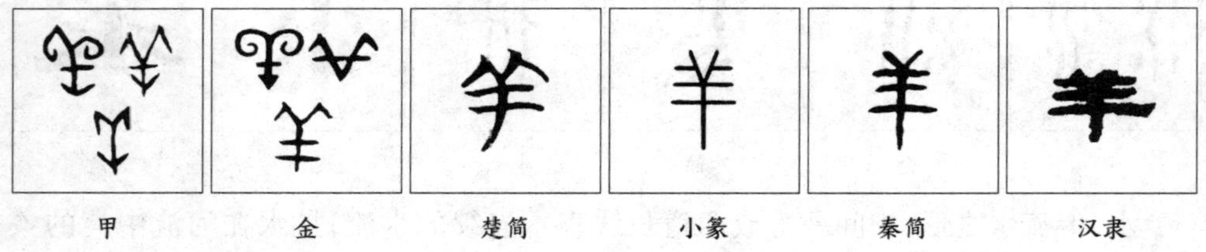

甲　　金　　楚简　　小篆　　秦简　　汉隶

羊，像羊头之形，用羊头表示羊。甲骨文、金文已经线条化，突出倒三角形的面部和向下卷曲的羊角。金文里出现了简化字形，但仍然保留了这两个特征，后期金文已经脱离了象形意味。后世字形曲折的笔画逐渐拉直，笔画化了。

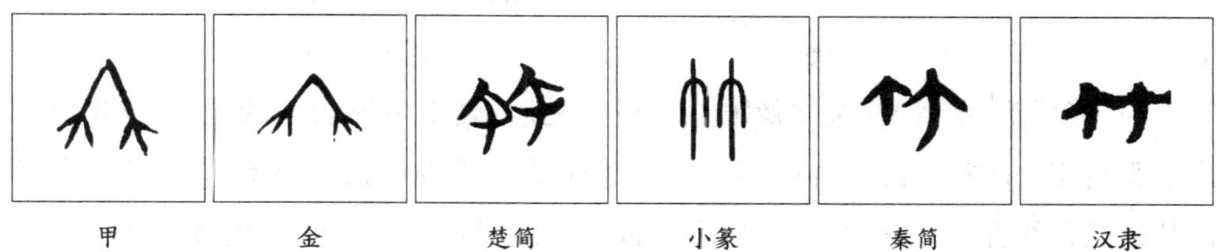

甲　金　楚简　小篆　秦简　汉隶

竹，甲骨文、金文像带枝的竹叶之形，用枝叶代表竹子。发展到后来枝干渐渐变短甚至消失，只剩下两组各三片竹叶，楚简在中间的竹叶加上了两道饰画，饰画没有实际含义。

3.合体象形

合体象形是指一个字形不但画出所像事物，还画出与所像事物相关的事物。合体象形字字形反映出来的含义要大于实际代表的事物含义，即合体象形字中只有一部分形体是这个事物的象形。相关事物对于字义来说是多余的，但没有这些多余部分，单独画出要表达的事物形象，要么会表意不清，要么会与其他字混淆，所以这些附加部分对字形来说是至关重要的。

(1)人及人体类

甲　金　楚简　小篆　汉隶

页，本义同首，都表示头部，甲骨文为象形字，不但画出头部，也画出跪坐的身体，其实头部才是页字要表达的重点，画出身体是为了与首字区别，不画身体的字形就是首的象形。金文页字象形度降低，但仍可看出基本轮廓，头部头发还在。往后发展头发消失，面部笔画化，身体部分表示手的笔画与身体分开，改为和头部相连，逐渐演变为小篆字形。隶书时把弯曲的笔画拉直，演变成頁，今简化为页。

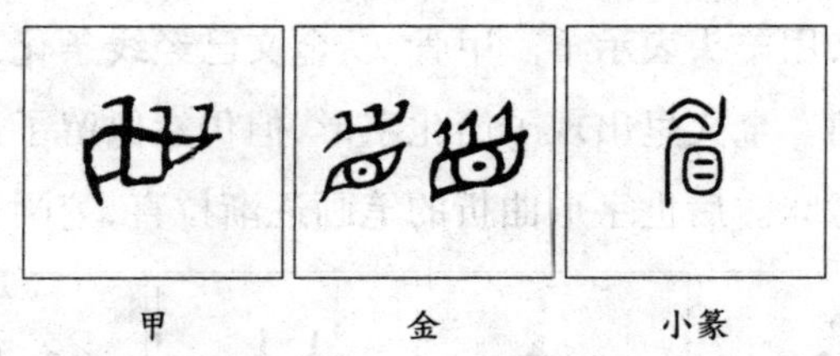

甲　　金　　小篆

眉，即眉毛，甲骨文、金文像眼上长眉毛之形，画出了要表现的眉毛，同时还画出了眼睛作为陪衬，如果只画出眉毛，几条简单的线表意就会很不明确，人们就不清楚这几条线究竟代表什么。甲骨文的眉，眼睛与眉毛相连，眉毛直接画在眼皮上。金文有眉毛与眼睛分开的字形，后世继承了分开的写法。到小篆时，表示眉毛的折线重叠，斜线拉长曲折，眼睛笔画化为目，象形性消失。

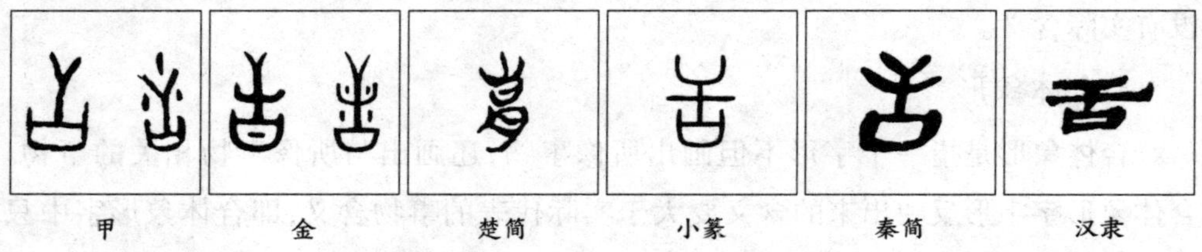

甲　　金　　楚简　　小篆　　秦简　　汉隶

舌，即舌头，画出了嘴巴和外伸的舌头，舌头前端分叉，应该是蛇一类动物的舌头。甲骨文、金文中有的字形舌头上加有小点，应该表示口水；楚简中口与舌头分离并加上了形旁“肉”，对字形进行了繁化。小篆字形承袭金文字形，只是笔画化更明显，隶书将曲笔进行了拉伸，奠定了今天字形的基础。

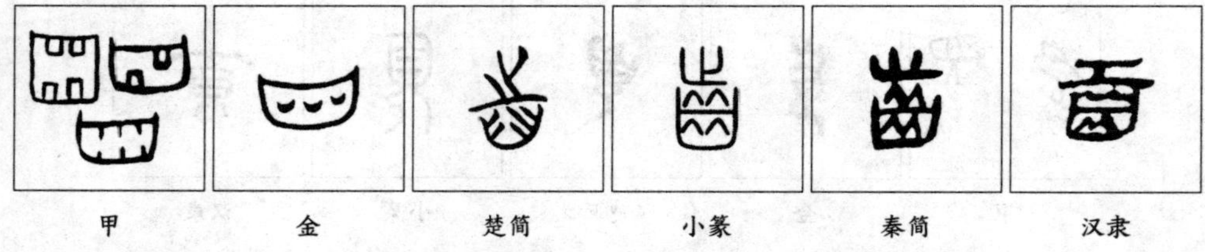

甲　　金　　楚简　　小篆　　秦简　　汉隶

齿，本义是门牙，甲骨文除画出门牙之外，还画出了嘴，有繁简之分，画出的牙齿数目不等，有的字形已经线条化。金文字形稍有讹变，楚简里象形部分讹变为“臼”形，并加上了声符“止”，发展为一个形声字。小篆也是一个形声字，上部“止”为声符，下部形符承袭象形字形而来，只是发生了讹变。楷书作齒，简化为齿。

甲　　金　　楚简　　小篆　　秦简　　汉隶

须，胡须，甲骨文、金文像长着胡须的人形，要表现的是胡须，但单画出胡须，人们会不知所指，所以就画出了面颊及人的身体。甲骨文较金文更简略，金文画出了头部。到小篆时，表示胡须的线条与面部分离，逐渐演变为楷书字形須，今简化作须。

甲　　金　　楚简　　小篆　　秦简　　汉隶

趾，商代金文（即上图金文字形中第一个“趾”的字形）比甲骨文更形象，画出了脚掌和脚趾，要表现的实际是脚趾。甲骨文线条化明显，但仍然能看出脚掌脚趾之形。这种字形后来发展为止字，引申出表示停止的意思，表示脚趾的字便加上了形符“足”，演变为一个形声字，小篆已经是这种字形了。止是在原象形字基础上演变而来的字，表示停止，由脚趾义引申而来。

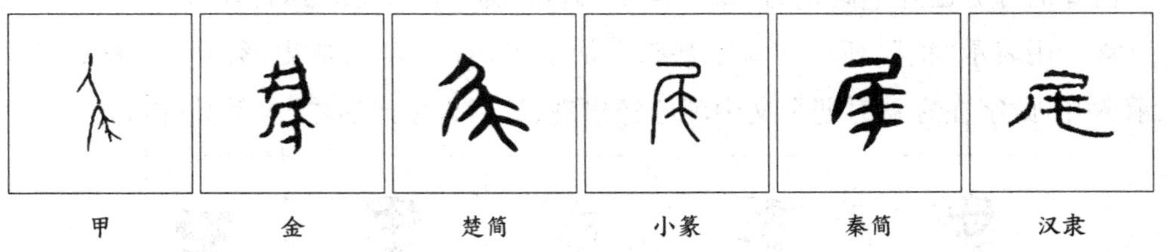

甲　　金　　楚简　　小篆　　秦简　　汉隶

尾，尾巴，甲骨文像人插有尾饰之形，画出了尾巴和人身，金文还画出了人的双手。古人模仿动物，在身后装饰尾巴，可能具有某种宗教意味。

（2）动物类

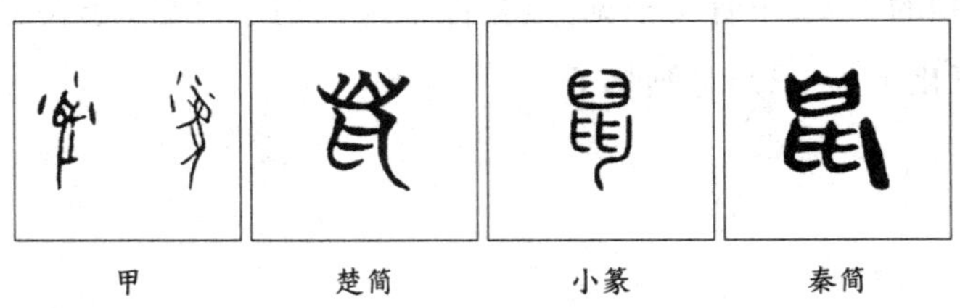

甲　　楚简　　小篆　　秦简

鼠，老鼠，画出了老鼠的形象和小点，这些小点像老鼠啃物之后留下的碎屑之形，单画老鼠可能与其他动物难以区分，所以就突出了老鼠爱啃物的特点。后期字形逐渐线条化，头部讹变为臼，身体线条化，双腿向身体一侧弯曲，已经丧失了象形意味。

（3）植物类

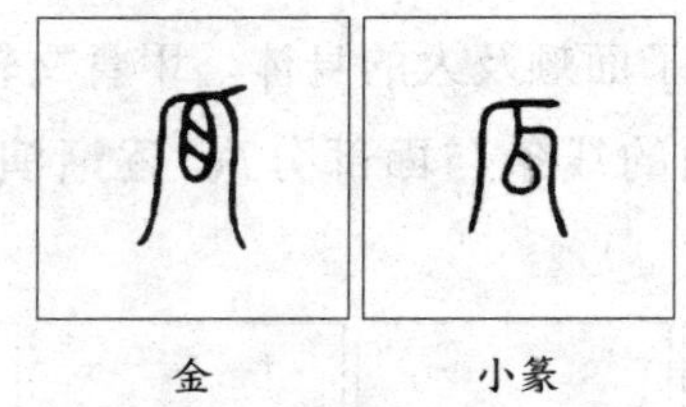

金　　小篆

瓜，甲骨文字形未见，金文画出了椭圆形带纹路的瓜，还画出了藤蔓，小篆承袭此字形。

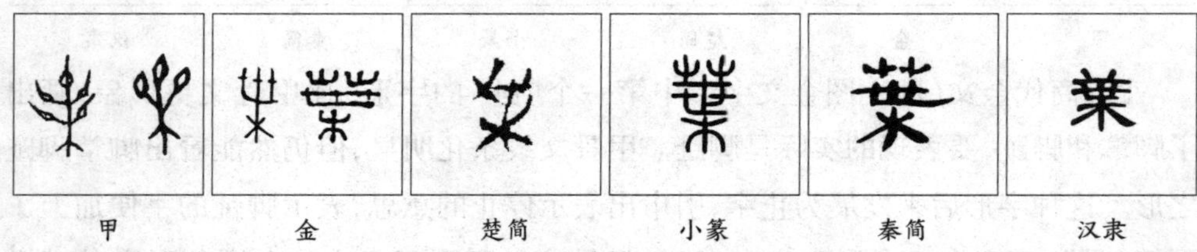

甲　金　楚简　小篆　秦简　汉隶

叶，本义是树叶，单画树叶表意不明，甲骨文画出了树干和树叶。金文字形表示树叶的部分已经笔画化为“世”，下部形符化为“木”，发展到后来楷书写作枼，此字常借用表示“世”，所以在原字基础上加上了形符“艸”，造出形声字葉来专门表示树叶，此字在春秋时期金文中就已经出现，为后世字形所本，今简化作叶。

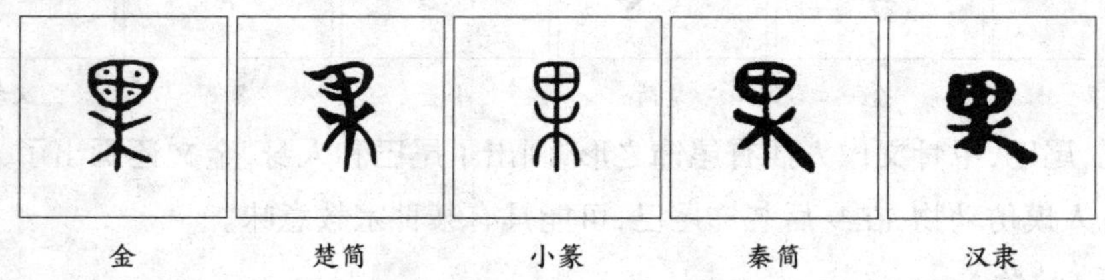

金　楚简　小篆　秦简　汉隶

果，即植物的果实，甲骨文未见，金文像结果的树木之形，夸大了果实部分，后世字形总体变化不大，只是笔画化了。

(4) 自然类

甲　金　楚简　小篆　秦简　汉隶

石,“口”像石头之形,为表意准确,画出了山崖之形,山崖逐渐笔画化为“厂”。楚简里加上了两道饰画,但该字形未被继承下来。

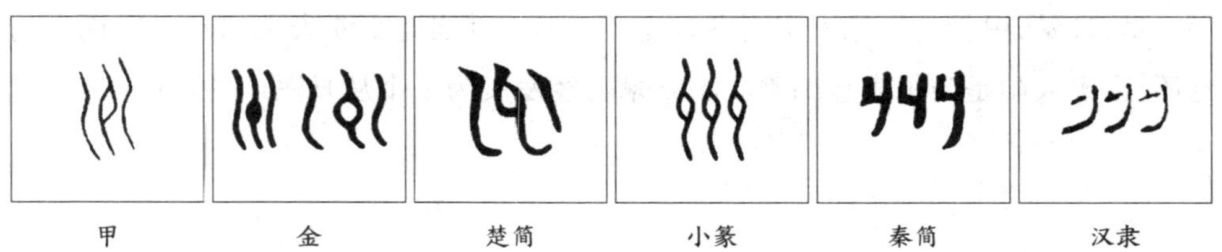

甲　金　楚简　小篆　秦简　汉隶

州,本义是水中的小陆地,是洲的本字。古文字为象形字,在表示河流的“川”中加上圆圈,像水中陆地之形,画出水中陆地的同时也画出河流,使表意准确。小篆字形小圈演变为三个,后笔画化为州。古代州字被用来表示行政区划,为表示区别,便在州字基础上加上了形符“水”,造出了一个从水州声的形声字洲,用来表示州的本义。

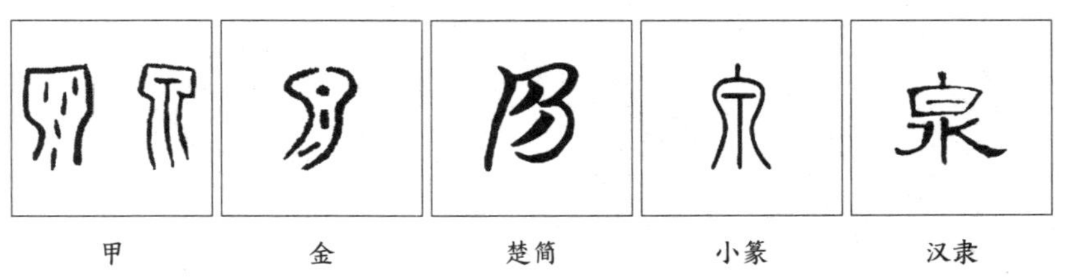

甲　金　楚简　小篆　汉隶

泉,山泉,甲骨文、金文像山崖间出水之形。

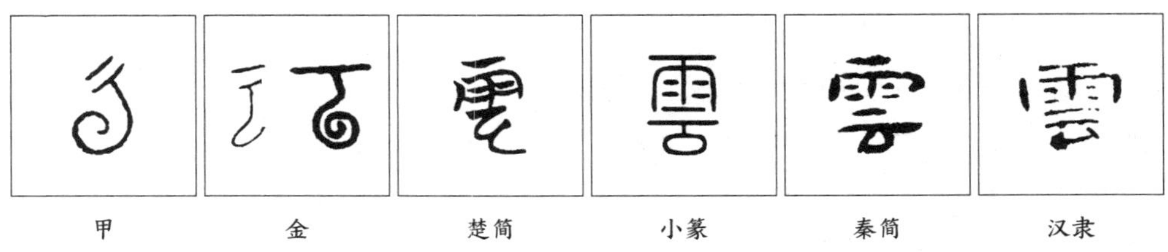

甲　金　楚简　小篆　秦简　汉隶

云,甲骨文、金文像云卷曲之形,也画出了天空,用一横表示。原本云上面只有一横,这一横表示天,但在甲骨文中只有一横的云字被假借表示十天的“旬”,所以就在原字形上再加一横以示区别。金文中还有早期字形的孑遗,只有一横。云在先秦时又被假借为表示“说”,所以就在象形字的基础上增加形旁“雨”,造出了一个从雨云声的形声字雲,今简化作云。

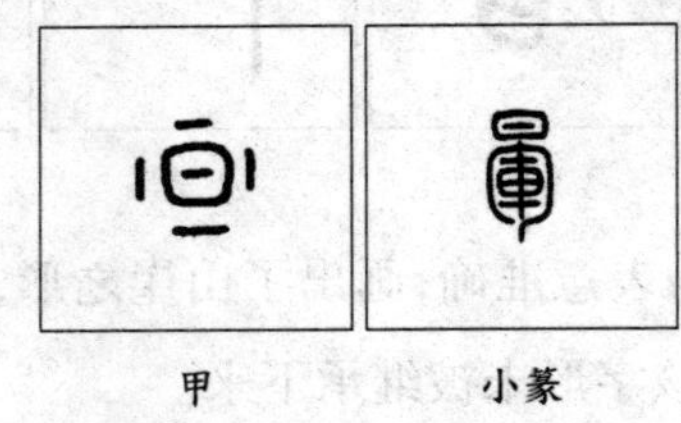

甲　小篆

晕,日晕,甲骨文晕像太阳周围有光环之形。其实此字要表现的是太阳周围的光环,画出太阳是为了表意明确。小篆晕已经发展为一个从日军声的形声字。

第三节　有点不同——指事字

指事字,就是在有具体形象可像的象形字或符号的基础上加上一道或几道线条,用这些线条来指示所要表示的意思对应在象形形体中的具体部位,具有这样特征的字可称为指事字。这样造出来的文字可分为两个部分:一部分是具体事物的形象,即象形部分,一般可以单独成为一个象形字;另一部分就是一道或几道没有实际意义的线条,即指事符号,不能成为一个字,指事符号虽然不成文字,也没有实际的意思,但它对整个指事字来说是至关重要的,这个符号指示的位置才是整个指事字代表的含义所在。指事符号在象形字中所处位置不同,指事的部位也就不同,造出的指事字意义也不同,但通过加指事符号这种方式来造新字具有很大的局限性,主要缺陷就是由于是手写,很可能造成指示不明的现象,所以汉字中指事字较少,这些字里,多数指事符号用于指事部位,少数可能指事声音、气味等。

指事字举例

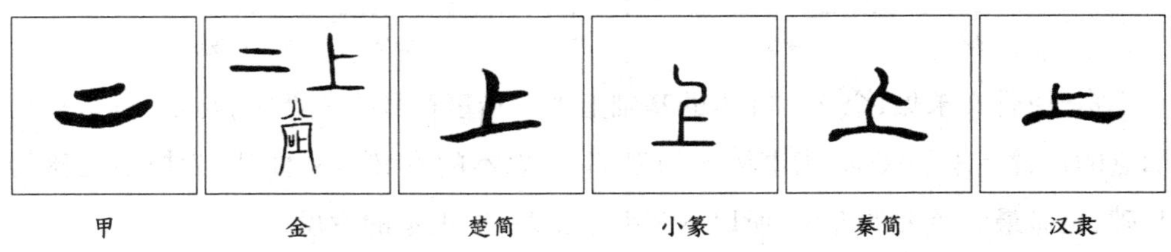

甲　金　楚简　小篆　秦简　汉隶

上,甲骨文由两条线组成,下面一条略弯,表示指定的一个平面,上面一横比下一横短,是指事符号,指事在平面之上,所以用两个符号合起来表示上。甲骨文之所以把下面一横弯曲,是为了跟甲骨文二区别。早期金文上字写法与甲骨文相同,有的字形下横不弯曲,后来为了便于区别二字,又加上了一道竖画,奠定了今天上字写法的基础。战国时的金文字形为区分更准确,在原字的基础上加上了一个声符"尚",造出了一个从上尚声的形声字,但这个繁复的字形后世没有继承。

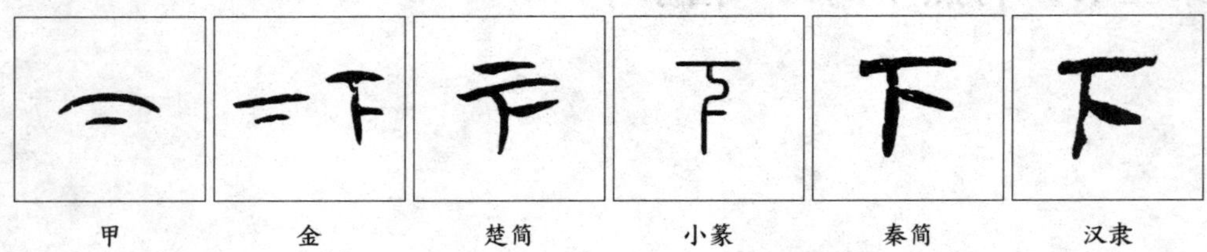

甲　金　楚简　小篆　秦简　汉隶

下,与上类似,甲骨文下指事的是平面以下,表示下面,晚期金文加上竖画,奠定了今天字形的基础。楚简在下字之上又加了一道短横,这一横是没有意义的饰画。

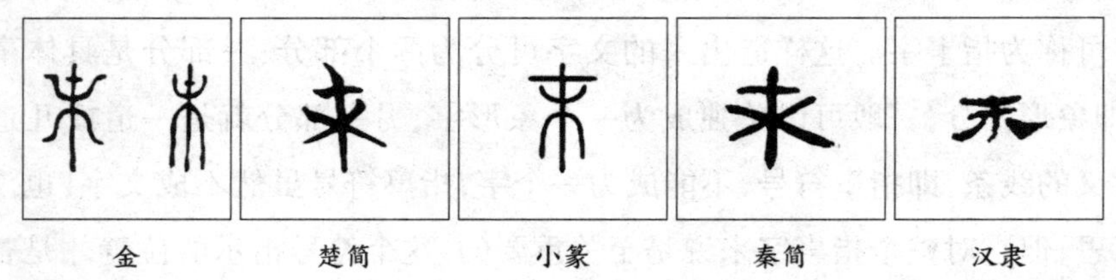

金　楚简　小篆　秦简　汉隶

末,甲骨文未见,金文末在表示树木的象形字木的基础上加上指事符号短横或一点,符号在木的上部,指事的位置是树梢,因此末的本义是树的末梢,后来词义扩大,引申为所有事物的末梢,进而产生"最后"的意思。

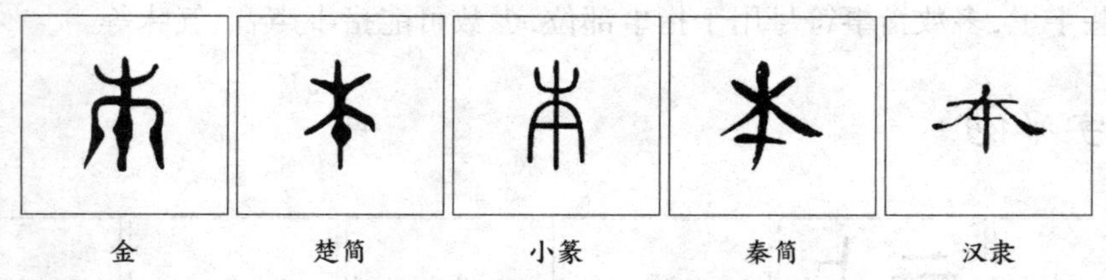

金　楚简　小篆　秦简　汉隶

本,甲骨文未见,金文本在木的基础上加上指事符号构成新字,与末类似,只是加点的位置在木字底部,指事树木的根部,所以本的本义是树根,因为树根是树的基础,也是最为重要的部位,所以本字引申出基础、根本的意思。

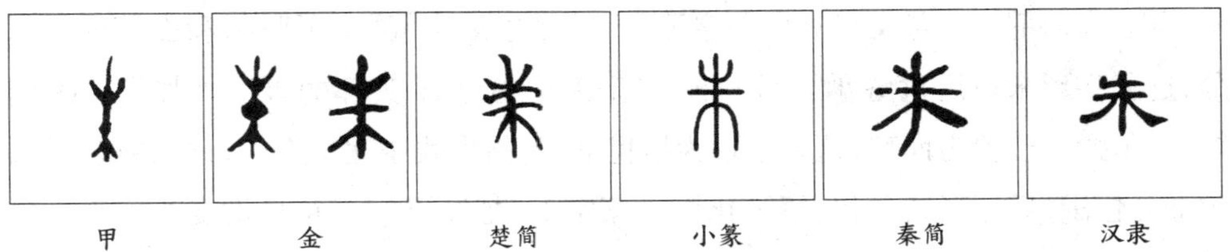

甲　金　楚简　小篆　秦简　汉隶

朱,甲骨文、早期金文都在木字中部加点,指事树干位置。《说文解字》认为朱的本义是一种红心的松柏类的树木,因为树心为红色,所以指事符号在树干位置,后来也由专指红心树木引申为表示赤红色。也有学者不同意红心树木的说法,认为朱是株的本字,指树桩,圆点指事位置正是根部以上接近地面的树干位置。

甲　金　楚简　小篆　秦简　汉隶

刃,商代金文比甲骨文更象形,金文画出了刀的形象,在刀口上加了一个圆圈,这个圆圈指事刀口位置,所以刃字本义就是刀刃。甲骨文则更加线条化,圆圈也改为竖画。楚简中有的字形加上了形符“金”,造出了一个表意更明确的形声字,但这个字形没有被后世继承。

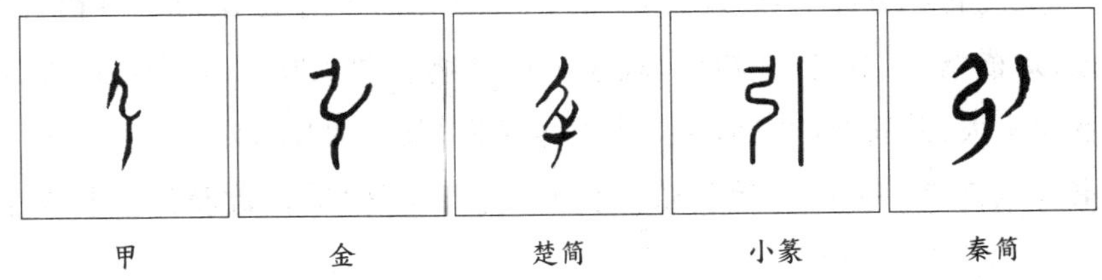

甲　金　楚简　小篆　秦简

引,甲骨文在象形字弓的基础上加上短横构成,短横指事的位置在弓的手柄位置,表示拉弓之意。金文继承甲骨文字形,楚简在弓上加了一道饰画。小篆里指事符号与弓身分离,逐渐发展为今天楷书的写法。

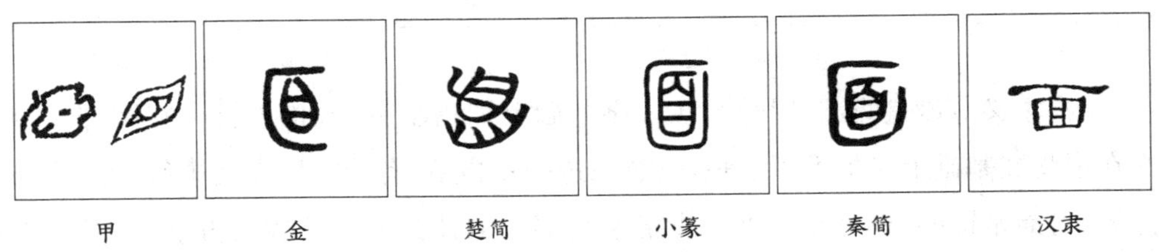

甲　金　楚简　小篆　秦简　汉隶

面，指面部。甲骨文里有两种字形，一种是象形字，画出了眼睛和面部的一部分，这种字形未被后世继承。另一种是指事字，在表示头部的首字外加了一道曲线，表示指事位置为面部，这一字形为后世继承，指事线条逐渐变长，逐渐将表示头的部分包围，后逐渐线条化、笔画化为小篆字形，楚简里指事符号讹变为臼形。隶书面在小篆字形基础上进一步改造讹变，丧失了指事字的特征。

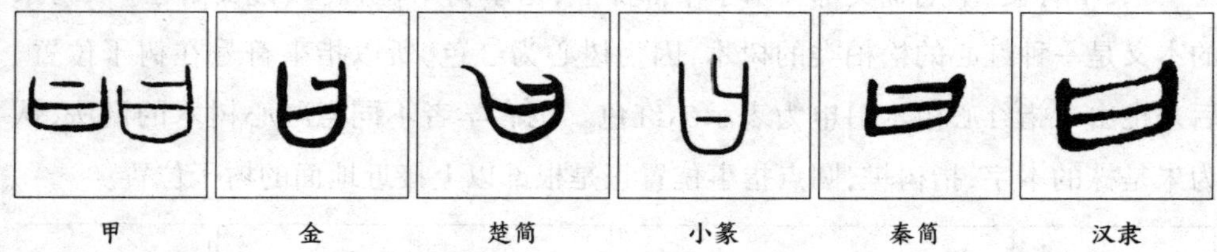

甲　金　楚简　小篆　秦简　汉隶

曰，本义是说话。甲骨文曰字的短横加于口上，表示话从口出。最初短横与口分离，后与口的一端相连，后世继承相连的字形，隶书将分离的一端也合拢，逐渐演变为今天楷书字形曰。

甲　金　楚简　小篆　汉隶

甘，本义为食物甘甜美味。与曰类似，甲骨文甘字也是由象形字口和指事符号短横构成，短横指事的位置在口中，表示口中食物香甜美味。从甲骨文到小篆，甘字字形变化不大，楚简有的字形将指事符号短横写成了圆圈，兼有表示口中食物之意。隶书有意将口字上面一笔拉长，是为了与曰字区别，由此奠定了楷书甘字的字形。

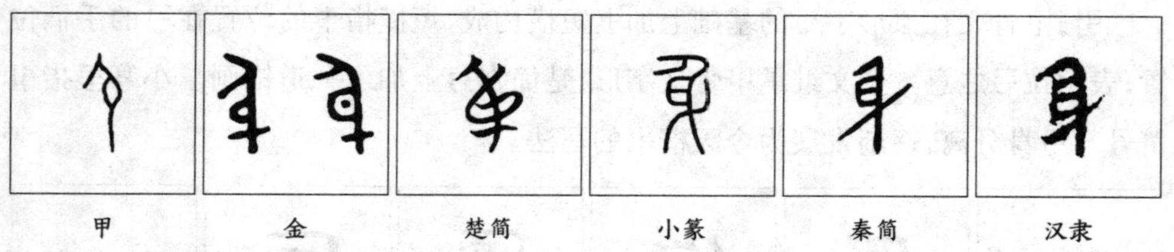

甲　金　楚简　小篆　秦简　汉隶

身，本义应该是腹部，甲骨文在人字基础上加指事符号，指事符号在腹部。金文在甲骨文基础上又加上了一短横，意在进一步指事，有的字形在指事符号内又加点画，可能是饰画，也可能是进一步指事腹部。甲骨文关于疾病的占卜，一般是占卜生病的具体部位，“疾身”就是指腹部不舒服。

甲　楚简　小篆　秦简　汉隶

肘，甲骨文有象形和指事两种字形，象形字画出带手的手臂，用这个形象来表示肘部，但这个象形字表意不明确，所以就在肘部位置加上指事符号，专指肘部。小篆时期原指事字讹变为寸形，与寸（cùn）字讹混，左部加上了形符“肉”，发展为一个从肉寸（zhǒu）声的形声字。

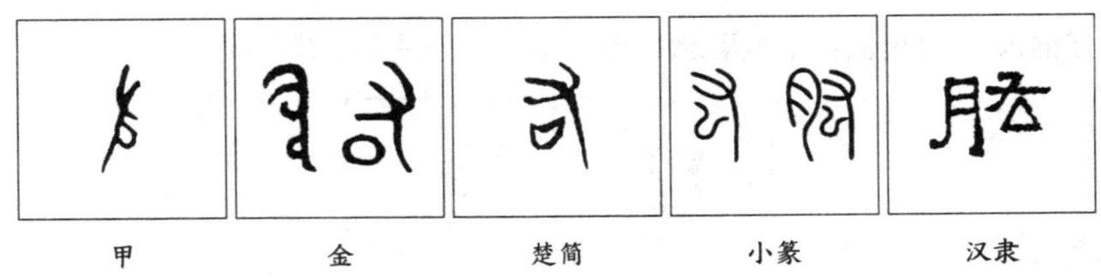
甲　金　楚简　小篆　汉隶

厷，今写作肱，即大臂。甲骨文画出了大臂及手掌侧面，并在大臂部分标记了指事符号。金文中指事符号与手臂分离，单独成为一个圆圈，楚简继承了这种写法。小篆仍保留分离的字形，只是圆圈回归为曲线；小篆中还有一个加上了形符“肉”的字形，这个从肉厷声的形声字肱为后世继承，从此指事字厷字就不再单独使用了。

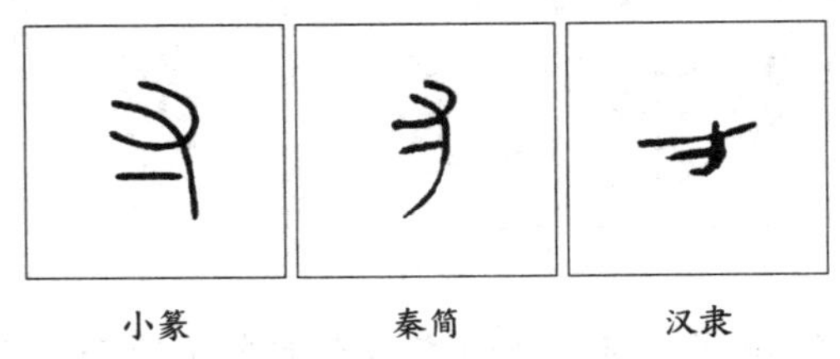
小篆　秦简　汉隶

寸，本义是手臂上的寸口。小篆在表示手的又字上加指事符号，指事位置就是寸口处。寸口在手腕后一寸的位置，是刚好能感受到脉搏的位置，手腕到寸口的距离刚好就是一寸，所以寸被用来表示长度单位。

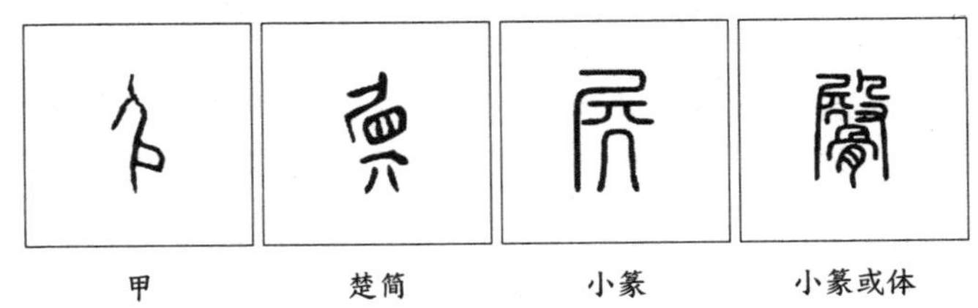
甲　楚简　小篆　小篆或体

臀，甲骨文指事符号在人的臀部，表示臀。楚简像人坐在几案上之形，也表示臀部位置，小篆沿袭这个字形。小篆里另有一个从骨殿声的形声字臀，是今天楷书字形的前身。

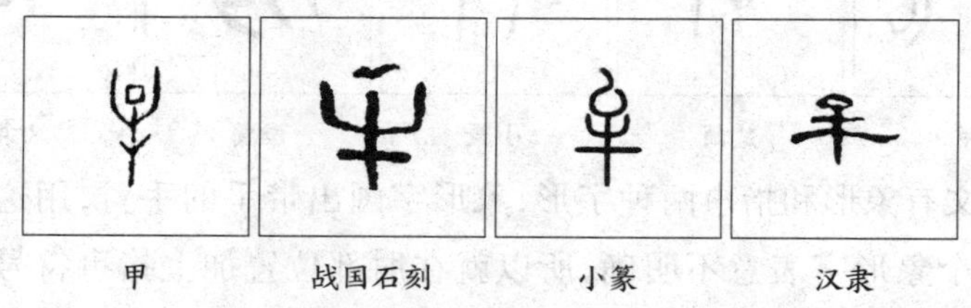
甲　战国石刻　小篆　汉隶

牟，本义为牛叫声，拟声词。甲骨文在牛字顶上加指事符号小方框（这个小方框并非口字，甲骨文的口字上部要出头作ㅂ），指事声音，表示牛叫声从口而出。战国文字方框演变为短曲线，小篆讹变为厶形，依旧保留指事符号。

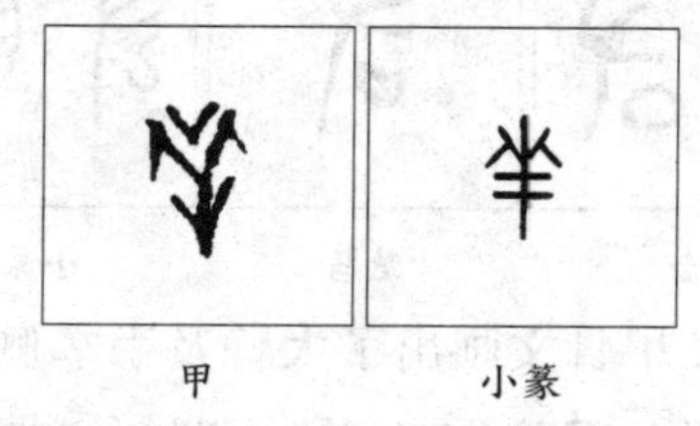
甲　小篆

芈，羊叫声，拟声词，今写作咩。甲骨文在象形字羊的顶部加上指事符号，指事声音，表示羊的叫声从口而出。小篆里指事符号与羊字竖笔贯穿。

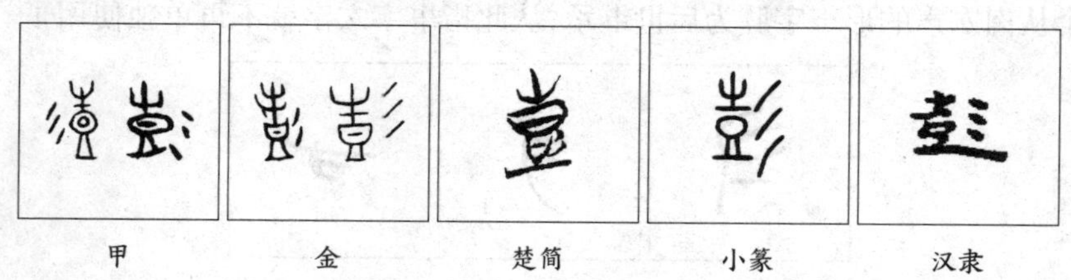
甲　金　楚简　小篆　汉隶

彭，本义为鼓声，拟声词。甲骨文由表示鼓的象形字壴和几个斜点表示，二者位置可以交换，表示鼓的象形字画出了鼓座、鼓声以及鼓上插的装饰，斜点为指事符号，指事鼓声。后来固定为鼓在左，指事符号在右，逐渐线条化、笔画化为彭。

商晚期兽面纹青铜鼓。1977 年湖北崇阳白霓镇出土,现藏于湖北省博物馆

四川博物院藏战国水陆攻战纹壶纹饰拓本(局部)。拓本中圈内是对战国时战鼓的描绘,我们可以清楚地看到鼓座、鼓身和鼓上的装饰物

第四节　比类合义——会意字

会意字，即用两个或几个部件组合成一个字，这个合成字代表的意义也是由这些部件表示的意义合成的。

一、会意字意义合成的方式

所谓意义合成的方式，通俗地讲，就是说这个会意字的字形为什么对应这个意思，它们是怎么由这几个部分合成这个意思的。会意字的意义是由组成它的几个部分合成，但并不是简单地相加。用会意的方式造字是一种历史比较久远的方式，从汉字起源之初到文字成熟以后，甚至到现代汉字时期，人们都曾运用这种方式来创造新的汉字，这样一来，会意字意义的合成方式就会有所不同。

文字起源之初产生的会意字，构成它的各部分都具有很强的图画性，这时产生的会意字多是“图画+图画”的模式，就如同由各个单独图形构成的一幅图画，即使发展到甲骨文阶段，也看得出图画的意味，这个会意字代表的意义一般是图画反映出来的意义或由画面引申出来的意义。由“图画+图画”构成的会意字，反映出来的意义可能不止一个，究竟取其中哪个意义，就需要人们约定。如，“暮”的甲骨文作，画出了太阳和草丛，从字形看，可以表示太阳从草里升起，也可以表示太阳落在草丛里，古人用这个字形来表示傍晚，而不表示早上，这就是古人造字之时约定俗成的。又如,“旦”的甲骨文作[illegible],描绘的就是太阳和地面,与暮字类似,这个字形既可以表示太阳升起,也可以表示太阳落下,最终古人选择了早上作为这个字的意思,就是古人约定而成。

当文字发展到一定阶段时,许多文字意义已经固定,这时产生的会意字,是“图形+字义”的模式,这时文字依旧具有很强的图画性,但其中某些图形并不再以图形本身来参与会意,而是用它本身代表的意义来会意。如“寝”字甲骨文作[illegible],从字形看就是房子中有一把扫帚,这个字表示寝宫,并不是说有扫帚的房屋,甲骨文里帚一般用来表示妇女的妇,所以寝应该是有妇居住的房屋,甲骨文[illegible]中的[illegible]就是以它代表的妇女的意义来参与会意的,而不是以它的形体。

第三种会意模式就是“字义+字义”的会意,即会意字的意思是由组成它字形的各个部分所代表的意思组合而成的,这种会意字一般可以拆分为几个独立的汉字,有的拆开后还可以连读成句,如生活中常见的“不正为歪”“不好为孬”“小土为尘”“四方木为楞”等。这类会意字一般产生得相对较晚,只有到了汉字比较成熟时,这种会意模式的文字才会大量产生。

表示同一个意思,可以用不同的方式来会意,这样就可以产生不同的字形,它们的字形互为异体。如“尘”字小篆作[illegible],由三个鹿和土构成,最初字形应该就是“图形+图形”的会意方式,通过字形,我们可以看到众鹿跑过尘土飞扬的场面,用这样的方式来会尘土的意思,形象生动,后简化为塵;尘则是由“字义+字义”的方式会意,小的土就是尘。

会意字也是属于表意字范畴,而且在汉字中占有较大的比重,会意字意义的合成,其中蕴含了许多先民们的思想,可以说古老的会意字就是一幅幅古代社会生活情境图。通过会意字,我们可以窥探古人生产生活的许多方面,如日常生活、经济、政治、文化、信仰等,这就是汉字本身蕴含的文化,我们将在第四章具体阐述。

二、会意字的分类及举例

前面讲会意字意义合成方式时,我们从构成会意字的各部分与会意字整体意义的关系出发把会意字分为三类,即图形与图形会意、图形与字义会意、字义与字义会意,其中字义与字义会意的方式很难把握,需要较高的专业知识才能操作。我们还可从构成会意字各种成分的异同出发,简单地把会意字分为同文会意、对文会意、异文会意三类。

1.同文会意

所谓同文会意,就是构成会意字的各个部分相同,这类字相对较少。我们比较常见的如林、森、从、众等就是这类字。

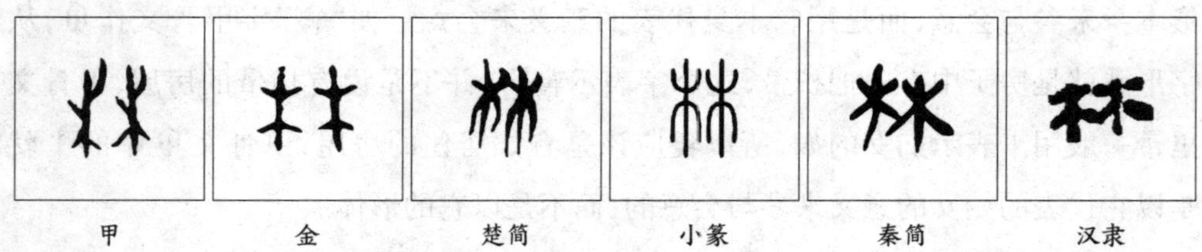

甲 金 楚简 小篆 秦简 汉隶

林,本义是连接成片的树木。一个木表示单独的树木,两个木会意表示树木很多。从甲骨文到现代,林字都是会意字,构形方式没有发生变化,只是字形随木字的演变而演变,逐渐简化。

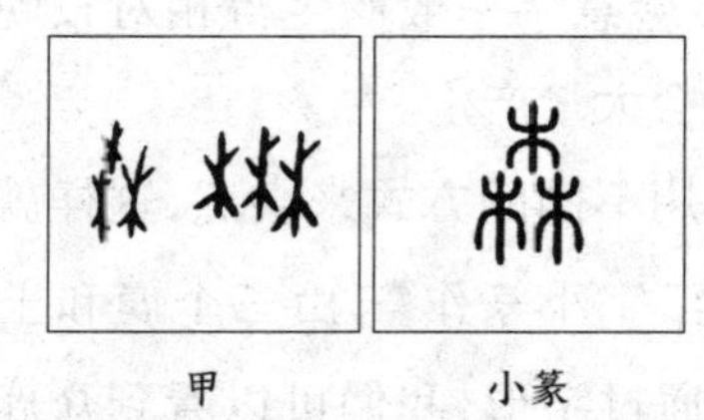

甲 小篆

森,历代字形都是由三个木构成,形容树木众多、繁盛茂密,本义是树木茂密。甲骨文里构成森字的三个木可以成品字形,如同今天的构形,也可以并列。由于树木众多,林中光线昏暗,所以森引申出了阴森、幽暗的意思,进而引申出森严的意思。

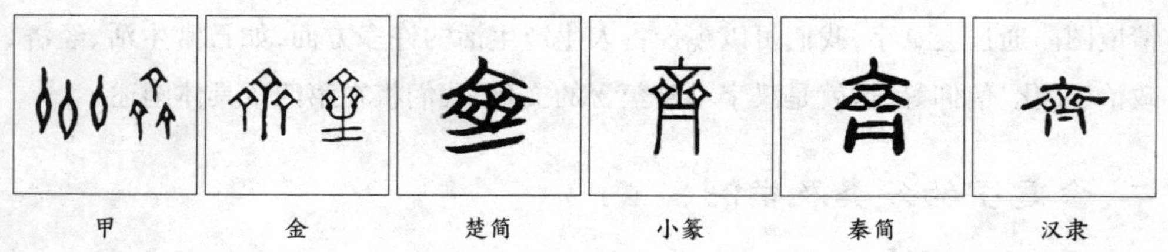

甲 金 楚简 小篆 秦简 汉隶

齐,本义是齐整。甲骨文由某种物体有序排列来表示齐整的意思。甲骨文齐字有不同的写法,但都是画出三个整齐排列的形体,有的成品字形,有的并列,有学者指出这些整齐排列的形体是某种谷类作物谷穗的象形,以谷穗整齐的样子来表示齐整的意思。后世继承了品字形结构的字形，金文中早期字形将每个构件下端的竖画拉长，后期有的字形将左右两个构件的竖线弯曲相连，将并加上了两道横线作为装饰。后世字形基本沿袭了加有两道饰画的字形，只是三道竖笔的长度各有不同，楚简、小篆都是这样。隶书字形承袭小篆而来，楷书作齊，是在隶书的基础上发展而来，今简化作齐。齐曾被用作表示国名，是西周到战国时重要的诸侯国，因此在春秋战国时还流行一个专门表示齐国的字，如楚简里的，是在原会意字的基础上加上了形符“邑”，构成一个从邑齐声的形声字，只是这个字形后世废弃不用了。

甲　　金　　楚简　　小篆

从，历代字形都由两个人构成，两人一前一后，方向相同，表示一人跟随另一人的意思，所以从的本义是跟从、跟随。因为跟随与行动有关系，所以甲骨文、金文中还有一些加上了表示行走意义的构形——辵、彳、止的字形，如、、等，这些都是从字的繁化，多加的构件是为了让表意更明确。这些异体以从辵的字形为正体而被后世继承，逐渐演变为從，简化字根据原始字形简化为从。

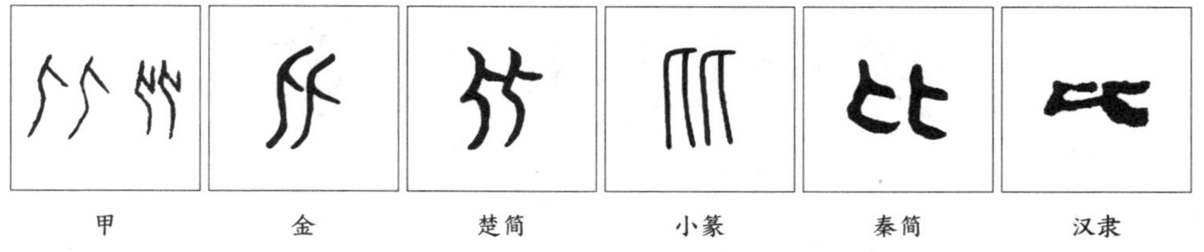

甲　　金　　楚简　　小篆　　秦简　　汉隶

比，会意方式与从类似，都是两个一前一后的人形，不过这个人形并非人字，而是匕（妣的本字）字，两形并列表示联合、协从之意，因此比的本义就是联合、协从。

甲　　金　　楚简　　小篆　　秦简　　汉隶

并，甲骨文有两种写法：一种字形由两个人和两条直线构成，直线表示绳索，捆在两人的腿部，表示将两人绑在一起；另一种只画出了人的一部分，即两只右手，表示将两个人的手捆在一起。两种字形构形方式相同，可见并的本义都是表示把两个或几个事物合在一起，即合并。后世继承了从两人的字形，小篆将表示绳索的两条线断开，丧失了原字形的会意意味。隶书保留了两条直线相连的字形，但原先表示人手臂的两斜画逐渐讹变为两点，逐渐演变为并形，完全看不出从两人的字形了。

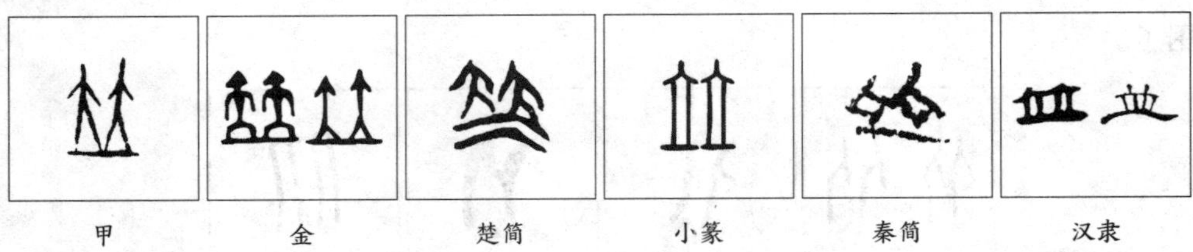

甲　金　楚简　小篆　秦简　汉隶

並(竝)，古文字画出两个并排站立的正面人形，表示并排之意。因此竝的本义就是并列、并行。甲骨文、金文字形为两人下面一笔贯通，表示地面。楚简里又加上了一道饰画。小篆将下面横画断开，省略人身，形成两个立字并排之形，这个字形也就是楷书竝的来源。隶书继承小篆的字形，逐渐简化成並形，并长期为后世沿用，今简化成并。其实今天简化字"并"有两个来源，一个是这里表示并列的並(竝)，另一个是上文说的表示合并的并，两个字字义有关联，今天统一为并。

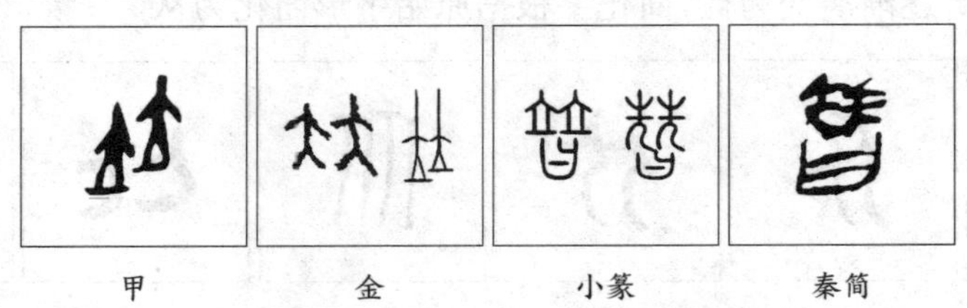

甲　金　小篆　秦简

替，甲骨文由两个站立的正面人形构成，两人位置交错，一前一后，表示交替、替换之意，这个字形应该是岗哨制度的反映，前面一个人是正在执勤站岗的人，后面一个是赶来换岗的人，因此用这个字形来表示交替、替换的意思。金文里有的省略了表示地面的横画，但仍由两个交错的人形构成；晚期金文依旧保留原始字形，两个人一前一后，一大一小，显得更形象生动。替字的早期字形与同样是两个正面站立人形构成的並字很容易混淆，虽然替字两个人是一前一后，並是并排，但手写是很难把握这些细微区别的。为了区别这两个字，古人就在替的原始字形下加了一个口字形符号。口在古文字里经常作为区别符号使用，如又和右本是一字，都写作，后来为了区别加上了口写作以表示方向之右。替字早期加口的字形至今尚未被发现，但依据小篆字形我们可以反推，证明这种字形的存在，只是这种字形在小篆时期口形讹变为曰形。古文字里口形时常演变为曰形，这是由于在口中加饰点或横线的产物，如曹本作，后演变为，进而到小篆时变为形。后世从两个站立的人形讹变为从两个并立的夫，逐渐演变为楷书替。

2.对文会意

对文会意是指构成会意字的两个部分构成镜像关系，这两个部分构形相同，但方向不同。

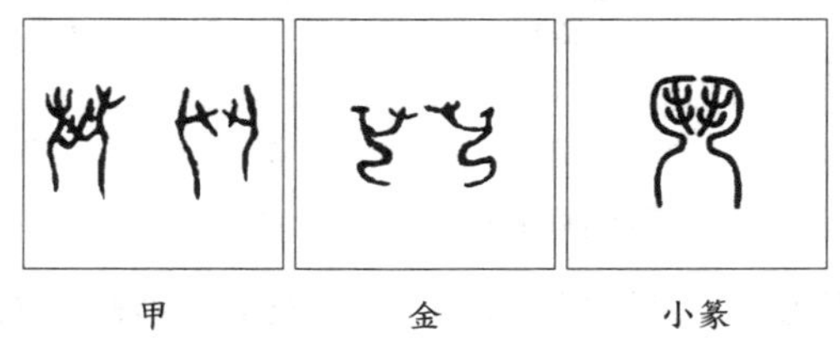

甲　　金　　小篆

鬥，甲骨文有繁简之分，繁体字形画出了两个披头散发徒手相搏的人，简体字形省略了头发，只突出徒手相搏的场景，用这样的方式来表示搏斗、争斗的意思。小篆手部发生了讹变，笔画化后手与身体分离，后来进一步笔画化，演变为楷书字形鬥，今简化为斗。构成这个字的两部分构形实际上是相同的，表示的意思也相同，但是它们方向相反，为镜像对称关系。

甲　　金　　楚简　　小篆　　秦简　　汉隶

北，甲骨文像两人背对背站立之形，表示两人相背，北的本义是违背，也表示背部。甲骨文里北已经被假借表示方位北方，为了表示背部、违背的意思，就在北字的基础上加了形符“肉”，造出了一个形声字背，北就不再表示背部的意思，专指方位北方了。

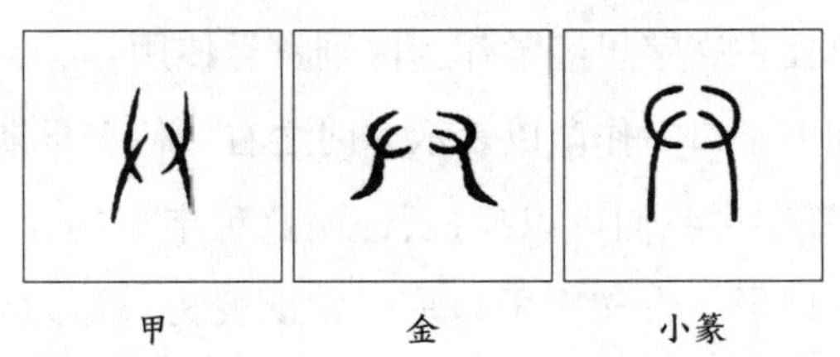

甲　　金　　小篆

廾,甲骨文像两手拱手相向之形,表示托举、奉承的意思。这个字一般不单独使用,多作为偏旁使用,带有偏旁廾的字一般都是借用其托举、奉承的意思。如,弄为手捧玉把弄之形;戒为手持戈警戒之形。

甲　　金　　楚简　　小篆　　秦简　　汉隶

步,甲骨文有繁简之分,简体画出两只脚,方向相反,一前一后,表示跨一步;因为与行动有关,所以甲骨文中繁体字形加上行,表示在道路上行走。商代金文有从彳的字形,把表示道路的行做了省略。

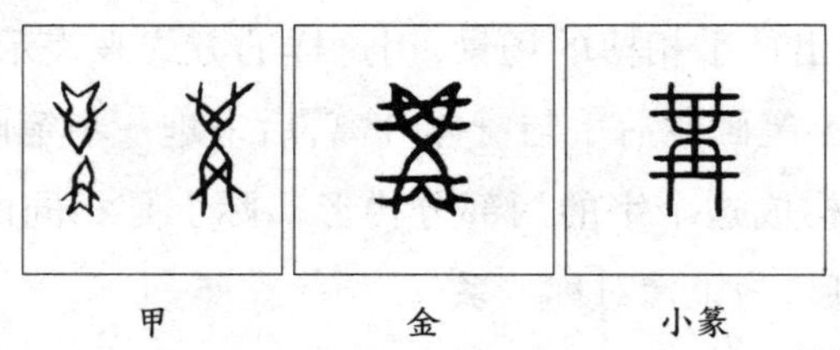

甲　　金　　小篆

冓,甲骨文像两条鱼相对之形,表示两条鱼相遇,因此冓的本义就是相遇、遇到。因为与行动有关,所以甲骨文里还有一个繁体的字形,加上了形符"辵"作形,这个字形就是今天遘字的前身,也表示相遇、遇到,由于遘的通行,原始字形冓就很少使用了。

3.异文会意

异文会意是指构成会意字的各部分不同,由两个或两个以上不同构件构成,这类字是会意字的主体,数量众多。

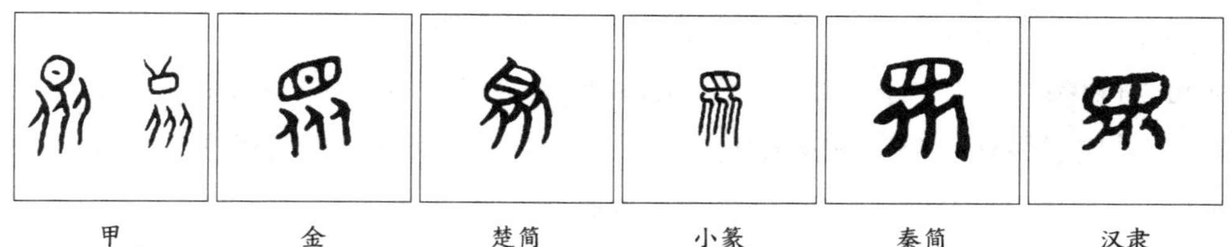

甲　金　楚简　小篆　秦简　汉隶

众，甲骨文像多人在太阳下聚集之形，众的本义就是众多。甲骨文里另有一个从公的字形，这里的公是众的声符。金文里众上面所从之日已经被目替换，这可能是由原来的日旁讹变而成，也可能是参与会意的部件不同。由于商周时期，在田间集体劳作的人多半是奴隶或平民，所以众字反映的可能是奴隶或平民在日头下劳作之形，而这些地位低的普通大众劳作时常有头目监管，所以金文里将原先的日改为目，表示在监管下劳作的人，也同样表示众多及普通大众。后世继承从目的字形，逐渐线条化、笔画化为楷书眾字，简化为众，简化字众也是一个会意字，三可表示虚数，表示多，所以众的字形表示很多人即为众。

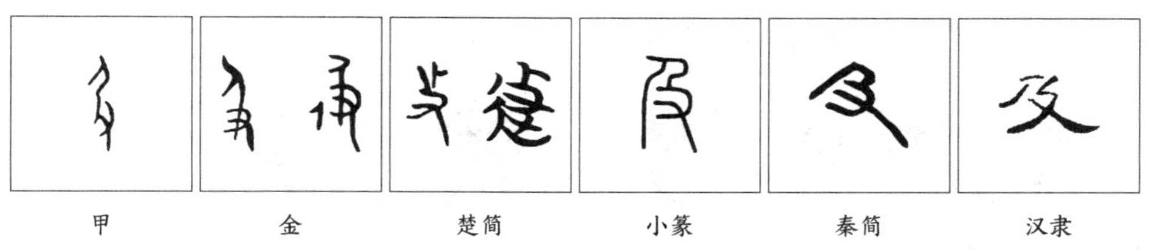

甲　金　楚简　小篆　秦简　汉隶

及，甲骨文由一个人形和一只手构成，像手逮人之貌，表示后面的人追赶上前面的人并用手抓住前面的人，及的本义就是追赶上。金文、小篆、隶书都沿袭甲骨文字形。因为追赶表示行动，所以金文和楚简里有的字形加上了表示行动的彳或辵，楚简及字原来人形的部分严重变形并加了饰画，因此看不出会意所在了。楷书及字也严重笔画化变形，也丧失了会意性。

甲　金　楚简　小篆　秦简　汉隶

何，商代金文比甲骨文更形象，画出了一个肩上扛着一把戈的人，像人负戈之形，因此何的本义是担负、负荷。之所以用负戈之形来表示何，是因为戈与何音近，除表意外，也具有表音的功能。字形发展到后来，原来的戈形逐渐线条化，丧失戈的形象，并在戈下加上了口，戈与口逐渐讹变为可字，并与人形分离，演变为一个从人可声的形声字何。何本义是担负、负荷，但何常被借用来表示疑问代词，为了区别，就借用了另外一个字来表示其担负的本义，这个字就是我们今天常用的负荷的荷（hè），而荷（hé）的本义其实是莲一类的水生植物。

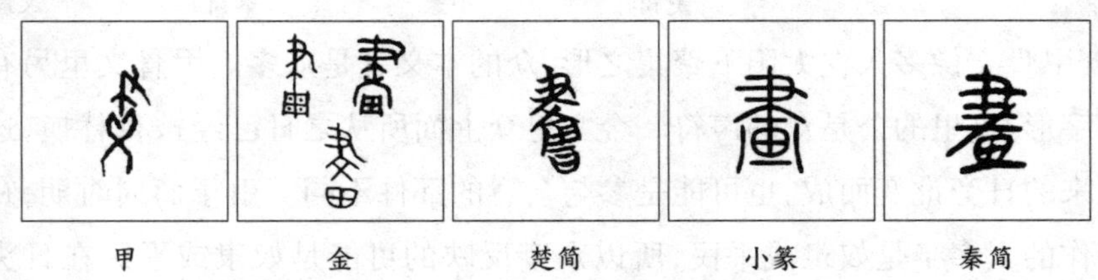

甲　金　楚简　小篆　秦简

画，甲骨文像手持笔一类的东西在地上画出图案之形，本义是动词绘画、划。金文将下半部分换成了周（周像划分规整的田亩之形）或加上了田形，西周时盛行井田制，这个从田的画就是划分田界的专字。加上田形的字形为后世所继承，原甲骨文画字下部交叉之形逐渐发生讹变，战国文字多讹变为文字形，小篆讹变为分离的四笔，分布在田字四周。后世逐渐演变为楷书畫，简化为画。

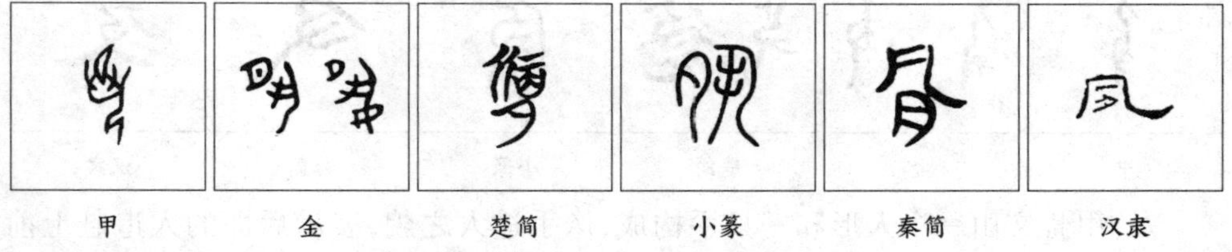

甲　金　楚简　小篆　秦简　汉隶

夙，甲骨文像人拱手对月跪坐之形，表示敬拜的意思。《说文解字》解释夙为“早敬”，则夙的字形应该反映的是早上对月之形，所以夙一般用来表示清早的意思，如成语“夙兴夜寐”里的“夙”就是早上的意思。金文继承甲骨文字形，月字有的也写作夕字，有的字形人下部也写作女形，这两个偏旁一般可以互用。楚简里发展为一个形声字，在原字形基础上有所讹变，并加上了声符“佰”，佰是宿的异体。小篆沿袭金文从夕从丮的字形，只是讹变严重，象形性降低，隶书里丮进一步讹变为凡形，逐渐演变为今天夙的写法。

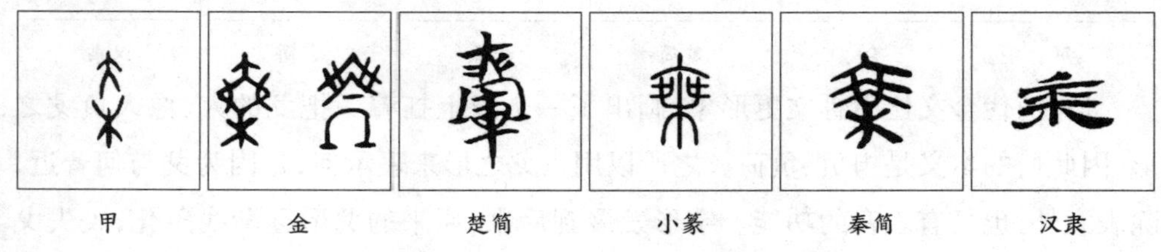

甲　金　楚简　小篆　秦简　汉隶

乘，甲骨文像人站立在树上之形，本义是登上高处，《诗经·卫风·氓》的“乘彼垝垣，以望复关”（登上那堵破墙，面朝复关凝望）中的“乘”就是登上高处的意思。金文里为把登高表现得更明确，突出了人的双脚，奠定了今天乘字的基础。战国文字里将从木改为从几，几像上马车时用的杌凳之形，表示登上马凳，这个字形是根据乘车的场面来会意的，楚简里表现得更明确，加上了意符“车”参与会意。古代车厢较高，必须借助马凳才能上去，坐车也要登上高处，所以也用乘。小篆继承从木的字形，上部人形与止形讹变严重，已经看不出人站在树上之形。

秦始皇陵出土的青铜马车

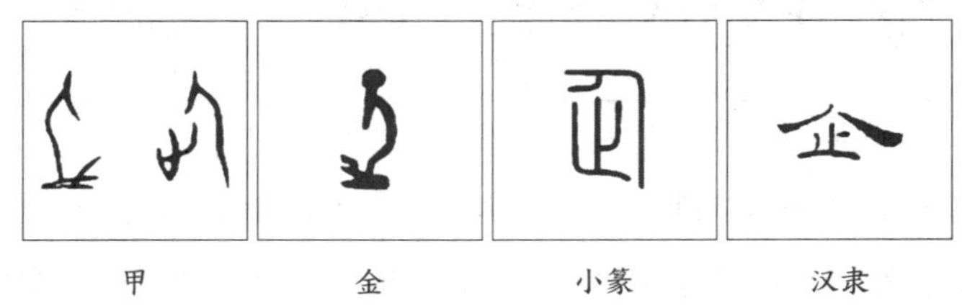

企，甲骨文、商代金文画出侧面站立的人形，突出脚趾，甲骨文有的字形脚趾与人形分离，脚趾上翘，表示踮起脚尖之意，因此企的本义就是踮起脚尖。小篆继承脚趾与身体分离的字形，后笔画化为企字。人们在张望时常会踮起脚尖，所以踮起脚尖一般是有所期望，因此企引申出期盼、企望的意思。

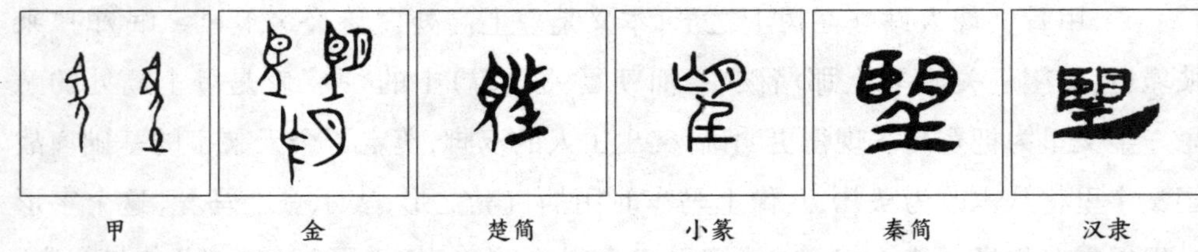

甲　金　楚简　小篆　秦简　汉隶

望、朢,这两个字都源于同一个字。甲骨文中有繁简两体,繁体字形画出了站立在土丘上的人,突出眼睛;简体字形省略了土丘,表示人站在高处张望,望的本义就是站在高处往远处看。金文土堆形笔画化为横线,并加上了月旁,这个加上月旁的望一般被认为是为了表意更明确,表示举目望月的意思。其实不然,这个加月的望字是表示月相朔望之望的专用字,是从原字形分化出来的新字,只是有时也与眺望的望混用。晚期金文表示眼睛的目形逐渐讹变,最终讹变为亡形,成为声符。楚简里在讹变后字形的基础上加上了形符“视”( ),使表意更清楚。小篆继承了金文里带有声符“亡”的字形,变成一个从月从壬亡声的形声字,楷书作望,就是由这个字形演变而来,是表示眺望之意的本字。另外一个不带声符的朢,是在金文望月字形基础上发展而来,是表示月相的专字。今天表示月相的朢废弃不用,简化作望,又与表示眺望的望共用一个字形。

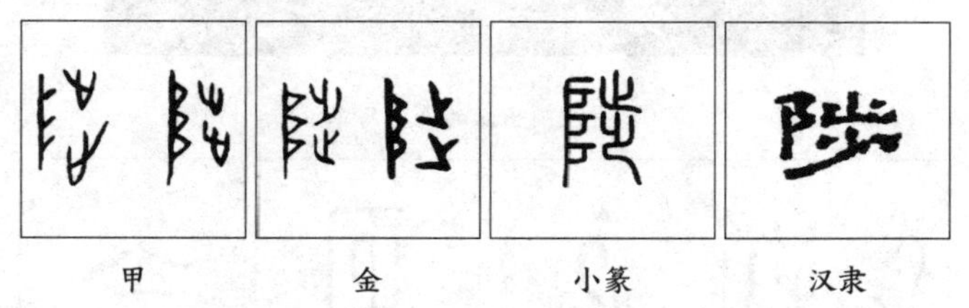

甲　金　小篆　汉隶

陟,甲骨文画出了梯子与脚趾,脚趾向上,表示向上攀登之意。陟的本义就是向上攀登。后世文字承袭甲骨文字形,只是一前一后向上攀登的脚趾之形笔画化为步字。

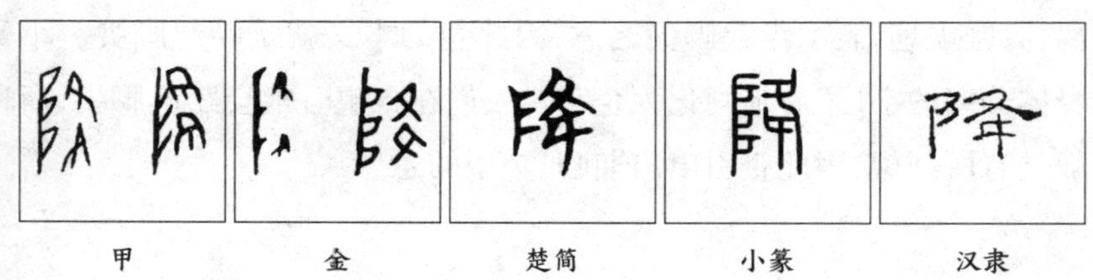

甲　金　楚简　小篆　汉隶

独木梯。这种独木梯是一种简易的楼梯，今在西南少数民族地区还很常见，我国古代中原地区的先民应该也用过这类独木梯，一些与行动有关的古文字所从的 阝 应该就是这种木梯的象形

降，与陟类似，甲骨文降也是由梯子与脚趾构成，只是脚趾与陟的相反，不是朝上而是朝下，降描绘的是从高处往下的情景，因此降的本义是向下降落。后世字形承袭甲骨文而来，逐渐线条化、笔画化为降。

甲　　金　　楚简　　小篆

坠，甲骨文画出了梯子与倒置的人形或子形，像人从木梯上滑落之形，表示从高处掉下来的意思，因此坠的本义是坠落、掉下。金文里为表意明确，加上了表示地面的土，又加上了声符“豖”，基本奠定了楷书墜的字形，这一繁化后的字形为后世沿用，今简化坠。

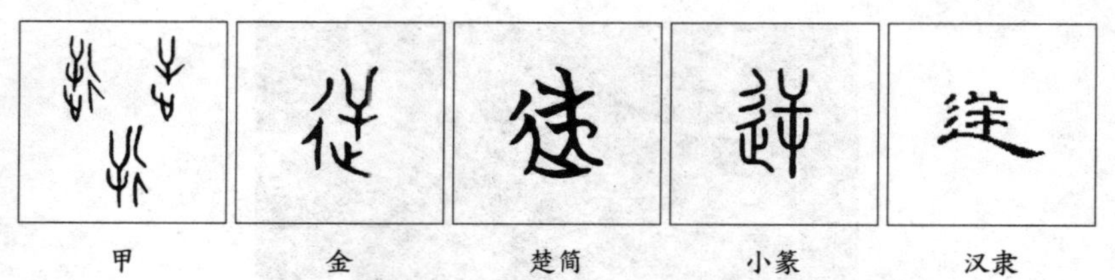

甲　金　楚简　小篆　汉隶

逆，甲骨文有多种异体，但构形相同，由倒置的人形和表示行动的辵、止或彳构成。逆的本义是迎接，倒着的人表示从外而来，脚趾表示正面迎接的人，因此该字反映的是客从外来主人迎接的场面。从迎接者的角度看，先看到来访者的头部，因此古人造字将来访者倒置，这是一种视觉体验。甲骨文中几种字形以从辵的字形整体为后世继承，倒着的人逐渐讹变，到小篆时已经看不出是人的象形了。隶书中这一部分讹变为羊形，就更看不出所像了。楷书逆继承小篆字形，只是对其中的笔画进行了规整。甲骨文逆字中倒着的人形应该就是表示顺逆的逆的初文，即屰，后来这个字形废弃不用，与表示迎接的逆合并，所以逆也具有了不顺、倒着的意思。

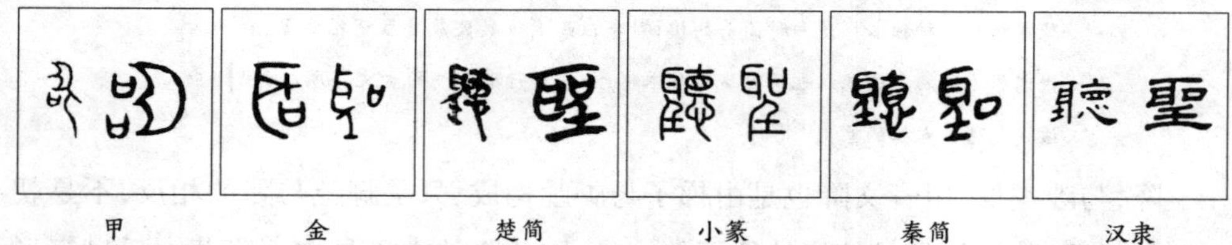

甲　金　楚简　小篆　秦简　汉隶

听，甲骨文有繁简之分，繁体字形画出了口和突出耳朵的人形，简体字形只画出了口与耳朵，表示口中有所言，故耳朵得其声，以此表示听、听见的意思。甲骨文中这一字形也表示圣，圣的本义为听觉灵敏。金文里听、圣已经产生分化，听一般不画出人的身体，只画出耳朵；圣则画出人的身体，后来还在身体上加上了两道饰画，耳朵逐渐与身体分离，逐渐演变为楚简和小篆的字形，楷书作聖，简化为圣。金文听字是如何由从耳从口的字形演变为后世繁杂的字形的，中间缺少相关字形来证明，但可以推测听字左部的演变受到了圣字的影响，因此左部演变为与圣的左部相同，右边添加了形符“心”及声符“㝵”，后来右边讹变为悳，进而演变为小篆字形，楷书作聽，简化为从口斤声的形声字听。

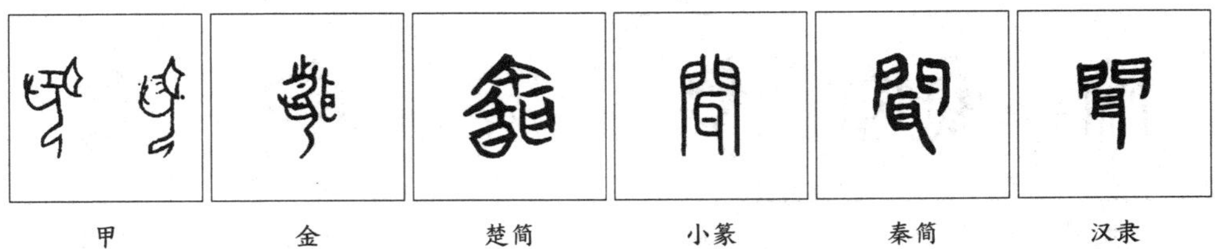

甲　金　楚简　小篆　秦简　汉隶

闻，甲骨文画出跽坐的人形，以手附耳，有的字形耳朵边还有几条细线，表示声音入耳，因此闻的本义为听、听见。金文将耳朵与人的身体割裂，在人头部加上了饰画，楚简文字根据金文字形有所讹变，左下讹变为昏字，作为声符。小篆已经是一个从耳门声的形声字了，这个字形不是从早期会意字而来，而是后世新造的形声字，后世继承了小篆字形，楷书作聞，简化为闻。

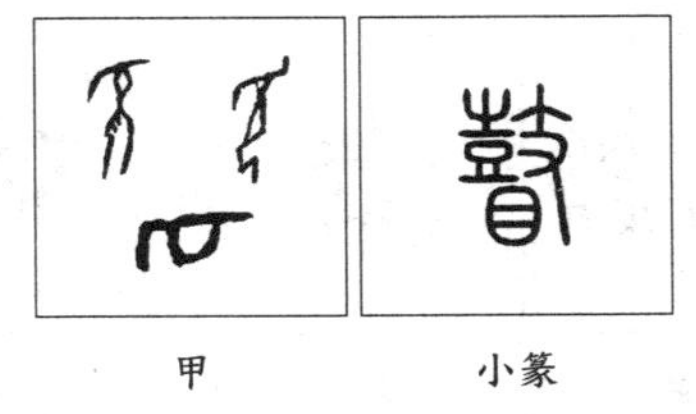

甲　小篆

瞽，甲骨文作、，或省作，像目（）缺少下眼皮之形，学者认为以缺少眼皮来表示眼部缺陷，即眼睛看不见，瞽的本义为盲人。甲骨文像这类人拄拐之形，其上是没有下眼皮的眼睛，视力障碍之人出行靠拐杖探路，甲骨文字形正好反映的这点。像跪坐之形，也突出眼睛。小篆改为从目鼓声的形声字。

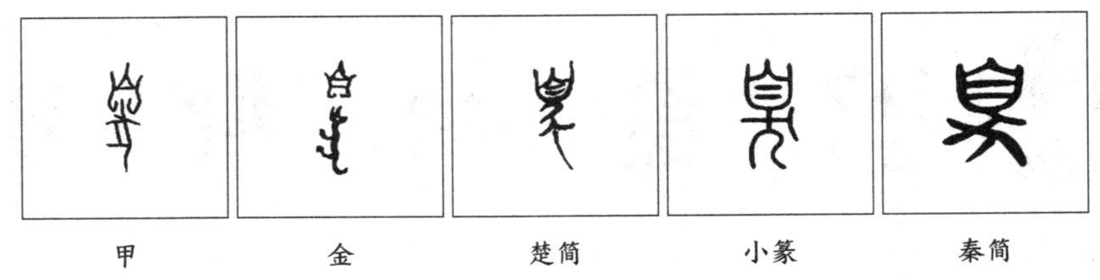

甲　金　楚简　小篆　秦简

臭，甲骨文画出了犬和鼻子，因为狗的鼻子很灵敏，所以古人用从自从犬的字形来表示闻的动作，因此臭的本义为闻气味。后世字形构形没有变化，只是逐渐线条化、笔画化了，最终演变为臭。臭本来是指闻气味的动作，后来引申为指闻到的气味，因此臭可以泛指气味，后来词义缩小，臭专指恶秽的气味。于是人们在原字形上加了一个口，造出了一个新的形声字嗅，用来指代用鼻子闻气味这个意思。

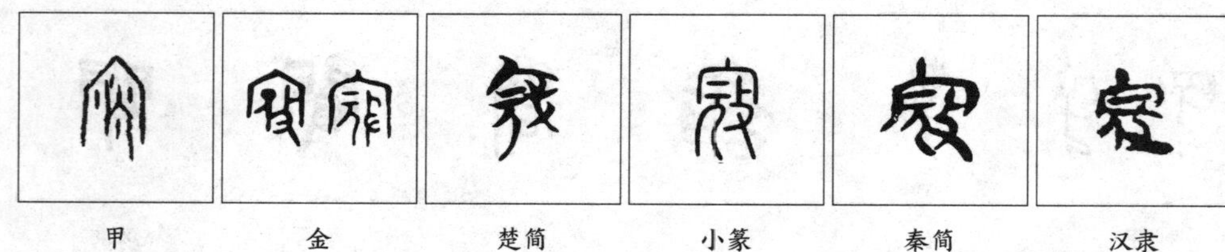

甲　金　楚简　小篆　秦简　汉隶

寇，甲骨文像人持棍入室敲击某物之形，小点代表敲击时扬起的尘埃或其他东西；金文会意更明确，像人持棍入室攻击室内中人之形，本义是劫夺、强暴。后世字形变化不大，只是逐渐笔画化。楚简里将原手持棍的支形替换为戈形，表示以戈击人，会意相同。汉语里动名词同形是常见的现象，寇本来是动词意义的入室抢劫，发出这些动作的人也被称作寇，后来词义扩大，寇泛指一切打家劫舍的贼寇。

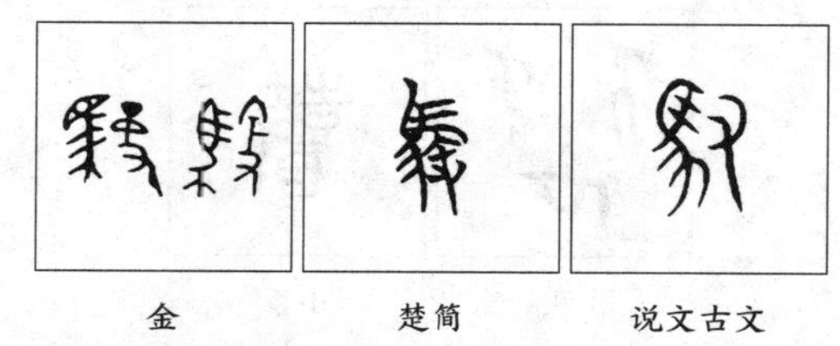

金　楚简　说文古文

驭，甲骨文未见，金文像手持马鞭赶马之形，表示驾驭、驱使的意思，楚简继承这种写法，说文古文简化了执鞭之形，改从又，楷书作馭，简化为驭。驭在古代不是正体，一直作为一个异体字存在，因此小篆没有收录相关字形，古代长期借用表示抵御的御字来指代驾驭的意思，简化字才将二者区分开，以用其本字驭来表示。

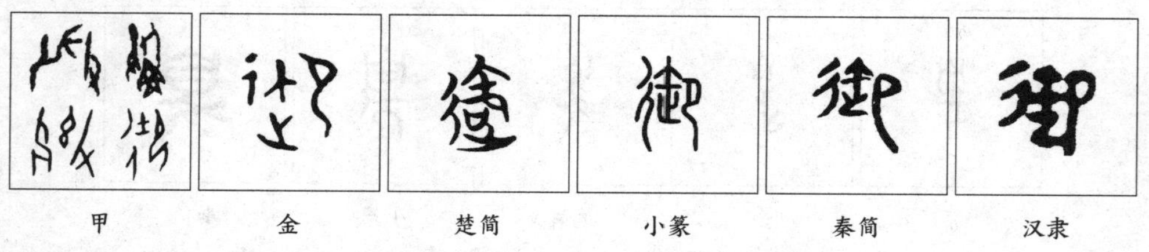

甲　金　楚简　小篆　秦简　汉隶

御，甲骨文画出了持棍之手和伸出手的人形，像一人持棍行凶、另一人抵御时伸手抵抗之形，这个字就是防御、抵御的御的本字。甲骨文里有的字形还加上了声符“鱼”，造出一个新的形声字，不过这个以会意的方式造出的御字没有流传下来，流传下来的御其实是一个形声字。起初是借用表示祭祀的[illegible]（卸，从卩午声，禦的本字）字来表示抵御的御，后来为了区分二者，就在[illegible]的基础上加了形符，甲骨文里有从支（表示击打）和从彳（表示行动）的两种形声字字形，从支的字形没有流传下来，金文继承了从彳的字形，并将彳替换为辵，自此奠定了后世字形的基础，逐渐发展为楷书御，是一个从辵卸声的形声字。御字长期用来表示驾驭的驭，为了区分，古文就借用本来表示祭祀的禦来表示抵御的御，今简化字正本清源，仍旧以御来表示抵御，驾驭不再用御表示，而用驭。

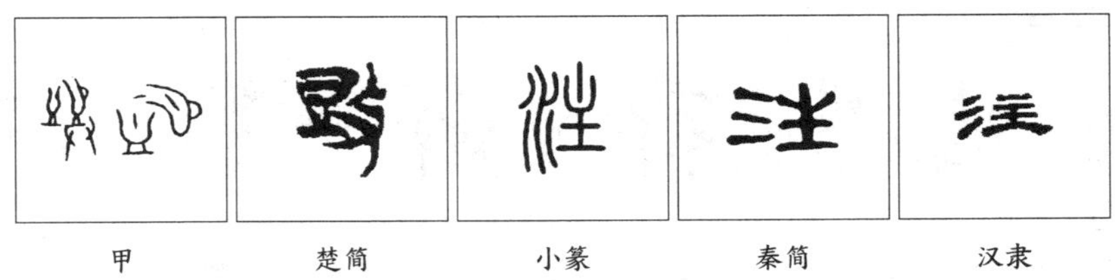

甲　楚简　小篆　秦简　汉隶

注，甲骨文像手捧容器向另一容器倒水之形，有的字形也省略手形，以此字形来表示注水、灌注的意思，这个原始会意字没有被后世继承。楚简里从支壴声，是一个新造的形声字，但这个字形也没有流传下来。流传下来的字形是一个从水主声的形声字，小篆字形即如此。

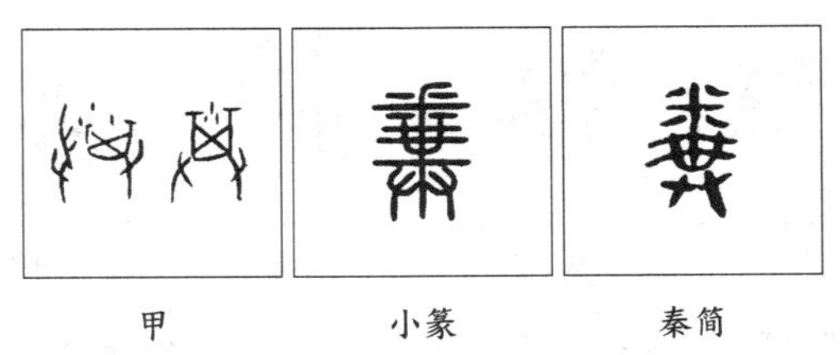

甲　小篆　秦简

粪，甲骨文像手持扫帚、畚箕打扫之形，箕中小点表示扫起的秽物，甲骨文或省略扫帚之形，只保留手持装有废弃物的畚箕之形。粪的本义就是扫除、弃置。后来字形发生讹变，到小篆字形时，表示废弃物的小点讹变为米形，表示畚箕的部分讹变成与畢字的下半部相同，只有持畚箕的双手没有变化，此时的字形已经看不出会意的形象。秦简字形畚箕部分还有一定象形度，后世字形据此字形发展而来，逐渐演变为糞，简化为粪。

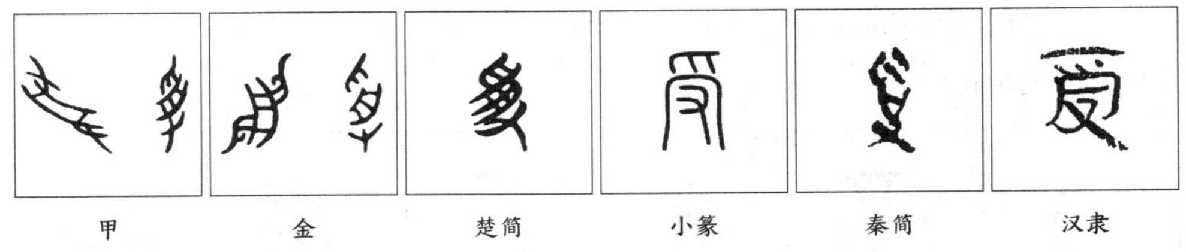

甲　金　楚简　小篆　秦简　汉隶

受，甲骨文像两手持舟之形，上面一只手手心向下，下面一只手手心向上，表示一人将舟给予另一人，因此受的本义为授予，也表示接受。二人所授之物之所以为舟，是因为舟也是这个字的声符，同时具有表意和表音的作用。楚简文字里舟有讹变，小篆完全讹变，已经看不出舟的形状。楷书受字就是在小篆字形上演变而来，为了区分授予和接受，就在受字的基础上附加了形符“手”，造出了一个从手受声的形声字授来专门表示动作发出者一方，本字受就只表示动作接受者一方。

甲　金　楚简　小篆　秦简　汉隶

承，甲骨文像双手托举跽坐的人之形，会托举、承托之意，引申为接受、承受。小篆为了表意更明确，便在原字形基础上附加了形符“手”，后世的承字就是在此字形基础上发展而来。

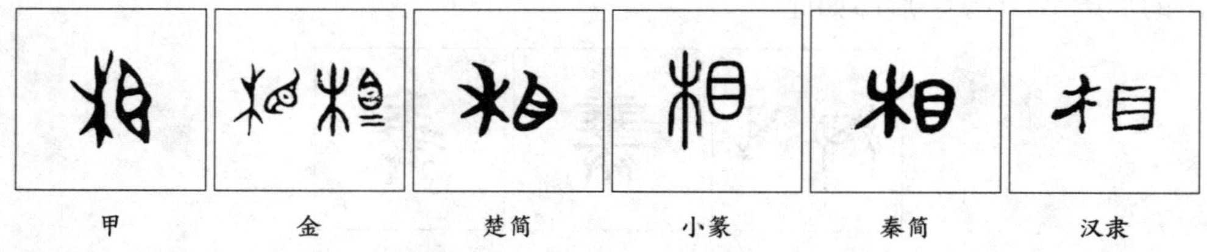
甲　金　楚简　小篆　秦简　汉隶

相，甲骨文像张目视木之形，会察看、观看之意。相字古今字形构形没有发生太大变化，金文里有些字形为了左右协调，在目下加了两道饰画。

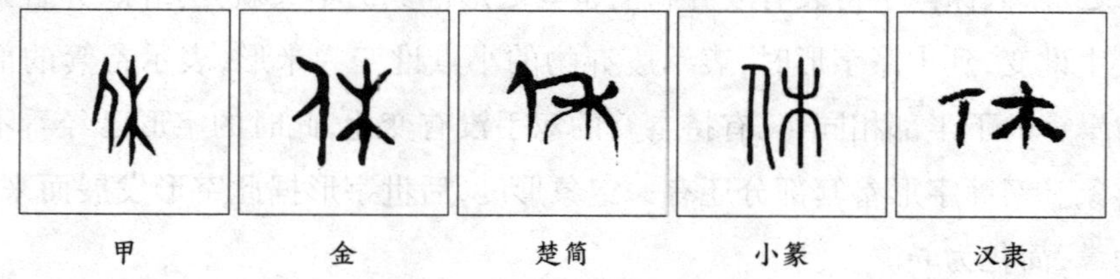
甲　金　楚简　小篆　汉隶

休，甲骨文像人依木之形，会休息、歇息之意。古今构形没发生太大变化，只是字形逐渐笔画化。

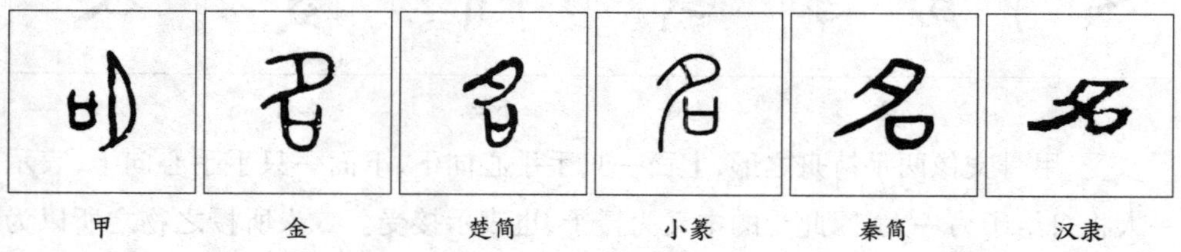
甲　金　楚简　小篆　秦简　汉隶

名，甲骨文由口和夕（或月）构成，夕表示晚上，晚上天黑看不见，人们相遇就自报姓名，所以甲骨文以夕和口表示名字或称呼自己的名字。古今构形一致，只是逐渐笔画化。

甲　金　楚简　小篆　秦简　汉隶

集，商代金文比甲骨文形象，像众鸟栖于树上之形，表示聚集、集结的意思。甲骨文省略作一只鸟停于树梢之形，汉代以前集字繁简两体并行，后来简体的集为大家所接受。

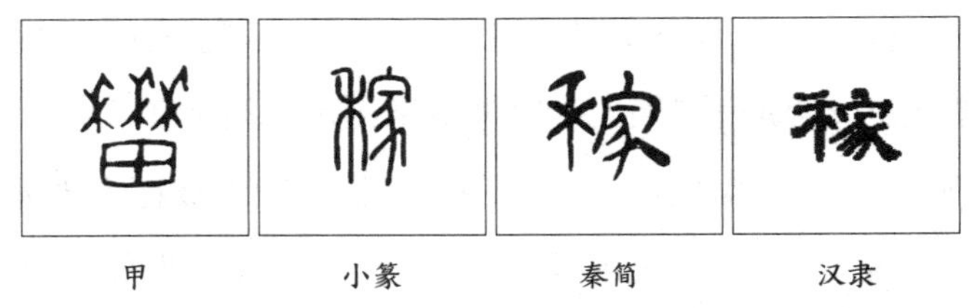

甲　小篆　秦简　汉隶

稼，甲骨文像田中种满庄稼之形，表示种植谷物的意思。小篆时已发展为从禾家声的形声字，后世继承此形声字写法。

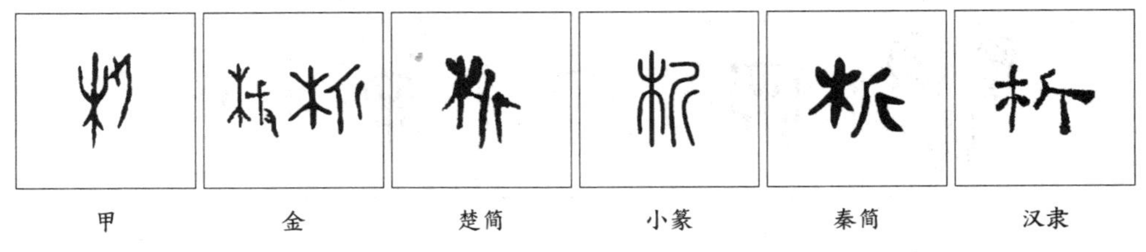

甲　金　楚简　小篆　秦简　汉隶

析，商代金文比甲骨文更形象，像手持斧斤伐木之形，甲骨文省略手形，会劈开木头之意，因此析的本义就是劈开、分开。后世字形构形一致，只是逐渐笔画化。

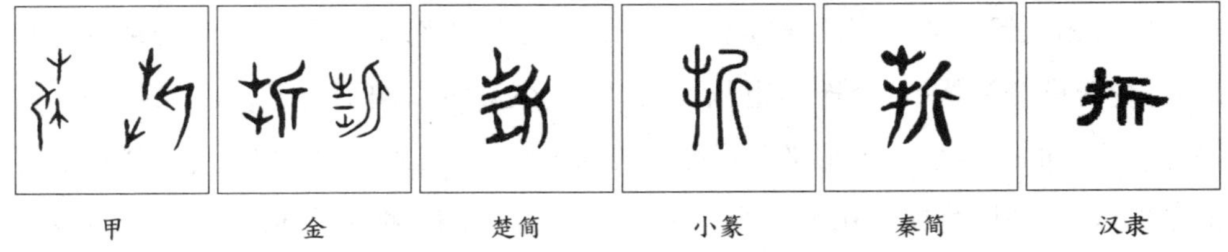

甲　金　楚简　小篆　秦简　汉隶

折，甲骨文像用斧砍断树木之形，表示弄断、折断的意思。甲骨文里断开的木字已发生讹变，讹变为上下两个屮形，给人一种断草的错觉。金文继承讹变后的字形，为表意明确，有的字形还在木头断开的部位加上了两条指事符号，形成一个指事字，楚简文字继承了这种写法。小篆时两个断开的部分讹变为手，也可能是折的动作与手有关，因此才改为手字，楷书折就是承袭小篆字形而来。

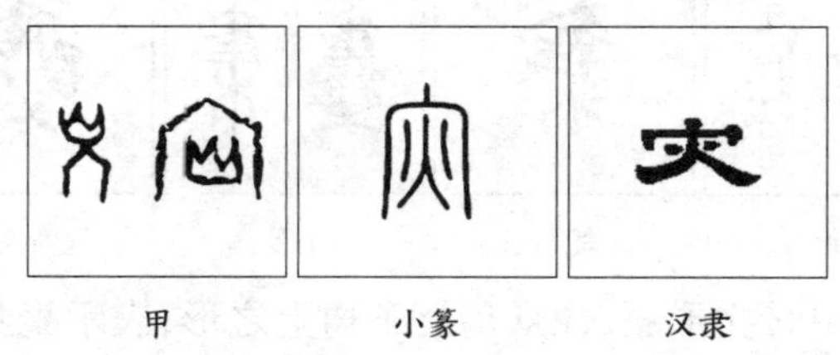

甲　　小篆　　汉隶

灾，甲骨文像房顶起火或屋内起火之貌，会火灾之形，本义是火灾，古代尤指天火之灾，即自然火灾。古人将灾害分得很清楚，除了火灾之外，还有水灾、兵灾。水灾之灾，甲骨文作，是一个从水才声的形声字，后世不见传承；兵灾之灾，甲骨文写作，是一个从戈才声的形声字，后世也不见传承。类似于灾这样的情况，在不同的语境下用不同的字形来表达同样的意思，这样的字就被称为语境异体字，甲骨文里比较常见。《说文解字》里收录了一个古文字形（楷书作災）和一个小篆字形（楷书作烖），它们都是灾字，这两个字形应该是几种甲骨字形的融合。災会水火为灾之意，这个字流行较广，但简化字仍以灾为正体，其他异体都废弃不用了。

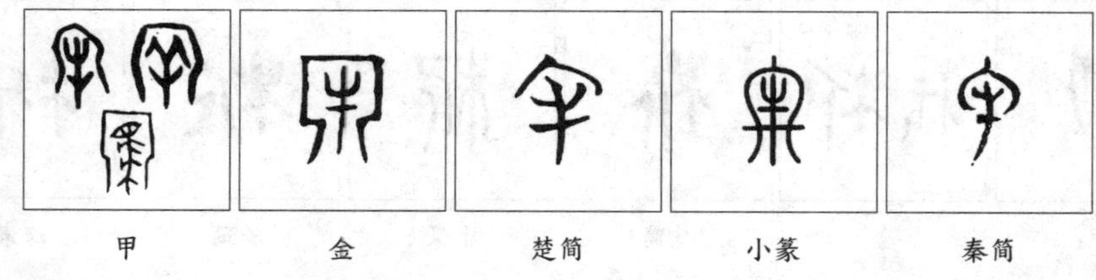

甲　　金　　楚简　　小篆　　秦简

牢，本义是养牲畜的圈（juàn），甲骨文有几种字形，它们也是语境异体字，甲骨文字形由表示圈的图形和关在圈里的牲畜构成，关的牲畜有牛、羊、马等，因此形成三个含义相同但字形不同的异体字，后世继承关牛的字形，牛圈的半包围结构逐渐讹变，楚简讹变为从宀，今楷书也从宀，作牢。小篆多添加了一笔，表示封闭圈门，仍有较明显的会意性。牢本义是指圈养牲畜的地方，后来养在牢里、用于祭祀的牲畜也称作牢，如甲骨文称用于祭祀的牛为大牢；再后来，将关押犯人的地方也称作牢。牢必须修建得结实、稳固，所以牢也引申出牢固的意思。

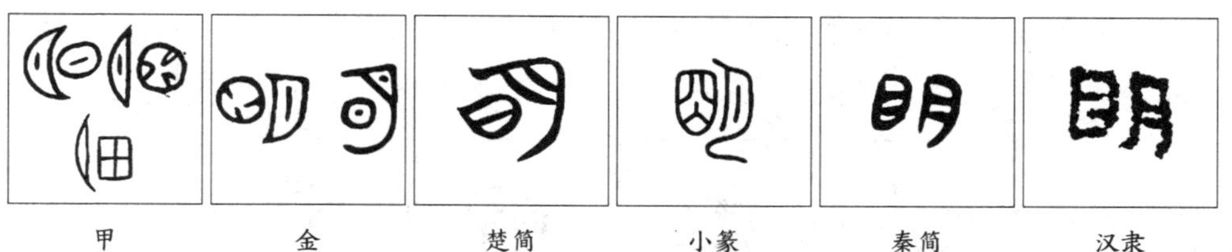

甲　金　楚简　小篆　秦简　汉隶

明，异体众多，从甲骨文时代就奠定了其异体的基础。甲骨文明主要有三种字形，第一种为日月之明，以日月同辉来表示光明的意思；第二种是囧月之朙，囧是窗户的象形，这个字形表示月光从窗户照进来，同样表示明亮；第三种是田月之明，表示月光照在田野上，也是明亮的意思。后世以前两种异体流传为多，小篆继承从囧从月的朙，秦简与隶书从目从月的明是它的讹变字形。如今几种异体都废除不用，仅保留了日月同辉之明。

甲　金　楚简　小篆　秦简　汉隶

益，溢的表意初文，甲骨文像水从器皿中溢出之形，本义是水满则溢。金文中水滴之形讹变严重，楚简继承了这种讹变的字形。甲骨文里已经出现了一个从水从皿的字形，这个字形被小篆继承，楷书益就是在小篆字形的基础上演变而来。益本指水满溢出来，引申出增加的意思，又引申出好处、更加等意思，为了分化这些意思，人们就在原字形基础上添加形符“水”，造出一个新的溢字来表示水满则溢的本义，益就不再表示这个意思了。

金　楚简　小篆　秦简　汉隶

寒，甲骨文未见，金文画出了房子、人和众多的草，今天一些农村地区仍然保持着用谷草铺床的生活习惯，天寒之时就铺一层厚厚的谷草以御寒，金文寒字反映的就是这种生活场景，人在屋内处于厚厚的草堆之中，表示天气寒冷之意。有的金文字形下有两横，这两横可能是饰画，也可能是表示冰凉的地面；小篆时这两笔已经讹变为从冰(仌)。隶书笔画化严重,已经看不出会意的意味了,楷书从隶书发展而来。

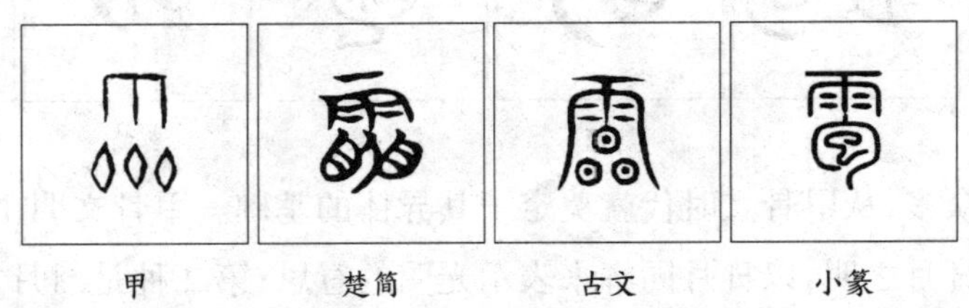
甲　楚简　古文　小篆

雹,甲骨文像冰雹从天而降之形,上半部分从雨,下半部分为冰雹的象形,合体来表示冰雹、下冰雹的意思,古文继承了这一字形。楚简字形冰雹部分有讹变,并加上了声符“勹”。小篆也是一个形声字,从雨包声,楷书作雹,就是从小篆字形发展而来。

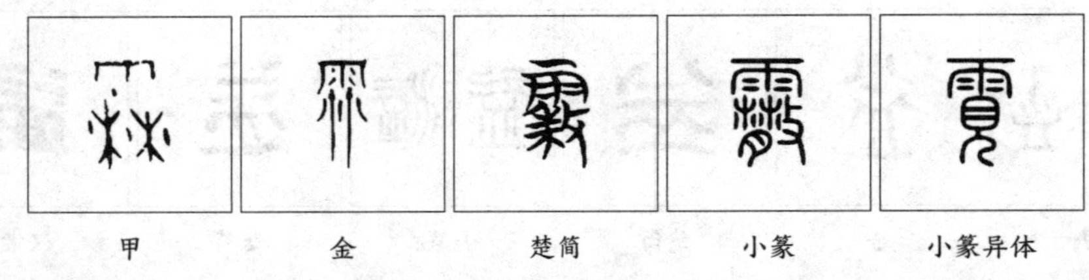
甲　金　楚简　小篆　小篆异体

霰,即雪珠,是一种白色不透明的球形或圆锥形小冰粒,多在下雪前或下雪时降落。甲骨文霰上部从雨,下部从林,林中小点是雪珠的象形,描绘的就是天降雪珠于林中的情景,金文承袭甲骨文字形有所简省。楚简已经演变为一个从雨散声的形声字;小篆与其相同,也是一个形声字,只是所从之散字写法不同。小篆中另有一个从雨见(xiàn)声的形声字,这个字形未被后世继承,楷书继承小篆从雨散声的字形作霰。

第五节　有借无还——假借字

前面说的象形、指事、会意都是属于表意字范畴，它们以象形为基础，在象形的基础上加符号或组合来衍生新字，通过这样的方式产生的字只能表现一些具体存在、有形可像的事物，或描绘一些具体的行为动作。简单地说，就是表意字一般只能对应语言中的名词、动词及少数的形容词，要表现其他的词，还需要寻求新的方式，假借就是其中的一种方式。假借，即借用记录一个词的字形来记录另一个词，这两个词在意义上没有任何关联，假借是一种在文字使用中运用的方法，不能产生新字。甲骨文里存在大量的假借字，有学者估计占目前已知的甲骨文文字的百分之六七十，也就是说甲骨文里大部分字都不是在记录它本身代表的词义，而是在记录其他的意义。假借是汉字使用中常见的现象，即使到了今天也依然存在，比如我们音译外语所使用的汉字就是假借，如沙发、麦克风、汉堡包等。

一、词无假借，字无引申

文字是记录语言的工具，一般记录的是语言中的词。一个字在产生之初，它本身带有的意思应该是单一的，也就是说，一个字就对应语言中的一个词，一个词就对应一个意思。在造字之时，人们是基于一个特定的意思造出一个字来记录语言中的一个词。而我们今天用的很多字都有不止一个意思，造成这种现象的原因有两个:一是这个字所对应的语言中的词的词义发生了深化和延伸,即产生了引申义;二是这个字被借用来表示语言中的另外一个词,而这个词与原来这个字表示的词在意义上没有任何关系,也就是通常说的假借。

词义引申和字形假借表面上看都是让一个字产生了除本义之外的其他意义,但它们本质上是不同的。引申是从词义层面来说的,在古汉语里,一个字基本上可以对应汉语里的一个词,一个词最初的意思应该是单一的。随着语言的发展,这个词可能逐渐延伸出新的意思,但这些意思都是有关联的,都是在这个词最初的意思上衍生而来,这就是词义的引申,这些由本义引申出来的意义可以称作这个词的引申义。假借是针对字而说的,不是针对词,词是语言中切实存在的,而字是用来记录语言中的词的,有的词有对应的字,有的词没有对应的字,这一点很容易理解,如普通话里的词一般可以找到对应的字来书写,但很多方言里的词就没有对应的汉字,在日常书写中,要把这些原来没有对应文字的词记录下来,一时间又没法给它造一个字形,于是就找一个与它读音相同或相近的字来临时代替,这就是字的假借。如汉字"花"主要有以下意思:①植物的繁殖器官,如花朵;②供观赏的植物,如花草;③形状像花的东西,如烟花;④具有条纹或图形的,不止一种颜色的,如花哨;⑤用掉,如花钱。这些意思中,①是这个字的本义,人们造出花这个字原本就是用来表示植物的花朵的;②—④都是在花朵义的基础上延伸而来,都跟花朵的颜色、形状或是功能有某种关联;⑤花钱、花费这类意思,则不是由花朵这个意思引申而来,这个意思跟花朵等不是一类,而是另外一个词的意思,这个词没有对应的汉字,但它的读音与花朵的花相同,所以就借用这个花字来记录表示用掉意思的这个词。简言之,我们今天所看到的汉字花其实记录的是两个词,只是这两个词共用了同一个字形而已。

二、本字和假借字

本字和假借字是一组相对的概念,用来表示自己的本义或引申义的字称为本字;借用这个字形来表示另外的词,对借形记义的词来说,这个被借字就是它的假借字。如我们以上文列举过的"花"字来说明,它们的关系如后图所示。

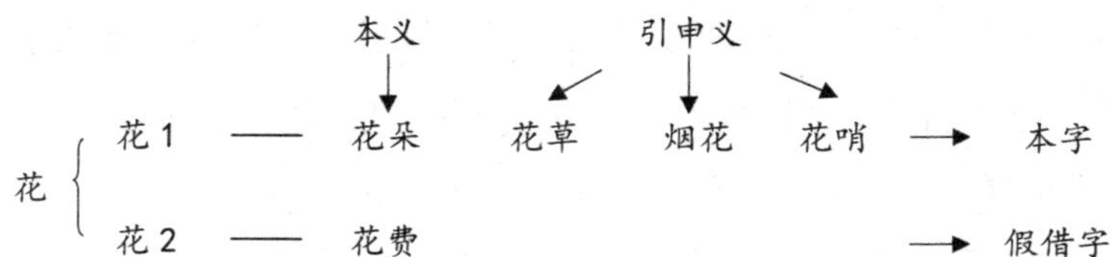

在花1这一组词语里，花朵是使用花的本义构成的词语，花草、烟花、花哨等是使用花的引申义构成的词语，这些情况下的“花”字都是使用的本字，也就是说“花”这个字形本来就是为了表示这些意思而造的；与之相对，花2是另外一个意义与花1毫不相关的词，只是借用本来为花1意义造的字形来表示这个意思而已，因此对花2来说，花这个字就是它的假借字。

一般而言，在早期文字里的假借大多是在没有本字情况下的假借，即一个词没有与之对应的字形，借用另一个记录别的词的已有字形来表示，如上文列举的“花2”就是这种情况。在后来的实际书写中，也时常会出现这个词有其对应的字形，但在书写时依旧借用另外一个同音或音近的字来表示，这种用字现象一般称作通假，如古文常常用跳蚤的“蚤”来表示早上的“早”，实际上“早”字已经存在。当今学界对假借的看法有广义和狭义两种：广义的认为没有本字的假借和本有其字的通假都算假借；狭义的则认为只有本无其字的假借才算真正意义上的假借，把通假排除在外。

由于本字和假借字共用一个字形，久而久之容易产生表意的混乱，降低了文字记录语言的准确性。为了提高文字记录语言的精准性，在文字的使用中人们会另造新字来分散它们记录的意义，即另造一个或几个字来分散原字形记录的各种意义。有的为本义造新字，产生的新字叫作累增字；有的为引申义造新字，新产生的字叫同源区别字；有的为假借字造新字，新产生的字叫后起本字。

就假借字而言，有的假借字在新造的本字之后，就不再假借以前的字形来记录了。如金文里常借用表示鸟类的“隹”来表示句首发语词，后人给这个语气词造了一个新字“唯”，这个“唯”就是这个语气词的后起本字，之后就用“唯”来记录这个语气词，不再借用“隹”。这种假借只持续了一段时间，可以称作有借有还的假借，还有一种假借是有借无还的假借，假借字代表的意义已经深入人心，不便再另造后起本字来表示，只好给这个字的本义造一个新的累增字，原字形就只表示假借字的意思，就是说假借字取代了本字，本字让位于假借字。如“莫”本来是为表示“黄昏”造的字,后被借用表示否定副词“不要”,长期借用不还,人们便为表示“黄昏”意义造了一个新字“暮”,“莫”就不再表示“黄昏”了,如今提到“莫”,一般都只知道它表示“不要”的意思,完全取代了本义。又如上文说过的“自”,本义为“鼻子”,后被借作表示“从”,人们造了新字“鼻”专门指代鼻子,“自”不再指鼻子,而专指“从”,是典型的有借无还的例子。再如上文说过的“北”,是“背”的本字,长期假借表示方位北方,也属于有借无还。我们下面所举的例子,都属于有借无还的范畴。

三、假借字举例

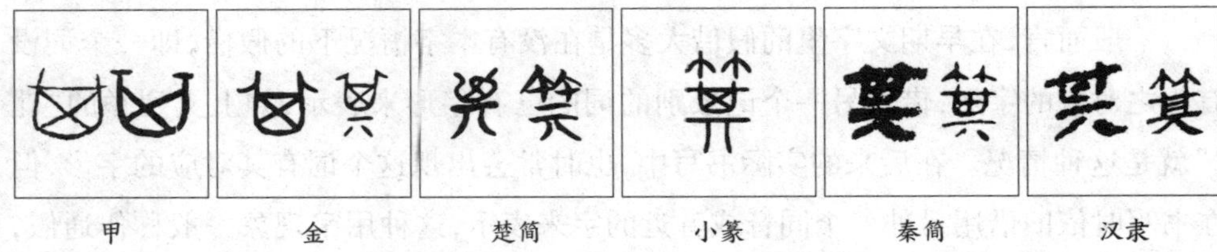

甲	金	楚简	小篆	秦简	汉隶

其,甲骨文像畚箕、箢箕一类用具之形,是箕的象形初文,本义就是畚箕一类的用具,晚期金文在象形字基础上加上了声符“丌”(几案的象形字),逐渐演变为其。在甲骨文时代,其就已经被借来记录表示揣测、反诘、命令、劝勉的语气词,后又被借来记录指示代词那、那个,以及第三人称代词他、他的等,这些词使用频率都很高,因此其就被长期借用,久而久之就固定下来。于是后人便在原字形上加形符“竹”,新造了一个形声字箕来表示其的本义,而其就不再表示畚箕的意义了。

曾侯乙墓出土青铜箕。1978 年湖北随州擂鼓墩一号战国墓出土,现藏于湖北省博物馆。箕在很早的时候就已经为先民使用,甲骨文其就是这种用具的象形。箕一般由竹篾编织而成,也有藤条、柳条等木制品。此件为青铜箕,仿竹篾编织箕外形铸造,这种形制的箕至今仍被世人传承和使用

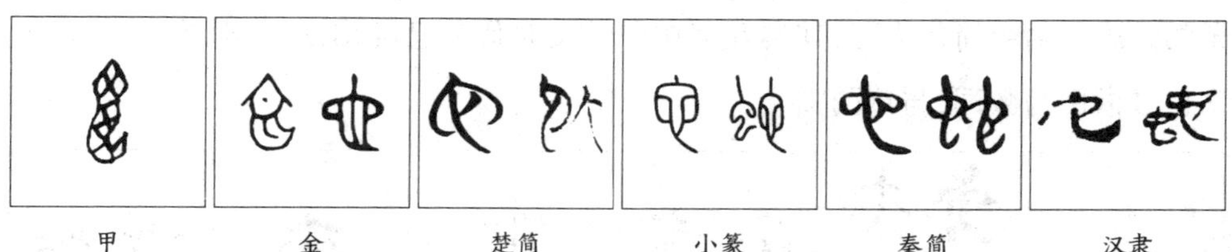

甲　金　楚简　小篆　秦简　汉隶

它，蛇的象形初文，甲骨文它就是蛇的象形，金文承袭甲骨文字形，线条化明显，象形度降低，后来字形蛇的头部逐渐讹变为从宀形，身体与尾部线条化接近匕形，逐渐演变为楷书它。古籍中它常被借来表示代词别的、另外的，而且使用频率高，这个假借义逐渐取代了本义，因此就在本字基础上加上形符“虫”（古人认为蛇是一种大虫），造出一个形声字蛇来表示它的本义，它不再表示蛇的意思。

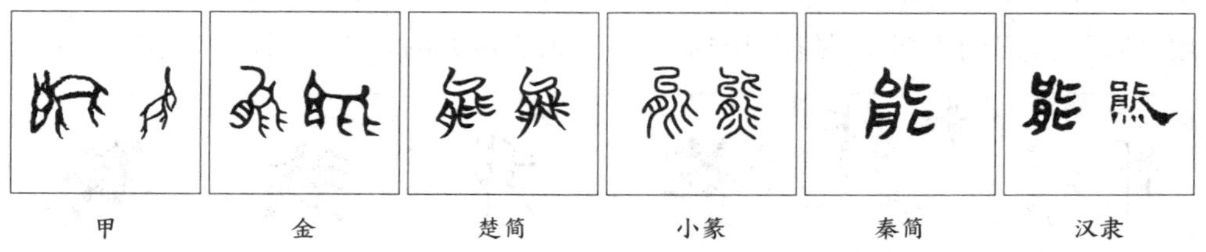

甲　金　楚简　小篆　秦简　汉隶

能，熊的象形初文，甲骨文像站立的熊形，金文承袭甲骨文字形，后期字形熊的头与身体分离，后来足也与身体分离，到小篆时已经完全看不出熊的形象了。隶书在小篆的基础上进一步笔画化，逐渐演变为楷书字形能。能在古籍中常常被借来表示能力、才能以及能够等意思，于是又借用熊字来表示能字的本义，熊其实是一个从火能声的形声字，本义是火势旺盛，被借来表示动物熊，从此能字就不再表示动物熊了。

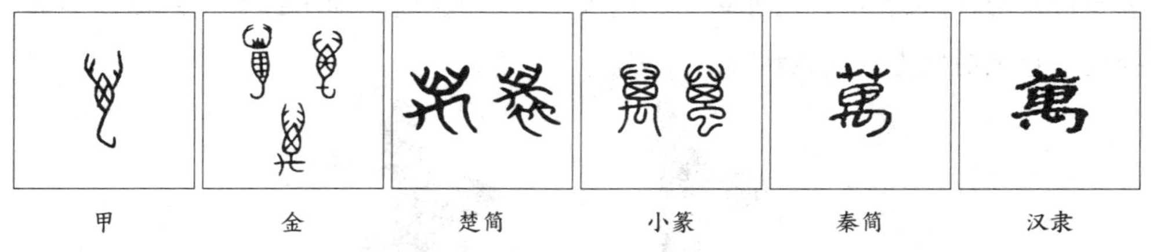

甲　金　楚简　小篆　秦简　汉隶

萬，商代金文比甲骨文更形象，像蝎子之形，本义就是蝎子，即虿的象形初文。金文在蝎子的尾部加上一横作为饰画，后来又在饰画上加一笔竖画，逐渐演变为小篆字形，隶书继承小篆字形，蝎子的两只螯讹变为艸形，楷书沿袭隶书写法作萬。从甲骨文时代起，萬就被借来做数词，后来又引申出了多、极大等意思，表示蝎子的意思就被忘却了，人们便重新造了一个从虫萬声的形声字蠆（简化为虿）来表示蝎子的意思。萬今简化为万,其实万字在甲骨文时代就已经出现,作,本义不明,后来也被借用为数词,与萬同义。

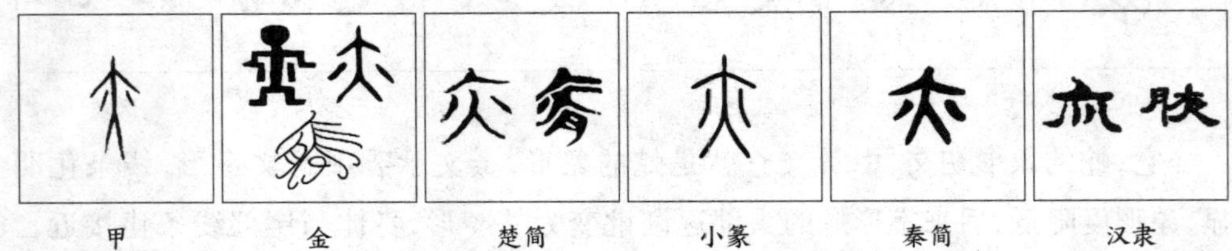

甲　金　楚简　小篆　秦简　汉隶

亦,指事字,甲骨文由正面站立的人形和两个指事符号组成,指事符号指事人的两腋,亦就是腋的象形初文。小篆之前字形变化不大,隶书笔画化严重,丧失了象形意味。亦在甲骨文时代就已经被借来表示副词"也",古文献里也长期被借用,所以就新造了一个从月夜声的形声字腋来表示亦的本义,亦就不再指腋部了。

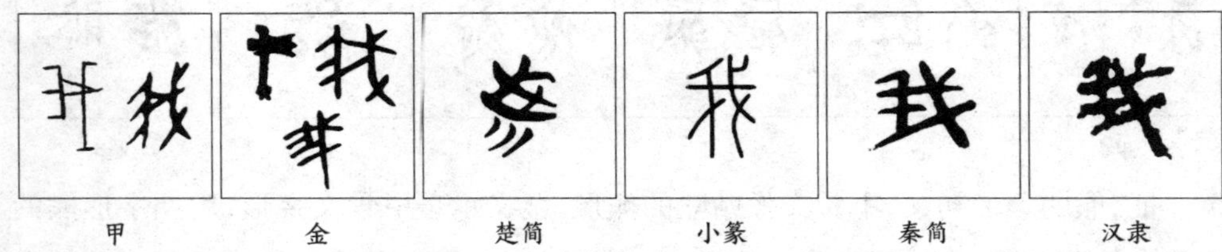

甲　金　楚简　小篆　秦简　汉隶

我,甲骨文像一种锯齿状刃带柲的兵器之形,商代金文像一种兵器之形,我的本义就是这种叫我的兵器。晚期甲骨文我字柲部已经类化为戈形,左边兵器主体部分基本变化不大;楚简里我的刃部与主体分离;到小篆时,已完全线条化看不出所像为何物了。我在甲骨文时代就已经被借用来表示第一人称了,作为兵器的本义不再使用,而且后世我这种兵器也消失了,人们逐渐忘却了我表示兵器的本义,我就一直被借用为代词表示第一人称。

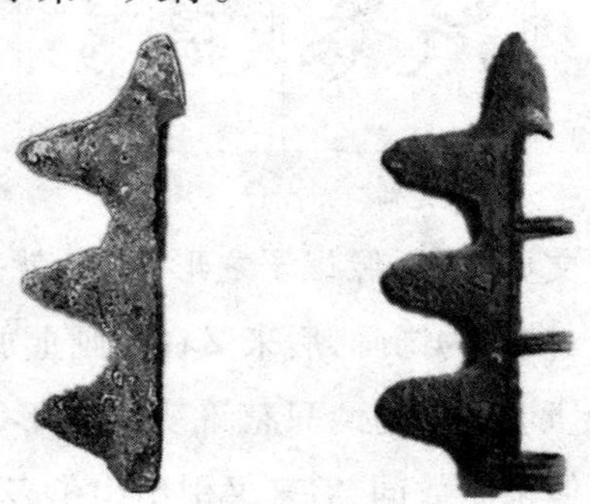

1975 年陕西扶风县庄白村出土的西周青铜我(残)与传世青铜我(全)

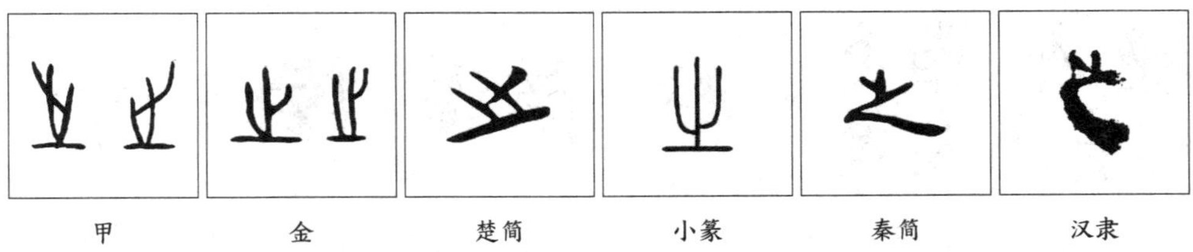

之，甲骨文像脚离开某地前往某地之形，本义是到某个地方去，引申为往、到等意思。古籍中常假借为助词、代词，到今天之的本义使用得越来越少，其助词、代词意义仍经常被使用。

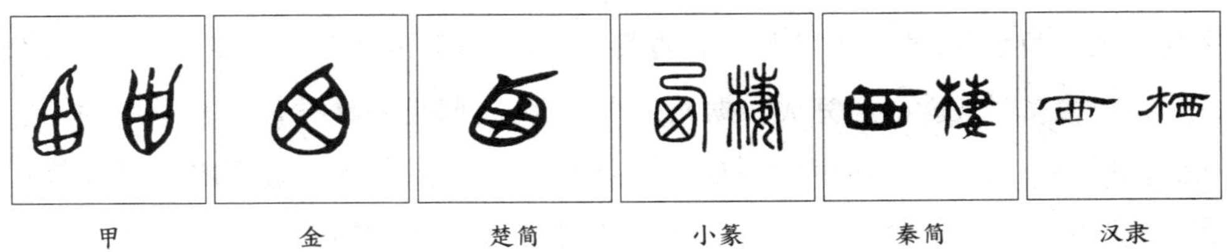

西，甲骨文像鸟巢之形，为栖的表意初文，小篆为繁化字形，增加的部分一般认为是鸟形的讹变，表示鸟栖于巢中之形。甲骨文西已经假借表示方位西方，而且长期借用，使用频率高，盖过了栖息的本义，于是就造了一个从木妻声的形声字棲来表示西的本义。隶书里已经出现了从木西声的栖。棲、栖一繁一简都表示栖息，今简化作栖，从此西就只表示方位了。

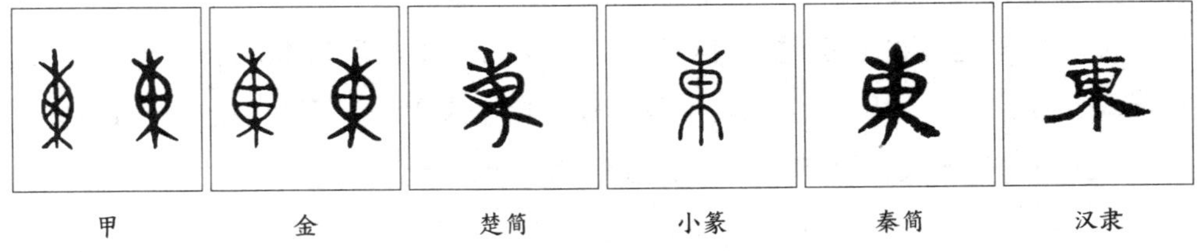

东，本义不明，有学者认为甲骨文东像捆扎的草束之形。后世继承甲骨文字形，逐渐笔画化为東，简化为东。甲骨文时代东就已经被借来表示方位东方，本义就淹没不用，最终被人遗忘。有人认为东像木在日中之形，表示日出东方的意思，这是根据晚期字形而言，是不可信的。也有人根据甲骨文字形认为东字像包裹之形，本义是指东西，这也是不可靠的，买东西的东西其实是由古代市场的东市、西市发展而来，古人交易有固定的市场，人们到东市、西市交易，逐渐演变为买东西，进而用东西指代货物。

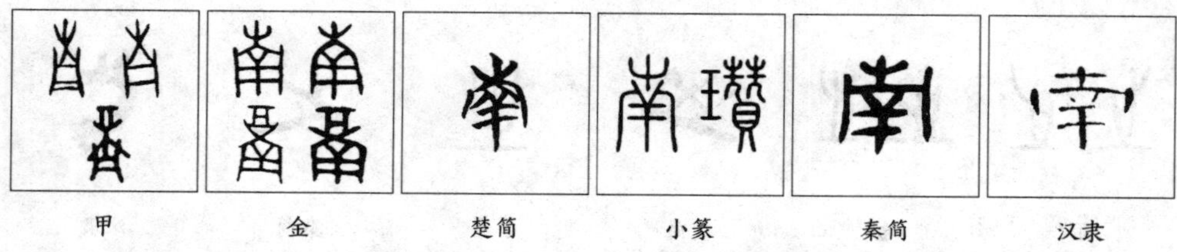

甲　金　楚简　小篆　秦简　汉隶

南，甲骨文构形不明，有学者认为是一种类似钟的乐器的象形。甲骨文假借表示方位南方，本义不见使用，后世文献也不见使用本义，其本义也就逐渐被人遗忘了。我们认为南很可能是源于瓒的初文，最初南可能就是借用瓒的字形表示，后来为了区分两个字，就将瓒字上部瓒的象形构件拿掉，分化为南和瓒两个字，这个分化在甲骨文时代就已经完成。据相关学者考证，瓒是一种举行祼礼所用的玉质礼器，甲骨文瓒就是进行这种礼仪时礼器组合的反映（参见本书第四章第五节），这个字可以说是一个合体象形字，只有最上部分是这个物件的象形。

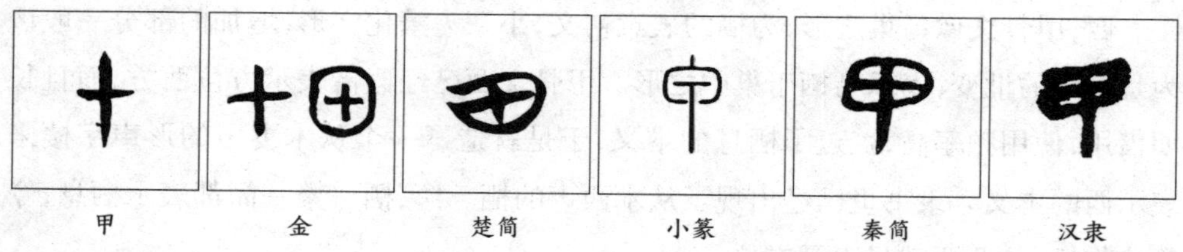

甲　金　楚简　小篆　秦简　汉隶

甲，甲骨文呈十字交叉之形，像铠甲连接处交叉的线条之形，一些金文字形加上了圆形边框，这个圆表示铠甲，因此甲的本义为铠甲。后世继承有边框的字形，逐渐演变为甲。早在甲骨文时代，甲就已经被借用来表示天干之一的甲，古籍中表示天干的甲与铠甲长期共用一个字形，到今天依旧如此。

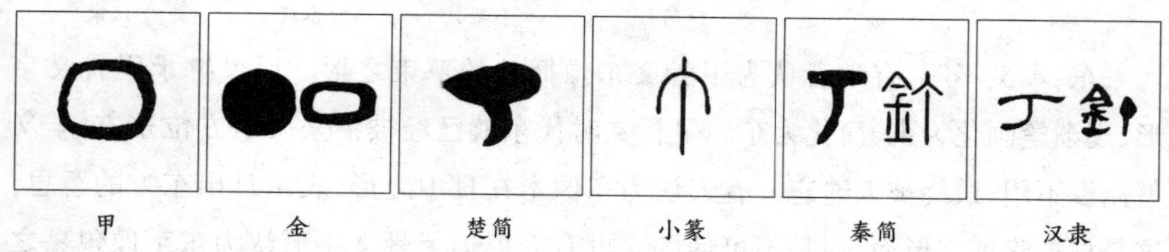

甲　金　楚简　小篆　秦简　汉隶

丁，甲骨文、金文多为一个黑点或一个白圈，所像为何物不明，一般认为是钉子的象形。甲骨文时已经借用表示天干之一的丁，使用频率高，因此长期借用，后世就造出了从金丁声的形声字钉来专指钉子，以示区分，丁就不再表示钉子。由于钉子的使用，建筑物或器具更加结实牢固，因此古人将成年男子称为丁。

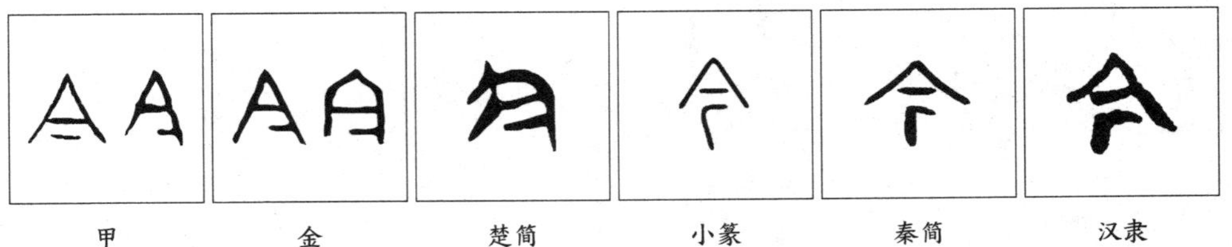

甲　金　楚简　小篆　秦简　汉隶

今,甲骨文构形不明,有学者认为是阴的指事本字,三角形为房屋的象形,下面一横为指事符号,表示房屋下面为阴凉之处;也有学者认为今是噤的本字,三角形表示口,甲骨文[令](令)上方的口就作此形,下面加一横表示禁止说话。其真相如何,有待进一步考证。甲骨文时代今字已经借用来表示现在、今天的意思,不见用本义了。

第六节　有声有色——形声字

形声字在现代汉字中占据主导地位，在汉字中所占比例在80%以上，因此说到形声字大家应该都不陌生。形声字是在表意字基础上产生的一半表意、一半表音的文字。简单地说，形声字就是由形旁（也叫形符、意符）和声旁（也叫声符、音符）构成的字，形声字都是合体字。

一、形声字的产生

表意字是汉字里最先产生的一部分文字，其中又以象形字最早出现，指事字、会意字基本上是在象形字的基础上产生的，汉字产生之初基本上由表意字构成，表意字借助假借的方式基本上能够满足记录语言的需要。但表意字毕竟是对客观事物图形式的描摹，世间万物无穷无尽，光靠这样的图形描绘根本不可能记录所有的事物，即使是有形可像，也不可能完全描摹出具有区别性的文字来记录，况且世上还有很多抽象的事物、概念是无形可像、无意可会的，语言中还有大量虚词无法用表意的方式造字，因此用表意的方式造字具有很大的局限性。虽然借助假借的方式可以打破表意的局限性，通过同音或音近的假借可以记录那些虚词和抽象的事物，但大量假借易导致文字混乱，降低文字记录语言的准确度，因此假借也不能无休止地使用。由于以上方法的局限，人们自然会想办法打破这些局限，增加文字记录语言的精确度，形声字就是在这样的背景下应运而生的。

从文字发展的规律来看，形声字是在表意字、假借字之后产生的，而且表意字词义的引申和假借的大量使用是形声字产生的直接动因。在第五节我们讨论过，一个字代表的意义会因为本身词义的引申和字的假借变得越来越多，一个字代表的意思越多，它记录语言的精准性就越低，为了提高记录语言的准确性，人们就会造出新字来分别记录其中的意义，达到分散词义的效果，这样就产生了一些累增字、区别字和假借字的后起本字，这些新字大部分就是早期的形声字。假借字字形与词语的意义无关，实际上就已经使汉字走上了表音的道路，形声字也是受到假借记音的启发而产生的。

早期形声字的产生一般有以下几种途径。一是形符声化，即原来表意字的一部分符号在文字发展过程中逐渐演变为具有表音功能的符号，这部分符号既可以作为形符参与表意，也可以作为声符记音。如前面谈到过的会意字（受），其中舟的部分就是既表意又记音；再如羞本作从羊从又的，表示进献牛羊的意思，为会意字，小篆已经演变，是一个从羊从丑、丑又兼表读音的形声字，丑与又意义相近，都与动作有关。二是在原来表意字的基础上加注声符。如裘，甲骨文作，像毛皮大衣之形，为象形字，金文里已经加上了声符“又”作，进而又省略皮毛的象形，把声符“又”改换为“求”，改造为，形成一个从衣求声的形声字。三是将表意字的一部分符号改换为声符。如囿，是古时圈养动物以供游猎的大园子，甲骨文作、等形，像园中有草木供动物栖身之形，本为象形字，晚期金文作，草木部分替换为声符“有”，发展为一个从囗有声的形声字。四是在已有的文字基础上加注形符。上面所说的累增字、区别字和假借字的后起本字基本就是以这种方式产生的形声字。如莫—暮（累增字），取—娶（区别字），每—晦、悔（后起本字）等。

形声字一半表意，一半表音，以这样的方式造字具有很大的能产性，而且造出的汉字互相区别，既打破了表意字的造字局限，又解决了大量假借产生的混乱，一个汉字同时具备表意和表音的成分，大大提高了汉字记录语言的精准性。从理论上讲，同一个形旁加上不同的声旁，可以造出一系列意义有联系而读音不同的形声字，如江、河、湖、海、洋；同一个声旁加上不同的形旁，也可以造出一系列读音相关而意义不同的形声字，如暮、墓、慕、幕、募。因为能产性高，且造出的新字同时含有表意和表音的成分,所以形声的造字方式一直为后世采用,后世产生的新字绝大多数都是形声字。2017 年 5 月 9 日,中国科学院、国家语言文字工作委员会、全国科学技术名词审定委员会联合发布的 113 号、115 号、117 号、118 号 4 个新元素的中文名称鿭(nǐ)、镆(mò)、鿬(tián)、鿫(ào),就是采用形声的方式造出的新字。

二、形旁和声旁

形旁是一个形声字中表意的部分,声旁则是标识读音的部分。一般情况下形声字都是一形一声的结构,但有些特殊的形声字会有多个形符或声符。多形即一个形声字具有两个或两个以上的形旁,这类形声字简言之就是在已有表意字基础上加注音符或在已有形声字基础上加注形符产生的。如宝,甲骨文作,本是一个会意字,像家里面有玉器和贝币,后来加上一个声符“缶”,小篆写作,成为一个形声字,这里面宀、玉、贝都是形符,缶是声符,是一个多形字。又如奉,金文作,是一个会意兼形声的字,里面的廾是它的形符,丰是它的声符,小篆时期又加上了形符“手”,写作,这样就成了一个从手从廾丰声的多形字。多声的字少见,一般是在形声字基础上再加声符造成的。如窃,楚简作,是一个从米数声的形声字,小篆作,已经变为一个从穴从米,廿、离皆声的多形多声字。

声旁除了表音的功能,一些声旁也兼有表意的功能,这类声旁可以称为有义的声旁,前面所说的为分化某个字的引申义而加注意符造出的区别字多半属于这种情况。如解—懈,懈是心灵上的放松,即解开心,解是声符,但同样有表意的作用。由同一个字分化出来的区别字一般都以同一个字作为声符,只是它们的形符不同,由于这些声符一般位于形声字的右边,因此古人提出了一个“右文说”,认为有同一个声符的字,它们的意义也是有关联的,其中的代表人物就是宋代的沈括,他说:“戋,小也,水之小者曰浅,金之小者曰钱,歹之小者曰残,贝之小者曰贱。”这就是在强调声符的表意功能。其实声符只在特殊的形声字里具有表意功能,这种夸大声符表意功能的说法其实是不可取的。

在一个形声字产生之初,它的表意和表音成分应该是很明确的。但随着时间的推移,文字从古文字到今文字,字形在外形上发生了巨大的改变,汉语的语音也发生了巨大的变化,这两个因素直接导致今天一些形声字形旁、声旁的不明确,我们很难根据现代汉字看出它的形符、声符所在。如，恭是一个从心共声的形声字，小篆作恭，完全可以识别其形符和声符，但楷书恭则已经看不出形符“心”的模样了。又如，暑是一个从日者声的形声字，由于语音的演变，一般人可能已经不知道今天读为 zhě 的者字其实是暑字的声符，同样的还有煮、诸、都、绪等。有时候语音的变化会导致文字的变化，人们会根据变化了的语音造出新的形声字，以使表音更准确，如蹤—踪、勛—勳、嘑—啼，不过这种现象并不多见，因为文字系统要求有稳定性，一旦打破原有汉字体系随意造字，就会导致用字的混乱。

古人在造字或用字时，出于文字构形匀称、美观或书写简便的需要，会有意对文字中的形符或声符进行简省，这就造成了文字里省形和省声的现象，这两种情况都会导致形符或声符的不明确。省形，即为了文字的简洁或安置声符的需要，省略形符中的一部分。如，書本是一个从聿者声的形声字，楷书字形書的声符发生了省略，语音也发生了变化，一般人已经完全看不出它的声符何在了。又如，考是一个从老丂声的形声字，它的形符“老”就省略了一部分。省声，就是省略声符中的一部分。如，夜是一个从夕亦（亦）声的形声字，不但它的声符省略了一部分，而且由于文字的演变，楷书也已经完全看不出形符、声符所在了。

古文字的构字结构尚未完全固定，形声字形旁和声旁的位置也并不固定，特别是在甲骨文、金文里。隶楷阶段的汉字各部分结构已经固定下来，今天我们可以去分析一个形声字形旁和声旁的位置，大概有以下几种位置关系：

左形右声：桐、详、肌、汁；

右形左声：欣、颈、战、胡；

上形下声：芳、宇、竿、霖；

下形上声：勇、盂、禁、型；

内形外声：问、瓣、哀、闻；

外形内声：阁、匣、匪、圆；

左上形右下声：厅、府、房、病；

左下形右上声：进、越、近、达；

右上形左下声：翅、匙；

形在一角：荆（从艹刑声）、疆（从土彊声）、滕（从水朕声）、颖（从禾顷声）；

声在一角：旗（从㫃其声）、徒（从辵土声）。

三、甲骨文形声字举例

甲骨文里已经有许多形声字的存在，据有关学者统计约占25%，但其中很大一部分形声字都是人名或地名。我们这里简单列举一些从甲骨文时代就是形声字的字，并对其演变作简要说明。

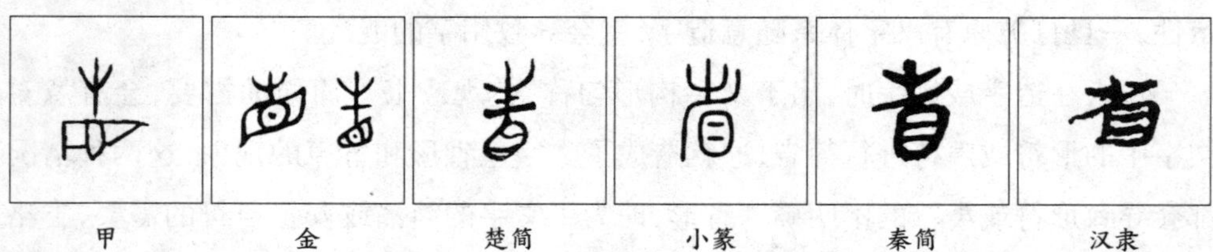

甲　金　楚简　小篆　秦简　汉隶

省，甲骨文从目生声，生和目共用了一横笔，这个生也同样作为形符参与会意，像眼睛观看植物生长之形，表示视察、查看的意思。楚简文字最能体现形声字的意味，从目生声。小篆字形发生了讹变，已经看不出声符。隶书声符部分讹变为少，已经完全看不出为声符了。

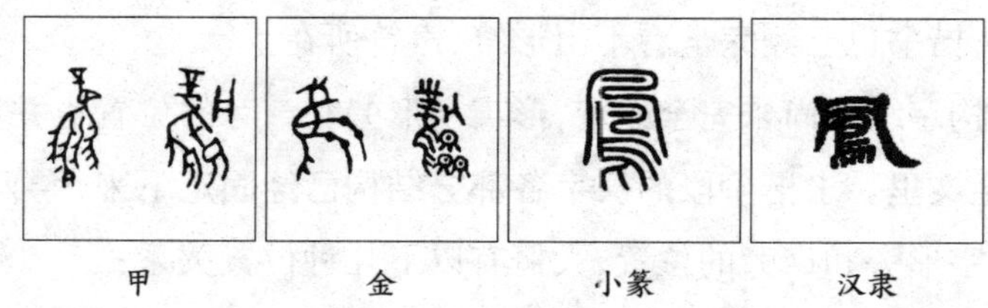

甲　金　小篆　汉隶

凤，本为象形字，像凤鸟之形，甲骨文突出高冠、长尾以及尾复羽，类似孔雀，描绘的可能就是孔雀的形象。后加注了声符“凡”（盘的象形初文），到小篆时，象形部分类化为从鸟，演变为一个从鸟凡声的形声字。楷书作鳳继承了小篆字形，简化为凤，成为一个记号字。

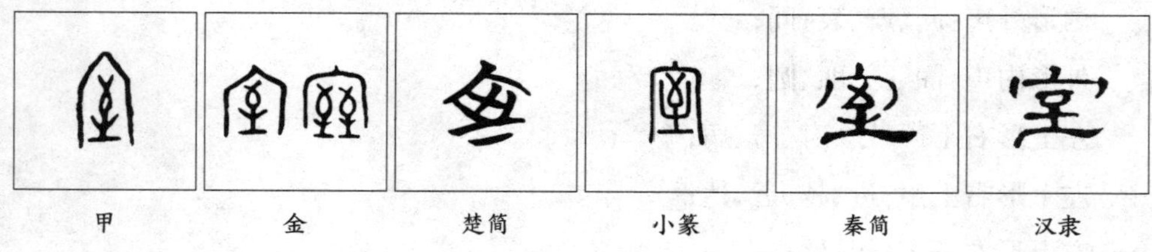

甲　金　楚简　小篆　秦简　汉隶

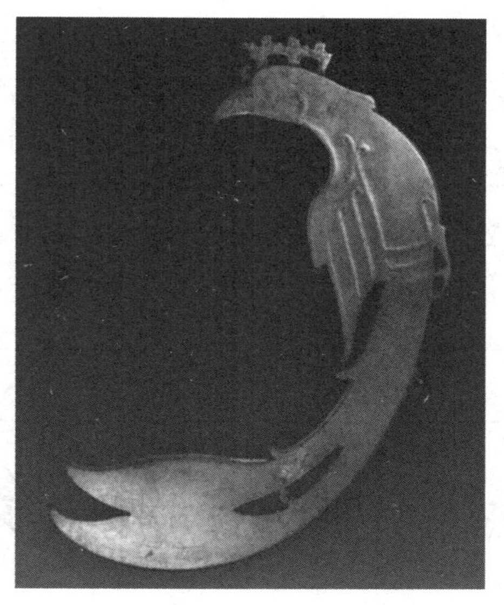

商代后期玉凤。1976 年河南安阳殷墟妇好墓出土,现藏于中国国家博物馆

室,从宀至声,至为会意字,像箭到达目标之形,历代字形变化不大,只是随着文字的演变逐渐笔画化。金文里有一个繁复的字形,画出了两个至。

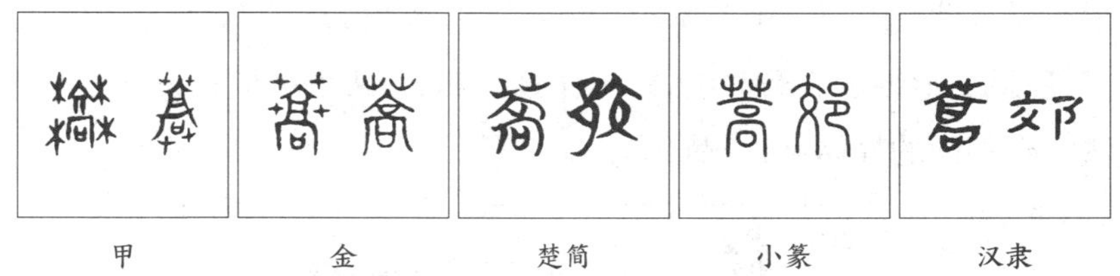

甲　　金　　楚简　　小篆　　汉隶

蒿,甲骨文会意兼形声,甲骨文像亭台在众多草木之中之形,本义是指郊外,高同时也是声符。此字形后来也用于一类野生植物的名字,如艾蒿、蓬蒿,应该是由蒿的本义引申而来,由指郊外引申为生长在郊外的野生植物。为了分化两个意思,就新造了从邑交声的形声字郊,来专指郊外的意思,从艸高声的蒿就专指植物。

甲　　金　　楚简　　小篆　　秦简　　汉隶

春,甲骨文写法有很多,但都带有声符"屯",形符一般由太阳和草木构成,表示春天风和日丽、草木复苏的意思,两种形符可省略其一。金文里原形符"木"被

“艸”代替，这称为形符的替换，演变为一个从艸从日屯声的形声字，后世继承了此字形。从小篆到隶书，字形发生了巨大的讹变，形符“艸”和声符“屯”杂糅在一起，除了形符“日”还在之外，其余两个构件已经看不出原来的面貌了。

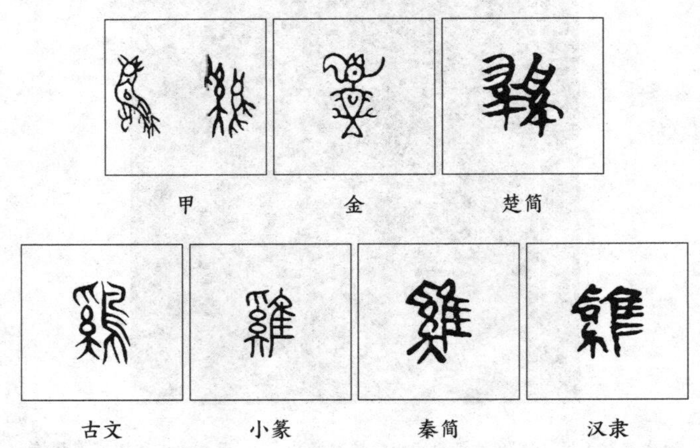

鸡，最初为象形字，甲骨文像昂首挺胸摆尾的大公鸡之形，后象形意味降低，加上了声符“奚”，变成一个形声字。楚简为一个从鸟奚声的形声字，《说文解字》中古文字形也是如此，楷书作鷄。小篆将形符“鸟”改换为“隹”，成为一个从隹奚声的形声字，后世字形继承小篆写法，楷书作雞。鷄、雞两个字形在古代都有使用，是两个用法完全相同的异体字，今简化为鸡。

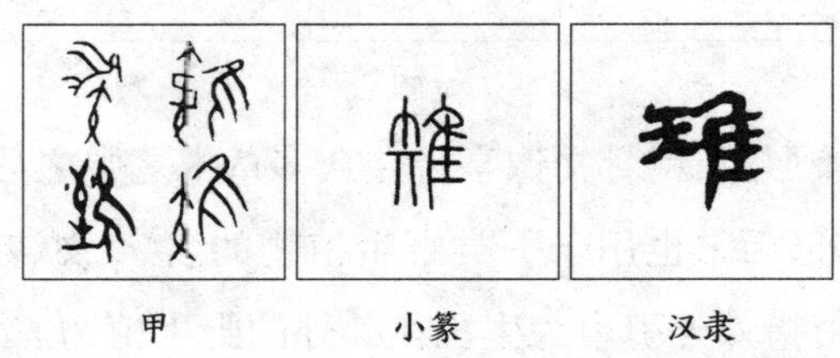

雉，俗称野鸡，甲骨文为会意兼形声字。甲骨文像用箭射野鸡之形，矢兼表声，有的字形还多加了己作为声符，使表音更准确。小篆沿袭以前字形，仍是一个从隹矢声的形声字。

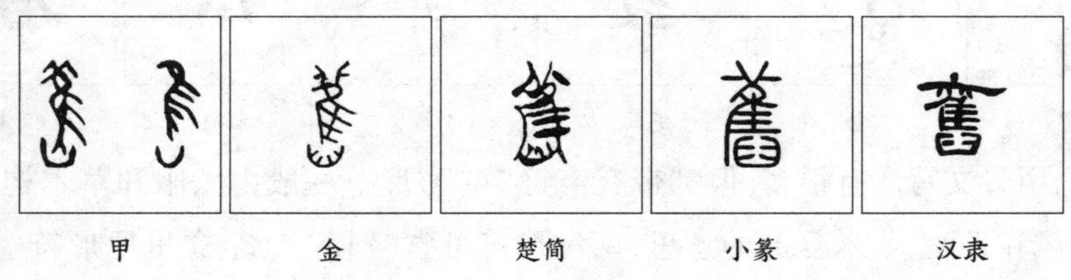

旧,本义是猫头鹰,甲骨文有从萑臼声和从鸟臼声两种字形,萑就是猫头鹰的象形初文,突出头上长眉似的羽毛。因为猫头鹰属鸟类,所以甲骨文中形符“萑”也可以替换为鸟。后世继承从萑臼声的写法,楷书作舊,简化为旧。旧后来被借用来表示新旧的旧,本义逐渐丧失。

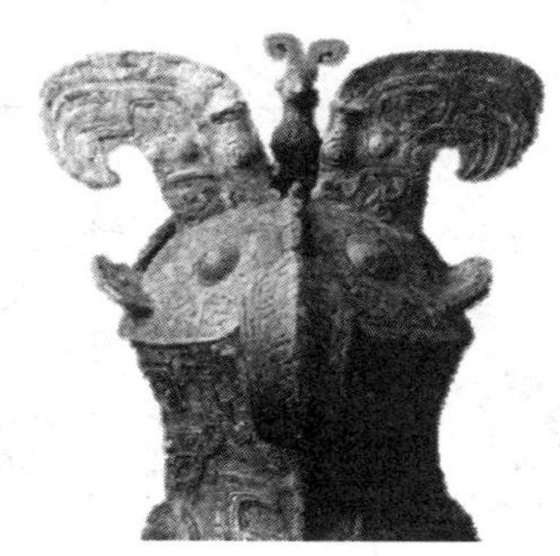

妇好鸮尊侧面及头部正面图。1976年河南安阳殷墟妇好墓出土,现藏于河南博物院

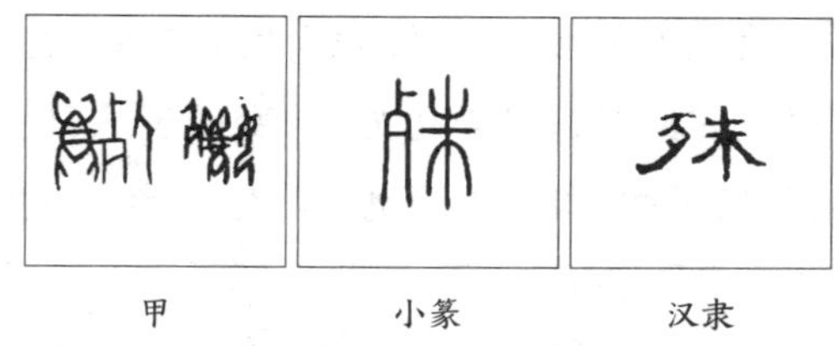

甲　小篆　汉隶

殊,甲骨文从死蛛声,本义与死亡、断绝有关。甲骨文死有从人和从女两种写法,意义相同。小篆简省为从歹朱声,依然是形声字。

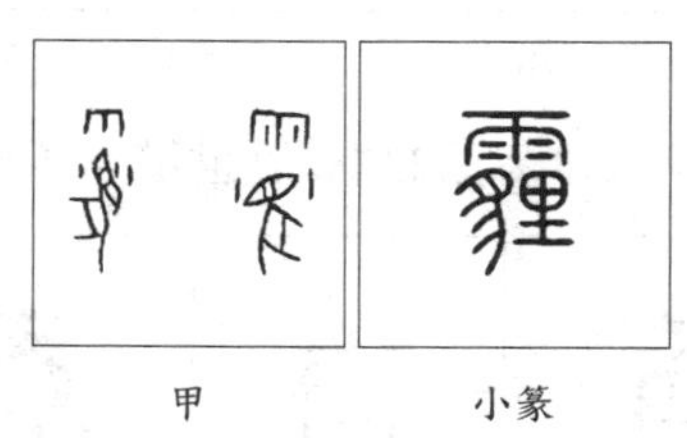

甲　小篆

霾,空气中因悬浮着大量的烟、尘等微粒而形成的混浊现象。甲骨文从雨貍声,貍是一种动物,一般认为就是豹猫。貍后世发展为形声字,从豸里声。

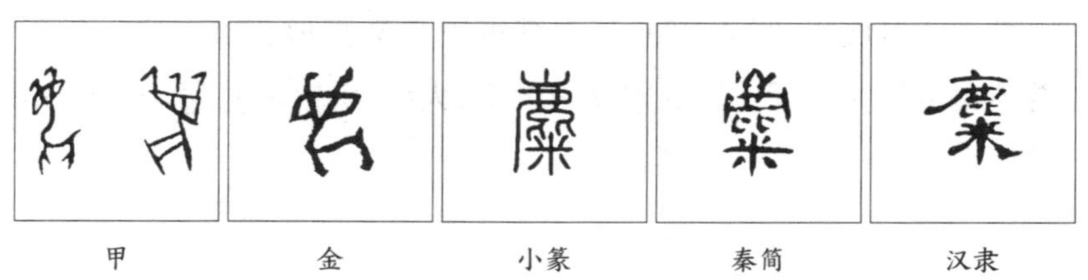

甲　金　小篆　秦简　汉隶

麋，鹿的一种，甲骨文画出鹿的形象，但头部画作眉形，其实是一个从鹿眉声的形声字。小篆时声符改为米，变成一个从鹿米声的形声字，后世继承了小篆字形。

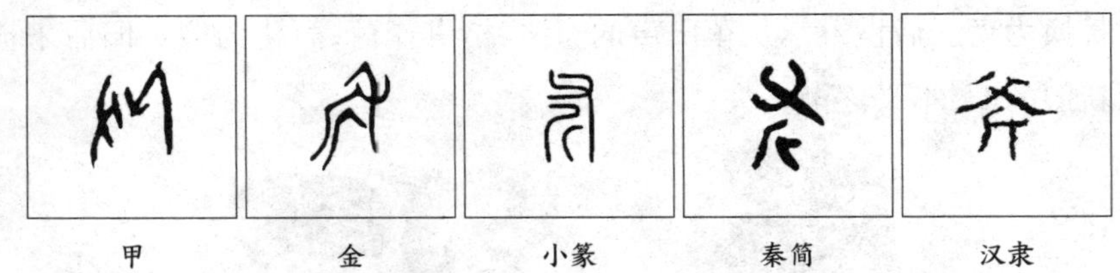

甲　金　小篆　秦简　汉隶

斧，甲骨文从斤父声，字形为后世所继承。

甲　金　楚简　小篆　秦简　汉隶

星，甲骨文又作品，为星的象形初文，像满天星辰之形，后加上了声符“生”，成为一个形声字。金文里星的象形符号类化为日，变成了从日生声的形声字。楚简里已经出现简化字形，省略了两个日，小篆也有简化字形，后世继承了简化字形。

甲　小篆　秦简　汉隶

物，甲骨文从牛勿声，本义为杂色的牛，后世继承了甲骨文字形。

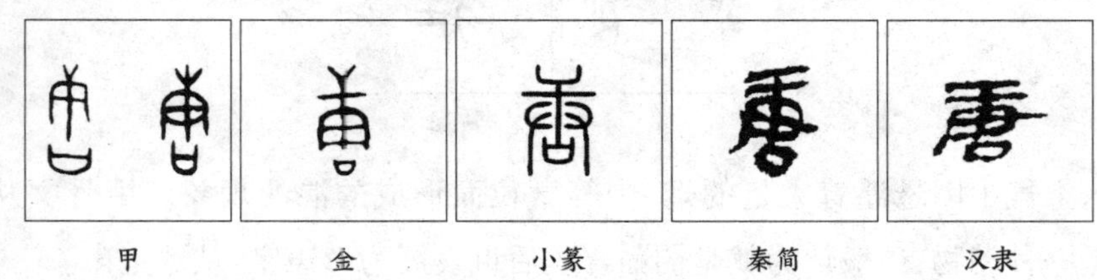

甲　金　小篆　秦简　汉隶

唐，甲骨文从口庚声，后世字形基本继承甲骨文字形。隶书之后字形发生讹变，已经看不出声符为何了。唐的本义为大言、大话，引申为夸大、虚夸，如唐突。

第四章

字里乾坤：
汉字本体所蕴的传统文化

上一章我们在谈到会意字时曾说过，通过会意字我们可以去窥探古人生产生活的许多方面，如日常生活、经济、政治、文化、信仰等，这就是汉字本体蕴含的文化。所谓汉字本体所蕴的传统文化指的是汉字形体结构本身所体现的传统文化。通常来说，具有较强文化功能的那些汉字主要是许慎六书说中的象形、指事、会意字，唐兰先生三书说中的象形、象意字，裘锡圭先生新三书说中的表意字。汉字在发展演变过程中，字形发生了巨大变化，从现代汉字出发，我们可能已经不太能看出文字本身所蕴含的信息，但如果从相对古老的字形入手，我们还是可以窥探古文造字的奥秘，其形体结构本身蕴含着丰富的传统文化信息，是承载文明与文化的重要符号。

本章我们将选取相关汉字来解析其所蕴含的传统文化，这些字涉及先民生活与思想观念的诸多方面，包含日常生活、伦理观念、社会经济、文教卫生、宗教信仰及国家统治等。

第一节　汉字与日常生活

我们这里所说的日常生活，是指先民的衣、食、住、行、用等方面，这也是人类社会亘古不变的基本诉求。然而先民的物质生活远没有我们今天的物质生活丰富，从衣不蔽体、食不果腹的茹毛饮血时期过渡到登堂入室、服以等级的礼乐社会，中间有太多与自然抗争的曲折经历。然而历史总是不断进步的，唯有自强不息，方能厚德载物。一大批与衣、食、住、行、用相关的汉字，阐释了先民逐渐从被动接受自然惠赐走向创造生活物资的文明社会的种种经历。

一、衣

我们这里所说的“衣”泛指所有的衣冠服饰。考古证据表明，我国先民至少在旧石器时代晚期就已经懂得制作衣服了。最初的衣服大多都是兽皮制成，一些原始的岩画以及陶器、玉器上的人物形象，都直观地反映了先民的服饰情况。衣裳成了华夏文化的代表，和我国古代的政治传统密切相关。自远古时代的黄帝、尧、舜以来我们就有“垂拱而治”的说法，就是说天下的治理很简单。西周建立后，周人在政治设计中把衣、裳的地位抬得更高，从周天子到一般庶民，衣、裳服饰有严格的等级规定，周礼被深深地融入衣、裳等服饰上，透过衣、裳等服饰的外在表现形式，可以看出一个人的精神风貌、内在修养。到了春秋时期，披发左衽的戎狄入侵中原，严重威胁着华夏中国的礼乐文化。孔子发出了感叹，说如果没有管仲辅助齐桓公尊王攘夷，我们也将披着头发、穿着衣襟左开的戎狄衣服。西晋灭亡之后，北方汉族大量南迁，历史上被称为“永嘉南渡”，也称作“衣冠南渡”，衣指衣服，冠指帽子。衣冠南渡就是汉人南渡，因为汉人具有先进的礼乐文化，而衣、冠是礼乐文化的重要外在表现，所以就把汉人南渡称为“衣冠南渡”。

下面我们就列举一些与服饰相关的汉字，简单介绍文字本身蕴含的服饰文化信息。

1.衣与市

衣，甲骨文字形作、，金文作、，楚简文字作，秦简作，小篆作。象形字，本义指用来蔽体的上衣，早期字形有两种不同的写法，像衣领、左右袖子和衣襟向左（或向右）掩覆的样子。我们看到的甲骨文字，是商代的文字形体，但我们可以据此反推，古人在造这个字时，应该也是对当时的上衣的描绘。

后世汉服的领型最典型的是“交领右衽”，就是衣领直接与衣襟相连，衣襟在胸前相交叉，左侧的衣襟压住右侧的衣襟，在外观上表现为“y”形，形成整体服装向右倾斜的效果。甲骨文体现出来的正是这样的情形，但甲骨文与之相反，为“左衽”，后世字形也沿袭了这种写法。甲骨文、金文衣都有两种写法，此前的字形，很有可能也是如此，这也可间接说明在衣字产生之时，右衽、左衽可能还没有区分华夷的文化内涵。也有学者指出，结合出土商代人物雕像等材料看，商人应该已经有了衣服“右衽”的习惯。西周之后服饰制度日益完善，服饰与礼制结合，中原汉人崇尚“右衽”，视“左衽”为蛮夷，但汉字“衣”却继承了“左衽”字形，应该是书写习惯使然。

市（fú），今也写作芾、韨，俗称蔽膝，由上古时期遮蔽下身的“遮羞布”发展而来。《说文解字》中说市是上古时期用来遮蔽前身的。原始先民过着采集渔猎的原始生活，最初应该是不穿衣服的，后来可能出于保护重要部位的需要或是有了羞耻之心，才用东西来遮蔽前体，这可能就是“市”的起源。最初的“市”不外乎是动物皮毛或较大的树叶等。随着生产力发展，服饰逐渐完善，衣裳产生，作为最初保护或遮羞的“市”也逐渐被裳或绔替代，“市”就丧失了它的实用功能，只是作为礼制等级的象征保存在古代礼服之中。

河南安阳出土的商代玉人及其线图。头戴高巾帽，身穿右衽交领窄袖衣，腰束绅带，前身腰间系有市，即蔽膝。现藏于美国哈佛大学弗格美术馆

市本身就是一个象形字，古文字基本字形作，像蔽膝之形。古今的学者基本都认同市由最初的遮羞布变成礼服的一部分，是由于古人"尊重古道而不忘记礼教根本"。到了西周时期，市与政治联系，不同等级用不同的市，天子可以用朱市（红色偏紫），诸侯可以用赤市（红色），大夫可以用葱衡（青色）。金文里有大量关于周王赏赐大臣"市"的记录，足见其在礼制中的重要性。

2.革、裘与表

革、裘、表反映了古人以动物皮毛制作衣服的生活方式。

革，即皮革，是经过加工的兽皮。甲骨文作，金文作，楚简作，小篆作。象形字，像撑开兽皮待干之形。古人利用兽皮制作衣服，首先就要将兽皮晾干，然后再进行加工，革字字形正好反映出古人晾晒动物皮革的情形。即使是今天，有人依然采用这种原始的方法晾晒兽皮，即先用竹条或木棍将兽皮撑开，再悬挂进行晾晒，以确保皮革的延展性。周代及以前王朝有专门职官——"掌皮"，负责在秋季收集鸟兽皮毛，待春天进献王室，然后再分给"百工"加工成各类皮毛制品。

裘，兽皮制作的衣服。甲骨文为象形字，作，在衣字的基础上加上若干表示毛的细线，整体像用兽皮制作的衣服之形。早期金文在甲骨文字形的基础上加上声符"又"，作，后表示毛的细线消失，声符也改为"求"，发展为一个形声字作，小篆继承从衣求声的字形，作。古人很早就开始用兽皮制作衣服，一般都是

将有毛的一面朝外，甲骨文裘正好反映出这一点。裘衣是原始先民最为普遍的服饰，但进入阶级社会后，裘衣也与礼制相结合。据《周礼·司裘》记载，周代的裘衣分为三等级。第一等级是一种用黑色羊毛制成的大裘，供周王祭祀上天所穿。第二等级是中秋时候进献的良裘，是周王穿着赏赐大臣皮毛、羽毛的。第三等级也是秋季进献的功裘，由周王九月份赏赐给臣下。大致说来，大裘、良裘是天子穿的，功裘是卿大夫穿的，有严格的礼制规定。但是根据《礼记·玉藻》的记载，功裘又可以再分为狐青裘、麑裘、狐裘、犬羊之裘等多种，主要是贵族、大夫、王孙之类的上层人穿的。

表，战国楚简文字作，小篆作，都从衣从毛，古人用动物皮毛制作衣服，总是将有毛的一面向外，因此表字从衣从毛，表示皮裘有毛的一面为表面。许慎说"古者衣裘，以毛为表"，就是说古人穿动物皮毛制作的衣服，是把有毛的一面穿在外面。《新序·杂事》有文记载，战国时期魏文侯外出见到一人背柴草时穿皮衣把皮露在外边，就问为什么反穿，那人回答说爱惜裘衣上的毛，魏文侯告诉他皮没有了，毛就不能依附了。这个小故事就是"皮之不存，毛将焉附"的成语典故。

3.带

带，系于腰间用于固定衣服的横带。甲骨文作，金文作、，小篆作。象形字，从字形来看，带大致由腰带和佩巾组成，两者通过丝或线相连。据许慎《说文解字》的解释，带是一种绅，男子用的是鞶带，女子用的是丝带。带有大带和革带之分，革带类似现在的腰带，大带系于革带上面。古人革带不能单独系，凡系革带就要系大带，这样才显得有修养。许慎说男子系的都称为革带，是因为大带统属革带。革带主要是为了固定衣服，古人的衣服宽大，左右两襟合起来之后没有如今的纽扣固定，腰间就以革带固定。大带（绅）是盖住革带的，突出一个人服饰的美观性。从字形来看，甲骨文到小篆"带"字上部像盖住革带的部分，下部像佩巾，中间、左右两边的联结物是为了联结带与下垂的巾的。笼统来说，大带就是绅。宋代词人柳永的名句"衣带渐宽终不悔，为伊消得人憔悴"，"衣带渐宽"是说一个人瘦了，腰间的系带都逐渐变长了。

绅与带还是有等级区别的，能够体现一个人在社会中的地位。古代一般平民只系革带，主要是为了劳作方便，农民也没有资格系大带。系大带的主要是上层官宦绅士，地方乡间的上层也系大带，故被称为乡绅。

4.冕、冒、胄

这一组字都是与头部装饰有关系的字，古人有戴冠戴巾的习惯，无论贵族平民，这一习惯在相关汉字里都有所体现。冕，一般指中国古代帝王及地位在大夫以上的官员们戴的礼帽。甲骨文作[古文字]，商代金文作[古文字]，周代金文作[古文字]，均为象形字，像人戴帽子之形。小篆作[古文字]，是一个从冃免声的形声字。冒，帽的早期字形，金文作[古文字]，小篆作[古文字]，是一个合体象形字，用目表示头部，整个字形像头戴帽子之形。胄，即军事作战时军士所戴的头盔。商代甲骨文作[古文字]，是一个象形兼形声字，整体像头盔之形，上部为“由”字，既是头盔的象形部分，也是此字的声符。西周甲骨文作[古文字]，增加了代表头部的目，整个字形像头戴头盔之形。战国楚简作[古文字]，是一个从革由声的形声字，之所以以革作为意符，是因为头盔多是皮革制品。小篆作[古文字]，是一个从冃由声的形声字。

江西新干县大洋洲商墓出土的商代青铜胄及学者复原的商代武士戴胄图。古文字胄刚好是此形象的象形

5.黹

黹（zhǐ），本义为用针线绣成的花纹。象形字，甲骨文作[古文字]、[古文字]，金文作[古文字]、[古文字]，小篆作[古文字]。甲骨文、金文字形都有繁简不同的写法，但都像花纹之形，纹饰有简有繁，所以字形自然也有繁简。当社会发展到一定程度时，衣服不再只有御寒功能，还具备了审美功能。出于对美的追求，人们开始对衣服进行装饰，在织布时织出各种纹样或在白布上绣上花纹，古文字黹恰好就是这种装饰的直接反映。

河南安阳侯家庄西北岗墓地出土商代石雕残像线图(左、中)与中国国家博物馆复原图。此残像直观地反映了商人的服饰,其服饰的衣襟、衣缘、革带、市等部分都装饰有黹纹

6.初与卒

初,会意字,古文字字形变化不大,作形,从衣从刀,像以刀裁衣之形,表示制作衣服的开始,后引申表示一切事情的开始。

卒,甲骨文作、,西周金文多作形,与"衣"字同形。春秋战国金文偶尔能够见到下部加一横画或斜画作,战国楚简文字作,后一字形成为今"卒"的前身,小篆作。有学者认为,卒的本义是一种隶臣穿的有标志的衣服,甲骨文字形中的"、均像其衣之题识",这种有题识的衣服是从事杂役者穿的衣服,甲骨文有此字,说明当时已经用衣服来区别人的等级。也有学者认为甲骨文"卒"并不是像有标志的衣服之形,而是在衣的基础上加上交叉线,表示衣服已经缝制完成,因此"卒"本义就是表示终卒、完成。我们认为后一种说法可信,甲骨文里卒多表示完成的意思。

开始、完成都是很抽象的概念,古人造字选取与生活相关的事情来会意,用制作衣服的开始和完成来表示,足见古人对服饰的重视。

二、食

从古至今,食是人类首先需要解决的基本问题,以便能够生存下去。从食不果腹、茹毛饮血的采集渔猎时代到钟鸣鼎食、纸醉金迷的礼乐文明时代,古人的饮食及其器具都是不断变化的,一些与饮食相关的文字所折射出的人类饮食文化是极其丰富与别有趣味的。

1.食

食，甲骨文作、、等形，春秋金文作，小篆作，跟甲骨文字形相比有一些讹变。甲骨文食有很多异体，但主体部分都是相同的，下部像一个有圈足与底座的器皿，这个器皿就是簋，里面盛满了食物。但上部为何物的象形，学界意见有分歧。有学者认为上部为口的变体，整个字形描绘的是进食的情景，有的字形有小竖点，表示看到食物垂涎欲滴的情形。也有学者认为食字上部为器皿的盖子，小竖点表示事物的蒸汽，整个字形就是器皿里盛满食物的象形。我们认为前者说法更可信，出土商代簋实物表明，无论是陶簋还是铜簋，都是没有盖子的。因此，甲骨文食描绘的就是一幅古人进食的画面，从食字我们也可以看出古人进食所使用的餐具。

殷商甲骨文中有“大食”与“小食”。董作宾先生说小食与大食相对，古时候每天只吃两次饭，早上吃的饭叫作朝食、饔、早食，晚上吃的饭叫作餔、飧、夕食。早饭在九十点钟吃，对应卜辞中的大食，晚饭在下午四五点钟吃，对应卜辞中的小食。大概因为每天吃饭的时间是相对固定的，大食、小食就成了记时间的词。在秦以前古人一般吃两顿饭，即中午饭和晚饭，据说和粮食紧张有关，因为那时农业不发达，产量不高，只要维持基本温饱就可以。自汉以后，之前的两餐逐渐变成了三餐，是因为生产力提高了，粮食有多余的，但是早餐基本和现在一样，吃得少，相对“简单”一些。

商代晚期青铜簋

陕西西安东郊老牛坡商代遗址出土青铜豆

2.采

采，甲骨文作、，第一个是繁体，第二个是简体，字形似一只手摘树上果子之状。金文与小篆沿袭简体采的字形。许慎在《说文解字》中说采是捋取。采本是从树上取果子之状，果树又时常省略成“木”，引申一下就是樵采。

采反映了农业产生之前，先民过着采集的生活方式。原始社会时期，农业还没有产生，先民主要以采集大自然中的天然食物为生，比如野菜、果实、植物根茎等。那时候只能制造出简单的原始工具，比如偶尔对石头、树枝等进行初步加工，以便采集食物、追逐猎物、防止受到其他动物的攻击。

采集经济时代是人类经历最长的一个时期。在整个旧石器时代，采集一直是先民谋取生活资料的主要方式。然而采集终究有季节性限制，人们也慢慢地开始追逐、捕获一些较小的动物。随着利用与改造自然能力的增强，人们逐渐学会了制作鱼叉、投矛器、弓箭，这时候狩猎成为有季节性限制的采集经济的补充。狩猎使先民的食物范围扩大，由单一的采集经济时代过渡到采集、渔猎并重的时代，然而还是以采集为主，毕竟渔猎不一定能够成为维持生存的常见生活资料的重要来源。

先民在采集经济时代基本是住在树上的，这样可以防止被猛兽袭击。《庄子·杂篇》记载，古时候禽兽多人少，人们都住在树上逃避禽兽袭击，白天采集野果，晚上住在树上，所以称为有巢氏（像鸟一样搭窝在树上）之民。《韩非子·五蠹》也有相似的记载，还补充说发明在树上居住的人被称为“圣王”，百姓非常高兴，就都尊他为王了。这些记载大概说明先民还没有摆脱猿人阶段，也就是采集经济时代。到了新石器时代，农业产生了。《周易·系辞下》记载说，伏羲氏之后神农氏兴起，发明了农具耒耜，传之天下，大家觉得很便利。人们纷纷从树上下来改住山洞或简易房子以种植农作物。

从一个如今看似再简单不过的“采”字，可以分析出其背后人类社会早期的演进过程。到了金文，“采”字已经不见从爪从果，不仅是文字本身的演进与改造，也是人类社会已经取得巨大进步的缩影，说明先民从采集经济时代的“有巢氏”时期过渡到以农业为主的“神农氏”时期的社会历程。

3.炙

炙，用火烤肉之意。小篆作[illegible]，《说文解字》收录籀文作[illegible]，解释为炮肉，即直接把肉放在火上烤。“炙肉”经常与“炮肉”混淆，炮肉大致是一种土焖的烤法，炙肉则与炮肉有区别。如果许慎所收“炙”的籀文是“[illegible]”可信的话，我们可以做一番推测。，左边从炙，右边从，读为“hàn”，就是先民烤肉的方法。甲骨文中亦有此字，裘锡圭先生指出的本义为包裹、缠绕，并且有极为可靠的西周金文例字，是可以相信的。

从上面的分析我们可以推测，炙的烤肉方法就是用某种东西把肉包裹起来放在火上烤，其具体的方法可能类似“熷”。《说文解字》中，熷指把鱼放在筒中焖烤。同样，烤肉的时候就把肉放到筒中置于火中焖熟，也就是常说的“炮”，而不是把肉串起来放在火上烤。前者类似我们今天的焖法，后者类似我们今天的“烤（烧烤）”。因此，炙和我们今天的“焖”差不多。

炙是一种高级的吃法，可能在陶器时代就产生了。先民吃肉大概经历了三个阶段。第一阶段是茹毛饮血阶段，直接把动物打死，剥开皮就抱着吃，吃完后满脸是血，大概还不能完全称之为“人”吧。第二阶段是烧烤阶段，这一时期火已经发明了，并且知道保存火种。可能在某个时期，大家在山洞里围坐火边啃肉，剩下的骨头直接丢到火堆里当燃料，以便保存火种。骨头在火里越烧越香，以后大家就都烧烤着吃肉了。第三阶段是焖、煮阶段，这一时期陶器已经发明了，毕竟直接在火中烤出来的肉总是沾满炭灰，干脆就把肉放到陶器里焖、煮了。先民三种吃肉方法的改进是异常艰辛的，不过到了第三阶段先民们总算看到了一丝文明的曙光。

4.解

解，甲骨文作，会意字，字由双手、牛和牛角构成，描绘的是一幅分解牛的画面，即用双手将牛角取下，表示分解牛，因此解的本义应该就是解牛。早期金文与甲骨文同形，后来为了表意更明确，加上了表示动作的意符，字形作，表示用手持工具分解牛，后来进一步明确，将意符改换为刃作，表示用刀将牛角取下，小篆作，用刀替换了刃，意思相同。在商代，牛是重要的家畜，商人大规模养殖以保证日常生活、祭祀所需。古人造字之初，往往选取身边的事物来象形、会意，以从牛身上取下牛角表示解的动作，可见牛的普遍性和重要性。

5.即与既

即，是一个形义字，指一个人跪坐在豆或簋边吃饭。甲骨文作、，金文作，小篆作。许慎《说文解字》说即是“即食”，是“就食”的意思。“即”的本义是一个人慢慢走到簋边跪坐着吃饭。虽然即是一个会意字，但是在造字的时候一个人走过来的过程是没办法体现出来的，就用跪着吃饭这个动作形象地表达整个字的意思。

到了隶楷时代，即的字形已看不出有吃饭的意思了，只保留了接近、靠近的意思。现今我们熟知的"若即若离"中的"即"字用的就是本义靠近、接近。"不离不弃"可能就是由"不离不即"转化而来，弃、即音很近，本来是对人对事采取一种暧昧、模糊的态度，转变之后就成了坚定不移的态度。好比喜欢一个人，刚开始总不能太直接，大概就是"不离不即"的阶段，在一起后发誓"不离不弃"，就成了坚贞不渝了。

既，甲骨文作[甲骨文字形]、[甲骨文字形]，金文作[金文字形]，会意字，像一个人吃了饭后将要离开的样子，表示已经完成。小篆作[小篆字形]，《说文解字》说既也指"小食"。从甲骨文、金文"既"字来看，既是一个人挺着肚子背对着簋，也有挺着肚子面对着簋的字形。李孝定先生说甲骨文既像人吃饱了环顾左右要离开的样子，引申为尽。一个人吃饱了未必要环顾左右，而是表现出将要离开的动作。从甲骨文既字来看，背对着食器说明契刻者刻画、书写之时，还是有意识地要把"既"字吃饱离开的意思表现出来。从会意的角度来看，就是已经"完成"的意思。

6.飨(饗)

飨，繁体作饗，本义是用酒食招待客人，泛指请人受用。商代金文作[金文字形]，向我们展示的正是一幅招待客人进食的图画：两人相对而坐(古人席地而坐，双膝跪地，把臀部靠在脚后跟上)，中间是一个盛食物的簋，左边一人伸出双手招待客人进食。甲骨文作[甲骨文字形]、[甲骨文字形]，像两人面对事物相向而坐之形，周代金文作[金文字形]，与甲骨文相同，也作[金文字形]，增加了口形，表示进食。宴飨是中国礼乐文化的重要组成部分，无论是帝王将相，还是平民百姓，准备美食款待宾客是维持君臣、亲戚、朋友之间良好关系的纽带，飨的古文字字形形象地为我们展示了这样的情景。

7.彻

彻，甲骨文作[甲骨文字形]，字形从鬲从丑。鬲本为炊食的器具，在此引申指食物；丑即手，在此指拿取。整个字描绘的就是以手将餐具拿走之形，表示吃过饭后将餐具撤除，因此彻的本义就是撤除。金文作[金文字形]，在鬲下加上了火，并且将形符"丑"改换为"又"，又也是手，整个字形描绘的依然是将食器撤走之形。

8.鼎

鼎，商周时期最重要的礼器和饪食器。先秦时期有各式各样的陶鼎、青铜鼎，因此反映在文字上也有各种字形，甲骨文作、等形，金文作、、等形，无论字形如何，都是象形字，上部是盛装之器，下部是鼎足。许慎《说文解字》说鼎有三足、两耳，是调和五味的宝器。但是商周时期的青铜鼎作为烹煮、盛放、祭祀的重器，具有多种形制。从具有容器性质的腹部来说，可以分为盘鼎、方鼎、鬲鼎、盆鼎、罐鼎、束腰平底鼎（升鼎）、半球形鼎等。从足来说，又有三足圆鼎、四足方鼎。

鼎作为商周时期最重要的青铜礼器，是权力与地位的象征。天子有九个大小一致的正鼎，九鼎就代表最高权威，常言“一言九鼎”，意思是天子说出来的话是分量最重的，不可更改。春秋争霸时楚庄王“问鼎中原”，觊觎天子最高权力，想成为天下的主宰者。后世形容力气大，就用“力能扛鼎”，这个鼎就是宗庙重器，象征国家社稷。“力能扛鼎”这个成语源于战国时期的秦武王，不过秦武王虽然把鼎举起来了，但因为宗庙大鼎太重，秦武王举过头顶的时候，头部承载了太多压力，以致血管爆裂而死。总的来说，在商周时期，作为祭祀场合用的鼎，已经内化了尊卑、等级、地位高低等宗法社会的基本伦理观念。

同时，鼎是祭祀用器与权力的象征物，也内化了政治伦理。作为祭祀用器，说明它具有宗教化的内涵，最著名的莫过于“九鼎”，九鼎是宗庙重器，是专门用来祭祀天神、社、稷、祖先神的祭器。九鼎成了人沟通天地、鬼神的载体，拥有九鼎就等于垄断了祭祀权力，而世俗权力又是上天所赋予的。因此鼎是神权与世俗权力的连接物，所以先秦时期象征拥有统治天下权力的“九鼎”随着朝代的更替不断地迁徙，武王克商以后就把“九鼎”迁到成周，具有镇抚社稷、维持政权稳定的作用。同样不同等级的贵族，拥有不同的用鼎制度，也意味着权力、地位的高低。

9.鬲与甗

鬲，用于烹煮与蒸的食器。甲骨文作，金文作、、，小篆作。许慎《说文解字》说鬲是鼎的一种，就用途来说是可取的，但形制与鼎还是有明显的区别，早期的陶鬲下部是三个袋足，这一点与鼎是完全不同的，从早期字形上也能明显反映出来。《尔雅·释器》记载款足的鼎是鬲，朱凤瀚先生在《古代中国青铜器》一书中认为“款足”应是“空足”。苏秉琦先生认为鼎与鬲“两者的基本形制不同——鼎是

1984 年河南安阳殷墟戚家庄出土青铜扁足鼎

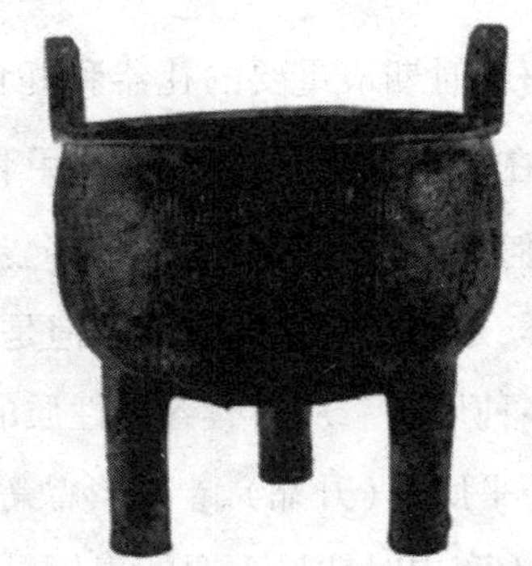

1999 年河南安阳殷墟刘家庄北出土青铜柱足圆鼎

由一个半球形器加上三足，鬲是腹足不分，两者虽有传承关系，但起源先后不能确定”。苏先生所论更为符合分裆鬲的特征，因为较晚的联裆鬲还是明显区分腹、足的。

最早的鬲是陶鬲，青铜鬲是仿造陶鬲而来的。在新石器时代，先民主要使用陶鬲。进入青铜时代，一般贵族主要使用青铜鬲，下层普通人依旧使用陶鬲。青铜鬲盛行于商代晚期至春秋时期。商周时期有“鬲”国，可能就是善于制作鬲而以“鬲”为国名。西周金文中有赏赐“鬲百人”记载，说明制作鬲或烧鬲做饭的人地位低微。

鬲对中国的烹煮器皿影响深远，在鬲的影响下产生了甗。甗是一种类似今天蒸锅的食器，先民最早使用的甗是陶甗，约在 6000 年前古代中国的先民就已经发明了陶甗。甗，商代金文作 、 ，西周金文作 、 ，春秋金文作 ，小篆作 。商代金文甗是典型的象形字，是根据甗的形状来写的；后两个则有形有音。许慎在《说文解字》中说甗是甑，又说鬳是鬲一类器，强调的是鬲、甗形制组合的关系。

甗、鬲、甑关系密切。从象形文字甗与出土器物来看，甗是由甑和鬲构成的，上部是甑，下部是鬲。据目前出土的甗来看，西周晚期之前的青铜甗是连体的，也就是甑、鬲合铸的；西周晚期开始流行分体式的青铜甗，将甑、鬲分开铸造。无论何种形式的甗，在甑的底部都有孔。

甗是用来蒸食物的。其具体的使用方法是鬲用于盛水，甑置于鬲上，粮食就放在甑中。用火煮鬲中的水，水蒸气通过底部有孔的甑把食物蒸熟。用甗蒸的方法制作食物，反映了古代中国先民高超的智慧与创造力。今天虽然已不见甗，但在甗的影响下产生了一种更为方便的蒸锅，折射出饮食文化也是在继承的基础上不断进步的。

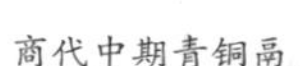
商代中期青铜鬲

商代晚期青铜鬲

商代末期青铜甗

10.豆

豆，主要用于盛放、进献带汁食物的器。甲骨文作、，金文作，都是豆的象形。据《尔雅》的记载，豆有多种，用木头做的叫作豆（也称为“梪”），用竹子编的叫作笾，用泥烧制的叫作登。从这些记载来看，豆至少有三种，即木豆、竹豆、瓦豆。其中竹豆笾就是出土的青铜器铺，盛装部分像平底浅腹的盘，有镂孔，不适宜盛装有汁的濡物，而是用于盛放瓜果等干物。

豆有足够高的柄，以便把握，说明其用途可能侧重于执献、进献。据《周礼·醢人》记载，醢人“掌四豆之实”，即朝事之豆、馈食之豆、加豆之实、羞豆之实。说明豆的用途更为广泛与具体，但不外乎盛放肉酱、肉汁、菜酱等带有汁的熟食。

甲骨文中有从廾从豆的字，或加从示，作、等。罗振玉说这是叫作“登”的“豆”，用为“烝”。从此字双手把持豆的构形来看，当会意为进献一类的意思。此字有时又增加示（示是祖先的牌位），读为登，会意进献无疑是正确的。或有学者说转为“升”，升在文献中也有进献的意思。此字从卜辞中的用例来看，就是进献之意，可进一步引申为祭祀。至于说是文献中冬祭的“烝”，虽然读音可通，但终究难免解释过度了，需作具体的分析。从豆用于进献、祭祀的角度来看，豆也是一种常见的实用器与祭祀礼器，反映了青铜礼乐文化的多样性。

11.饮

饮，像一个人低头伸舌在尊里喝水之形。甲骨文作、、，金文作，小篆作，会喝水之意。从字形来看，饮食一个从今声的字，会意人在一个尊的旁边喝水。或认为饮字左下部是尊，而尊是盛酒器，所以人饮的是酒。但从许慎收录饮字的异体从水来看，其本义在先民尚未会造酒之前就是单指饮水；会造酒之后，则饮酒、饮水都称为“饮”，就是今天的“喝”字。这也符合人类社会的发展历程，饮的本义就是饮水。甲骨文里还有另一个字，字形作，金文里也有这个字形，作，像人用吸管在器皿中饮水之形，有学者将此字也释为饮，应该是可信的。

《礼记·玉藻》记载古人有五种饮料：上水、浆、酒、醴、酏。上水就是说水在古人的日常饮料中是最重要的，直至今天水依然是最重要的生活必需品。古人认为上水就是明水，明水是玄酒，以水当酒显示返璞归真之意。浆，一种有酸味的饮料，也称为“酢浆”。酢浆就是一种有酸味的稀的日常饮料，较浓的则是“酪”。醴，一种有甜味的酒。醴的酝酿时间很短，只需要一个晚上；醴也很简单，不需要过滤酒糟，类似今天江西一带的甜酒。酏，也称为“鬻清”，大致就是用黍酿造的酒，或者说是黍酿造的粥一样的饮料，是一种比醴清淡的甜酒。酒，大概是统称。不过我们现在喝的蒸馏酒是明代中期才在四川一带产生的，度数远比浆、醴、酏高。

我们今天说“饮”，对象指的是“酒”。酒是中国文化的符号之一，是中国文化的缩影和载体，对文学、艺术、绘画、践行等都产生了深远的影响，很多经典的文艺作品的创作都与酒有关。酒不仅在生活的每一个方面留下印记，更造就了中国传统文化中的礼仪文化，对中华民族的民族心态产生了深远的影响。

商代晚期青铜尊

1976年河南安阳殷墟妇好墓出土商代青铜爵

12.爵

爵，一种饮酒的礼器。甲骨文作、、等形，金文作、、等形，小篆作。甲骨文、金文中的爵是出土实物爵的正面象形。有的爵有一对柱，有的爵没有柱，中间是爵的腹部，用于装酒，腹部左或右有流，流或者被手取代，下部是足。

青铜爵在商代晚期的墓葬中是极为常见的，这说明商人饮酒之风大为盛行。商代末期商人过度饮酒甚至成为殷商灭亡的一个原因。《史记·周本纪》记载商纣王“好酒淫乐”，《尚书·微子》记载商末统治阶级“沉酗于酒，用乱败厥德于下”，《诗经·大雅·荡》记载文王说殷商统治阶级纵酒享乐，违背上帝旨意，不举行祭祀，天命因此转移。种种记载表明纵酒享乐在商末已经成为一个极为严重的政治问题。鉴于此，西周建立之后便开始严厉戒酒。《尚书·酒诰》记载卫康叔受封的时候，周公提出“不腆于酒”的政策，告诫康叔严厉戒酒，所以西周时期酒器大量减少，爵也是如此。

由商入周是中国古代酒文化的重要转折与形成时期。殷商统治者纵酒享乐而亡国的历史教训离周不远，周人深刻认识到过度饮酒的危害，对饮酒进行了一系列限制。周人饮酒有一个“适量”原则，讲究“三爵不识”，喝了三爵之后就自觉放下爵不喝了，且尚未吃东西之前是不能喝酒的。在《论语·乡党》里孔子说“惟酒无量不及乱”，就是说喝酒时候要懂得克制，不过量就不会失去礼仪、有损体态。

13.壶

壶，一种盛装酒和水的容器。甲骨文作、、等形，金文作、等，小篆作，均为象形字。许慎《说文解字》说壶是昆吾圆器，大像壶的盖。从字形来看，壶有圈足，腹部圆形，颈较长，有一对耳朵。从出土的壶来看，既有圆形的壶，也有方形的壶。

壶有两种用途，一是用为盛酒。《诗经·大雅·韩奕》中的“清酒百壶”，就是一百壶酒浆的意思。在西周时期的青铜壶自名之中，壶的修饰语有郁、醴等，都是与酒有关的。郁是一种酿制郁鬯的香草，装郁鬯酒的就叫作郁壶。醴是一种容易酿制的酒，《说文解字·酉部》说醴是一种一夜就可以发酵好的酒，醴容易酿造，不需要过滤酒糟，这种酒大概就是“一壶浊酒喜相逢”的“浊酒”。壶的另一种用途是盛水。到了东周时期，很多青铜壶的自名带有修饰语盥、沐等，都说明壶可以用来盛水。

壶的用途的变化，反映了青铜礼乐文化发展与包容的特点。壶原本是盛酒的，主要用于祭祀场合。但是西周建立之后，重视饮食文化，壶就由酒器逐渐变为水器了。到了东周时期就主要用作水器，普遍用于盥洗场合。壶的用途的变化反映了青铜礼乐文化自觉的适应，同时也说明了壶的适应性很强。直到今天，壶已经演变成了我们生活中必备的装水之器。

14.斗

斗(dǒu)，一种用于盛取液体的大勺子，类似于今天的酒提。甲骨文作，金文作，秦简作，小篆作。象形字，像斗之形，字形的前端像杯状斗首，斜竖像斗柄，柄上一横，像斗柄中间的圆形突起。

先秦时期斗主要用于取酒，一般与其他酒器如罍、罐等配合使用，结合出土和传世青铜斗来看，斗的字形正好符合斗的形制。《诗经·大雅·行苇》中的“酒醴维醽，酌以大斗”，大致就是说用斗来盛取醴酒。北斗七星之“斗”指的也就是这种器物，《诗经·小雅·大东》中的“维北有斗，不可以挹酒浆”，说的就是天空中有北斗七星，但不可以用来挹取酒浆。

1950年河南安阳武官村出土商代青铜壶

1976年河南安阳殷墟妇好墓出土商代青铜斗

三、住

从人类产生之初尚未摆脱猿人居住树上的习惯到穴居，再到室居，人类经历了风餐露宿到有家有室的漫长历史过程。进入室居时代以来，人类结束了长期迁徙、颠沛流离的生活，创造了熠熠生辉的居住文化。

1.宀、出、各、入

宀，房子的象形。甲骨文宀字作⋂，像人站在正面看到的房子形状。许慎在《说文解字》中很好地揭示了“宀”的构造，认为“宀”是交覆深屋的象形。房子由四面墙组成，加上房盖，看起来是互相交织的，里面有堂和室。

文献中还有先民穴居的遗记。许慎说宀“交覆深屋”，所谓深屋透露了远古时代穴居的孑遗，直至殷商时期黄河流域考古中仍然可见竖穴。《吕氏春秋·先己》云：“丘陵成而穴者安矣”，人是住在高地上的洞穴里的。《墨子·辞过》也记载，古时候的先民还不知道建造房子，就在高陵边凿洞穴居住，但是洞穴潮湿，人容易生病，所以圣明的君主就建造了房子。战国时人说“古”，指的是远古时代，这些记载表明，战国时人还依稀知道远古时人处于穴居状态，后来才建造房子。这反映了古人由穴居到室居的生活居住方式的变化。

我们从一些古文字里，也能窥探上古先民穴居的生活状态，出和各的古文字字形，就形象地反映了古人穴居的情景。出，甲骨文作[古文字]、[古文字]，像一只脚从深凹的地下走出来，出之本义就是走出深凹的坎。各，本义是到来，甲骨文作[古文字]、[古文字]，金文作[古文字]，笔画化后作[古文字]，凵、口都是表示坎穴的洞口，古人穴居，故以凵、囗形表示目的地，夂是止字的倒形，止的本义是脚掌，用以表示步行的人足，从凵（或口），夂表示人从外来到半穴居的门口。

入，甲骨文作⋀，与“宀”关系密切，有学者认为就是房子的盖，正面看像三角形的两腰。从地面深挖下去，再搭建一个⋀，就成了简易的居住房子。入是从上到下，正好与出相反，其字形虽不足以反映进入穴居之地，然“从上俱下”还是透露了一丝穴居的事实。《诗经·大雅·绵》说周人在古公亶父时期还“陶复陶穴，未有家室”，反映了殷商晚期的周人可能还处于穴居时代，说明古人确实有很长一段时间都是穴居的。

在殷墟的考古发掘中,人们发现了很多大而浅的竖穴,也有很多小而浅的窦窖,这些竖穴、窦窖都是当时挖入地下的建筑遗址,大致有三种用途:起土的坑坎、储存的仓库、人的住所或工作场所。

总体来说,穴居是从地面向地下深挖,再在挖好的竖穴周边建“墙”、顶上覆盖茅草一类遮盖物,就成了“宀”之初形。因为黄河流域地势平坦,这种穴居、半穴居的住房容易积水,古人就慢慢移居到地面上建立住所,逐渐有了一批从“宀”的字,反映的就是古人居住环境与居住文化的进步。当然穴居方式并没有随着先民有了宫、室而被遗弃,直到今天黄土高原上仍然有很多人住在冬暖夏凉的窑洞里面,不过穴居方式并不妨碍中华民族形成发达的礼乐建筑文化,而是并存着保留到了今天。

学者根据西安半坡新石器时代房屋基址复原的先民半地穴式房屋外观图(左)与剖面图(右)

2.宫

宫,指寝居之地,是整栋房子的统称。甲骨文作,象形字,像屋室相连之形,为俯视图;后为了表意明确,加上了表示房屋的宀,作,之后为了书写方便,将表示房屋的方框分离,作,后从甲骨文到小篆,宫的字形不变。古文字宫反映出来的就是房间众多谓之宫,宫是房屋的泛称,先秦之前一般的房屋都可以称为宫,后来成为帝王或神灵居所的专称。

在先秦时期,一般小民家庭的房子也可以称为宫,秦以后小民家庭的房子则不再称宫。《孟子·滕文公上》记载,许子从不亲自冶陶,都是直接取自己“宫”中的用。许子一生贫穷,靠织草鞋、草席为生,其所住的房子也称为“宫”。又苏秦游说成功后,南下楚国途经老家,父母“清宫除道,张乐设饮,郊迎三十里”,显然苏秦父母收拾的“宫”就是常居的房子。这两个例子都说明先秦时期普通民居可以称为宫。

生人居住的地方可以称为宫，神灵居住的地方也称作宫，我们熟知的阿房宫、未央宫、大明宫、故宫等，都是帝王的居所；西周金文中常见康宫、穆宫等，就是供奉逝去先王的宫殿，又如娲皇宫、青羊宫等就是供奉道教神仙的地方。

3.户与门

我们常说门户有别、门当户对，门和户都是指房屋的入口，现在一般连着说门户，除了表示房屋的入口外，还引申出了诸如门派、门第、人家等意思，但仔细说来，门和户是有区别的，这个区别在古文字字形上体现得淋漓尽致。户，甲骨文作，象形，像单扇门之形。启，甲骨文作，像以手开门之形，表示开启。门，甲骨文作、，由两扇门构成，有的还画出了门楣，金文有一个繁化的门字，作，字形由表示房屋的宀、表示入口的入和两扇门组成，形象地表示门的本义是房屋入口处的大门。

《玉篇》说："一扉曰户，两扉曰门"，指的就是户与门的区别。《一切经音义》说："户外为堂，户内为室"，古人的房子布局是前堂后室的，堂的入口称为门，室的入口称为户，今天的传统民居也是如此。最初门与户的区别只是大小和所在位置的不同，后来逐渐演变为身份地位的象征。

普通人家房屋都比较矮小，入口自然就低矮，不设大门直接用单户，或者大门矮小。"西南其户""夜不闭户"都是针对小民家庭的房子而言的。宋代诗人叶绍翁《游园不值》中的"小扣柴扉久不开"之"柴扉"就是单开的"户"，代指门。因为一般家庭房子的门矮小，所以"户"在古代逐渐成了小民家庭的代名词，政府统计人口称"编户齐民"，以"户"代指小民家庭，如《白虎通义》所云："户，所以纪民数也"，就反映了古人统计户口的方式。

相反，达官贵人们的府邸一般都恢宏气派，大门自然也高大、雄伟。一些达官贵人家庭的房子，为了显示权势与地位，房子正门也会修缮得富丽堂皇。唐代诗人杜甫《自京赴奉先县咏怀五百字》有云："朱门酒肉臭，路有冻死骨"，"朱门"就是达官贵人家庭房子的正门。我们现在感谢某人常称要"登门拜谢"，所谓"登"暗含着门前有台阶，这里的"门"也指的是达官贵人之门。婚姻中讲究"门当户对"，主要是说婚姻中有着门第高低的观念。又古代有"门尹"一职，类似现在小区门口的安保人员。《国语·周语中》的“门尹除门”,《庄子·则阳》的“汤得其司御,门尹登恒为之傅之”,所提到的门尹即守门人中的长官。

因为“门”指房子的入口,故进到房子里称为“进门”“入门”。古时候有文化的人招收学生或学生拜师,称为“入门”,学生就成了老师的“门生”。《资治通鉴·汉纪三十六》云:“会百官及荣门生数百人”,胡三省注“门生,受业于门者也”。《日知录》云:“《南史》所称门生,今之门下人也。”但是后来趋炎附势或受有司举荐者也称门生,顾炎武在《日知录》中又云:“愚谓汉人以受学者为弟子,其依附名势者为门生”。受学者一般又被举荐为官,所以有“门生故吏”之说,两者不可决然分开。

4.邻

邻,甲骨文作,楚简文字作,加上了声符“文”。与宫类似,这两个方框也是房屋的象形,表示两个挨着的房屋,即相邻,这个字形就是比邻而居形象的反映。邻为周代最基本的政权组织方式之一。据许慎《说文解字》的解释,当时以“五家为邻”作为组织方式。《周礼·地官·遂人》也记载了“五家为邻,五邻为里”的基层居民组织方式。然而这种整齐划一的地方行政建制并没有多少可行性,所谓“五家为邻,五邻为里”只是一种理想建制罢了。但当时之所以存在这种设想,是因为邻本身就是邻近、周边的意思,引申之后就可以指周边的人,所以有“邻居”一词。今天说“左邻右舍”“远亲不如近邻”,左邻、近邻就是居住在自己周边的人家,要讲究“睦邻友好”,妥善地处理好与左邻右舍的关系。睦邻友好能够折射出中国传统文化“和”的核心特点。

5.邑

邑,本义为城邑,甲骨文作,由表示聚落的“囗”和人民的“卩”构成,会意字,表示有众人聚居的地域。出于防卫的需要,古代的城邑一般都修筑围墙,形成一个方形的封闭空间,古文字邑可以反映出古人的这种聚居方式。邑本是人民聚居的地方,因为人民有多少之数,邑也就有大小之别。春秋时期有“百室之邑”“十室之邑”,就是一百户人家的聚落和十户人家的聚落,这些聚落自然属于小村小邑,尤其“十室之邑”和一般的农村小聚落没有区别。《左传·襄公二十七年》有“卿备百邑”之说,百邑显然就是以一个大的城池统属周边村落,是当时政区与地缘政权的基本组织形式。小邑小村隶属于大邑,大邑称都,小邑称鄙。在春秋战国时期,经常见到赏赐县、邑的记载。叔夷镈铭文记载齐灵公赏赐叔夷莱邑“其县三百”，𬴊镈铭文记载赏赐“二百又九十又九邑”。《论语·宪问》记载管仲“夺伯氏骈邑三百”。这些邑动辄上百，不可能是大的城池，而是卿大夫采邑上的小村小邑，位于都城之外，可能就是散落在鄙野地区的小村落。

6.亯、京与高

亯，即享，商代金文作、，像高台上有房屋之形，甲骨文作，周代金文作，都是象形字。亯的本义应该是享祭之所，古人祭祀上天、神灵、先祖，往往会修建祭坛，原始的祭坛可能就是一个高大的土堆，后来才有土堆上的建筑物，古文字亯描绘的正是祭坛的模样。古人在高处祭祀，是因为在古人的观念里，高处离天更近，更接近神灵住所，除了堆土立坛外，古人把一些高山赋予宗教意义，如泰山自西周以来就有宗教意义，战国秦汉以来把在泰山顶上祭天称为“封”，在泰山下的梁父山祭地称为“禅”，合起来就是“封禅”，暗指祭祀天地，在古代只有皇帝才有祭祀天地的权力。在一些平原地区建立的都城，没有高台祭天，就人工筑台，浙江的良渚文化遗址就有人工筑的高台，可能就与祭祀有关。

京，甲骨文作、，象形字，像台观形，上体像城楼的尖顶及城墙，下体像堆积泥土的地基，许慎在《说文解字》中说京是人所造的“绝高之丘”，所谓“绝高之丘”就是人工建设的高台。后期甲骨文字形作、，金文作，继承了后期甲骨文字形。高，甲骨文作、、等形，与京为同一字分化而来，高的意义与京相近，最初字形应该也是，也像上有简易楼阁的高台之形。后来此字发生分化，一方面表示上下距离远之高，一方面表示有高大建筑物的京，所以就在原字形上加了区别符号口，新造高字。

远古时期绝地通天的宗教改革之后，世俗人间人人可与神秘天国沟通交流的混乱现象被取缔，部落首领只能选择高大的山丘或筑台祭天，维持自己的权力。由高低之高引申出崇高等义，仍然隐约含有尊卑之意，与高台本是祭祀之台还有一丝联系。

京因其绝高，也暗含高大、尊贵的意思。《春秋公羊传·桓公九年》记载，京因为“高大”，故称“京”。京冠以地名、城名就指大的城邑，同时也具有大和尊贵的意思。历史上有很多冠以“京”的城市名字，如周代的莽京、镐京、京，明清时期的京师，今天的北京、南京等。这些京既是政治中心，也是居住的城邑。《诗经·大雅·大明》云："有命自天，命此文王，于周于京"，诗中的"京"是西周时期的政治中心，是文王受天命代商的城市。自西周之后，作为一个朝代、一个国家的政治中心，也经常称为"京城""京师"，而一般官员、学子入京，则称作"进京""上京"。

7.墉、郭

墉、郭为一字分化而来，本义都是指墙、城墙，甲骨文作、等形，中间的"口"表示城池，四周的京字形表示城墙之上的角楼，整个字形描绘的就是城墙的外形。一般而言，墉泛指城墙，郭表示外城城墙。《孟子·滕文公下》载："三里之城，七里之郭"，"郭"是一国都城的最外层。《释名》说郭是廓，廓落在城外的意思。周代一国的核心政治区域称为国，国是一国都城的内城，国的外边有郊，郊的外边就是"郛"或"郭"。

郭作为居住区，最外边有城墙防御，确保城内安全。中国古代城池基本是"内城外郭"的结构，具有军事防御功能。《白虎通义》说："所以必立城郭者，示有固守也。"郭一般有军队驻扎。春秋时期，齐国都城临淄外城分为四个部分，齐国国君的亲族分别掌管东郭、南郭、西郭、北郭，主要负责人身份是"大夫"，子孙和族人主要也居住在四郭之中，慢慢就演变为姓氏，东郭氏、南郭氏、西郭氏、北郭氏。齐桓公的子孙就有负责东郭防御的，称为"东郭大夫"。

8.郊、野

郊，城邑之外离城不远的区域。甲骨文作，由树木和高构成，高既是形符也是声符，高表示土台上的建筑物，与祭坛一类的建筑有关，古人修建祭坛一般都在城郊，因此古人用林和高来会城郊之意。金文作，意符由木改换为草，会意相同。

野，跟郊相比，野距离城邑更远，已经是一些渺无人烟的地区了。甲骨文作，金文作，从林从土，林表示草木，土指郊野的土地，整个字形表示长满草木的荒郊野外。秦简作，加上了声符""（予），小篆作，原从林从土的表意部分由意符"里"替换，可能是乡里制度影响下产生的替换。战国时期，里是基层行政单位之一，最早在春秋时，已有里正一职，负责掌管户口、赋役之事，秦、汉两朝沿用之。文献记载，一里八十户，选取身强体壮、能言善辩之人担任里长。里是基层组织，与乡野联系紧密，所以到战国时期，野字也由里作为意符。

在周代的行政区划中，国、野对应乡、遂，国、乡地区居住的人称为国人，野、遂地区居住的人称为野人。国都大邑的郊外就是野，再往外就是林。其实野和林可能基本没有区别。国都郊外之野分设遂，如同国都大邑设有鄙，就鄙野连称而言，鄙也在野之内，对后世的文化深有影响。比如称没有文化的人为“野人”“山野村夫”。同样的，今天稍有文化的人自称为“鄙人”，恐怕与古人居住在鄙有莫大关系。《管子·尚贤上》提到国中的众、四鄙的萌人被道义感染。其中的众即国人，萌即氓，萌人即野人。《诗经·卫风·氓》中的“氓之蚩蚩”，就刻画了野人（氓）淳朴老实的形象。

9.丙、宿、坐、卩

丙（tiàn），即席子，甲骨文作、等形，像席子之形，外边方框为席子的形状，中间曲线象征交叉编织篾条形成的纹路。考古证据表明，中国人在很早就掌握了编草席或竹席的技艺，考古学者在距今 5000~7000 年的河姆渡遗址发现了苇席的遗存。甲骨文丙的字形也印证了古人使用席子的习惯。古人席地而睡、席地而坐，席子是人们必不可少的生活用品。

宿，本义是夜晚睡觉休息。甲骨文宿字作，会意字，由人和构成，表示人躺在草席上休息；或作，加上房屋，表示人躺在房屋中的席子上。金文作，与甲骨文构形相同。许慎说宿是“止”的意思。从造字的本义来看，人走到屋子里的席子边停下来就是要休息了。这一点说明人们居住条件的改善，毕竟床类用具的发明可以防潮，更有利于身体健康。一般来说，人只有晚上才会躺着休息，所以“宿”慢慢地成了一个表示时间的词，一宿就是一晚，过了一宿就是过了一晚。

坐，甲骨文作，由与构成，即卩（jié），像跪坐的人形，甲骨文坐像人跪坐在席子上之形，反映的就是古人席地而坐的生活状态。唐朝以前，中国人一般都席地而坐，即将席子铺在地上，然后跪坐在席子上，臀部靠在脚跟上，后来椅子、折凳等坐具逐渐融入人们的日常生活，从此中国人的生活方式才由席地而坐改为坐在椅子上，今日本、朝鲜等地还保留席地而坐的习惯。

10.鉴、沫、温

鉴与监为一字分化，甲骨文作，甲骨文像一个人跪在水盆前，眼睛向下看着盆中的样子。金文作，像一人站立弯腰，低头看着盆中的水，“皿”上的横线表示盆中的水。在镜子发明之前，古人都以水来照影，古文字鉴正好反映出这种古老的生活方式。后来铜镜发明，贵族们多用铜镜，鉴字也因此产生，在原会意字基础上加上意符“金”，战国文字作，反映了从水镜到铜镜的转变。但铜镜价值不菲，普通百姓是用不起的，因此一般百姓仍以水为镜。

沫，甲骨文作，像人跪坐在器皿之前，突出了长发，以手取水洗头之形。金文作，由器皿、水、突出长发的倒首以及表示头部的页会意，表示俯首在器皿中洗头之形。金文或省略皿作。沫本义是洗头，即文献中所说的沐。

鲁伯愈父匜(yí)、盘。匜、盘，先秦时期重要的盥洗器，二者常配合使用，匜用于盛水浇淋，盘用于盛水或接水。盘上有铭文，作“鲁伯愈父作邾姬媵沫盘”，大意是鲁国的国君愈给他嫁到邾国的女儿制作的作为陪嫁品的用于沐洗的青铜盘

温，甲骨文作、等形，会意字，描绘的是人在一个装水容器里的场景，人用水浴于盆中以暖身，表示温暖的意思。战国楚文字作，表示人的部分有所讹变，水也移到器皿之外；小篆作，人讹变囚，繁体字温即从小篆字形。有学者将此甲骨文字释为“浴”，表示人在浴盆里洗澡，从字形上来看似乎没有多大问题，但在甲骨卜辞里此字一般被借用来表示“黄昏”的昏，另外“昏”的甲骨文写作，在甲骨文的基础上附加了形符“日”，专指黄昏，因此的读音应该与昏接近，所以根据字形释为“浴”从读音上讲是行不通的。

四、行

出行是人类经常性的活动，指暂时离开居住地前往某地的行为。为了出行便捷，除了步行以外，古人很早就掌握了其他出行方式，《史记·夏本纪》记载，夏代的人就已经懂得“陆行乘车，水行乘船，泥行乘橇，山行乘檋(jū)”了。一些与出行

相关的汉字，也蕴含着古人出行的信息。

1.行

行，甲骨文作𠂇，金文作行、行，均为象形字，像纵横交错的道路之形，行的本义就是道路。甲骨文里"行"依然保留着道路的意思，如，"贞：弜用𡧊行，惠祉行用，翦羌人于之，不失人"。大意是不要向𡧊地的道路进军，要向祉地的道路进军，能够在这里翦灭羌人，而我们自己的军士不会受损。这里的𡧊行、祉行就是道路名称。

行的本义是道路，今天已经没有这个意思了，由"四达之衢"引申出来的意思今天还有所保留，如"横成行，竖成列"的"行"，表示整齐划一的横向事物；道路本是通行的，故而引申为行走、出行等意。

2.步、走与奔

步、走、奔三者都与步行有关，但三者速度不同，从慢慢行走到快步奔跑渐次增加。

步，本义是一般的行走，就是今天说的走。甲骨文作步，商代金文作步，像两只脚一前一后行走之貌，表示行走。另有甲骨文作步、步，商代金文作步等，有学者将这些字形也释为"步"，表示人在路上行走，同样会行走之意。步，就是一般意义上的行走，甲骨文中常见"王步"之类的说法，说的就是王前往某地的意思。

走，本义是跨步小跑，相当于今天所说的跑。甲骨文中有字形作走，有学者释为走，像人甩手跨步小跑之形。金文走作走，加上了表示足部动作的止，使表意更为明确，或作走，加上了表示道路的彳，使表意进一步明确，意为在道路上小跑。《说文解字》解释走为趋，趋就是快步疾走。《孟子·梁惠王上》云："填然鼓之，兵刃既接，弃甲曳兵而走，或百步而后止，或五十步而后止。以五十步笑百步，则何如?"这里的走表示逃跑，大意是说两军交战时，战鼓擂响，刀兵相接，此时有人丢盔弃甲逃跑，有的跑了一百步后停止，有的跑了五十步后停止，逃跑五十步的却笑话逃跑一百步的，这就是"以五十步笑百步"的典故。《战国策·触龙说赵太后》载："(触龙)入而徐趋，至而自谢，曰：'老臣病足，曾不能疾走，不得见久矣。'"这里的趋、走都是小跑的意思。

奔，快速奔跑，比跑速度还快。金文作奔，上像人奔跑摆动两臂的样子，下从三止，止表示人的脚，而以"三止"相连表示奔跑速度极快的意思。奔、走是有区别的，遇到紧急事件常言“赴急而奔”，逃命、出亡也称为“奔”。从字义上来说，走与奔也有明显的区别，走字下面只有一只脚，奔字下面通常是三只脚，更加突出快速。

3.涉

涉，徒步涉水。甲骨文作[甲骨文字形]、[甲骨文字形]、[甲骨文字形]等形，会意字，描绘的就是人徒步涉水的画面，字从两止，一前一后，中间的曲线表示河流，整个字形表示徒步跨过河流，意思为涉水过河。金文作[金文字形]，复加了水旁使表意更为明确，战国楚简作[楚简字形]，保留了原始字形。

涉是一种徒步过河的方式，不需要凭借舟、车而直接从水中走过。古人过河的方式是不同的，水流在膝盖以下的过河方式称为揭，水流到膝盖以上、腰以下称为涉，腰以上而没有淹没人的称为厉，水深而直接游过去的称为泳。《诗经·卫风·氓》云：“送子涉淇，至于顿丘”，女子把中意的小伙子送到顿丘过淇水，就是以涉的方式过淇水。涉淇说明顿丘一段的淇水淹没到膝盖以上、腰以下，水流不大。今天常用“跋山涉水”形容一个人克服了种种困难终于达到了目的，其中的“山”“水”是说在这过程中经历了很多磨难，能够克服这些困难说明这个人意志坚定。

4.舟

舟，渡深水的小船。商代金文作[金文字形]、[金文字形]，像独木舟形。上古之时，人们将整个树干中间挖空，保留两端，做成独木舟，商代金文正好反映了独木舟的形象。甲骨文作[甲骨文字形]、[甲骨文字形]等形，像竖置的独木舟，后代字形继承甲骨字形，周代金文作[金文字形]。《淮南子·说山训》云：“见窾木浮而知为舟”，大意是说古人见到中空的漂浮木头而发明了舟。《诗经·邶风·谷风》云：“就其深矣，方之舟之”，大意是水深则用方、舟一类的小船渡过。根据《诗经》此句可知，方也是类似独木舟一类的小船，但方在甲骨文里作[甲骨文字形]，未见用作表示小船，因此方的形制不可确知。

舟因大小、地域方言的差别而有不同的称谓。舟在函谷关以西的关中一带称为“船”；在函谷关以东要么称为“舟”，要么称为“航”；在南方的长江、湘江一带大的船称为“舸”，如果是小的舸就称为“艖”，航也称为“艒艑”，小艒艑就是我们今天说的小艇。古人乘舟有不同的规定。据《尔雅·释水》记载：“天子造舟，诸侯维舟，大夫方舟，士特舟，庶人乘泭。”就说是天子渡水的时候用船造桥，诸侯用四条船相连，大夫用两条船并行，士人用一条船，庶人就用木筏。

成都青白江区大弯街道双元村出土的春秋战国时期古蜀人的船棺，船棺为整个树干掏空而成，形似独木舟。古文字舟就是这一类独木舟的象形

5.车

车，出行、征战时使用的交通工具。甲骨文作[古文字]、[古文字]，商代金文作[古文字]、[古文字]，周代金文作[古文字]、[古文字]等，都是象形字，像古代单辕车形，只是繁简不同。金文字形画出了车身上诸如车衡、车轭、车辕、车舆、车轴、车轮，以及防止车轮脱出的车辖等重要构件中的某几种。《淮南子·说山训》载："见飞蓬转而知为车"，飞蓬即枯后根断遇风飞旋的蓬草，古人见蓬草旋转而发明了车，这当然是一种传说。

车战是战国以前的主要作战方式，战车是进攻的主要武器。先秦时期战车数量的多少是一个国家实力和地位的象征。据《礼记·孔子闲居》记载，一个诸侯国的战车不超过一千辆，富有的卿大夫、诸侯的战车不超过一百辆。但我们又常常听说万乘之君、千乘之君，这和礼制尊卑有关。按照礼制的规定，天子拥有一万辆战车，诸侯拥有一千辆战车，大夫拥有一百辆战车，这是一个相对的数字，是为了从礼制上体现各等级的尊卑、地位。卿大夫或诸侯如果实力过于强大，就会发生犯上作乱的事。这就是《孟子·梁惠王上》中所说的有一千辆兵车的公卿会杀有一万辆兵车的君主，有一百辆兵车的大夫会杀有一千辆兵车的君主。

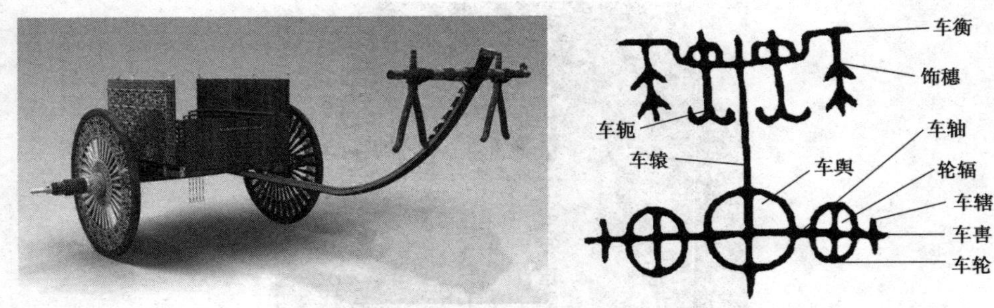

学者复原的先秦单辕车(左)以及商代金文“车”字构件示意图(右)

五、用

所谓“用”是指与日常生活极为密切的生活必需品或简单工具，上面讨论与衣、食、住、行等方面的汉字时，已经介绍过一些日常生活的实用器，下面我们列举一些相关的汉字来反映古人的生活状况。

1.皿、匚、其(箕)

皿，甲骨文作、，像一个有圈足的盛装之器。从字形来看，皿的上部像盛装的部分，下部是圈足。据许慎《说文解字》的解释，皿是盛饭的容器，用途和豆相同。

匚(fāng)，甲骨文作，金文作，上、下像方器的边缘，右像器底，左像器口，正像方形受物的器皿，古文字字形应该是这种器物竖置的形象，许慎认为匚是一种能够容纳东西的器皿。从读音来看，这个字就是筐的本字。甲骨文其有一个字形作，其即箕，一种用柳条或篾条编制的类似筐的用具，因此也加上了形符“”。先秦时期有一种盛放粮食的铜器，称为簠，金文作、等形，以为形符，说明簠是与匚一类的器物。

其，本义为箕。甲骨文作、，商代金文作，周代金文作，象形字，像箕形。箕是一种用篾条或柳条等编制的日常生活用具，今天的簸箕、畚箕(俗称撮箕)、筲箕都是箕的一种。从字形来看，古文字箕是畚箕的象形。古文字其、匚等反映出古人很早就掌握了用竹条、柳条等编制器具的技艺。

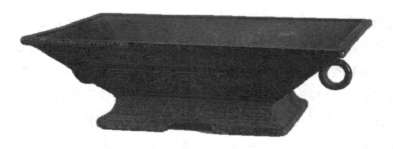

上海博物馆藏西周中期青铜簠

2.午、臼与舂

午、臼、舂与古人的舂米活动密切相关,用杵捣臼中谷物以脱皮称为“舂”,舂米是中华民族一直延续到现当代的谷物脱皮方式,今天在一些偏远山区仍然可见舂米这种古老生活方式。

午,杵的象形初文,甲骨文作、,金文作、,象形字,像杵棍之形。许慎在《说文解字》中解释杵是用来舂米的棒子。杵的来源很简单,对一根木棒进行简单的加工就成了,先民人人皆用便利易得的杵来舂谷脱皮。臼,舂米的器具,用石头或木头制成,中间凹下,战国楚简作,小篆作,均为象形字,像舂臼之形。

舂糍粑的情景与原始舂米的情景有些类似。本书作者摄于重庆民国街

带皮的谷物放在臼中用杵脱皮就叫“舂”，甲骨文作[古文字]，金文作[古文字]，会意字，像两只手拿着杵在舂臼中的谷物。舂米就是将谷子去壳的过程，舂出来的壳就是米糠，剩下的米粒就是我们吃的白米，舂米的工具有点像捣药罐，有一个棒槌、一个盛器。用棒槌砸谷子，把米糠砸掉。《诗经·大雅·生民》记载了周人在祭祀祖先前舂米、蒸煮的过程，“或舂或揄，或簸或蹂。释之叟叟，烝之浮浮”。有舂谷也有舀米，有簸粮也有筛糠。沙沙淘米声音闹，蒸饭喷香热气扬，好一派其乐融融、祥和轻快的生活场景。在现代机器发明之前，加工谷物基本靠舂，只是方式有所改进，原始的用手持杵舂米的方式被改进为简单机械装置，利用杠杆原理脚踏舂米。如今捣蒜、舂药的方式与原始的舂米方式一致，民间舂糍粑的方式也跟舂米如出一辙。

3.井、录

井，从地下取水的竖形深穴，简言之即“穿地取水”的洞穴。甲骨文作[古文字]，金文作[古文字]、[古文字]，像井上四周交错的木栏之形，或像井口为防止泥土垮塌而砌筑的木板或石块之形。录，有学者认为是辘的本字，即井上打水用的井轱辘。甲骨文作[古文字]、[古文字]，金文作[古文字]、[古文字]，字形中上部为轱辘的象形，中间为桶或水罐的象形，下部为掉落的水滴，整个文字描绘的就是使用井轱辘打水的情形。

原始时期人类逐水草而居，为了方便取水、灌溉，一般靠近大江大川居住。凿井术的发明，水井的出现，使人们远离河流也可以生存，形成了以水井为中心的新的聚居方式，井也就成为这个聚落最重要的东西，逐渐成为家乡的代名词，“背井离乡”说的就是这个道理。传说大禹时期的伯益发明凿井术，但是在新石器时代的浙江余姚河姆渡文化中就发现了最早的水井，距今 5000~7000 年。古人凿井的主要目的是饮水和灌溉。先秦一首古老的民谣《击壤歌》记载：“日出而作，日入而息。凿井而饮，耕田而食。帝力于我何有哉。”它描绘出了一幅自给自足、乐哉逍遥的生活画面。

4.壴、鼓、磬

壴，本义是鼓，名词，甲骨文作[古文字]、[古文字]，金文作[古文字]，象形字，像鼓形，字形上部为插在鼓上的装饰，中间为鼓身，下部为鼓座，鼓身的横线或圆圈表示饰画或鼓身上的花纹。鼓，甲骨文作[古文字]、[古文字]，金文作[古文字]、[古文字]，会意字，像手持鼓槌击鼓之形，因此鼓的本义为击鼓。鼓的出现比较早，从已发现的出土文物来看，可以确定鼓大约有 5000 年以上的历史。在古代，鼓不仅用于祭祀、乐舞，还用于打击敌人、驱除猛兽，并且是报时、报警的工具。

磬，甲骨文作、，会意字，为石磬的象形初文，像石磬之形，磬上插有装饰物，甲骨文磬像手持鼓槌击磬之形。甲骨文又作，将形符“攴”改为“斤”，这里的斤既是形符，也充当声符。小篆作，增加石为形符，表示磬为石质，由石头做成。磬是中国历史上最古老的石制打击乐器和礼器，最早用于中国古代的乐舞活动，后来用于历代帝王、上层统治者的殿堂宴享、宗庙祭祀、朝聘礼仪活动中的乐队演奏，成为象征其身份地位的“礼器”。

《诗经・商颂・那》是殷商后代祭祀先祖的颂歌，诗中真实地反映了鼓和磬在祭祀仪式中的运用。“猗与那与！置我鞉鼓。奏鼓简简，衎我烈祖。汤孙奏假，绥我思成。鞉鼓渊渊，嘒嘒管声。既和且平，依我磬声。于赫汤孙！穆穆厥声。庸鼓有斁，万舞有奕。”大意为“好盛美啊好繁富，在我堂上放立鼓。敲起鼓来响咚咚，令我祖宗多欢愉。商汤之孙正祭祀，赐我成功祈先祖。打起立鼓砰砰响，吹奏管乐声呜呜。曲调和谐音清平，磬声节乐有起伏。商汤之孙真显赫，音乐和美又庄肃。钟鼓洪亮一齐鸣，场面盛大看万舞”。

商晚期兽面纹青铜鼓。1977 年湖北崇阳县白霓镇出土，现藏于湖北省博物馆

商代磬中之王“虎纹石磬”。1950 年河南安阳殷墟武官村大墓出土，现藏于中国国家博物馆

5.戴、兴

戴，本义为负戴，甲骨文作、，像人将框或箕举在头顶之形，字形描绘了古人的一种负载方式。《孟子・梁惠王》中“颁白者不负戴于道路”的“戴”就是甲骨

文描绘的这个动作。今天一些地区的人们仍在使用这种方式。

兴,甲骨文作[glyph]、[glyph],商代金文作[glyph]、[glyph],从凡从四手,凡表示架子,字形表示众人合力将架子抬起,兴的本义就是抬起。古文字兴反映的就是古人抬东西的生活场景。

第二节　汉字与人伦观念

人伦观念主要是指对亲人与生死的认识，涉及亲族称谓制度与尊宗敬祖观念。在人类社会的历史进程中人伦观念也是逐渐产生与发展的，尤其是对生死的认识是先民人性的自我发现，直接促进了亲族制度与宗法观念的产生，这些内容事关氏族组织与繁衍，并衍生出对婚姻、生死等的认识。

一、氏族

氏族是宗法血缘社会的基本组织形式，涉及祖先崇拜、亲族称谓、宗庙制度及由此引申出来的孝悌、婚姻观念等，利用氏族制度可以建立严格的宗法等级制度，推而广之，国家就是建立在氏族制度基础之上的。

1.祖

祖，本作且，本义为祖先，即已经去世的先辈人。甲骨文作、，商代金文作、，周代金文作、，象形字，像祖宗牌位之形。祖跟祭祀有关，因此加上了与祭祀相关的意符“示”，春秋金文作，，即祖。中国人的祖先崇拜有着悠久的传统，大约在母系氏族社会后期、父系氏族社会初期就已经存在祖先崇拜了。古文字祖就是古人立主（牌位）祭祀先祖的反映。甲骨文材料表明，殷人认为过世的祖先其灵魂依然存在，和上帝很接近，且其有一种神秘的力量，可以降祸延福于子孙，祖先为具有超能力的神明，故祈福避祸均乞助于祖先神。金文材料及早期文献表明，周人不仅深信祖先的灵魂有降祸赐福的能力，而且地位与天等同，在实质上成为祭祀的主体，期望借勉励祭祖来纪念并效法先人的德行，并通过有血统关系的先祖代为请命，得天福佑。祖先崇拜的本质仍与敬畏上天有关，其宗教意义超过其伦理意义，祖先已被神格偶像化，却也有人文精神的倾向在其中。

2.宗

宗，甲骨文作、，金文作，从宀从示，宀表示房屋，示为神主之象形，整个字表示供奉祖先神位的场所，因此宗的本义为祖庙。为逝去的先人建庙立牌位，反映了后人对先辈的崇敬与思念。

与“宗”搭配的字，一般与宗法、家族有关。如“宗庙”指供奉祖先神位的地方，“宗祠”也是供奉祖先神位的地方，“宗法”指规范家族成员间亲疏尊卑的原则，“宗族”指一个大家族，“宗室”指天子或权贵的宗族。

在宗法理论中，宗主指大宗。礼书记载百世不会变迁的一直是大宗，五世而迁庙的是小宗，小宗只能祭祀自己的高祖。在父权制家长社会，“尊者谓之宗，尊之则曰宗之”，是说君权与族权的关系，君权要求尊尊，族权要求亲亲，君权与族权高度合一。尊尊与亲亲成了宗法制的核心原则。

3.主

主，甲骨文作、、、等形，与“示”为一字分化，象形字，像神主之形。古人特别重视“事死如事生”的宗法伦理观念，将死者安葬之后，还要另立宗庙，以便祭祀供奉，祈求福佑。

古人为逝去先人立灵位在宗庙（宗祠）之内，其实就是把刚逝去的先人在从始祖以来的宗庙内增加一个灵位，这种礼制称为“祔”。祔就是在家族祠堂里为后死的人增加一个灵位以便和祖先一起接受祭祀。同时，古人宗法理论中有“作主坏庙”的原则。《礼记·丧服小记》云：“别子为祖，继别为宗，继祢者为小宗。有五世而迁之宗，其继高祖者也。是故祖迁于上，宗易于下，尊祖故敬宗。”大意是继承高祖地位的为大宗，大宗不迁庙；其余庶子为小宗，小宗四世之后亲尽，不能祭祀高祖的父亲，只能祭祀高祖，这就叫“祖迁于上，宗易于下”，也就是“作主坏庙”，五世之后就单独立庙。

4.父

父，甲骨文作，商代金文作、，像以手持物之形。手所持之物，一般认为是斧头一类的工具，认为父是斧的初文，后来孳乳为父母之父，本义不再用。也有人说是以手持矩，家族族长率领、教导族人，所以用手举着杖，象征着家族族长的权威、地位、义务。因为手持之物象征着权力、权威，所以当父具有父母之父的意思时，就成了“家长率教者”。家长是家族的核心，有教育、统领家族成员的权力。

甲骨文里，父不单指父亲，也指父辈。如今父同样不单指父亲，也可以指父辈，也可表示对成年男子的美称；在某个领域有开创之功的人也可以冠称“父”，如“甲骨文之父”王懿荣。

5.女、母

女，指女子未嫁之前的称谓，甲骨文作、，金文作、，像跪坐的女子之形，双手交叉放于膝上。古人是席地而坐，女字字形并不是反映出女子跪在地上，表示地位低下，女字表示的是端庄的坐姿。古代男女各有分工，男子一般从事体力劳动，干的都是重活，因此男从田从力，表示在田间劳动之人，而女子体力不如男子，干的都是轻巧的活儿，因此用端坐的形态来表现。

母，甲骨文作、，金文作、、。与女类似，像跪坐的妇女之形，只是多出两点或一横，两点表示女性的双乳，以示能哺乳后人，一横一般认为是女性头上的发簪。母与女最大的不同就是母代表已生育或具备生育能力的成年女性。突出双乳，表示能哺育后人；突出头上的簪饰，代表已经成年。

古代女子一般在十五岁时举行笄礼，笄礼就是束发并盘起，然后用笄固定女孩子头发。女孩子未成年之前，两鬓、头顶的头发都只是编成小辫子垂下来，偶尔头顶的辫子会有发卡固定。两鬓垂下来的小辫子像树丫，口语就称未成年的女孩子叫“丫头”“小丫头”，既很亲切，又不失礼貌。女子举行笄礼之后就意味着已经成年，可以婚嫁，所以礼书说“女子待嫁，笄而字”。《左传》里说宋共姬只知道女道而不明白妇道，言外之意宋共姬不懂得妇道，还像一个未婚的女子一样。通俗来说，女子没有结婚时候称为“女”，结婚后称为“妇”。

6.子

子，甲骨文作、，金文作、，均为象形字，像婴孩之形，突出脑袋和细小的身子，手臂作摇摆形，突出小孩子好动的特点。另有繁体作、，突出大脑袋与头发，古人习惯蓄发，从孩童时就开始留长发，孩子还在很小的时候头发是蓬松不扎的，因此字形突出蓬松的头发。

甲骨文里“子”一般表示商王室子弟，即王族成员。在先秦时期，男女都可以称为子。《仪礼·丧服》中的“子生三月”，这个“子”据郑玄的解释是包括男女的。礼书还记载孩子在父母面前直接自称名字，子也是不分男女的。《论语·雍也》记载孔子见南子一事，南子就是卫灵公的夫人。《诗经·周南·桃夭》中有“之子于归，宜其家室”，大意就是把女子娶回家建立家庭。不过随着社会观念与亲子称谓的变化，子逐渐成为男子美称，女子不再称子。

由美称引申而来，子可以是有德者的称谓，甚至以子为字。我们熟知的孔子、孟子、荀子、墨子、列子等，均是有德有才的人。春秋战国时期有德有才者，往往都会招收学生，宣传、教授自己的观点，所以那时候的子也是老师。如《论语·公冶长》有“愿闻子之志”，《仪礼·士冠礼》有“愿吾子之教之也”，《庄子·达生》有“子列子问关尹曰”。之所以历代的注疏家们都认为“子”是老师，是因为“子”们有德有才，又招收学生传授知识。

7.长与老

长与老意思相近，长像一个长着长头发的人，老像拄着拐杖的年长者。

长，甲骨文作、，金文作、，像一个长头发的人。《说文解字》说长是久远的意思，长造字的本义可能和老相似，都是指年纪大的人。古时候年纪大的人知识阅历都比年轻人丰富，负责教授晚辈。这些人“长”的身份可能是氏族或家族中的长者，即我们熟知的“长老”，因负责氏族、家族事务而知道得多便引申为长久。

老，甲骨文作、、，像一个拄着拐杖伛偻着身躯的长发老人，从构字的角度看，老比长所体现的年纪要大。金文作，所拄之拐有所变形。《说文解字》解“老”为“考”，古人七十岁以上才称为老。

老是长者，父也有长者之意，秦汉时期有“父老”一词。父老是德高望重的耆老之人，可以参与基层社会的治理，在亭、里等基层政权组织中，父老会被聘为参政议政的人，具有很大的话语权。这种基层政治传统源于父老本是聚落中的年长者，因其德高望重而被纳入基层行政管理体制中。在一个大家族之内也是如此，家族事务往往由家族内德高望重者主持与处理。

8.孝

孝，敬老为孝。商代金文作，周代金文作，会意字，造字本义与老密不可分，颇能体现中国传统孝道文化博大精深的一面。对比老与孝的古文字字形我们可以发现，孝与老的不同只是把老字中的拐杖替换为了子，本来老像一个拄着拐杖的老人，孝字则是由“子”承担了拐杖的角色，像老人“拄着”小孩之形，以此来表示晚辈侍奉长辈，会孝敬之意。有人说孝字反映的是少背老的情景，其实是望文生义的误解。

在儒家的理论体系中，孝是最根本的。孔子曾说孝悌是仁的根本。然而仁是儒学体系中的根本，孝悌又是仁的根本。而在《礼记·祭义》之中，曾子把孝阐释为放之天地四海而皆准的最高伦理道德。以此可以看出，孝是仁、德的根本。具体来说就是要遵从父母、侍奉父母、慎言慎行。儒家的目标是修身、齐家、治国、平天下。《孟子·梁惠王上》说：“老吾老以及人之老，幼吾幼以及人之幼，天下可运于掌。”大意是赡养孝敬自己的父母也不忘赡养孝敬他人的父母，呵护抚育自己的孩子也不忘呵护抚育他人的孩子，治理天下就像在手掌中运转东西一样容易了。

9.姓

姓，甲骨文有一个字形作、，但这个字并不是“姓”字的甲骨文字形，只是一个女性的名字。甲骨文显示，商人地名、族氏名、人名往往合一，女性名字一般都在地名、族氏名的基础上加上“女”旁以示区别，甲骨文里这个“姓”只是表示来自“生”地的女子。学者研究表明，就目前已知材料来看，商人应该没有姓氏观念，至少并不以姓氏相称。商人从王族到庶民对外都以族氏名相称，族名与姓氏类似，但不是同一个概念。

到西周时期，周王朝的分封制、宗法制讲究“天子建德，因生以赐姓，胙之土而命之氏”，也就是说姓与氏是周人维护统治的手段。“因生以赐姓”，就是说依据共同的出身赐予国人姓，这个“姓”往往追溯到很远的时代，一般就源于之前的大的族氏名、部落名，赐姓的对象至少是庶民以上，西周至春秋中期以前，一般庶民及以下民众是没有姓、氏的。赐姓是为了“亲亲”及追溯共同的先祖，以利于内部团结，因此“姓”不多，进而演化出先秦古姓之说。如《国语》记载，黄帝有子嗣二十五宗，共分为十二姓：姬、酉、祁、已、滕、箴、任、荀、僖、姞、儇、依。这显然是“亲亲”的结果。正是因为“因生以赐姓”，金文里“姓”直接用“生”代替，作生，表示姓与出身有关系。

到春秋时期，为了表意明确，才分化出一个从人旁的[亻生]，加上了形符“人”。从“女”旁的姓尚未见到甲骨文、金文字形，小篆作姓，秦简文字作姓。我们可以推测，这个字的产生不会太早。人们多根据姓字“从女从生”以及一些从女的古姓如姜、姬、姞、嬴、妘、姒、妫等来说明姓氏是母系氏族社会的产物，这个说法其实是不可靠的。姓、氏的观念是周人统治的产物，姓用于别有婚姻，即区别同族与异族，氏用于区分贵贱，因此一般女子才会使用姓，姓是女子的专用品，男子一般用氏，两周时期媵器上的铭文也反映了这一点。正因为使用姓的一般是女子，因此姓才从女，一些古姓也从女。

春秋晚期以后，姓与氏逐渐合一，姓、氏也不再是贵族所拥有，一般平民也可拥有姓氏。战国时期剧烈的社会变革与频繁的争霸兼并战争，使得各国赋税与人口统计更加规范化，原先隶属于贵族的私属人口，逐渐被纳入国家制度设计的范围内，人人皆有姓氏的迹象已经极其明显了。到汉朝时，已是人人皆有姓了。

10. 昏（婚）

昏，《说文解字》解释“昏”为日冥，即太阳快要落山的时候。又说婚是女子归家，礼俗上是黄昏时分娶亲，所以昏应当读为“婚”。据一些人类学与民族学的研究结果，部分落后的少数民族至今还保存着黄昏时期抢婚的习俗，日暮降临时分，天色将暗未暗，正是“下手”的好时机，既方便抢夺，也方便逃跑。在文献中，似乎也能够寻找到一些抢婚的事实。《周易·屯》载：“屯如邅如，乘马班如。匪寇，婚媾”，是说一群男子骑着马在周围鬼鬼祟祟的走动，原以为是抢劫的，把姑娘抢走了才知道是为了婚事。又《周易·睽》载：“见豕负涂，载鬼一车。先张之弧，后说之弧。匪寇，婚媾”，大意是一群人穿着奇怪的衣服坐在车上，旁边还有一头沾着泥巴的猪，我们先是拉开弓箭准备射他们，又放下弓箭了，原来他们不是强盗，而是为了婚事来的。

抢婚应是流传很久的习俗，即使进入文明时代，古人也保留了黄昏时举行婚礼的习俗，今天一些地区依然保留着这一习俗，因此较早的文献直接以“昏”代“婚”。

后为了表意明确，就专门造了“婚”字取代原来的“昏”字，小篆作[小篆字形]。

二、繁衍

繁衍是人类社会得以延续的前提，某种生命及生命系统的生育、连接和延续过程，是一代代地将血缘关系传承下去而不使其断裂的做法，涉及生死、养育等。

1.身与孕

身，本义是人的身体。甲骨文作[甲骨文字形]，金文作[金文字形]、[金文字形]。《说文解字》说身是人的身体。其实身有广义与狭义的分别，从广义上来说，一个人脖子以下、脚以上都称为身体；从狭义上来说，身仅仅是指脖子以下、屁股以上，也就是上身。

从甲骨文、金文中身字的字形来看，身还有“怀子”之意，部分字形的“肚子”里加点，说明身兼有怀子的意思。又甲骨文中的孕作[甲骨文字形]，郭沫若先生就认为是身的繁体。《诗经·大雅·大明》云：“大任有身，生此文王”，大意为大任怀有身孕，生了文王。

孕，肚子里怀有孩子之意。甲骨文作[甲骨文字形]、[甲骨文字形]、[甲骨文字形]，前两字像人的腹中有子之形，突出女性隆起的腹部，像女子有身孕之形。从身、孕两字字形在甲骨文时代就明显不同来看，身、孕两字的分化是很早的，今天的“身孕”是一个同义合成词，就是指怀孕。

2.冥

冥，甲骨文作[甲骨文字形]、[甲骨文字形]、[甲骨文字形]。唐兰先生释为冥，读为娩，假借为分娩的娩，应该是可信的。从字形看，像产子之形，双手像接生之手，口字形像婴孩的头，用此字形来会分娩之意。

甲骨文里有许多关于分娩的占卜，如《甲骨文合集》14002 正记载：“甲申卜，㱿贞：妇好娩，男。王占曰：其唯丁娩，男。其唯庚娩，引吉。三旬㞢一日甲寅娩，不男，唯女。”大意为在甲申这一天贞人㱿进行占卜，占卜的事项是：商王的妻子妇好即将生产了，会生个男孩。商王看过兆象后预测道：如果在丁的这一天生产就是男孩；如果在庚的这一天生产，则吉利绵长。过了三十一天，在甲寅这一天妇好生产了，生的不是男孩，而是女孩。

3.育

育，本义是生孩子，与毓是一字分化。甲骨文基本字形作[甲骨文字形]、[甲骨文字形]、[甲骨文字形]、[甲骨文字形]，金文作

[古文字形]、[古文字形]、[古文字形]等形。几种字形或从母，或从女，或从孕，或从人，但从字形来看，都明确地表示女人生小孩，婴儿出生，头向下，[古文字形]、[古文字形]、[古文字形]等小竖点像孩子出生时的羊水。甲骨文里另有一个繁体作[古文字形]，左边与前边简体字形相同，右边像手持衣之形，整个字形表示孩子出生时用襁褓将婴孩裹住，同样表示生育之意。甲骨文、金文中的字形其实就是《说文解字》中的[古文字形]字和[古文字形]字，[古文字形]就是育，只是字形讹变较大；[古文字形]就是毓，直接继承了古文字字形，㐬就是顺产时候生出来的倒立小孩。

4.保

保，甲骨文作[古文字形]、[古文字形]，金文作[古文字形]，像人反手背负幼子之形，因此保的本义为背负。甲骨文或作[古文字形]，金文作[古文字形]，省略了手形，总体还是可以看出孩子在人背上之形，表示背负。"保抱携持厥妇子"《尚书·召诰》中的"保"与"抱"并列，说明二者意义相关，从古文字字形我们可以清楚地看到"保"实际上是负子于背，与抱动作刚好相反，这句话的意思就是"背着、抱着、牵着、扶着他们的妻子、孩子"。后引申为指背负幼儿用的衣服，即襁褓之"褓"。保有金文字形作[古文字形]、[古文字形]，有人认为多出的一撇与左边的人形构成衣([古文字形])字的下部分，整个字像将幼儿放置于襁褓中之形。但也有学者认为加斜画只是为了与"仔"区别。

5.死

死，生命的终结。甲骨文作[古文字形]、[古文字形]、[古文字形]，金文作[古文字形]，[古文字形](歺)像残骨，[古文字形]像垂首跪地之人，祭吊于朽骨之旁，以此来表示死亡之意。后[古文字形]类化为人旁，表示人在枯骨旁。从古文字死我们可以看出古人吊唁死者的情景，是人类情感进化的反映。死表示死亡，人死之后为尸，因此死也常常借来表示尸，金文里就有这样的用法。尸和死在文献中可以互用。《左传·哀公十六年》有"生拘石乞，而问白公之死焉"，《史记·伍子胥传》有"而虏石乞，而问白公尸处"(把石乞抓了，问白公的尸体所在)，一处用"死"，一处用"尸"，可见死就是尸。

古代不同阶层的人死了，有专门的称谓。据《礼记·曲礼下》记载，天子死了称为"崩"，诸侯死了称为"薨"，大夫死了称为"卒"，士死了称为"不禄"，庶人死了称为"死"。天子称"崩"，就如同从天上坠下来，让天下万民无君可戴，像是天崩地裂一样。诸侯称"薨"，如同高大的建筑物突然倒塌发出的轰隆声，因为地位比天子低，不能仿效用“崩”，就只能用“崩”的声音形容了。大夫称“卒”，卒就是终结的意思，大夫也算是有德行的人，人生平安走到了尽头。士称“不禄”，就是不能享受自己的俸禄了，士人地位更低，需要亲自耕种，死了就意味着不能耕种了，当然也就不能享受俸禄。庶人称“死”，因其地位最低，一生没有名誉流芳后世，精气一消失，声名也就没了，所以直接称为死。

6.葬

葬，即埋葬，为人死后的最后归属。甲骨文有、、、等字形，今多释为葬，歺表示枯骨，爿为床的初文，这里表示棺椁一类的东西，方框则表示埋葬的坑，甲骨文葬字由这三个构件中的两个或三个构成，表示人死后埋葬在地下之意，爿既是意符，也充当声符。整个字形反映出来的是人死入土为安的情景。

小篆作葬，与甲骨文构形有别。《说文解字》云：“葬，藏也。从死在茻中。一，其中所以荐之。《易》曰：‘古之葬者，厚衣之以薪。’”大意是说小篆的字形像人死后埋藏在草丛中之形。茻即莽字，表示草丛，死代表人死之后的尸体，一横表示裹尸的草席。《易经》记载，上古之时的人们埋葬死者时，只是用柴草包裹而已。根据许慎的记载，小篆葬反映的是一种更为古老的埋葬方式，可能是土葬还未兴起时的埋葬方式，是一种仅用草席包裹，然后弃置荒野的原始丧葬方式。

上古之时的确存在原始的抛尸葬，《孟子·滕文公上》也说，上古时期人们都是不埋葬死去的亲人的，亲人死了就直接丢到沟壑里面。几天后，人们从沟壑边路过的时候，发现狐狸、蛆虫都在吃死去亲人的尸体，人们就感到难过，流下眼泪，不忍心看到这种场景。这种难过是人们发自内心的难受，并不是人们简单的伤心，所以就返回去拿了装土的虆、取土的梩把亲人的尸骨埋葬了。

不过，考古资料表明早在新石器时代土葬就已经兴起，甲骨文葬字反映的已经是土葬的葬俗了，说小篆葬字还是反映的原始的抛尸葬似乎不合理。我们认为小篆葬只是反映人埋葬后坟墓上杂草丛生之貌，尸骨在草丛中，其实是坟墓在草丛中。

仁、孝观念的起源大概经历了三个阶段。第一阶段是人类社会初期的情形，死了的人被直接丢在沟壑、草丛中，没有什么安葬的观念。第二阶段是新石器时代的情形，人们产生了亲情怜悯之心，看到沟壑、草丛中的亲人尸体被虫蚁鸟兽啃食，心中会难过,就把尸体掩埋了。第三阶段是礼乐文明盛行时代的情形,人们有了事死如事生的观念,一切以死者为大,讲究“入土为安”,要给死者办一个体面的丧事,体现一下最后的孝心。先民处理死去亲人尸体的发展历程也逐渐形成了祖先崇拜的观念,以致最终认为死去的亲人进入了神灵世界,能保佑后世子孙福禄安康。

第三节　汉字与社会经济

中国自古以来就是农业大国,特别是在古代生产力水平较低的情况下,大部分百姓都要进行农业生产。正如汉代谚语所说“一夫不耕或受之饥,一妇不织或受之寒”,它就生动形象地展现了中国古代男耕女织、自给自足的社会形态。从古至今,农业稳定,国家才会稳定,毕竟吃饱肚子才是最关键的,古人深知其理,“仓廪实而知礼节,衣食足而知荣辱”。按照现在的时尚话语来说,就是物质文明决定精神文明。然而农业之外,养殖、渔猎、工商业等,都是百姓重要的生活内容。农业是本,副业为辅,所以百姓在农业生产之余,也发展养殖业,保持着渔猎时期的传统。随着生产力的提高,人类逐渐有了剩余产品,简单的物物交换随即产生,当对交换物的认识逐渐增多后,作为一般等价物的原始货币也产生了,工商业也就应运而生。本节将从农业、养殖、渔猎、工商业四个方面列举相关汉字,逐一分析其所蕴含的传统文化。

一、农业

农业产生于新石器时代,是古代社会重要的经济部门。在古文字中有很多与农业生产工具、农业管理、耕作技术有关的字,它们的创造发明及其所蕴含的文化是我国传统农业技术的精华。

1.田

田,象形字。甲骨文作田、田、田,金文作田,小篆作田。从字形演变可以看出,田字基本上没有出现大的变化,四四方方,中间由四散分开的小路隔开,与它有关的字多半都与耕田、农作有关。

《说文解字》解释田为土地,中间的“十”字是阡陌的计量单位,阡是指纵向小路,陌是指横向小路,与西周时期的“井田制”有关。基本上与“田”有关的字都离不开土地的含义。田字的本义是种植农作物的土地,如《汉书·高帝纪上》中的“令民得田之”,刘向《说苑》中的“使各居其宅,田其田”,都是指耕作的土地。耕田的确是中国古代社会稳定的基础,百姓有了田地,江山社稷才能国泰民安。所谓打江山容易坐江山难,土地更是王朝更迭的重要原因,历代统治者异常重视。兴修水利、劝课农桑、发展农业,一向都是盛世王朝的根本大计,汉唐即是如此,例如均田制、租庸调制、两税法等,再比如明清时期的一条鞭法和摊丁入亩的实施,协调农业健康发展,人口逐渐增多,由此也可看出中国古代社会的小农经济发展模式是主流发展模式,是生产力水平低下所造成的。

中国农业文化有着自身的特点,聚居、精耕细作的小农模式孕育了含蓄的、自给自足的生活方式和文化传统。

2.周

周,甲骨文作田、田,金文作田,周跟田字有颇多相似之处,甲骨文像在田间种植庄稼之形,小点表示庄稼,周的本义就是种植有庄稼的田地。因周人以农业兴盛,盛产禾麦,因此以田为国名,后来另加口形以示区别,成为周朝的专用字,字形作周、周。

耕作田地范围明确、划分清晰,就像是田字方方正正,田间小路错落有致。这跟西周实行“井田制”有所关联,“普天之下,莫非王土”,周天子拥有天下土地,将土地分配给百姓耕种,还得定期缴纳贡赋。一个萝卜一个坑,这就要求每个人的田地划分必须明确,不能跨越限定范围,才符合“周”字的本义。

3.甫(圃)

甫,种植菜蔬、花草、瓜果的园子,甲骨文作甫,象形字,像田野之中有菜苗之形。金文作圃,附加了口表示园圃的范围。原字形分化出甫,表示父、夫之意,但文献中仍可见“甫”用为“圃”的意思,“甫”是“圃”的本字。如《诗经·小雅·车攻》中的“东有甫草,驾言行狩”,大意指东边水草丰茂,大批人马出行打猎。

4.焚

焚,甲骨文作[古文字]、[古文字],金文作[古文字],小篆作[古文字],会意字,字从火从林,字形像以火焚林之形,是原始的焚林拓荒耕种和围猎的反映。《说文解字》解释焚为焚烧田地。此处的田字并不指农田,而是树林、山丛,这个解释也符合甲骨文和金文的字形。典籍中有关于焚田的记载,如《春秋公羊传·桓公七年》中的“焚咸丘。焚之者何,樵之也;樵之者何,以火攻也”。大意是说用火把山林之中的草木烧掉,把此地变为耕种之地,也就是所谓的刀耕火种。古人在打猎时,为了将猎物从树林中赶出,就采取焚烧树林的方法。

刀耕火种是一种原始的农业耕作方式,这种耕作方式没有固定的农田,农民先把地上的树木全部砍倒,待风干后就放火烧掉,农民就在林中清出一片土地,用掘土的棍或锄,挖出一个个小坑,投入几粒种子,再用土埋上,靠自然肥力获得粮食。当这片土地的肥力减退时,就放弃它,再去开发一片,所以称为迁移农业。随着生产力的发展,这种古老的方式逐渐消失,因此焚逐渐丧失了焚田的意义,词义扩大为表示一般意义的焚烧。

5.农、薅

农,甲骨文作[古文字],金文作[古文字],会意字,像是人手持农具在林间耕作之形,表示进行农业生产。其中的[古文字]即辰字,是蜃的象形本字,这里代表耕作时用的农具,即蚌镰。西周以前金属农具稀少,即使进入西周时期,也基本以木石骨蚌作为主要农具,进行农业生产。古代森林植被茂密繁多,想要开垦耕地,就要焚田拓荒,就如同上文提到的焚字,放火烧山开地,因此古文字农从林,古文字农形象地向我们展示了这种原始的耕作方式。

金文里另有其他字形的农,不再从林,而是从田从中作[古文字]、[古文字]、[古文字]等形,这是农业生产进步的表现。从田表示农业进入固定的生产模式,不再是原始刀耕火种般的迁移农业,中表示草,这些字形表示在田间除草之形或劳作之形。表示除草的“薅”字也是从此字分化而来。

薅和农为一字分化,甲骨文均作[古文字],像持农具除草之形,薅的本义为除草,是耨的初文。小篆作形，把人手持农具的方向放在了左边。《说文解字》解释蓐为杂草反复生长的意思。农耕活动遵循自然规律，每个阶段都有不同的工作，播种、施肥、除虫害、割杂草，从而便于农业活动顺利进行，而田野之中的杂草会吸收庄稼成长所需的营养，不利于农业收成。蓐的甲骨文字形就表示人们拿工具将多余的杂草割除，耕作技术有了进一步提高。

中国古代生产力水平不高，农业发展的兴衰又会直接影响王朝的发展，历代统治者对于农业的重视程度不言而喻。譬如《汉书·文帝纪》言："农，天下之大本也。"晁错《论贵粟疏》也指出农业的重要性："贫生于不足，不足生于不农。"如今农业、农村、农民同样在现代社会产生着举足轻重的影响，被称为"三农问题"。中国人口众多，粮食需求量大，妥善处理好三者的关系对社会发展意义重大，从古至今均是如此。

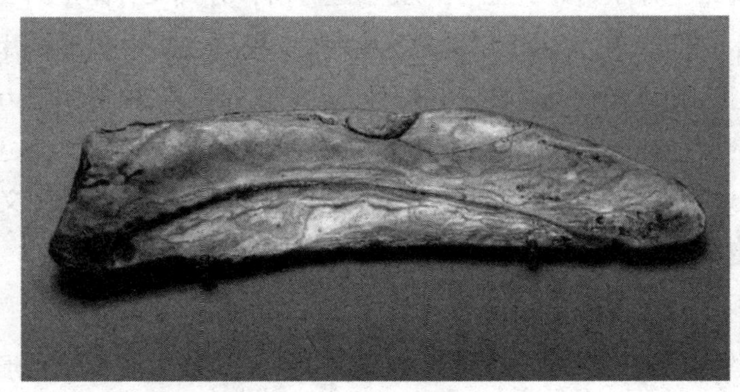

河南郑州出土的商代蚌镰

6.耤

耤，甲骨文作、，会意字，像人持耒、耜一类农具耕作之形；商代金文作，省略了人的身体，只保留了手会意；周代金文作，在甲骨文基础上添加了声符"昔"。小篆，是一个从耒昔声的形声字。耤的本义就是耕作，甲骨文中有关商王"观耤"的记载，就是指商王巡视耕作。耒、耜是中国古代的翻土农具，具体来说，耒是一种形如木杈的农具，耜是一种形如铁铲的农具，起初一般是木质或骨质，后来也有金属质，耒耜用以松土，可看作犁的前身，使用时一般手脚并用，动作与用铁锹翻土类似。甲骨文耤正好反映了这一动作，突出人的手与脚，耤会意的就是用耒耜翻土的动作。从"耒"的字，与原始农具或耕作有关，耒耜的发明开创了中国农耕文化。

耤本义是耕作，古代重视农桑，统治者首先要作为表率参与农业劳动，最初的统治者可能真的会参与耕作，后来渐渐演化为象征性的仪式——“耤田礼”，即帝王亲自耕种田亩的典礼。帝王“亲祭先农，耤于千亩之甸”，是流传久远的中华古礼之一，不仅历史悠久，而且在后世的中国文化中起到了重要的作用，是古代天子关心治下百姓的一种政治行为。在中华文明几千年的历史中，特别是在两千多年的专制集权社会中，耤田礼从早期周礼的简单仪式，上升到后期维持国家经济稳定和社会安定的重要高度，可见其中深厚的农业文化情节一直没有被替代。

新石器时代的骨耜与复原图

7.力

力，象形字。甲骨文作[甲骨文字形]，像用来翻土的耒一类的农具的侧面之形。耒是一种双齿翻土农具，由大木杈发展而来，曲柄、底部分叉。金文作[金文字形]，小篆作[小篆字形]，都承袭甲骨文而来，只是有所讹变。

甲骨文字形的“力”是指古代的耕作工具“耒”。中国是有着悠久历史的农业大国，农业发展与国家兴亡、百姓生活息息相关，其中的农耕用具更是重中之重，“耒”作为古老的农具，对古代农业文明影响巨大。

8.劦

劦即协，甲骨文作[甲骨文字形]，金文作[金文字形]、[金文字形]等形，会意字，由多个力构成，表示多人手持耒耜在田间耕作，劦的本义为并耕、协作。农业生产初期，部落生产往往由部落成员共同进行，耕作也是协作劳动，古文字劦正好反映出这种形式。进入奴隶制社会，奴隶主也是强迫奴隶共同生产，因此也是协作劳动的模式。甲骨文里商王常命

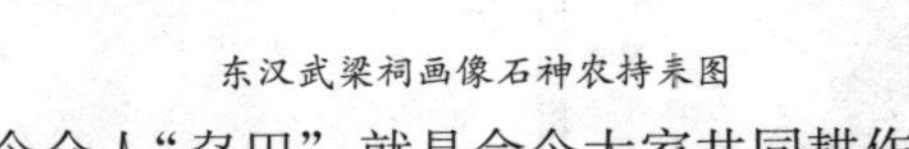
东汉武梁祠画像石神农持耒图　　　　云南丽江独龙族使用的原始木耒

令众人“劦田”，就是命令大家共同耕作。

进入小农经济时代，由于农业劳动人口、工具有限，单靠以家庭为单位的生产组织来进行农业耕作，显得有些力不从心，要是一户家庭之中女孩较多，强调力量的农业生产更难以完成。所以也会把劳动工具聚集起来，协作完成农业生产。

9.男

男，象形兼会意字。甲骨文作、形，金文作、，从田从力，力即耕作时使用的耒耜一类的农具，整个字形像持农具在田间耕作之形，古代从事田间体力劳动的一般是成年男子，因此以此字形表示男子之男，通俗地讲“在田间用力的人”即为“男”。金文另有一个繁体字形，加上了手形，使表意更明确。《说文解字》解释男为男子，就是丈夫，在田地里挥洒汗水，所以表示用尽力气在田间耕作。男耕女织时代，农业重活都是男人来干，女人来做织布这样轻便的劳动。所以男字的本义指成年的男子。

10.芟、乡

芟(shān)，会意字。甲骨文作形，像双手拿工具除草之形。小篆作，字形更为形象，像人手拿工具割断草木。芟的本义为除草，许慎解释为用殳来除杂草。“芟”字既然有“殳”作为偏旁，必然离不开工具的含义。《国语・齐语》中就有相关记载，“权节其用，耒、耜、枷、芟”，芟与耒、耜在一类，同被列为农耕器具。“芟”与“删”读音一致，而“芟”字意义里也有消灭、清除的含义，《淮南子・本经》中“芟野茇”的茇就是清除的意思。

刍，象形兼会意字。甲骨文作[古文字]、[古文字]形，金文作[古文字]，表示用手拔去杂草，引申为割草，《说文解字》就解释刍为割草。田间长出杂草会影响庄稼的生长，古人很早就认识到了这一点。

周人很重视农田是否有杂草。《周礼·肆师》云：“尝之日，涖卜来岁之芟”，就是说秋季尝祭先王那天，周王还要卜问来年是否需要芟除杂草。这与周人重视农业的传统有关。《诗经·周颂·载芟》云：“载芟载柞，其耕泽泽。千耦其耘，徂隰徂畛。”句中描绘出周人耕作的场景，从开荒除草到协力耕耘：拔掉野草除树根，田头翻耕松土壤。千人并肩齐耕耘，洼地坡田都开垦。

11.年

年，甲骨文作[古文字]、[古文字]，金文作[古文字]，会意字，像是人背负禾之形，禾是一种谷类作物，一般认为就是粟，俗称小米，是北方地区重要的粮食作物，这里泛指谷类作物。年字由禾与人会意，像一年收获之时，人将粮食搬运回家，描绘的是一幅丰收的画面，表示丰收，年的本义就是粮食丰收。周人以农业立国，因此以庄稼成熟的周期来计时，北方谷类作物一般一年只成熟一次，从一种谷类作物的丰收到下一次丰收，周期即为一年。中国古代社会一直强调五谷丰登、风调雨顺，百姓安居乐业、乐享天年，加之自给自足的小农经济一直占据主导地位，每一年的粮食收成就成了大家最为关心的事情。甲骨文中也常见商王贞问“受年”的卜辞，即卜问是否会获得丰收。可见商王对农业生产也是极为重视的。

粮食收成好叫丰年，如《诗经·周颂·丰年》中的“丰年多黍多稌”，这里的年指的就是粮食丰收；也叫大有年，如《穀梁传·宣公十六年》中的“五谷大熟为大有年”。要是遇上风霜雪雨之类的自然灾害，收成低、粮食少，就叫“凶年”，《孟子·梁惠王上》中的“凶年免于死亡”，就是指这一年收成不好。

12.秉

秉，甲骨文作[古文字]，金文作[古文字]、[古文字]，会意字，像以手持禾之形，以此来表示禾束与秉持之意。“彼有遗秉”《诗经·小雅·大田》、“或取一秉秆焉”《左传·昭公二十七年》中的“秉”就是指禾束。秉用得最多的是它的动词意义，执持是一个动作，用持禾来会意，可见农业生产的重要性。

13.秋

秋，甲骨文作[ancient character]，金文作[ancient character]，象形字，像蝗虫之形，本为蝗虫，即文献所说的螽。甲骨文秋又作[ancient character]，像以火焚烧蝗虫之形；金文作[ancient character]，加上了禾旁，《说文解字》秋作[ancient character]，继承了这一字形；小篆简化为[ancient character]。之所以用蝗虫和焚烧蝗虫来表示秋，是因为蝗虫在秋天大量出现，而且危害庄稼，因此以此字形来表示秋天。

甲骨文中有大量关于“秋至”“秋不至”“告秋”“宁秋”的占卜，这些秋都是关于蝗虫的占卜，表明商人很重视蝗虫灾害。[ancient character]字像火烧蝗虫之形，可以看出当时面对蝗灾不只是通过向神祖祈求保佑进行消极面对，更有积极的灭蝗措施，即以火焚之。《诗经·小雅·大田》载：“去其螟螣，及其蟊贼，无害我田稚。田祖有神，秉畀炎火。”“螣”即蝗虫，除掉那些食心、食叶的螟虫蝗虫，还有那些咬根咬节的虫子，不教害虫祸害我的嫩苗！祈求田祖农神发发慈悲吧，以一把大火把害虫们烧掉。

二、养殖

养殖业自古就是一个重要的经济行业，古代中国的先民们有着悠久的养殖历史与经验认识。从采集经济时代开始，养殖业就慢慢地发展起来，不仅养殖的牲畜种类多，而且捕获技巧、管理经验等都有伟大的创造，是先民对人类经济的重要贡献。

1.牧

牧，甲骨文作[ancient character]、[ancient character]、[ancient character]，金文作[ancient character]、[ancient character]，像人手持鞭子或树枝驱赶牛群、羊群之形，驱赶牛群表示牧牛，驱赶羊群表示牧羊，牛和羊是上古时期主要的放牧对象。牧牛和牧羊实际上表示的是相同的动作，只是对象不同，后来文字归并为同一个字形，只保留了放牛的字形，后小篆作[ancient character]。

学会畜牧是人类社会进步的重要标志，意味着人类已经驯化家畜，能自己饲养家畜以保证肉食来源。先秦时期统治者非常重视畜牧业，设有专门的职官来管理畜牧事宜，如牧正、牧人。《左传·哀公元年》记载：“后缗方娠，逃出自窦，归于有仍，生少康焉，为仍牧正。”大意是说后妃缗刚有身孕，从地洞逃出，改嫁有仍氏，后来生了少康，少康后来担任有仍部落的牧正。牧正是牧官之长，主管畜牧。先秦时期出现“牧正”这样的官员，可见统治者对畜牧业的重视。《周礼》记载有“牧人”一职，主要是“掌牧六牲”，饲养六种用于祭祀的牲畜，其中就有牛。后来“牧”的含义扩大，由管理牲畜转变为管理百姓，东汉时设有“州牧”一职，即一个州的行政长官，管理地方百姓。

2.豕与豭、豖

豕，即猪。甲骨文作，像猪之形，长吻，大腹，四蹄，有尾，突出肥大的肚子，为了书写方便，字形横置；商代金文作，就是一头猪的形象；周代金文作，在甲骨文字形基础上线条化了。

豭，公猪，甲骨文作、，金文作，象形字，像公猪之形，突出生殖器，其腹下突出的一横象征其生殖器。

豖，阉割后的猪，甲骨文作、，小竖线表示豭猪的生殖器，但这个生殖器与猪身分离，说明是被阉割的猪，即已去势。

上面一组字表明先民已驯化了野猪，并将其作为家畜进行饲养，早期追逐打猎野猪，后来慢慢进行驯化饲养，使其成为重要的肉食来源，直到今天猪仍然是重要的家畜之一。豖字则表明我国先民至少在商代就已经掌握了阉割家畜的技术，一般来说，阉割后的家畜性情温顺，更有利于养殖，而且更能长膘。

3.家

家，甲骨文作、，金文作、，会意兼形声，从宀从豭，豭也是其声符。甲骨文又作、，金文作，小篆作，会意字，从宀从豕。笼统地说，家由表示房子的宀和表示家畜的猪构成，家就是养殖有家畜的地方。

进入新石器时代，人类生产力有一定提高，狩猎技术也更为先进，猎取的猎物也越来越多，很多猎物一时半会儿吃不完，就把它们圈养在简易的屋子里，逐渐驯化为家畜。家由猪参与会意，足见猪在家畜里的重要性。猪很常见，是先民捕获数量较多的猎物，吃不完的猪就被放到屋子里养着，猪的繁衍很快，慢慢地就成了先民拥有的私有财产，每户人家都养着猪，而养猪的地方“家”就成了家庭的代指。

4.为

为，甲骨文作，金文作，会意字。上部为手，下部为象，表示一只手牵头大象将其驯服。《说文解字》解释“为”字为母猴，从甲骨文字形来看，明显不正确。为像牵象之形，说明古人已经驯化了象，并把象作为家畜饲养。大象可以作为重要运输工具，帮助人们搬运货物，还可以提供大量可食用的肉，也是一种非常重要的生活资料。

如今中原地区已经没有象的踪迹了，古文字为表明至少在商代，中原地区还有象在活动。刘鹗《铁云藏龟》说象“会手牵象以助役之意，殷代黄河流域多象”，一是说商人驯养了大象，二是说殷商时期黄河流域有大象。殷商时期黄河下游流域气候温和，适合大象生存。西周之后，由于气候变化和人类活动影响，象已经退到淮河流域一带了，到今天中国只有南方热带地区才有野生象活动。

三、渔猎

渔猎是古人获取肉食的主要方式之一，包括捞鱼摸虾和捕捉鸟兽。在人类社会初期，渔猎占据重要地位，随着养殖业的不断扩大，渔猎的地位逐渐降低。早期的渔猎活动主要是为了得到肉食，慢慢地增加了军事训练和游乐等目的。在古文字资料中有一些字与先民的渔猎活动密切相关，反映了先民的渔猎技巧与组织方式等，由此依稀可见古人渔猎的场景。

1.田(畋)

田，田猎，也作畋，甲骨文常用田表示田猎。甲骨文里常有“王往于田”的记载，就是关于田猎的记录。如《甲骨文合集》10921 记载：“之日王往于田，从徹京，允获麇二、雉十七。”大意为这一天王前去田猎，从徹京这个地方开始田猎，果然猎取了两头麇鹿、十七只野鸡。之所以用田表示田猎，与古代农业生产方式分不开。上文说过，原始的刀耕火种种植方式常常是在森林中简单地开辟出一块空地，常用焚林的方式，种植的地方也是狩猎的地方，焚林狩猎是古人常用的狩猎方式，焚林狩猎过后留下的空地也可用于开垦种植，因此狩猎的行为同时也是开荒垦田的行为，因此田也可以表示田猎。

甲骨文里有一个从攴从田的[甲骨文字形]字，此辞例残缺，不可确知其在卜辞中的意义，但从字形看，这个字可能是由田字田猎义分化出来的畋字，像人手持武器(攴)在田野里打猎之形。《说文解字》解释畋是平田，结合字形与文献也是合理的。《广韵》解释畋为“取禽兽”，就是打猎的意思。但古文中田与畋常常混用，都可以表示打猎。

最初的田猎是为了获取必备的食物，进入阶级社会后，就统治阶级层面而言，田猎已经不是简单的狩猎活动了，逐渐演变为娱乐活动、军事行为以及礼仪活动。商周时期，农业和畜牧业得到发展，打猎取食这一做法在王公贵族中已经不再盛行，转而向娱乐性质过渡。除了娱乐性质之外，畋猎同样还有锻炼军队的作用，为了更加有效地追捕猎物，需要对人力和工具做出适当的安排，这与军队作战有异曲同工之处。畋猎既可以增强军队士兵的体质，又可以借助狩猎演练战场的真实情况，可谓一举两得。后来“畋猎”上升到了礼的高度，畋猎活动就有了一套规范的制度来加以实施。

2.狩

狩，甲骨文作，从犬从，像捕捉野兽时使用的狩猎工具，犬表示猎犬，二者相合表示以猎犬及工具捕捉野兽，即狩猎。《说文解字》说狩是犬田，正好印证了造字本义，甲骨文狩说明当时犬已经用于狩猎活动当中。《左传·隐公五年》载：“故春蒐、夏苗、秋狝、冬狩，皆于农隙以讲事也。”讲的是在不同的季节用不同的狩猎方式。冬狩指冬天使用狩这种捕猎方式，即使用猎犬；“讲事”意为演练军事，是说这些狩猎行为究其根本是为了农闲练兵。战争如同集体狩猎一样，所用的武器也是狩猎工具，所以在冷兵器时代，打猎和练兵是同步进行的。

搜寻、巡视猎物为狩，古代天子对地方的巡视也称为“狩”。孟子云：“天子适诸侯曰巡狩”，就是说天子到各诸侯国巡查叫作巡狩，巡狩就是巡视诸侯守护的疆土。

3.陷

陷，甲骨文作，会意字，从麋从凵，中有小点，像麋在坑中之形，小点表示土，整个字形反映的是挖陷阱捕获麋鹿的情景。该字或作，省略了表示泥土的小点；或作，将凵形替换为了井字形，也像陷阱之形；或作，从鹿，表示设陷阱猎捕鹿；或作，从兕（兕是一种野生水牛），表示设陷阱猎捕水牛。这些甲骨文字形其实都表示同样的意思，都是陷的会意初文。这些异体字为我们展示了古人的捕猎方法与捕猎对象，在捕获麋、鹿等大型动物时采用挖陷阱的方式，也许是为了生擒猎物，或是为了保证其皮毛的完整性。同时，陷也是一种古老的狩猎方式，在弓箭发明之前,人类要捕获大型动物,就在猎物经常出现的地方挖坑设陷,狩猎时有意将猎物向有坑的地方驱赶,猎物掉进坑里就能成功捕获了,人类用挖坑设陷的方法大大提高了捕猎效率。

4.射

射,甲骨文作[古文字],金文作[古文字],从弓从矢,表示搭弓射箭。后金文加上手又作[古文字],表示以手拉弓射箭。小篆作[古文字]、[古文字],原字形所从之弓形讹变为身。许慎在《说文解字》中解释射为人把弓弩从身边射出去后射中远方,结合早期字形来看,这种说法显然是有问题的。射本义就是射箭,是使用弓箭射取猎物。

弓箭的发明本是为了满足打猎的需要,可谓人类文明的巨大进步,打猎的效率因此迅速提高,并加速了社会分化。习射成为男子必须掌握的技能,《礼记·射义》记载:"射者,男子之事也。"西周建立之后,确立了一套贵族教育体系,"射"成为"六艺"之一,是贵族子弟必须掌握的技能之一,可见周代对射箭技术的重视。

射是古代六艺之一。礼、乐、射、御、书、数是一个贵族子弟需要掌握的六种基本才能。周礼有五射,就是五种射箭技术,分别是白矢、参连、剡注、襄尺、井仪。儒家很重视对于六艺的全面培养,"射"被当作一种特别的技艺受到很多关注。《论语·八佾》中提道:"君子无所争,必也射乎!揖让而升,下而饮,其争也君子。"大意是说君子是没有争斗的,一定要说有的话,那首推射艺了,因为射艺是一种谦恭有礼的君子般的相争。因此,"射"不但在杀敌作战方面有很重要的作用,更有修身养性的作用。

5.彘、雉

彘,本义是野猪。甲骨文基本字形作[古文字],会意字,从豕从矢,像箭穿透猪身之形,要用弓箭射取的猪即野猪。甲骨文或将字形横置作[古文字],后世继承横置字形,金文作[古文字],小篆作[古文字]。古文字字反映的就是一幅先民利用弓箭猎捕野猪的场景。除了射取走兽外,飞禽也可以用箭射取,甲骨文雉反映的就是射取飞禽的场景。

雉,俗称野鸡。甲骨文基本字形作[古文字],会意字,从隹从矢,像用箭射取飞鸟之形,或作[古文字],从隹从至,至也作声符,雉表示野鸡。字或作[古文字],弓箭上的"己"字形表示绳索,这个字形反映的是一种射取飞鸟的方式——弋,即用带绳子的箭射禽鸟,用这种方式射鸟一是有利于箭支回收,二是有利于猎物回收,防止飞鸟中箭后飞远。《诗经·郑风·女曰鸡鸣》中的“将翱将翔，弋凫与雁”，反映的就是用带绳子的箭射取野鸭与大雁，与甲骨文描绘的场景相似。

北京故宫博物院藏战国早期宴乐狩猎攻战纹铜壶(左)及壶身所饰弋猎纹(右)

6.逐

逐，甲骨文基本字形作，从豕从止，像追逐野猪之形，因此逐的本义与狩猎方式有关，即追捕野兽。字或作，从两个豕，表示追赶一群野猪；或作，从兔从止，表示追捕野兔；或作，从鹿从止，表示追捕麋鹿；或作，从兔从犬，表示用猎犬追捕野兔，也表示追逐之意，同时也反映出猎犬在田猎中的运用。逐的几种字形为我们展示了一种原始的捕猎方式，即追逐、围猎的方式，围捕的对象有野猪、野兔、野鹿等。因为野猪是最常见的追捕对象，因此追逐野猪的逐取代了其他字形，金文作，加上了表示道路的彳。

顺便谈一个与逐相关的字——追。今天我们常常把追逐连用，但追和逐其实是有本质区别的。追，甲骨文作，从从止，即师的本字，表示军队，因此追的本义是追击军队，是与军事相关的动作。逐是追捕猎物，与田猎相关。甲骨卜辞中二者绝不混用。

7.网、罩、罗、罝

网，甲骨文作、、等形，金文作。象形字，均像网子之形，只是繁简不同，两边竖划像固定网子之木棍，中间交叉的斜线像交织的绳索。小篆作，与甲骨文一脉相承。网不仅可用来捕鱼，还可以用来抓捕鸟兽，甲骨文网更像是用于抓捕鸟兽之网。

罩，甲骨文作基本字形作[illegible]，像人张网之形，本义应该是用网捕猎物，《说文解字》解释罩为捕鱼器，其实不止如此。甲骨文中还有[illegible]（像人张网捕鸟）、[illegible]（像人张网捕野猪）、[illegible]（像人张网捕野兔）、[illegible]（像人张网捕鱼）等字形，学者也释为罩的异体，只是网捕的对象不同。用罩的方式捕猎，应该是在发现猎物之后用网将其从上到下覆盖住，这样猎物就无处可逃了。这些古老的文字向我们展示出一幅幅生动的古人捕猎图。

罗，甲骨文作[illegible]，会意字，像以网捕鸟之形。金文作[illegible]，网为麻线等制成，因此加上了意符“糸”。“飞鸟不动，不绊网罗”（《淮南子·兵略训》）以及成语“门可罗雀”中的“罗”都是以网捕鸟的意思，飞鸟停滞不飞，就不会挂到设好的网罗之上；门前人烟稀少得都可以立网捕鸟，形容官者休官失势后门庭冷落、车马稀少。今人尚有用同样方法捕鸟的，用两根杆子将网固定在飞鸟出没的地方，鸟飞过来撞到网上就容易被网线挂住，这样捕鸟就成功了。

罝，甲骨文作[illegible]，本义是一种捕捉兔子的网，甲骨文正好是网兔之形；词义扩大也可表示用网捕捉动物，异体作[illegible]，学者也释为罝，解释为从网从疋，表示用网羁绊住动物的脚，使其无法逃跑，疋同时也充当声符。

还有一些与用网捕猎但考释存在争议的字。如[illegible]，从网从眉，眉是麋的省略，这个字反映的是古人用网猎捕麋鹿的场景；[illegible]，从网从豕，豕即野猪，这个字反映的是古人网捕野猪的场景；[illegible]，从网从虎，反映的是古人网捕老虎的情景。

甲骨文中[illegible]字，甲骨卜辞中一般用为“[illegible]虎”，有学者释为罥，意为用绳子下套捕捉老虎，从网从月，老虎多为夜间出没，因此从月。这种捕虎的方式就是在老虎出没的地方设置绳套，待老虎入套就拉动绳索，老虎就被套住了，甲骨文[illegible]反映的就是套住动物腿的形象。

8.获

获，甲骨文作[illegible]、[illegible]，金文作[illegible]、[illegible]，会意字，从隹从又，隹代表鸟类，又即手，字形像以手持鸟之形，表示抓获、捕获。小篆作[illegible]，加上了意符“犬”，犬为猎犬，表示获与田猎有关，田猎所得为获。《吕氏春秋·不苟论》中就说：“狗良则数得兽矣，田猎之获常过人矣”，说明好的猎犬在田猎时捕获的猎物比人捕获的还多。繁体作“獲”，与表示收获粮食的“穫”不同。

打猎捕获是人类社会重要的生活物资来源之一，进入农耕社会之前，采集与渔猎是人类获取生活物资的主要方式，采集瓜果会受季节性限制，渔猎受限较小，渔猎是补充基本的生活物资的重要途径。

9.虣

虣，即暴虎冯河的"暴"的本字。甲骨文作[illegible]、[illegible]，像持戈击虎之形，本义为搏击猛虎。金文作[illegible]，从虎从攴，也是击打老虎之意，或作[illegible]，从戉从虎，戉也是一种兵器，字形也表示搏击老虎。小篆作[illegible]，从武从虎，表示以武力与老虎搏斗。《诗经·小雅·小旻》有"不敢暴虎，不敢冯河"，《诗经·郑风·大叔于田》有"襢裼暴虎"，古人注疏的时候都说"暴虎"是空手和老虎搏斗，这种说法已经深入人心，但是从古文字的角度来看，人拿着戈或杖去打老虎就是"暴虎"，而不是空手搏斗。甲骨文有关于虣虎的占卜，有时候会持续一二十天，反映出老虎也是捕猎的对象之一，但捕捉老虎很不容易。

10.渔

渔，甲骨文基本字形作[illegible]，从水从渔会意，意为捕鱼；金文作[illegible]，鱼下的小点表示水。甲骨文或繁化作[illegible]，金文作[illegible]，像水中鱼群之形，也会捕鱼之意。另商代金文有[illegible]字，像以手捧鱼之形；周代金文有[illegible]字，在甲骨文渔基础上附加了手形，像徒手在水中捕鱼之形，这两个字形都是渔的异体，都会捕鱼之意。

在渔网发明之前，人类捕鱼采用的方式可能就是简单的"竭泽而渔""浑水摸鱼"，或使用带尖的树杈叉鱼，古文字渔反映的就是这种原始的捕鱼方式。当然这些原始的捕鱼方式效率不高，人们便想着改进方式，随后产生的应该就是竹木编织品，如畚箕，可以用来捞鱼，再之后才是渔网的发明。上文提到的[illegible]、[illegible]两种字形，前人也释为渔，表示用网捕鱼，但今已改释为罩，但反映的同样是以网捕鱼。捕鱼并非只有用网一种方式，因此渔字不用鱼和网参与会意，而用水和鱼会意。

11.鯀

鯀，甲骨文作[illegible]，金文作[illegible]，战国楚简作[illegible]，由鱼、鱼线、手会意，像钓鱼之形，本义为钓鱼，鯀应该是先民多种多样捕鱼方法中的一种。小篆作[illegible]，系表示鱼线，但已经看不出钓鱼的意思了，因此许慎在《说文解字》中解释鯀为一种鱼。甲骨文中鯀用作地名，传世文献中也找不到鯀用作钓鱼义的例子，我们说鯀表示垂钓，只是从字形上做的推测。

四、工商业

工商业包括手工业和商业。从人类会制作简单陶器开始，人类的手工业经验与技巧就慢慢地积累与进步，到了商代已经发展成为一个以青铜铸造业和纺织业为主的独立经济部门。与此同时，随着手工业的产生，原始商业也逐渐发展起来。在一些古文字中，我们能够看到原始手工业与商业的大致面貌，了解先民们的制作技巧与商业交换等。

1.贝与朋

贝，甲骨文作，金文作、，象形字，像一种海贝之形。小篆作，字形笔画化后完全看不出贝壳的样子了。

在金属货币产生之前，我国存在很长一段使用海贝作为一般等价物进行交易的时代，这种充当货币功能的贝壳生长于热带、亚热带浅海，它小巧玲珑、坚固耐用，起初是原始居民喜爱的一种装饰品，由于它大小适中，具有便于携带、便于计数等特点，后来，随着社会经济的发展和商品社会的形成，贝就成为交换的媒介，天然贝就逐渐充当商品交换的一般等价物的职能。二里头文化遗址就出土了大量海贝、石贝、骨贝，可能是装饰品，但也可能是当时的货币。

由于贝长期作为一般等价物，除了天然海贝之外，还产生了其他仿制品，如珧贝（玉质）、骨贝、石贝、铜贝等，这些仿造海贝形状制作的“贝”，同样可以充当一般等价物。商代出现的青铜贝是后世金属货币的滥觞。贝币在商周时期被广泛使用，直到春秋时期各种金属货币的出现才取代了贝币。我们今天熟知的一些与经济、财务有关的字都从贝，比如货、贷、贵、買、賣、财等都与贝有关，也说明在很长一段时间内，贝与经济活动密切相关。贝是交易的一般等价物。

贝币以朋为单位，甲骨文作，金文作，像两串贝系挂在一起之形。商周金文里有大量关于赐贝的记载，贝的单位就是朋。如商代晚期的戍嗣鼎记载“王赏戍嗣贝廿朋”，即商王赏赐给戍嗣二十朋贝。商代一些族徽文字也反映出商人以贝作为货币，如、，像人挑着贝朋站立之形；像挑着贝朋乘舟之形，可能是要前往某处交易；像人挑着贝朋奔走之形。

河南安阳殷墟遗址发掘的商人墓葬坑。此人身上覆盖有一层海贝,与后世陪葬钱币性质相同,贝在当时是财富的象征

2.宝

宝,甲骨文作[古文字]、[古文字],会意字,从宀从贝从玉(或珏)。贝即先秦充当货币的一般等价物;珏为成串的玉,表示玉器。贝与玉都是珍贵难得之物,须在家珍藏,因此甲骨文以此二字参与会意,表示珍贵、宝贵的意思。金文[古文字],增加了声符"缶",小篆作[古文字],继承了金文字形。一般而言,难得之物即为宝,甲骨文宝字反映出了上古时期贝、玉都是难得之物的事实。上古之时,无论是作为装饰品的贝还是一般等价物的贝,都是不易获得的;玉石也一样,一般上层人士才能拥有,因此玉器常用来祭祀神灵。当然,今天普通的海贝已经不再珍贵,但玉器依然宝贵。

3.得

得,甲骨文基本字形作[古文字],金文作[古文字],会意字,从贝从又,像以手持贝之形,表示获得财货宝物之意,引申为一般意义的获得。甲骨文又作[古文字],金文作[古文字],附加了表示道路的彳,意为在外获得财物,字形反映出来的应该是通过交易获得财物的情景。春秋金文作[古文字],字形有所讹变,小篆作[古文字],原字形之手讹变为寸。许慎在《说文解字》中解释得为"行有所得",是其根据字形做出的推测。

4.买

买,甲骨文作[古文字]、[古文字],金文作[古文字]、[古文字]形,小篆作[古文字]形,会意字,像以网网贝之形。

甲骨文、金文里的“买”字似乎都不是用作买卖义,甲骨文里的“买”用法似乎与网、罗一类字相近,指的可能就是单纯地用网捞取海贝,贝在商代充当货币,捞取贝壳应该与商业活动有关。商代金文里“买”用作族氏名,也看不出具体的意思,也许这个以“买”作为族徽的家族从事的是与采集贝和管理贝有关的工作。周代金文“买”一般做人名,看不出意义。今可确定“买”作为买卖义的最早出土文献应该是战国晚期的睡虎地秦简,如《法律问答》云:“甲盗钱以买丝。”买就是购买的意思。传世先秦文献里买已经用作买卖的意思,如《左传·昭公元年》载:“《志》曰:买妾不知其姓,则卜之。”“买妾”就是购买女仆。说明至少在春秋时期,买字就已经用来表示买卖了。

之所以用从网从贝的字形来表示购买之意,许慎在《说文解字》里的解释是:“買,市也。从网貝。《孟子》曰:‘登垄断而网市利。’”市是固定的交易地点,也指交易,许慎说买就是交易的意思,并援引《孟子》解释字形从网从贝的原因,即到市场上通过交易获取利益。这不失为一种合理的解释。

考古研究表明,商代的商品经济已经具有一定的规模,以贝作为一般等价物的货币制度也逐渐完善,早期的专业商业活动可能就产生于商代。今天我们将做生意的人称为“商人”,据说就是与商朝之人有关。传说武王灭商之后,许多商朝遗民改行从事工商业,“商人”最初只是对商朝遗民的称呼,后来人们将做生意的人都称作“商人”。

5.贾

贾(gǔ),甲骨文作[illegible]、[illegible],金文作[illegible],或省作[illegible]、[illegible]。会意字,从贝从[illegible],[illegible]像一种贮藏东西的箱子。甲骨文像贮藏贝币之形,会囤积营利之意。本义就是进行商贾交易。多财善贾,古文字贾正好体现出这一点。《说文解字》认为贾就是从事市场交易,或者说固定在一个地方从事交易。

商代市场交易已经具有一定规模,到了西周时期,国家已经有了专门进行商业贸易的市场,实行“工商食官”制度,设置了一系列的职官来保障商业活动有序进行,交易的物品、时间、数量多寡都有严格的限制,可见管控之严格。而“贾”在后世多半与“商”连用,例如《史记·货殖列传》中记载:“是以富商大贾周流天下,交易之物莫不通。”大意是富商大贾经常行走天下，从事商品交易活动。

当然在“工商食官”制度的调控下，已经产生了最早的固定交易人，也就是“行商坐贾”之贾。这些人不需要游走天下，有固定的居所与交易场地，甚至一些物品只能在室内交易，形成了最早的商铺。

6.贪

贪，甲骨文作、，会意字，从倒口从贝，以食贝之形会贪财之意。战国楚简作、，倒口之形讹变为今，其实今也是倒口之形。小篆作，承袭而来。从字形来看贪的本义就是贪财，后来引申出贪婪之意。

7.铸

铸，铸造。甲骨文作，从人从火从皿，描绘的就是铸造青铜器时的场景。或作，金文作，会意字，上从两手，中间为倒置的器皿，类似今天的坩埚，坩埚下为火，表示高温熔化的金属溶液，下从皿，表示模具。整个字形描绘的就是铸造青铜时向模具里浇灌溶液的场景。金文繁体作，增加了意符“金”和声符“寿”，小篆简化为，是一个从金寿声的形声字。

铸造与青铜冶炼业有关，距今 4000～5000 年前，人类就开始铸造青铜器了。商周时期青铜冶铸技术已经成熟，青铜铸造业空前发展，是青铜器铸造的黄金时代。工匠们能够制作大量精美的青铜器，铜器品种丰富、造型多样，食器、酒器、水器、乐器、兵器等大放异彩，纹饰精美，铭文丰富。虽然夏商周都有青铜器存在，但尤以商周青铜器最为美观大方，因此商周时代也被称作“青铜时代”。古文字铸也间接反映出青铜铸造业的发达。

8.段

段，今甲骨文未见，金文作形，从厂（hǎn）从两点从攴，厂表示房檐，两点是金的初文，攴表示手持工具捶打，整个字形描绘的就是在简易的棚舍下捶打金属的场景，即锻造，因此段就是锻的会意初文。锻造技术的进步显示出当时高超的铜器制造工艺。

段是制作金属器具时的一个步骤，即把金属放在火里烧，然后用锤子打。周代设有“段工”一职，是专门负责锻造金属的工匠。据《考工记》记载：“攻金之工……

段氏为镈器。”镈是一种农具，制作时需要对原材料进行反复淬火捶打以增加其韧性，因此《考工记》说镈这一类器具由段工打造。

当然段还有另一种解释，字所从之厂也可以是山崖的象形，表示石头，但整个字形反映的仍然是锻打。在金属冶炼发现之前，人们在打制石器时也会发现自然铜等金属，人们便将这些金属打制成各种形状的工具，新石器时代的齐家文化遗址发现有红铜器，都是由自然铜打制而成。因此段也可能反映的是古老的用自然铜打制铜器的情景，自然铜往往是在石头里发现的，因此段从石。由于未发现更早的字形，金文段已经是西周时期的字形了，因此我们认为第一种解释更符合实际。

9.巠（经）

巠，金文作、，象形字，像绷在织布机上的几条直线，这种形式是古人织布机不变的基本形式，巠即经的象形本字，后加上表示丝线的意符“纟”，作，小篆作。巠本义是织布机上的经线，经线细长而直，古文字经正好表现了这个特点。手工纺织在我国有着悠久的历史，是一门古老的手工工艺。在距今约7000年的河姆渡遗址就出土了纺车和部分零件，证明当时的纺织技艺已经达到了相当高度。

10.绝、继

绝，甲骨文作，像两条丝缕被三条横线切断之形；金文作，战国楚简作，均像两组丝缕被刀切断之形，会意字，以刀切断丝线会断绝之意。小篆作，形符用糸，说明绝本来与割断丝线有关，是与纺织相关的一个概念。

与绝相对的动作是“继”，金文作，战国楚简作，与绝的古文字字形相近，但这个动作表示将丝线接上，中间的横线表示连接，小篆作，加上了意符“糸”，也正是因为继与绝的古文字字形类似，所以后来才造了绝来表示隔断、断绝。继、绝二字反映古人纺线织布的情景，继为织布时续线、接线的情景，绝表示织布结束将经线剪断。

11.𡳾（凿）

𡳾，甲骨文作，会意字，上部表示山崖，下部由玉、箩筐、双手持辛三部分构成，整个字形描绘的是在山中采玉的情景（辛是一种工具，这里代表开山凿石的工具,箩筐是用来盛放开采出来的玉石的)。该字以开采玉石的场景来表示开采出来的璞玉,即未雕琢过的玉石,或指包藏着玉的石头。同时这个字形也可表示凿,以采玉之形会开凿之意。我国有着悠久的制玉历史,考古资料表明我国存在过一段玉器时代,即距今 4000~6000 年的这段历史时期,其中良渚文化时期所生产的玉器尤为精美。甲骨文璞为我们展示了一幅生动的先民采玉图景。

第四节 汉字与文教卫生

文教,即文化教育,是人类社会发展到一定阶段的产物,我们这里说的文教是指狭义的文化教育,主要讨论与实施教育和记录文化有关的汉字。卫生是指“维护生命或保护身体”的行为,也指“维护生命或保护身体所采取的一切措施”,包括预防和治疗疾病、维护和增进健康所采取的一切措施。我们这里主要谈与医疗观念相关的汉字。

一、文化教育

文化教育随着人类社会的产生而产生,并随着社会的发展而发展。在其产生之初,教育同生产生活相结合,教育内容主要为生产和生活经验;教育手段单一,仅仅限于口耳相传,通过模仿获得生存技巧。随着社会的进步与文字的产生,教育的内容逐渐丰富,教育与生产劳动逐渐分离,学校教育逐渐兴起,教育的目的也不仅是简单地获得必备的生存技巧,而且逐渐具备经济功能、政治功能以及文化功能。

1.教

教,甲骨文作,金文作,小篆作,从攴从子,爻声。子即小孩,是接受教育的人;攴为手持小棍轻轻击打之形,引申为教导训诫,代表实施教育的人;爻为声符,也有学者认为爻是算筹的象形,代表教授的内容。整个字形像手持木棍教育小孩之形，教的本义就是教授、传授。甲骨文或省略“子”旁作，金文作，是一个从支爻声的形声字。旧时私塾先生都有用于体罚学生的戒尺，现在一些小学教师也有震慑不听话孩子的教棍，结合甲骨文“教”的字形来看，这种教育方式可谓源远流长。

《说文解字》解释“教”是“上所施，下所效”。上所施是大人、老师传授知识给小孩，拿着教棍是因为小孩顽劣，可以起到威慑作用。下所效就是小孩跟着老师学习、模仿。简单来说就是“上行下效”“言传身教”，基本要求是学生通过模仿老师、大人来学得基本技巧。

春秋以前的教师主要由武官充当，师本身就是军事类职官。春秋晚期学在官府的局面被打破，自孔子开设私学以来，私人教育逐渐兴起，有文化的人开始招收学生，文化与知识下移，即便贫穷的庶人也可以接受教育，比如孔子倡导“有教无类”，只要学生能付十条干肉作为学费就可在他那里学习。战国秦汉以后，教授学生的知识分子被称为“师”就固定了下来。自孔子开始招收学生提出“有教无类”的思想以来，中国古代就一直存在官府教育与私人教育，私人教育在唐代开始发展成书院教育。

战国时代，学生最基本的学习内容是“五教”“六艺”，《礼记·经解》说五教是《诗》《书》《乐》《易》《春秋》。六艺是礼、乐、射、御、书、数。如果从基本的道德要求来看，则有“七教”，《礼记·王制》记载了父子、兄弟、夫妇、君臣、长幼、朋友、宾客七项，这些都是基本的伦理道德要求。同时，因为春秋晚期到战国末期私学盛行，知识分子大多创立学派，招收学生以宣传自己的思想，所以这一时期教育的内容是多种多样的。汉代及以后，因为儒学成了官方意识形态，教育的内容就主要是儒学了。

2.学

学，甲骨文基本字形作、，从宀爻声，宀表示房屋，这里指施教的固定场所，学的本义就是实施教育的地方，也就是后来的学宫、学校，再后来由实施教育的地方引申为接受教育的动作，即学习。根据这一字形，我们可以推测至少在商代就已经有了简单的学校教育。甲骨文学又作，增加了意符“手”，表示实施教育的动作，整个字形反映的还是实施教育的场所，金文作，又加了教育对象“子”，可以反映小孩子学习的动作。小篆作，与金文一脉相承。金文又作，加上了形符“攴”，表示教学动作，这个字形既可以指教授之教，也可以指学习之学，反映出“教学一体”的事实。

甲骨文中“学”已经有了学习的意思，如《花园庄东地甲骨》第 150 片记载：“乙卯子其学商”，意为在乙卯这一天，子（商王室成员）学习商这种音乐。西周金文中“学”可指教育场所，也指学习，还可以指教授，如西周早期静簋铭文记载：“王令静司射学宫，小子眔服、眔小臣、眔夷仆学射……静学无旲。”大意为周王命令静在学宫教授射箭技能，让贵族子弟及邦国官员、臣子、仆役等都跟随他学习……最后静教授得很好，没有一点瑕疵。这篇铭文中的学表示了三个不同的意思，这些意思都可以从古文字字形上反映出来。

我国古代《学记》一书记载：人只有学习了才知道不足，知道不足才会反省。这就是觉悟，强调学习要发挥主观能动性。这本书还第一次提出“教学相长”的理念，即教了之后才会知道困惑的地方，知道困惑的地方才能够自强，这就叫“教学相长”，教和学是相互的。《礼记》也记载有“学学半”，第一个学字其实是“斆”，教了别人自己也增加了一半的学问，可以互相切磋。

以上大致反映了中国古代的教育理念。第一是教学相长。老师先教学生，使学生知道自己的不足之处，然后进行自我反思，这样学生的领悟能力就会提高。第二是师生互相学习（学学半）。老师教学生知识，既可以让学生有所觉悟、学到技能，同时也能促进老师学问的增加。唐代文学家韩愈在《师说》一文中更是明确提出师生之间的学问高低关系，一是“无贵无贱，无长无少，道之所存，师之所存也”，二是“是故弟子不必不如师，师不必贤于弟子，闻道有先后，术业有专攻，如是而已”。此两点均是对孔子名言“三人行，则必有我师焉”的进一步发展。

3.册

册，甲骨文作、，金文作、，小篆作，象形字，像编连成册的简册之形。长短不一的竖线表示一支一支的简，两道横线表示编连简册的编绳，简一般由竹木制成，编绳一般是麻绳，当时编连竹简是以上下两条绳索贯穿连接，即一般有两道编绳，因为若只有一道编绳，是无法完全固定竹简的，也就难以使用。另外，如果竹简本身长度较长的话，就可能有三道甚至四道编绳，这样才能使简册更加牢固。之前多数人认为古代的编绳是皮绳，其实是误解了“韦编三绝”的意思，简册的编绳一般是麻绳，考古材料已经证实了这一点。另甲骨文有一个字字形作，从册从糸，有学者释为“编”，如果考释正确的话，也可以证明编绳为麻绳一类的细线。“韦编三绝”的“韦”应该是表示横线的“纬”，编绳是横着编，所以称为“纬编”。单一的竹简或木简称为简，用麻绳将多支简编连起来就称为“册”，古文书写一般是先写再编，即先在单一的简上书写，该写的内容写好后再将多支简编连起来，成为一册。

在纸张发明以前，竹木制成的简是主要的书写材料，今出土发现的简册最早是战国时期，但这并不意味着之前就没有简册，甲骨文册就为我们展示了商代也以简册为主要书写材料的事实，有了册，说明已经有了文字，而且已经进入了可以熟练使用文字记录语言的时代。《尚书·多方》记载周公说“惟殷先人，有册有典”，也说明殷商的先人已经有典册。

甲骨文中常有“称册”的记录，与后世的“接旨”类似，意为“接受王命”，只是这个王命是写在简册上的。王要向臣子下达命令，一般要将命令写下来，为王书写王令的官员叫作“作册”，字面意思即制作简册，类似于后来的史官，负责记录王的言行。“作册”将王命记录下来后，再由专门的官员宣读王命，王命写在简册上，因此这个过程叫“册命”。如西周晚期的颂鼎铭文记载：“尹氏受王命书，王呼史虢生册命颂。”同时期的铜器铭文显示尹氏就是作册尹，在周王身边担任作册一职，这段铭文大意为作册尹接受王命书写册命简册，然后王命令内史官虢生册命颂。

《庄子·天下》记载：“惠施多方，其书五车”，说惠施才学渊博，有五车书。今天形容一个人学识渊博就说这个人“学富五车”，也来源于此。五车书听起来很多，但当时主要书于简册，简册厚重，五车书其实也不算太多。当时文献材料也很有限，就今传世的先秦典籍来看，今人要看完传世的先秦典籍，三到五年的时间就足够了。如果我们将当下人们从小学习的内容都写在简册上，可能已经远不止五车了。

4.典

典，甲骨文作、、，金文作、、。甲骨文基本字形为从册从廾，有的字形增加表示几案的亓，像双手捧册或两手捧册置于几案之形；金文典的基本字形

省略两手，但突出几案。甲骨文、金文典字都是会意字，廾为双手捧物向上抬举的动作，带有推崇、恭敬的意味（如尊，本义为祭祀时向神灵进献美酒，甲骨文作），典字从廾也说明了典的重要性，放置于几案，也是突出其重要性，因此典的本义为典册、典籍，后来引申为具有垂范价值的重要文献。甲骨文中有“工典”一词，为祭祀时的一个仪式，学者多解释为“贡典”，即向神灵进奉典册，典册上的内容可能是祝告之辞，是向神灵祈求的事项，当然也是很重要的内容。

典可指先辈遗训，后人需要谨慎地遵照先辈留下的法典以约束自己的言行。《尚书》中有一篇《尧典》，篇名以典命名，意为尧帝时期的典章制度，是古代圣王遗训，当然是极为珍贵的东西。封建帝王常常会留下遗训，后人称为祖制，所谓的制就是典，是先王的遗训。

5.删

删，甲骨文作，小篆作，从刀从册，像以刀刮削简册之形，意为删改、删除。册像编绳编连竹简的简册，刀指削刀，古人用毛笔将文字书写在简册上，如遇到书写错误或多出的文字，就用刀将错误的部分刮掉重写，这个动作就是“删”。古代简册由竹木制成，制作简册其实也是相当复杂的工序，有时为了节约简册，人们会“废物利用”，即将原来简册上不再使用的内容刮掉，再写上新的内容，这样同一支简就可以反复使用，尤其是木简，木简一般比竹简厚，可以多次刮削。这个刮削的过程就是删的过程，古文字删反映的就是刮削简册的情景。

二、医疗卫生

甲骨文显示商人已经对疾病有了较多的认知，但能直接从字形反映古人医疗卫生状况或医疗卫生认识的汉字并不多，这里仅列举两字。

1.疾

疾，甲骨文基本字形作，会意字，为卧榻的象形，小点代表生病时出的虚汗，整个字形像卧病在床之貌，会生病之意。甲骨文又省作，省略表示虚汗的小点；又繁化作，加上表示房屋的宀，指生病后躺在家里。甲骨文又作，金文作，从大从矢会意，表示人被箭射中，受了箭伤，也表示生病，矢同时也充当声符。战国金文作，小篆作，是甲骨文两种异体的融合，疒是的简省，矢为声符。

甲骨文中有大量关于疾病的占卜,如“疾身”“疾目”“疾齿”“疾耳”“疾舌”“疾肱”等,说明商人对自身的各类疾病已经有了基本的认识。

这里顺带说一下疾和病的区别,今天我们一般将疾病连说,在古代,疾和病是有区别的。起初人们没有病的概念,笼统地称为“疾”,后来产生了“病”,《说文解字》解释病为“疾加也”,即病专指重病。今天病基本取代了疾,成为泛称。身体不适时,我们一般说生病,不说“生疾”。

2.龋

龋,甲骨文作,会意字,从齿从虫,像牙齿里长虫之貌,即今天说的蛀牙。小篆作,从齿禹声,或作,从牙禹声,禹本指一种虫子,在此也可作为意符。牙齿发生腐蚀病变,牙面上形会成龋洞,后逐渐扩大,最后可使牙齿全被破坏,患这种病的牙即称“蛀牙”。古人认为长蛀牙其实是牙齿里长了虫子,甲骨文字形就形象地反映了这一点。我们今天依旧将蛀牙称谓“虫牙”,这一叫法其实有着悠久的渊源。俗话说“牙疼不是病,疼起来要人命”,甲骨文中有许多关于“疾齿”的占卜,可见当时的王公贵族也逃脱不了龋齿的困扰。

第五节　汉字与宗教信仰

史前宗教的存在已经被考古发掘所证实，先民无法解释自然界的千变万化而产生的崇敬与希望，就是最早的宗教信仰。先民在有了灵魂观念之后，开始祭祀自己的祖先，在自然崇拜、图腾崇拜之外有了鬼神崇拜。无论是崇敬、希望，还是恐惧，先民都会通过祭祀的形式表现出来，创造象形或者会意文字记录自然界中无法解释的神秘事物，以表达对世界的看法。在大小之事皆须求神问卜的商王朝，很多崇奉鬼神的祭祀行为均被记录在龟甲兽骨上，也有些被作为"正体"郑重地铸在青铜彝器上。"慎终追远"的周人接受了殷商文明的文字系统，于是渐渐形成了古汉字中具有神秘肃穆特点的文字群——反映宗教信仰与祭祀的汉字，承载着先民们古老而神秘的记忆。

一、宗教信仰

宗教，一种超越人间与自然力量的社会意识，主要包括宗教思想与感情及在此基础上产生的宗教祭祀与制度等。在人类认识水平较低的时候，先民对非人类的巨大力量与现实生活中难以理解的事物产生的认识与恐惧，就是原始宗教思想与感情产生的来源之一。无论是崇敬之情，还是恐惧避之的忧虑，先民都会报之以宗教性的祭祀。长此以往，宗教思想、感情及祭祀行为就逐渐规范与制度化，作为社会结构的一部分而形成。

1.鬼

天地间万物都是有生有死的，人死了称为“鬼”。古人相信人是有灵魂的，一般来说，人死之后灵魂就会脱离肉体变成鬼，并且有着可怕、神秘的形象和某些超乎寻常的力量。鬼字在甲骨文中写作 或 ，是人们想象中鬼魂的样子，下半部分是一个人，上面的“田”像人戴了面具，表示鬼的脑袋。在先民的观念里，鬼神一般都面目狰狞，这样才能震慑万物生灵，因此甲骨文鬼特意突出了其诡异的头部。历史悠久的傩戏，表演时演员会戴上各种狰狞的面具扮演各路鬼神。

除了鬼魂、鬼怪以外，鬼也表示祖先，人们认为人死之后会一直关注自己的子孙后代，变成祖先鬼，这种鬼和孤魂野鬼有本质区别。每个人都有责任和义务去祭祀供奉自己的祖先，一方面是为了祖先不被遗忘，另一方面是祈求获得祖先的保佑。《论语·为政》中讲：“非其鬼而祭之，谄也”，就是说不是自己的祖先而去祭祀、去祈福，是献媚的表现。这里的鬼就是祖先的意思。儒家对鬼是主张敬而远之的，“子不语怪力乱神”就是说孔子不谈神秘鬼怪的事，教育人们应该把精力更多地放在现实生活中。

殷商先民十分迷信鬼神，先考虑神事，再考虑人事，到了“率民以事神，先鬼而后礼”的地步。后来虽然“尊神”“先鬼”的商王朝的统治最终被崇礼的周人所取代，但人们对祖先的祭祀传统一直延续至今，中元节就是很好的例证。

浙江良渚文化遗址出土的带有神灵画像的玉器

傩戏鬼神面具

2.舞

舞字在甲骨文中写作，像人两只手拿着东西在舞动，在金文中舞字增加了双足，变成，强调了手舞足蹈的形态。《吕氏春秋·古乐》记载：“昔葛天氏之乐，三人操牛尾，投足以歌八阙”，描绘的就是上古时期“操牛尾以舞”的场景，与古文字舞两相印证。

舞蹈最早是作为一种与神沟通的方式出现的。我们知道，风调雨顺对于农业社会来说十分重要，大旱是农作物的灾难，因此从原始社会时起就出现了求雨的活动，而进行祈雨等活动时必定要跳舞。到了西周时期，有一种官员专门负责在国家大旱的时候率领一众巫师用舞蹈的方式来求雨。另外，除了祈雨，舞蹈也出现在祭天、祭祖、敬神、驱邪、祛病等活动中，那些巫师用歌舞的方式与神对话，所以舞蹈是巫术中最重要的一个部分。史前时代的壁画、岩画、彩陶上也有关于舞蹈的图画或纹饰，延续到后世，舞蹈则演变成宗教仪式的一部分。

在我国，敦煌壁画中的“飞天”和各种乐舞形象，表现的都是佛教舞蹈，而其他宗教也有自己的舞蹈形式。在东南亚的一些国家，舞蹈都与宗教密不可分，比如印度舞中常有双手合十置于胸前的动作，其实最开始就是表达对神的崇敬。

3.巫

巫，甲骨文作，金文作，象形字，像两玉交叉之形。我们知道，玉在古代有着通神的作用，比如良渚文化的玉琮，就是通天的神器，所以巫很可能就代表一种巫师用来通灵的工具。秦简文字作，小篆作，字形发生了讹变。另一种说法是，巫是筮的本字，甲骨文巫像交叉的蓍草之形，字形是占筮活动的反映。

巫是指有特殊能力，能够沟通鬼神、占卜祈祷，并且能够通过跳舞的方式使神灵出现的人。“巫”最初指女巫，男巫被称为“觋”，后来也作为巫师的通称。巫在商代有着极高的地位，掌握着祭祀的大事，周代也为巫设有专门的官职。国家大旱的时候，负责跳舞求雨；国家有大灾，要率领群巫去找解决灾情的旧例；祭祀的时候，要准备祭祀用具。男巫、女巫有不同的职能分工，男巫掌管望祀、望衍这两类祭祀，冬天要举行堂赠之祭，送走不祥，春天要招求福气和祥瑞，去除疾病。如果王要去参加吊唁，男巫就要走在王的前面驱邪。女巫则主要掌管每年的祓除、衅浴等祛邪除灾的仪式，还负责跳舞求雨，在王后外出去参加吊唁的时候，女巫要走在王后前面驱邪。另外凡是国家发生了重大的灾祸，女巫还要悲伤地唱哀歌、大声哭号，请求神灵消除灾祸。

在商周之后的几千年里，也一直有巫的存在。因为巫有着通神的能力和超自然的力量，人们认为巫能够通过诅咒或祈祷的方式害人或救人，不但会用咒语、符咒，还会占卜、治病以及迷惑他人，于是秦汉时期巫术在各阶层之间流行，不仅是巫，寻常人也能利用巫的方式或是通过巫对他人实施影响。相对于春秋时期儒家的不语鬼神，汉儒对巫术还颇有研究。而正是因为这种超自然力量可以让人通过非正常的途径达成某些目的，所以与巫有关的祸端在历史上常常发生，其中最著名的事件就是汉武帝晚年发生的"巫蛊之祸"，造成了牵连数万人的冤案。

4.龙与凤

龙，传说中的神兽，甲骨文作、，金文作、，高贵的头，大口獠牙，长长的身体，反映的是人们意识里龙的形象。龙是"鳞虫之长"，而且作为一种神异的动物，龙可以多般变幻，"能幽能明，能细能巨，能短能长"，春分的时候在天际间翱翔，秋分的时候潜入深潭。传说中龙还能够兴云降雨，因此人们将龙与水联系起来，崇拜龙、供奉龙，借此表达对风调雨顺的渴望。

20世纪七八十年代以来，内蒙古、辽宁一带出土了多件红山文化玉龙，表明在史前时代人们就开始崇拜龙。在之后的几千年里，虽然龙的形象丰富多样，有关龙的传说层出不穷，但总的来说龙最初主宰雨水的形象没有改变，一直延续了下来，至今还有各式各样与龙有关的活动，如每逢喜庆的日子人们就会舞龙，"二月二龙抬头"时敬龙、理发。道教还创造了龙王爷的形象，龙神崇拜可以说在我国非常普及。

凤，甲骨文作、，象形字，像当时人们观念中的凤鸟之形。凤和龙一样有着高贵的头，锋利的爪子，另外还有绚丽修长的翎羽，是传说中的百鸟之王，也是一种很神圣的鸟。凤指雄性，凰为雌性，通称凤或凤凰。凤鸟生于东方君子之国，在四海之外翱翔，不轻易与人类接触，能够飞跃昆仑之巅，在砥柱上饮水，在弱水中清洁羽毛，日暮时分回到凤穴休息。凤凰"非梧桐不栖，非竹实不食，非醴泉不饮"，十分高贵，要是能够见到凤凰出现，那么天下就一定会安定和平，所以这是一种能够为人类带来祥瑞的动物。

麟、凤、龙、龟被称为“四灵”。正是龙和凤威严的长相和巨大的灵力，以及能够为百姓带来吉祥的特质，所以龙与凤在古代有极高的地位，秦汉以后成为帝王与皇室的象征，用来指代与帝后有关的事物，龙凤的崇拜与帝王的崇拜联系紧密。

5.虹

“虹”即彩虹，甲骨文作、，象形字，像一条身体修长如虫的弧状动物，两端向下张开巨口，反映出古人对彩虹的认知。古人认为虹是一种与龙类似的生物，也被称作“螮蝀(dì dōng)”“蝃(dì)蝀”。到了春秋战国时候的秦国，才出现从虫工声的“虹”，成为今天“虹”字的来源，以虫为意符，虫的本义为蛇，说明当时的人们依旧将彩虹视作龙蛇一类的生物。

传说“虹”能低头吸取溪涧之水，是一种神物。它被认为是某种妖祥，故而古人从来不敢指斥它，也就是《诗经》中所说的：“蝃蝀在东，莫之敢指。”《晋书·夏统传》中也说：“螮蝀之气见，君子尚不敢指。”可知古人认为彩虹是一种上天的忌讳，是不祥之物，谁若用手指了它将带来灾祸。虹和声名狼藉的彗星被并列为不祥之物，所谓：“虹霓、彗星者，天之忌也。”古人常说“白虹贯日”“长虹贯日”，这被当作一种奇异的天象，荆轲入秦之时，据说就出现过“长虹贯日”的奇象。

今天统称的“彩虹”，其实古人又有雄雌之分。“雄虹”色彩鲜艳，即上面说的“虹”。而“雌虹”则被称为“霓”或“蜺”，色彩较暗淡。关于“虹”的产生，古人认为是因为阳气动而产生的。当然今天我们已经知道，“虹”只是雨水折射太阳光而形成的自然现象。

6.卜与占

卜，甲骨文作、、等形，金文作，象形字，像甲骨占卜兆象之形。三千多年前的商人使用龟甲和兽骨(以牛肩胛骨为多)作为载体进行占卜，占卜前先要在甲骨背面进行钻、凿，然后用火灼烧钻、凿处，因甲骨厚薄不匀，正面即出现“卜”字形的裂纹。其中钻处裂纹称兆枝，凿处裂纹称兆干，甲骨文卜就是灼烧后正面兆象的象形，竖笔像兆干，斜笔像兆枝。有学者指出卜的读音也与灼烧甲骨时甲骨龟裂发出的卟卟声有关。

“卜”后来引申为“占卜”，与用蓍草所进行的占筮活动合称为“卜筮”。古人有“筮短龟长”的说法，即认为占筮不如龟卜灵验，由此可见古人对“卜”的推崇。古人相信龟具有某种神力，上千岁才能长满一尺二寸，因此王者将要用兵之时，一定会在庙堂之上钻龟甲来决断吉凶（此外被作为牺牲的兽之余骨也被认为具有相同的功用）。不仅于军事，在热衷侍奉鬼神的殷商文化中，举凡征伐、田猎、年成、天气、出入、疾病、梦幻、生育、死亡等一切大小事务，莫不占卜。周代虽然不如殷商热衷鬼神之事，但也盛行占卜。周王室专设有掌管占卜及相关事宜的官员“太卜”“卜师”“龟人”“菙氏”等。《史记》中记载了周文王通过占卜遇到姜太公的事：当时周文王还是西伯侯，准备出门打猎，在打猎之前做了一次占卜，占卜的结果显示他这次打到的猎物“非龙、非彪、非虎、非罴”，而是会获得“霸王之辅”，结果西伯侯去打猎时果然遇到了姜太公。

占，甲骨文作[甲骨文]、[甲骨文]，会意字，从口从[甲骨文]，[甲骨文]像灼烧成像后的肩胛骨板，整个字形像对着骨板说话，意为根据兆象预测此次占卜的含义，对占卜事项的结果进行预测。占的本义就是对甲骨兆象所表现的吉凶休咎进行判断。甲骨文又省作[甲骨文]，后世继承此字形，从卜从口会意，也表示根据兆象进行判断。

今天所见的为数众多的商代甲骨刻辞，就是以卜辞为主体的，保留了很多占卜的记录。占即读兆，是甲骨占卜最重要的一步，从甲骨卜辞来看，占一般由商王亲自进行，也就是说占卜结果的决定权在王。商王会观察甲骨面上坼开的兆纹，看是不是吉兆。在分析了兆纹之后，如果判断出会发生不吉的事情或者灾祸，就要提前应对。古人具体是如何读兆或通过兆象判断吉凶的，今人已经不得而知。《周礼·春官宗伯·占人》中记载：“凡卜筮，君占体，大夫占色，史占墨，卜人占坼。”体是指兆象，色指兆气，墨指兆的大小，坼指兆的微明，说得很含糊，今人也是一知半解。“占”又泛指观察其他预兆而作判断之行为，如“占梦”“占星”等。

7.昔

“昔”的古文字作[古文字]、[古文字]、[古文字]等形，从日从横水会意，横水表示洪水滔天的样子，昔即往日有大洪水的日子，是对往日大洪水的记忆。

世界上很多民族都有关于上古洪荒的神话传说。在《圣经》记载的西方神话中，洪水毁灭了世界，而最后诺亚在方舟中得救。而在我国，苗族、彝族、栗族、壮族、瑶族、侗族等众多民族也都有自己的洪水神话。汉民族的洪荒神话据说与古代三苗族的洪荒神话关系密切，“昔”的字形正是对这种神话的形象刻画。《淮南子》

殷墟花园庄东地出土商代占卜用龟腹甲(正反)。从此图我们可以清晰地看到商代占卜的钻凿方式和烧灼后正面显现的“卜”字形兆象

记载的女娲补天的神话传说为:“往古之时,四极废,九州裂,天不兼覆,地不周载,火爁炎而不灭,水浩洋而不息,猛兽食颛民,鸷鸟攫老弱。”大意是在远古之时,发生了前所未有的浩劫,天极崩坏,九州开裂,上天不能完全覆盖大地,大地不能完整地承载生灵,并导致了大火不息、洪水泛滥、猛兽食人、猛禽捉老弱等灾难。最后是女娲用五色石修补好苍天,才挽救人类于浩劫之中。

8.弃

弃,甲骨文作,会意字,像手持畚箕将婴孩丢弃之形,意为抛弃、丢弃。金文作,战国秦简作,与甲骨文一脉相承,小篆作,原字形所从之其有所讹变。战国楚简作,省略了其。古文字弃反映了古人弃子的习俗。

学者指出,古代育儿中的弃子习俗似是一种世界性现象,弃子习俗实质是一种巫术——宗教行为,是祈求上帝赋予孩子健康、非凡才干和生命力以便成人后建功立业的仪式。传说周人始祖后稷又名弃,之所以叫弃是因为他出生时就被其母姜嫄多次抛弃。《诗经·大雅·生民》记载:“厥初生民,时维姜嫄。……履帝武敏歆,……载生载育,时维后稷。……诞寘之隘巷,牛羊腓字之。诞寘之平林,会伐平林。诞寘之寒冰,鸟覆翼之。鸟乃去矣,后稷呱矣。”大意为“当初先民生下来,是因姜嫄能产子。……踩着上帝拇指印……一朝生下勤养育,孩子就是周后稷。……新生婴儿弃小巷,爱护喂养牛羊至。再将婴儿抛于林中,遇上樵夫被救起。又置婴儿于寒冰上,大鸟暖他覆翅翼。大鸟终于飞去了,后稷这才哇哇啼”。

二、祭祀

祭祀是先民面对神秘力量时以虔诚信奉的心态通过祭祀的形式来表达崇敬或恐惧之情的宗教行为与仪式，是先民无法理解超人类与自然力量之后产生的虚幻信仰下导致的宗教行为。

1.祭

祭，甲骨文作、，金文作、等形，基本由肉、示、手三部分会意字，像持肉于神主前之形，本义就是“祭祀”。

古时不同种类的祭祀名目繁多，如四时之祭（祠祭、禴祭、蒸祭、尝祭）；天子诸侯所行的分别祭祀天地和山川的郊祭、望祭；求雨的雩祭；祈求土地神的社祭；对天神、祖先进行的大祭（禘祭）；集合远近祖先神主于太祖庙的大合祭（祫祭）；为禳除病患而进行的禬祭；岁终的祭祀（腊祭）；以时鲜的食品进行祭献的荐新祭等。

因为在祭祀之时大都需要牛羊等牺牲的肉，所以字形从肉。甲骨文中的“祭”字有的在肉旁的上下左右分布小点，表示血滴，可知殷商习俗很可能是在神主前荐生肉的。《论语·乡党》说：“君赐腥，必熟而荐之。君赐生，必畜之。侍食与君，君祭，先饭。”所谓“腥”，是一种生的胙肉，可见在春秋时代的礼节中，要将生肉煮熟而放置在神主前祭奠祖先。“君祭”，指的是国君以食物来行祭礼，是一种食祭。据先秦礼书记载，食祭是一种很常见的典礼。在各类礼节中，凡涉及食物需要入口的，都要首先进行食祭，如祭脯醢、祭醴、祭酒、祭豆、祭黍、祭肺等。水饮都是用一种类似小扁勺的柶稍稍舀取，再小心倒在席前；固体食物则用手取少量置于地上以完成祭礼。

有意思的是，古人认为一些动物也会举行相似的祭礼，且当作节候现象看待。如白露降下，凉风吹来的时节，鹰开始祭鸟（猎取鸟而不食，先将它们摆放好，犹如祭祀）；菊花开放的时候，豺开始祭禽兽；孟春东风解冻之时，獭开始祭鱼等。后人将读书人堆砌典故、堆放书籍喻作“獭祭”，就是基于獭摆放鱼的现象。

2.沉、坎

沉，甲骨文基本字形作，从牛从水，像沉牛于水中之形，沉的本义是沉祭，即以向水中沉牺牲或物品的方式祭祀水神。甲骨文又作，像沉羊之形，说明祭牲是羊；又作，从水从宰，宰是牢的异体，本义为专门圈养以供祭祀用的牺牲，这里指作为牺牲的羊，说明所沉之物为羊；或作，从水从屰，屰即倒着的人，说明沉祭有时还用人牲；或作，从水从玉，像沉玉以祭，上古之人常以玉祭神，因其珍贵且精美；或作，像沉骨之形，出现此字的卜辞为“（祷禾于）河，燎五牢，沉五”。河即黄河，这里指黄河之神，这条卜辞大意为：向河神祈祷粟丰收，焚烧五头牛以祭神，然后将未燃尽的五副牛骨架沉到河中。

《尔雅·释天》记载：“祭川曰浮沉”，意为以沉祭的方式祭祀河神。沉祭是一种古老的祭祀水神的祭祀方式，水神居住在水下，所以将祭品沉入水中，以便水神受用。从甲骨文沉的各种异体看，殷商时期沉祭主要以牛、羊、人、玉等作为祭品。《竹书纪年》《帝王世纪》等书中有帝尧沉璧于洛水以祭洛神的记载，璧是玉器，与甲骨文沉玉吻合。甲骨文中有“沉嬖”的记载，就是以女子为牺牲，将其沉入河中祭神，这与后世所说的“河伯娶妇”一脉相承。周代以后，沉祭仍很盛行。《周礼·大宗伯》记载：“以狸沉祭山川林泽。”郑玄注释说：“祭山林曰埋，川泽曰沉。”《仪礼·觐礼》也说：“祭川，沉。”祭祀水神用沉的方式，甲骨文字形反映得很形象，祭祀山林用埋的方式，古文字也有所反映。

坎，甲骨文基本字形作，从凵从牛，凵就是在平地挖掘出的坑洞，这里指祭祀坑，字形像将牛埋于坑中之形，小点表示泥土。坎的本义就是坎祭，即用挖坑埋葬物品的方式来祭祀神灵的一种方式。文献记载“祭山林曰埋”只是坎祭的一方面，我们结合甲骨卜辞和考古发掘材料可以知道，埋物以祭是先秦常用一种祭祀方式，可以用来祭祀天神、地祇以及先祖等。由于牛是殷商时期最常见的牲畜之一，也是最重要的祭牲，因此许多跟祭祀相关的字都从牛，如上面说的沉，以及这里的坎，还有下文要讨论的牢。甲骨文或作、，从凵从犬，表示埋犬以祭，以犬作为祭牲，用犬作为祭牲与牛、羊、猪等动物作祭牲性质不同，狗是渔猎社会人类重要的伙伴，是协助人类狩猎重要的帮手，因此犬在人们心中有一定的分量，人们用犬来祭祀神灵，与用玉祭祀神灵有共通之处。有关犬祭的历史可以追溯到五六千年前，殷商时期用犬祭祀、陪葬已经成了普遍的风俗习惯，商代的祭祀遗址中狗骨发现较多，商代的墓葬在腰坑中殉狗相当普遍。犬祭的目的在于祈求降福降祉，永保富足安康。《史记》记载：“初作伏，祠社，磔狗邑四门。”今天依然有黑狗血可以辟邪的说法，可见狗在人们心中的地位是不一般的。甲骨文又作[illegible]、[illegible],从坎从人,前一字形中人被反绑,颈部有一横,表示头被砍断;后一字形像人跪在凵中,从[illegible](奚),表示人的身份为奴隶。这两个字形反映出人也是坎祭的祭牲之一,这些人可能是奴隶,也可能是战俘,他们有的是被直接活埋,有的是被砍头后再被埋葬。河南安阳大司空村发现的商代祭祀坑出土了31个人头骨和26个无头躯体,可与甲骨文字形对应。

3.登(烝)

登,甲骨文基本字形作[illegible],像人捧豆进献之形,或增加表示神主的意符“示”作[illegible],或增加表示进献祭品的意符“米”作[illegible],或将献祭主体具体化作[illegible]。金文作[illegible]。这些字形以[illegible]为基础,双手拿着一种被称为“豆”的容器,表示进献食物,也用来表示一种献祭,实际上是祭祀类别中“烝”这个词的本来用字。在商代,烝祭是指商王向其祖先进献农产品、牲畜、美酒、俘虏的祭祀,商王廪辛、康丁以后烝祭则专为向祖先进献谷物的祭祀,从“米”的字形可以反映出烝祭进献的祭品为谷物。春秋以后,开始使用登降的登来表示“禴祠烝尝”的“烝”(有些地方写作“蒸”),金文字形作[illegible],也有复加形符“米”作[illegible]的情况。

“禴祠烝尝”这四种祭祀的对象是先公先王,其中春祭曰祠,夏祭曰礿,秋祭曰尝,冬祭曰烝。“烝”是指冬天对先王和先公的祭祀。“烝”还有“众多”的含义,冬季可用的祭品有很多,冬天举行的烝祭也有很多内涵。

后来,表示秋祭的“尝”与表示冬祭的“烝”被合称“烝尝”,用来表示广泛意义上的祭祀。在秋冬举行烝尝之祭的时候,要用斝彝和黄彝来行祼礼。我们由此可知,除了字形可见到的以豆进献祭品外,还要进献酒醴。

4.示(主)

示,甲骨文作[illegible]、[illegible]、[illegible]、[illegible]等形,是神主的形象,后来分化出“主”字。在《史记·殷本纪》中,司马迁记录了商有两位先祖为“主壬”“主癸”,而在清末重现于世的甲骨文中,这两位殷商先王被王国维先生发现写作“示壬”“示癸”,后来学者才知道,原来示和主本来就是一个字,都是表示一种类似于后代牌位的神主的形象。

汉代人一般从上天降下吉凶的角度来解释示,从侧面反映了“示”的神圣地位。古文字中部首从示的字很多,如福、礼、神、祠、祭、祷、祝、祼、禋、祇、祈、祸、祥、祆等,凡与“神事”相关之福祸祭祷等,都以示为部首。示也可读为祇,表示与天神相对的地祇（如社稷神）。《论语·八佾》记鲁哀公向宰我询问关于“社”的问题时，宰我说：“夏后氏以松，殷人以柏，周人以栗。”意即夏代用松作社神神主，殷商用柏树，周用栗树，可知三代社神神主主要是用木材制作的。周人在人死之后也要制作神主以寄托灵魂，但是在新丧和丧满一定期限后，神主所使用的材质是有所不同的。安神的虞祭用桑木制作神主，而丧满一周年的练祭要用栗木来制作。神主要在中央穿孔，天子的木主边长一尺二寸，诸侯的木主边长一尺。后来民间也效仿贵族立神主，这就是后代牌位的由来。

西周以后，宗庙中神主的摆放有一定规则，须遵循“昭穆制度”。除太祖牌位永远在中间之外，其他各代神主都要遵循“左昭右穆”的制度。在“昭穆制度”中，祖辈与孙辈同属一个昭穆，故在神主摆放时爷孙是被放置在一起的，同在太祖的左侧或右侧。“君子抱子不抱孙”的说法即从此而来。管、蔡、郕、霍、鲁、卫、毛、聃、郜、雍、曹、滕、毕、原、酆、郇等16个国家是文王的后代，与武王一样同属“昭”，而邘、晋、应、韩等国是武王的后代，故属“穆”。

5.祖

“祖”的字形在商与西周时代并没有产生，而是作　、　、　等形，即且，且是祖的象形初文，像神主之形。在殷墟遗址中，曾经发现过一些玉柄形器，每一根上面都写着一位先王的名字，出土材料表明这些形制与甲骨文“且”相近的柄形器自名为“瓚”，甲骨文瓚就是其在祭祀仪式中具体使用的象形。我们也可以这样说，甲骨文且（祖）就是这种叫瓚的玉器的象形，而瓚是一种在某种情况下使用的先王的神主（类似于后代的牌位），一般在举行祼祭时使用。以“示”为偏旁的“祖”，在春秋时期才出现，作　、　等形。

许慎认为“祖”的含义是始祖之庙，也就是宗庙。周代时，国都之中“左祖右社”，即祖庙位于东而社稷庙位于西。古人在建城之时，其中很重要的一件事就是建立宗社，即宗庙和社稷庙。

《诗经·大雅·绵》云：“乃召司空，乃召司徒，俾立室家。其绳则直，缩版以载，作庙翼翼。”这反映的就是周人的先祖古公亶父迁徙至岐山之下的周原时，建设房室、营造宗庙的情景。古人说：“君子之泽，五世而斩”，是指君子的恩泽只能福庇五代。而对于宗庙，也执行五世而迁的礼法。每一位新君主继位后，除太庙不迁改以外,高祖以上须毁庙,而迁其神主配祭于太祖庙中。自此就要舍弃旧的名讳而施行新的避讳。此外父庙也有自己的专称——“祢”。

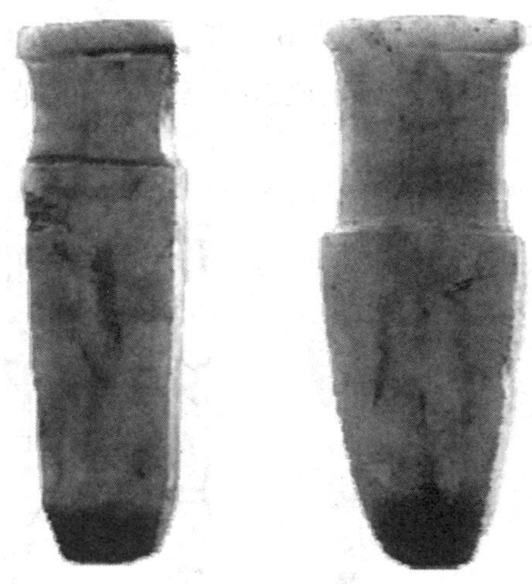

1991 年河南安阳殷都区后岗村出土商代晚期柄形器。同坑共出土同类柄形器 6 件,每件上都写着一位先祖的庙号,这两件上写着“祖甲”和“祖庚”

6.祼

祼(guàn),甲骨文基本字形作,简化字作、,金文作、、,从示从廾从斗,会意字,示表示神主,斗是一种挹取酒浆类似勺子的器具,斗旁的小点象征酒浆,整个字形像持斗取酒浆浇灌神主之形,祼的本义就是祼祭。金文字形又省作、,省略了神主和手,只用祼祭用的斗表示。祼字也作,从口从瓒,会意字,上文说过,瓒是一种用于祼祭的神主,象征祖先,是祼祭中“食酒”的主体,因此祼也用瓒和口会意。祼就是一种向神主灌酒的祭祀,表示向先祖献酒。

祼礼往往都在宗庙举行,行祼礼之时需要事先准备好“鬯”酒,即一种香草酿的酒。行礼之时用一种特制的斗将鬯酒酌出,再向放置在同(即觚)中象征神主的玉瓒徐徐倾倒。酒醴经过瓒,再流向其下位于同中部的滤酒装置,形成一股细流,似祖先在享用美酒。古文字祼描绘的就是祼祭时向神主灌酒的场景。当然,普通的祼祭也可以更简单,只需将酒醴倾倒于地即可。

古人在很多场合都会行祼礼。如孔子曾说:“禘,自既灌而往者,吾不欲观之矣。”大意是说,禘祭之礼,从第一次献酒之后,我就不想再看下去了。可知在鲁国公室举行的禘礼中,有“灌”,也就是“祼”的环节。孔安国说:“灌者,酌郁鬯,灌于太祖，以降神也。”意即酌取郁金香所酿的鬯酒灌于太祖之庙，用来请祖先的神灵降下。用郁金香酿的鬯酒是最高档的酒。在武王伐商成功之后，殷商的才俊之士，皆行祼献之礼，来襄助周之京师的祭祀典礼。在对国君举行的冠礼上，也须行祼礼。后世人在很多场合也有将酒水浇灌于地以祭奠先灵的礼节，这是沿袭已久的文化传统。

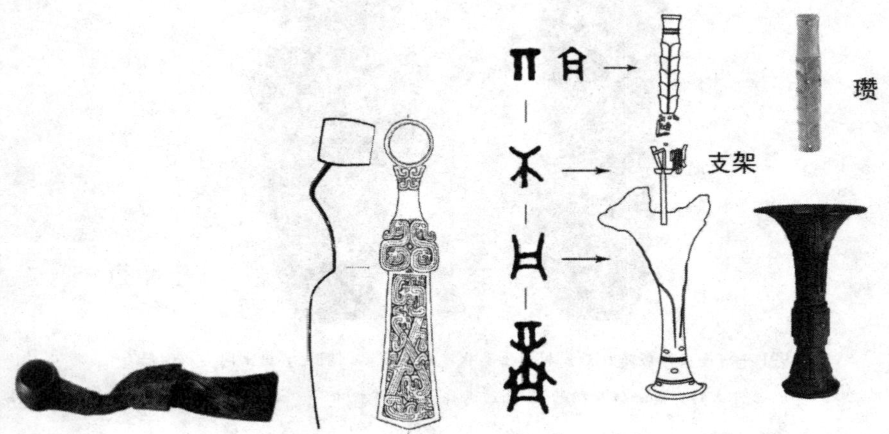

陕西扶风县周原遗址出土西周青铜斗及线图(左)，其形状与甲骨文祼所从的斗相同；学者根据洛阳北窑西周早期墓葬出土实物构拟的“瓒”字字形结构与复合体玉柄形器的对应关系(右)。祼祭的主要动作就是用左图这种斗挹取酒浆浇灌到右图这种装置中

7.祝

祝，甲骨文作[甲骨文]、[甲骨文]，金文作[金文]，会意字，像人跪在神主之前口中念念有词之形，祝的本义就是祝祷、祝告，即告知神灵自己所求或祝愿的话语。因为祝祭需要口头向神灵传达意愿，因此甲骨文突出人的口；祝祷之时可能还要做一些相应的动作，所以有的字形还突出挥舞的双手。

商周时代的人十分重视向鬼神的祷告，因此“祝”在商周是一种重要的职官，类似于巫师。据周代古礼书记载，丧礼之中有夏祝、商祝、周祝三类祝官，分别习三代之礼而进行祝祷活动，可见周人对于“祝”确实寄托厚望，因此不废前朝遗礼。周在大宗伯之下设置有大祝、小祝、丧祝、甸祝、诅祝等职官，负责各类的祈福消灾或与鬼神联络之事。其中“大祝”即太祝，是众祝官中的长官，掌管各种祝祷辞令及祝祷程序，司国中祝祷之号令，并负责各大祭祀的祝祷活动；小祝掌管小型祭祀的祝祷，并且辅助大祝；丧祝负责大丧中的次要祝祷仪节以及卿大夫的丧葬祝祷活动;甸祝掌田猎时的祝祷活动;诅祝掌管盟誓中的诅咒之辞以及一些祭祀活动中的祭号;另有女祝掌管王后宫中的祭祀祈祷之事。其实“祝”在今天仍未消亡,人们跪在祖先或神佛灵前,祈祷先祖或神灵保佑,这个过程,其实就是“祝”。我们常说的祝福,也是从祝的祈祷一类的意义引申而来。

古人于鬼神除了祈求对自己赐福,也常会请鬼神帮助伤害敌方,因此“祝”的引申义也有诅咒的意思。“咒”,其异体作“呪”,只是两个口的位置有所不同,而呪就是从祝分化而来的。古人盛行交感巫术,认为人或事物的名字即代表其实体,对其进行祝祷,就会得到响应。

8.熯(旱)

熯,主要与烘烤、燥热有关,其实其早期本义是表示干旱,是旱的表意初文。甲骨文作、,金文作、,从火,从反绑的口朝天的人,整个字反映的是一种原始的求雨仪式——焚巫尪(wāng),尪是因脊柱疾病而面向天的人。在古人的观念里,这类口面朝天的尪人的存在是干旱的一个原因,因为上天不忍降下雨水灌进他们的口鼻,所以一直不肯下雨,这就导致了干旱。古人认为,只要焚烧这些人,就可以求得雨水。因此古人会通过焚烧巫尪来求雨,熯字就是用焚巫尪的字形来会意的。这种求雨仪式在典籍中也有记载,如《左传》记载,鲁僖公时天大旱,僖公想要焚烧巫尪来求雨;鲁穆公时也曾要以曝晒巫尪的形式来祈求上苍降雨。

另一种说法是该字字形与“女魃”的神话有关。传说系昆之山中有一个穿着青衣的神女,名字叫魃。蚩尤起兵讨伐黄帝时,请风伯雨师降下大风雨来伤害黄帝,黄帝就请下神女魃使雨停止,从而擒杀了蚩尤。但女魃下山后就无法回去了,导致其居住的地方也不再下雨。因为女魃所到之处就风停雨住、天不降雨而导致干旱,因此女魃也被称为旱神。基于这个神话,有人认为只要焚烧装扮成旱魃的女巫,就能够求得雨水,甲骨文熯反映的就是焚烧这种女巫的情景。甲骨卜辞中,有很多焚烧女巫来求雨的记录,可以作为熯字为焚烧女巫的佐证。在后代,每逢天旱,也常有焚烧恶神的习俗,都可能与这种传统有关。

9.彝

彝,甲骨文字形可分为两类。一类作、,金文作、、,像手持反绑双翅的禽类(可能是鸡)进献之形。从字形看手持之物为禽类,其特点很明确,特别是金文字形，突出了爪子。此外字形中鸟的头部位置有一道横线，金文字形旁边还有小点，这表示鸟的头部已被砍掉，说明“彝”主要是用禽类的血来祭祀，类似衅，衅即血祭新制的器物，杀牲，用其血涂于器物缝隙中来祭祀。今天一些宗教仪式或民俗里依然保留有用鸡血来衅物的习惯，如在建房破土之前要用鸡血涂抹工具，还要在地面洒上鸡血，一般就是当场杀鸡，然后直接拿着鸡衅物。甲骨文里有一个字字形作，像持鸟献祭于神主之前之形，表明禽类在商代也是祭牲之一。甲骨文彝反映的很可能就是杀鸡取血衅物的场景，这个衅的动作在当时可能就称为“彝”。

古代新器铸成后，首先要血祭新制的器物，即后来的衅。商代应该就已经有这个习惯了，在青铜器铸成后，首先要血祭。一般器物不大，血祭也是象征性地在器具上涂上牲血，因此不必使用牛羊这类大型牲畜，禽类（如鸡）就是很好的选择，所以一般血祭铜器就直接用鸡来衅，这个过程称为彝。彝是铸好铜器后的第一步，久而久之，“彝”就成为所有铜器的代名词，成为青铜器的统称，即彝器。

此外甲骨文中彝又作、，像将一斩首的人反绑而进献的形象。这也可以解释，小型器具可以用鸡作为祭牲，一些重大的或重要的器具可能会选择其他大型祭牲来衅，使用人牲也是完全符合实际的。用人为牺牲的祭祀在整个古代社会都绵延不绝，早期尤其多见。如在良渚文化的贵族墓葬中，就发现了人殉人牲的现象。到了商代，盛行以人为牺牲。在偃师商城的早商王室祭祀区，曾发现一些被肢解和腰斩的人牲，祭祀坑中还有火烧痕迹。二里岗商城的祭祀遗址也发现过俯身屈膝、双手在背后似被绑缚过的人骨遗存。这与“彝”所反映的形象十分相似。到商后期，用人牲的现象愈加频繁。在安阳殷墟发现的祭祀坑中，少则数具，多则十多具，有时在一片区域内能找到数千具人牲遗骨。

10.牢

牢，甲骨文的基本字形作，像将牛关在圈中之形，表示用于祭牲的牛。甲骨文又作，像将羊关在圈中之形；又作，像将马关在圈中之形。这两个字形都是“牢”的异体，只是所关的动物不同。

先秦时期牛、羊、马一般都是散养，即通过放牧的方式养殖，只有具有特殊“身份”的牲畜才会被关进圈中，这些牲畜即牺牲，也称作牢，是专门饲养以供祭祀使用的牲畜。需要祭祀之时，便按规格来使用“牢”。“牢”有太牢、少牢之分，牛羊猪各一具为太牢，而羊猪各一具为少牢。周人在挑选牲畜作为“牢”的事情上非常严格，一般来说，不能使用杂色的牲畜，最好是红色的，因为周人十分崇尚红色。孔子说：“犁牛之子骍且角，虽欲勿用，山川其舍诸？”所谓“犁牛”，就是杂色之牛，“骍”指红毛牲畜。这句话的意思是，虽然是杂色牛的后代，但是只要长着红毛而且牛角端直，符合作为牺牲的标准，那么山川也不会不接纳的。

此外，牛一旦被确定为“牢”，就要圈养起来，细心照管。春秋时期鲁成公要举行郊祭，选定的用作祭牲的牛被鼷鼠啃食了牛角，公室便派人占卜重新选定祭祀用牛，不料又发生了同样的事，由于没有合适的祭牲，最后只好放弃郊祭，可见当时使用牛牲很严格。

11.祓

祓，甲骨文作，会意字，像手持树枝在神位上拂扫之形，祓是一种扫去晦气的祭祀，一般用树枝（可能是桃树枝）做仪式性的扫除。祓字也可解释为从示从拔（），拔也作声符，指拔掉并除去晦气。小篆作，改换犮为声符。

古人为了扫除晦气，禳去灾祸，专门设置了祓这样的祭祀。祓祭设有专员从事，主要由女巫掌管着一年的祓除祭祀以及血衅之俗。鲁襄公曾去吊楚康王之丧，但没想到楚人要襄公亲自为康王行“亲襚”之礼，就是为遗体穿衣或覆被。这让襄公很为难，于是襄公听从臣下穆叔之言，请巫人用桃枝祓殡之后才行了礼。楚人过后才察觉，很后悔没能制止襄公。

后世三月三日的祓禊活动就是来自上古的除恶祭。《诗经·郑风》的《溱洧》一篇中有：“溱与洧，方涣涣兮。士与女，方秉兰兮。”这反映的是在春秋时的郑国，三月上巳要在溱洧水岸招魂魄，还要手里拿着兰草祓除不祥，这种习俗就是后代上巳节水滨祓禊的来源。三国以前，祓禊都是在三月上巳举行，魏以后便固定在三月三日。著名的天下第一行书《兰亭集序》也是在这个节日里写成的，故文中说道：“永和九年，岁在癸丑，暮春之初，会于会稽山阴之兰亭，修禊事也。”

第六节　汉字与国家统治

原始宗教信仰推动了社会发展，逐渐产生了上层建筑，而原始社会制度也逐渐瓦解。这个时期出现了奴隶阶级，奴隶的劳动使得社会生产力得到了巨大的提高，权力越来越集中，氏族内部也出现贫富分化，部落冲突频繁，最终产生了早期国家。最初的国家是奴隶制国家，实行原始君主制，所以古文字中有很多字直接象征着王权。随着时代进步，武器制造业越来越发达，武器种类增多。刑法也不断完善，早期刑罚大多十分残忍。而针对外族的战争也常常发生，军事水平也不断提高。一系列的进步与发展，使得国家统治越来越完善。

一、政治

政治是维护统治与治理社会的行为，早期国家时期有关维护统治与治理社会的字是不太多的。统治国家与治理社会的人员主要包括王、尹、侯、史等地方人员，通常国家是以城市统属周边聚落的方式建立和组织起来的，这就是所谓的“封邦建国”，早期国家的政治形态大致就是如此，对后世也深有影响。

1.王

王，甲骨文作、、，金文写作、，象形字，像刃部向下的斧或钺之形。在原始社会，石斧是重要的生产工具，但也是难得的工具，一般为部落首领拥有，因此被赋予了特殊的含义，后逐渐成为权力和权威的象征，后来成为最高统治者的称号。除了斧之外，钺也是重要的都是杀伐的武器，也被用来象征最高权力。天子赐钺，则表示授予征杀之权。《尚书·牧誓》是一篇记载周武王伐纣之前，在牧野誓师的誓词，其中有一句讲“王左杖黄钺，右秉白髦以麾”，表明誓师的时候武王手中拿着钺，所以钺也是军权的象征，有着崇高的地位。昔日周公在明堂朝会诸侯的时候，天子也带着斧钺向南而立，以示威严。

王代表着王权，是天下土地和人民的最高统治者。所谓“溥天之下，莫非王土；率土之滨，莫非王臣”，奴隶社会时期天下的土地全部属于天子，天子再以宗主的身份将土地和人民分封给他的宗族、亲戚、有功之臣等，土地的收入一部分归被封者，一部分上贡给天子。土地的所有权属于天子，天子能够收回或转赐别人。但是后来土地关系逐渐走向私有化，比如公元前594年，鲁国颁布了“初税亩”的法令，承认了私田的合法存在，打破了“莫非王土”的传统。而自从平王东迁以后，王室徒有虚名，“率土之滨，莫非王臣”的观念也随着形势的改变，被完全抛弃了。

王字小篆写作王，这与早期有很大区别，而且汉儒多依小篆说经，所以汉代的人对王的字形又有一番新的解释。他们认为三画而连其中，就是王。三道横画，代表着天、地、人，而连其中，就是将天地人三道都已经参通了。所以这种将三道都参通了的人，不是王还能有谁？这种说法虽然符合当时“天人合一”的思想，但其实已经偏离了本义。

2.或

或，金文作或、或、或等形，由“戈”和“口”组成，“口”的上下或四周常常用短横围起来，表示城邑。整个字意思是用戈守城或者驻兵守疆，其本义是邦国、封国，又可指边界、疆界，即今天的“域”。毛公鼎铭文“康能四或”中的“或”就通“域”，是边境、疆界的意思，后来加“土”繁化，分化出小篆的域字。

而将“或”的上下短横相连（也有人认为是直接加口），则分化出“國（国）”字。土地、主权为一国必不可少之要素，“口”表示地域，“戈”代表兵器，兵器用来保卫国民、抵御外敌，也用来管理国内民众、维持秩序、维护王权。“国”在古代除了表示我们所知道的“国家”以外，还表示都城、都邑、古代王侯封地、地方地域等。

由于生产力水平不高，古代奴隶制国家的垦田主要集中在王都和诸侯国都的近郊，即“国中”。居住在“国中”的平民被称为“国人”，他们大多是各级贵族的疏远宗室成员，也有一般居于社会下层的平民，他们和居住在郊外的“野人”共同承担着农业生产，受到剥削和压迫。而各级奴隶主贵族却垄断着社会的物质财富，国人的生活和权力不断受到威胁，所以那些贫困的失势贵族十分憎恨当权者。常常开展各种形式反抗国君和当权者的斗争，“时为王之患，其惟国人”就反映了当时尖锐的社会矛盾。到了周厉王的时候，由于周厉王的贪婪暴戾，出现了“国人谤王”的情况，所以周厉王不得不用强硬暴力的手段来钳制舆论。可是“防民之口，甚于防川”，不到三年，就爆发了我国历史上第一次群众暴动，史称“国人暴动”。最后不但周厉王出逃，西周的统治基础也被动摇了。

3.侯

侯，甲骨文作、，金文作、等形，像春飨时所使用的射侯，也就是一张挂着的布被箭射中的样子，此处的布即“射侯”，又称鹄的，即箭靶。

“射侯”起源于普通的兽皮，后来演进成为各种规格的箭靶，从公卿到大夫、士各有不同。在“大射礼”中，公、大夫、士各有一个侯：公射“大侯”，大夫射“参侯”，士射“干（豻）侯”。又说，天子用熊侯，即熊皮所制的箭靶；诸侯用麋侯，即麋鹿皮所制的箭靶；大夫用布侯画虎豹，即绘制虎豹形象的布质箭靶；士用布侯画鹿豕，即绘制鹿豕形象的布质箭靶。

在上古时代，须凭借勇力来保卫部族，所以像后羿这样擅长弓矢的人，就会被拥戴为“侯”，成为部族首领。在商代甲骨刻辞中，“侯”就是一种有很高地位的职官，和“甸”“男”“卫”一样主要在外服役，主政一方，拥有领地。“侯”所进行的活动多与军事有关，有时也有进贡活动。周代侯成为爵位的一等，但也延续了商代作为一方首领的地位，所谓“诸侯”，也就是“众侯”，即众多地方首领之意。在西周崩溃之后，诸侯国迅速崛起，成为半独立的政治单位。

4.尹、君

尹，甲骨文作，金文作、，会意字，像手持某种杆状物之形，一般认为所持之物为笔，用来表示手握笔以治事，其职在书王命或公文，所以尹字一般表示治理或治事的职官。

清王夫之的《读通鉴论·秦始皇》中有“于是分国而为郡县，择人以尹之”的说法，这里的尹就是治理的意思。而在古籍中，尹多用作名词，作为一种职官名。在周代及以前，尹可表示百官之长。比如商代著名政治家伊尹，伊是他的氏，尹代表官职。伊尹擅于烹调，还将烹调与治国相联系，用“调和五味”的观念来治理天下，在军事、辅佐帝王等方面成绩卓著，地位极高。后世还设置有河南尹、京兆府尹等官职，历朝历代都有“尹”的存在。

“君”字由“尹”字分化而出。君字甲骨文写作，金文作，由尹和口组成，从尹，表示掌握权势的人；从口，表示发号施令的人；从尹从口，表示握有治理权势又能发号施令的人。“君”有十种别称，分别是林、烝、天、帝、皇、王、后、辟、公、侯。君不仅有君主至尊的意思，天子、诸侯、卿大夫及所有拥有土地的人都可称为君，是古代大夫及以上有土地者的通称。君和尹一样有掌管治理的意思，甲骨文、金文中有时尹、君用法相同，《周书》中的《君奭》《君陈》《君牙》等篇就相当于《尹奭》《尹陈》《尹牙》。

“君”作为与民对立的概念，高居众民之上统治人民，但是在先秦的民本思想里，君也不过是被委派来保护教导人民的，并非天生有所不同。上天降生下民，为他们安排了君长和师傅，就是让后者帮助上天来爱护四方之人民。在孟子讲述的周礼里，“君”也和卿大夫、士一样，是爵禄中的一等，并非有所不同。《荀子》中也说：“天之生民，非为君也；天之立君，以为民也。”这种民本思想影响非常久远。

5.史

史，甲骨文作、，金文作，像手持“中”之形。但“中”未知为何物，有人说是书簿、简册，有人说像鹿角、弓箭；也有人说是盛计数用算之器，进而解释史最初是在古代举行射礼、投壶礼时计数的人员。“史”最初指在王身边担任记事的人员，地位很高，史所记之事，都是如实书写，不偏不倚，不掺杂个人意见，所以“持中”。中国古代的史官不能隐藏罪恶，也不能妄加赞美，要有“史德”。棠姜是春秋时期齐国棠公的妻子，貌美，棠公去世以后嫁给了崔武子。齐庄公与棠姜私通，在一次去与棠姜幽会的时候被崔氏杀死。后来史官写道：“崔杼杀了他的国君。”这个史官就被崔杼杀死。他的弟弟们也这样写，接连被杀死。然而最后一个弟弟还是这样写，崔杼就放过了他，让他如实记载了。这个故事说明“秉笔直书”是史官的坚守。

尧命舜曰:“天之历数在尔躬,允执其中,四海困穷,天禄永终。”中是天之中,中气之中,所以史也作为一种担任星历、卜筮的官员。卜筮的时候“史占墨,卜人占坼”,这里的史的工作就与占卜有关。

后来古代的文职官员、官府佐吏都有称史的情况,如小史、太史、外史、内史等。“史”有时也和“吏”同义,古文字史、吏本来就是一字同源,后来分化,才分别表示不同的意思。

6.盟

盟,甲骨文作、,金文作,像将血滴入器皿中,代表盟誓时歃血的仪式。后金文发展作,从皿从囧,囧代表光明,盟字从囧代表盟誓是光明正义之事;金文又作,从明从冥,明与囧一样代表光明,明在此也作声符。有人据现代汉字“盟”解释盟字为盘中盛着日月,以此来表示双方结盟要包容一切,其实是望文生义。

在春秋战国时期,各国间有疑就会盟誓。诸侯两年一会,十二年一盟,盟誓时要昭告神灵,杀牲歃血。“盟”与“誓”不同的地方在于,“盟”还必须有杀牲的举措,要杀牲饮其血,而后在“朱盘玉敦”中竖立牛耳,为首者要执牛耳起誓。春秋时代的盟誓,还要加载书,记录盟誓之誓词。如齐桓公称霸的葵丘之会,诸侯虽然没有歃血,但是有“束牲载书”,可见正式盟誓里载书是必不可少的。盟誓具有神圣的约束性,所以违反誓言在载书(即誓词)中将会被惨烈诅咒。如著名的侯马盟书中,就常说若违背誓言,将受到“麻夷非是”,即夷灭其族氏的惩罚。

不但国与国之间、部落与部落之间会订立盟约,后来相互结盟也成了团体之间、人与人之间做重要约定的一种手段,男女交往中也常常会“山盟海誓”,来表达真诚相爱、永恒不变的情意。

7.封

封,甲骨文作、、,金文作,会意字,字形下方表示土,上方为“丰”,即长在封土上的树,古人常培土种树作为界线,称为“封疆画界”。封的本义为封疆聚土,是古代分封制划定疆界的体现。金文有增加形符“丮”或“又”作、等形,种植封树的意思体现得更明确。

封人掌管设置王的社稷坛,在京畿堆积封土并在封土上植树。凡是封国设置社稷坛、四边疆界建立封土、都邑建造封域等事务,都须加植封树。在西周时代的一些青铜器铭文里就有相关记录。如九年卫鼎铭文就记载裘卫从矩取、颜陈夫妇处交换取得了两块土地，勘定好并写成书契后，便在四面建好了封土。而倗生簋铭文的“殷谷杜木”、散氏盘铭文的“边柳”“楮木”等都是指封土上所植的树木，即所谓的“封树”。周代各诸侯国的封疆，都是利用天然的山地、高岗、河流、谷地再加上封土和封树连接而成。

这些封疆是政治区域的边缘，各国均派遣有专员守卫，被称作“封人”。比如著名的“郑伯克段于鄢”的故事中，郑庄公与母亲决裂，颍谷封人颍考叔听说后专门从封疆赶来献计，最后使庄公母子重归于好。

二、军事

军事是一个国家政权得以维持的保证，涉及军队组织、军事征伐、军事战略等诸多方面，是一个国家对内稳定统治、对外组织防御的坚强后盾。

1.正

正，甲骨文作、，金文作、，从止从口，会意字，止表示足，口表示城邑，整个字形像向预定的城邑进发之形，是征伐之“征”的会意初文，意为征行，尤指征伐。祭祀和战争都是国家的头等大事，在甲骨文、金文中经常可见。如甲骨文中常见贞问征伐土方、尸方、鬼方、危方等方国之事，“征”都写作“正”。土方等方国是殷商的敌对方国，所以商王经常在占卜时向鬼神询问是否能发动对他们的战争，当然也有其他方国来征伐殷商的情况。后来“正”主要用于表示端正的意思，因此在“正”旁加“彳”以表示行军于道路，成为“征讨”之“征”的专用字。

后来的“行政”之“政”，最初也用来表示征伐的“征”。“政”字右旁是“攵”，是手执武器敲打的形象，所以“政”可以理解为“征”的一种异体。如毛公鼎说：“赐汝兹賸，用岁用政”，“政”即“征”，王赐毛公车马弓箭之类的军备，确是为赋予其征伐之职。

2.围

围，商代金文作、等形，像四足将一个方形城邑围困起来，本义就是包围。甲骨文也省作。在甲骨文、金文中，“邑”的字形作，表示有城郭和人民，所以“围”的中间是城邑。后来省去左右两个足形变成“韦”，再在此基础上加上一个框，就形成了[古文字形]，即今天“圍”（围）字的来源。

古时“围”常用在“围城”及“围猎”一类的事上，与其字形高度吻合。“围”是一种有别于攻坚战的用兵方式。就是用兵将城池围守住，让困在城中的人无奈投降。中国古代常有围而不打以困敌，使之不战而败的战例。兵力“十则围之，五则攻之，倍则分之，敌则能战之，少则能逃之，不若则能避之”。在兵力悬殊的情况下，围困是一种最好的战法。战国时期，秦国出兵攻赵。赵国派大将廉颇迎战，结果廉颇数次战败，最后决定依托地形固守营垒不出，以逸待劳拖垮秦军。没想到秦国从水路运粮，不但粮草无忧，而且骚扰赵国粮道，使其粮草匮乏，再加上赵国外交失败，没有援兵前来支援，只能陷入绝境。后来赵国换赵括代替廉颇为将来到长平，而秦国也换了白起为将，用计谋断了赵国的粮食和援兵，赵军主力在断粮 40 多天后已经到了互相残杀的地步。后来赵括组织突围，被乱箭射死，其余赵军也全军覆没，前后死去 40 余万人，令赵国元气大伤。这就是围困取胜的战例。“围”也被用于围猎。在古代，围猎既是打猎的行为，又是一种军事行为，所谓“春蒐、夏苗、秋狝、冬狩”，都是农闲时的军事训练。

3.卫、防

卫的繁体作“衞”，其实与“围”一样来自原始字形[古文字形]。后来有的写成[古文字形]，字形中间为“方”，是用意义相同的“口”替换而来。[古文字形]也表示防，方为声符，防、卫是由一字分化而来。有的写成[古文字形]，加了“师”，表示军队，是从“方”改造而来。许慎认为卫是宿卫的军队绕匝而行，也可以说得通。“围”与“卫”是同源字，从城外表示围，从城内防守表示卫。

甲骨刻辞中“在某卫”的“卫”是一种被商王派驻在外地保卫王国的武官。后来又演进为一种诸侯（一种广泛意义上的诸侯，包含附庸），与“侯”“甸”“男”并列，但“卫”是一种边缘的小诸侯。

周初大分封的时候分封了 71 个诸侯国，姬姓之国 53 个，卫国便是其中之一，守在殷都周围。后来周公东征，划定了一个新的卫国，封给康叔，并告诫他要“明德慎罚”，对卫国寄予了厚望。

4.旅

“旅”在青铜器铭文上非常形象，作[古文字形]，甲骨文省作[古文字形]、[古文字形]等形，从众从㫃，会意字,像一群人站立在旗帜之下,或拥簇着旗帜,表示人数众多的意思,旅也表示一个军事单位。旗帜是一个国家或家族的标志,甲骨文常见“立中”的说法,中的甲骨文作,即旗帜,“立中”就是在聚落中心空地树立旗帜,聚落人员看到旗帜就前往聚集,立中是商代召集兵士的方法之一。正因为旗帜的重要性,因此旅以旗帜作为意符,旅以众人与旗帜会意,就是众人聚集的意思。由于旅是一个军事单位,金文中也有字形作,复加了车作为意符,像众人站立在战车上之形。先秦以车战为主,因此旅以车为意符。

一般来说,五百人为一旅,也有二千人为一旅的说法。传说夏代国君少康复国之前,逃奔到有虞氏,在那里做了庖正,躲避祸害。虞氏将两个女儿嫁给他,将他封在纶邑,少康此时“有田一成,有众一旅”,即至多不过千把人,少则数百人。最后终于成功中兴,从东夷族的首领浇手中夺回了政权。古时军民一体,军旅即国中宗族成员,在春秋时代,就以具有军事性质的宗族为基本单位。晋国大夫叔向说:“大国之卿,一旅之田,上大夫一卒之田。”可见卿大夫的俸禄也是以旅卒为单位的。

5.族

族,甲骨文作、,金文作,这个字由㫃和矢组成,“㫃”是用来标示众人的旗帜,而“矢”是用来杀敌的,因此其本义是军旅组织。诸侯的子孙,也就是卿大夫,卿大夫受封食邑,则为“家”,也就是“族”。

在先秦时期,族是作为基本社会单位而存在的。西周时期,实行族长负责制,各族都设有宗子(族长)。宗子掌有财权、兵权还有神权,有庇护本宗族成员的职责,与宗族命运与共。各国卿大夫掌管全族财产和各种政务,叫作“宗”“家”或“室”,其中规模大的,“宗”之下分为“家”或“族”,“家”或“族”之下又分为室。各级贵族都有宗族成员和私属人员组成的军队,因此出征时朝廷多是按族来遣兵的。如明公簋说:“王命明公遣三族伐东国。”又如春秋时鄢陵之战中,楚中军以王族为主干,左右军以子重、子辛之族为主干。晋国则中军以公族和栾氏、范氏之族为主干,上下两军和新军以中行氏、郤氏之族为主干。

宗族观念在我国存在了上千年,从先秦的宗法制度到后世宗族的平民化,“家国同构”是维系中国社会结构的一大纽带。

6.中

中在古文字的字形中作、、、、等。其中带有旗旒的为一类,表示一种军中使用的标示中心的旗帜，而没有旒的在古文献中表示排行伯仲叔季之“仲”。“中”所从的飘带状物或同时向左，或同时向右，可知这是风吹动的结果。古时为集中军旅，便在广场中心建立长杆旗帜，以集合众人，发布敕令。古时旗帜多样，规格迥异。如《周礼 · 考工记》中记载：“龙旂九斿，以象大火也。鸟旟七斿，以象鹑火也。熊旗六斿，以象伐也。龟蛇四斿，以象营室也。”这些分别称“旂”“旟”“旗”的，有各自的图案以及旗斿数，使用时也有一定规格。“斿”就是旗子后面长条状的飘带。王能够竖立一种十二斿的大常，其下依次序递减，诸侯建旂，孤卿建旃，大夫、士建物，师都建旗，州里建旟，到郊野边鄙则竖立只有四斿的“旐”。“中”的字形有时二斿，有时四斿，有时六斿，有时九斿，而以四斿者为多，因此有学者认为四斿的旗帜最为古老。甲骨文中常见“立中”，并考察天气与风向。后来带有旗斿的“中”被废弃，只使用无旗斿的“中”字来表示中间的“中”。

7.讯

讯，甲骨文作，从口从人从糸，或作，从口从反绑之人，会意字，从糸从人也表示将人捆绑，甲骨文两种字形反映的都是问罪于反绑之人的情形，因此讯的本义就是问讯、问罪，也表示被拘执讯问罪责的人。金文作、等，更为形象。

《诗经》中有“执讯连连”“执讯获丑”的记载，前者是说周文王讨伐崇庸之后多有所俘，后者是说周王室对猃狁作战，俘虏及杀死了猃狁之人。被绑缚回来的敌人被称“讯”，用动词“执”，即拘捕；而杀死的则用动词“获”。西周晚期的多友鼎，记录了猃狁突然入侵周的京师，多友被派遣出兵保卫京师的史实。它的铭文提到“又搏于共，折首卅有六人，执讯二人，孚车十乘。从至，追搏于世，多友又有折首、执讯”，“追至于杨冢，公车折首百有十有五人，执讯三人”，最后多友“献孚、馘、讯于公”。可知多友等在“共”“世”“杨冢”等地前后斩首不下 150 人，俘虏不下 5 人。而最后，以“孚、馘、讯”三种东西进献，“孚”是虏获的物资，馘是人耳，讯即俘虏。今天所说的“讯问”“审讯”还依然沿用了“讯”鞫问的旧义。

8.孚

孚，甲骨文作、，金文作、，像一只手俘获幼孩，甲骨文有的字形从彳，表示在道路上俘获，是“俘”的本字，意为俘获、俘虏。孚之所以像俘获小孩之形，与氏族时代的社会习俗有关。上古之时，宗族社会是全民皆兵的，但这主要是针对青壮年男子而言的，他们的妻子儿女却被视为类似于财产之属，合称为“妻帑”。帑，就是“子”。和平时期，妻子儿女与男主人同享其福；一旦社稷颠覆，战争失败，男主人被杀，妻儿便会被俘虏，成为他人的财物。

在我国古代，对待俘虏的方式主要有以下三类：第一类就是直接杀死，比如长平之战坑杀的四十万大军。还有的用作献祭，实际上也是杀死，但这类俘虏是被当作了“牺牲”的。第二类是收为己用，但是地位普遍比较低下，著名人类学家摩尔根曾说：“在战争中所捕获的俘虏，不是杀死即是收养于氏族之内。被捕获的妇女和小儿，通常也是一样经过了这种恩泽形式的。收养不仅给予他氏族权，同时还给予部落的族籍。”要不然就是带回来做苦力、做奴隶。有时男性也会被编入军队之中。第三类就是直接放掉，以彰显战胜者的仁德。

9.翦

古籍中“翦灭”之“翦”，甲骨文作、，上半部分的草形来自草的本字“”，甲骨文翦本像用戈割断草的样子，以此表示本义是剪断。或者写作、，是戈上的装饰“彤沙”（类似流苏）之“沙”字的本源，在甲骨文中因为音近也用来表示“翦”。但、所从也可能表示倒挂的草，同样是以剪草会意。

《诗经·召南·甘棠》云：“蔽芾甘棠，勿翦勿伐”“蔽芾甘棠，勿翦勿败”“蔽芾甘棠，勿翦勿拜”。其中“翦”就是使用了“翦断草木”的本义。《甘棠》是为怀念召伯而作，因为爱惜他所植的甘棠树，所以反复叠唱千万不能翦坏它。而在很多典籍及青铜器铭文中，它都被用来表示“翦灭”的意义。如塱方鼎记载周公东征的历史说：“唯周公于征伐东夷，丰伯、薄姑咸𢦏。”“咸𢦏”即“咸翦”，是说周公前往征伐东夷，将丰伯、薄姑也尽数翦灭。

春秋时期齐晋“鞌之战”中，齐侯轻敌冒进，喊了一句：“余姑翦灭此而朝食”（即我姑且灭了敌人再吃早饭）便不穿盔甲冲入敌阵，最终却狼狈逃跑，险被擒获。

10.取

取，甲骨文作，金文作、，从又从耳，像以手执耳之形，意为将耳朵割下，是古代战争中获敌时割下敌人左耳的体现。古人在战场上杀敌，为了计功方便，在仓促之间只割取左耳。西周晚期多友鼎上记载的“献孚、馘、讯于公”，就是指献所获物资、敌耳、俘虏于公。取引申为伐取的意思，古籍中有“战胜攻取”的说法，形容所向无敌,逢战必胜,逢攻必取,这个取就是伐取的意思。

值得注意的是,在古代,娶妻之“娶”最早也写作“取”。加之婚姻之婚古代也只写作“昏”(如《仪礼》中就有《士昏礼》一篇),反映出在氏族时代,娶妻也被看成一种俘获,因此才会于黄昏行动。这种抢婚习俗通过文字被后世保存下来,成为古代社会的一面镜子。

11.馘

馘(guó),甲骨文作[甲骨文字形]、[甲骨文字形],象形字,像剥取下来的人头皮之形,馘的本义可能就是剥取头皮。金文作[金文字形]、[金文字形],添加了声符“或”,此外戈也作意符,表示以戈剥取头皮,金文也作[金文字形]。另金文里有字形作[金文字形],像以戈割耳之形,有学者也释为馘,因此馘也表示割耳朵。后来将头皮的形象改造为常用的部首“首”,即形成古书中常见的“馘”字。

考古学家曾在河北、河南发现五个距今约4000年的头盖骨,上面带有特殊的切割痕迹(经过斧子砍砸和刀子割切),从而推断在中国古代也有类似于美洲印第安人的剥头皮风俗(用利刃在耳上或者耳下环切头皮)。

剥头皮的目的大约有三种类型:一是与宗教有关,将剥下的头皮供奉给超自然的神灵;二是与鬼魂有关,头皮代表一个人的生命,因此剥下敌人头皮便是夺取其生命,才能平息自己已经死去的亲人的怨仇;三是为了显示猎皮者的勇敢和力量。典籍中未见到相关的阐释,可能与这种习俗的消失有关。

12.伐

伐,甲骨文作[甲骨文字形]、[甲骨文字形],金文作[金文字形]、[金文字形],像以戈击人之形,是一个会意字,本义专指砍头,金文字形反映得很贴切。在甲骨卜辞里“伐”一般用作祭名,是一种砍人头以祭的祭祀方法。甲骨卜辞中就记载了要用十五个被伐的人为献牲祭祀殷人先公上甲。

由于伐的字形像人拿着戈砍人之头,所以也有击杀的意思。比如《尚书·牧誓》中讲:“夫子勖哉,不愆于四伐、五伐、六伐、七伐,乃止,齐焉”,这里的伐就表示击刺。伐还引申为攻打、征伐之意。春秋时期国与国之间交战有一定规则,首先由一方送上战书,一方迎战,之后再两军对阵,摆好战阵布好战车,战前要击鼓,收兵要鸣金。凡是有钟鼓的才叫作“伐”,没有的叫作“侵”。天子出兵称为讨,讨就是以上讨下，而伐是敌国之间相征伐的意思。伐还有败坏、损伤的意思。《诗经·小雅·宾之初筵》讲："醉而不出，是谓伐德"，"德"是不可以被诛杀或攻伐的，所以这里的"伐"意为"败坏"。这句话的意思就是如果喝醉了还不退席，就是德行败坏的表现。

13.武

武，甲骨文作、，金文作、，从止从戈，会意字。止代表足，表示行进，所以武是挥戈前进、征伐示威的意思。

"武"可以泛指与军事、战争有关的事，即表示武装的"武"。还可以表示强力，与"文"相对。《穀梁传·定公十年》中说："虽有文事，必有武备。"这里的"武"就是击技、武装。"武"又表示勇武，即孔武有力之武。另外武还可指代兵器，比如我们在古代文献中常常见到的"武库"一词，在一些出土的青铜兵器上也常常铸有某武库的字样，其意思就是兵器库。

"止戈为武"这个解释为人们所熟知。许多的影视作品、文学作品中都有引述，认为武的本义是用武力去制止暴力，武代表止息干戈，平息战争。还有人将武解释为"正"与"弋"的结合，认为所有侵占都是以正义的名义发起的。然而这些解释并不符合事实，甚至与实际相反，存在很多牵强附会的地方。

14.戎

戎，甲骨文作、，金文作、、，早期金文字形较为原始，用一柄戈与一面盾联合会意，本义为军事器材。甲骨文字形将盾身的粗笔省为一横，也是相同含义。

戎字在先秦典籍中经常出现，很多地方都使用本义。天子要在田猎之中学习"五戎"，五戎指的是弓矢、殳、矛、戈、戟五种兵器。"戎甲"就是兵器与铠甲，亦借指士卒。戎还可以表示战车，有大戎、小戎之分，通常说的元戎指的是大戎。"戎"又引申为军队、兵士，以及与军旅有关的事物，即我们常说的"投笔从戎""戎马一生"之戎。戎臣、戎吏就是武臣、武官；戎伍、戎行都是行伍的意思；戎衣即军服、战衣；戎籍就是军籍；戎首指发动战争的主谋。这些含义在古代文献中都很常见。戎还可以衍生出征伐、战争的意思，比如《尚书·泰誓》中有"戎商必克"之语，大意是去攻打商一定会赢。

15.戍

戍，甲骨文作，金文作，像人负戈之形。人在戈下，以备不虞，是一个会意字，表示戍守边疆，这个意义一直延续至今。戍与伐的区别在于，伐是以戈伐人，所以戈和人连在一起；而戍表示戍守保卫，所以人立在戈下，不与戈相连。

戍也引申为戍守的部队、士兵、军队驻防地等。如甲骨卜辞记载“其乎戍御羌方”，大意是命令戍守部队抵御羌方，这里的“戍”就是戍守部队的意思。

《诗经·小雅·采薇》中讲：“我戍未定，靡使归聘”，大意是守边之事还没有完成，没有人可以回去看家里是不是都好，这里的“戍”是戍守边疆之事。春秋时，齐国派连称、管至两个人去卫戍葵丘，那时候是七月，正是瓜熟的时候，所以齐襄公告诉他们，到来年吃瓜的季节，就会让人来换防。结果一年过去又到了瓜熟的季节，他们却没有收到任何音讯。他们以为襄公忘记了，所以请求襄公安排换防，但是居然没有得到应允。襄公的言而无信令他们十分不满，再加上连称的妹妹嫁给襄公也不得宠，所以连称等人谋划作乱，最后杀了齐襄公，改立了公孙无知。所以“及瓜而代”这个成语就是源于一场换戍之事。

三、兵器

兵器是指各种具有杀伤力与破坏力的军事器械，在火药发明之前的时代（我们通常称之为冷兵器时代），交战双方是手持兵器近距离交锋的。此节所选相关文字，主要是早期国家的代表兵器，都是实战中近距离交锋的武器。

1.戉、戊、戌、戚、岁

戉、戊、戌、戚四字皆从戈，戈是先秦时期主要的兵器，以戈为偏旁的字多半与兵器或军事有关。

戉，甲骨文作、，象形字，像有柲（柲即兵器的柄）之钺形，戉即“钺”的象形初文。钺是一种刃部为圆弧形的大斧，在商周时期是一种彰显权力的兵器，其原始功能与斧类似，区别在于“大者称戉，小者称斧”，斧刃较窄，戉刃较宽、圆。

戉最初用于杀伐，在冷兵器时代具有巨大的杀伤力，而且是难得之物，因此成为权力与地位的象征，尤其是军权的象征，只有最高统治者或是地位极高的人才有执钺的资格，所以钺也是一种王权治军的象征。戉大多数为青铜铸造，由此才在戉边加了金字旁，也另有小部分为石钺、玉钺。周武王“左仗黄钺”中的“黄钺”就是用黄金装饰的大斧。“夏尚玄，故执玄戊；殷尚白，故执白戊；周尚赤，不仗赤戊，而仗黄戊，黄者中央正色。”黄戊是天子专用，所以武王伐商之前拿着金钺向大家誓师，其威严与庄重感可想而知。

有人认为古代的戊与戉是一字，戉声转即为戊。但是，戉与戊在形制上还是有一定差别。戊，甲骨文作、，写法正反方向不定，笔画简略，看不出所象；商代金文作、、，象形字，很清楚地反映出具体所象，像带柲的大斧之形，“戊”应该就是斧钺一类的兵器。戊在文献中从未见其使用兵器这个本义，从甲骨文时代起就已经被假借用来表示天干的第五位，即甲乙丙丁戊的戊。《诗经·小雅·吉日》中说：“吉日维戊，即伯即祷”，大意是戊这一天是一个吉日，可以祭祀马祖。

戌，和戊一样，在甲骨文时代就已经被借用来表示计时的地支，但从甲骨文字形看，戌也是一种古老的兵器。甲骨文作、等形，从字形看，戌是斧钺一类的兵器，只是它是直刃，而且整个器形有可能是扁方形。戌用于杀伐，从一些甲骨文字形可以看出，如，从戌从奚，是一种砍头的杀伐方式，像用戌砍断“奚”头之形，奚是一种奴隶，字形中的奴隶被反绑，而且头部与身体分离，说明头已经被戌砍下。

戚与戉相近，甲骨文写作、，像带柲的有齿状突出物的大斧之形，或省略柲作，金文作、等形，带齿大斧的形象更鲜明。戚本义就是这种带齿斧状的兵器。《山海经·海外西经》中描述刑天“以乳为目，以脐为口，操干戚以舞”，这里的戚与“弓矢斯张，干戈戚扬”（《诗经·大雅·公刘》）中的戚都是斧钺之类的兵器。但在《左传·昭公十五年》中有“其后襄之二路，金戚钺，秬鬯，彤弓，虎贲，文公受之”的说法，这就表明戚与钺还是有区别的。虽然都是斧，但是钺大而戚小。而且戚的刃部向内缩，戉的刃向外张开，而且戚身带有突出的齿，这些区别从字形上可以明显看出来。

岁（歲），甲骨文作、、等形，金文作，象形字，像一种兵器之形，从字形看，岁是和戉很相似的宽刃兵器，后来加两点以像其镂空之形，表示这种兵器器身是镂空的。岁本最初应该也是斧钺一类的兵器。岁在甲骨卜辞中可指一种用牲方式，即将祭牲杀伐以祭的方式，使用的工具可能就是岁，因此这种用牲的方式叫岁。

2.我与杀

我，甲骨文作、，像一种带柲的有齿兵器。西周时期的金文写作、，承

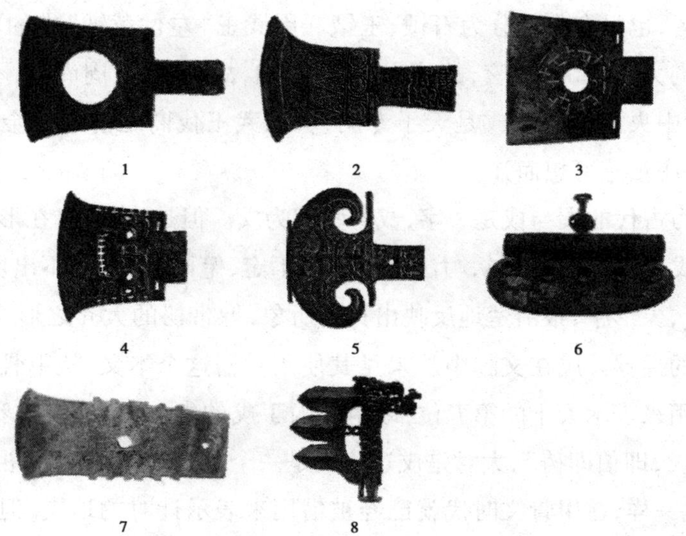

图 1 到 6 为商代各种斧钺类兵器，它们形制各异，今一般都将其称作钺。但商人可能就是根据这些兵器的差异给不同样式的兵器取不同的名字。如图 1 为戉，图 2 可能是戊，图 3 可能是戌，图 4 可能为戚，图 5 可能是岁。图 6 今人命名为戚，但结合甲骨文看，它可能就是岁。图 7 为玉戚。图 8 为春秋时期的一件青铜兵器，一般称其为三尖戟，但从形制看，它很有可能是由早期的“我”发展而来

接甲骨文，但刃部齿形笔画横穿。篆文的左部很明显也是顺接前代字体，是齿部的变形。“我”的本义既然是一种兵器，那么它的引申义也就与此相关，与“殺（杀）”义相近。《尚书・泰誓》中有“我伐用张”的说法，而在《孟子・滕文公下》中变为“杀伐用张”，表明“我”与“杀”同义，有杀伐的意思。至少在甲骨文时代“我”就已经被假借来表示第一人称，表示自我、我们，其表示一种兵器的本义慢慢被人们遗忘，但它的古文字字形却向我们传递着它本是兵器的事实。（我们在第三章第五节讲“我”作为假借字时附有兵器我的照片，读者可以参看。）

3.干与戈

干，甲骨文写作、，象形字，像带有羽饰的盾形，上部像装饰的羽毛，中间为盾形，下部带镈（zūn，兵器柄下端的圆锥形金属套）。干的本义为盾，是一种防御性武器。甲骨文或省作，金文作、、。《荀子・解蔽》云：“凤凰秋秋，其翼若干，其声若萧。”大意是将凤凰的翅膀比作是干，这里的干就是盾，也说明这种盾有羽饰，正好与甲骨文字形吻合。《尚书・牧誓》云：“称尔戈，比尔干，立尔矛，予

其誓。”大意为举起你们的戈，排好你们的盾，竖立你们的矛，我要向你们盟誓。这里的干也是盾的意思。因为干本义为盾，盾是防御性武器，因此干也有捍卫、防守的意思。《诗经·周南·兔罝》有“赳赳武夫，公侯干城”之语，其中的干通“扞”，“扞”即从手从干会意，表示手持盾牌做防御姿势，就是守卫、捍卫的意思。

戈，一种进攻武器，是商周时期最主要的兵器。甲骨文作、，金文作、、、、等形，象形字，像带柲的戈形。早期金文比甲骨文更形象，有的字形画出戈身轮廓、戈上装饰性的垂缨、戈柲、柄底端的镈，真实地反映了商周时期戈这种兵器的形制。戈是一种最基本的武器样式，最早是石戈，后来产生青铜戈，既可以横击，又可以向内勾杀。戈作为一种常用兵器，在文献中经常出现，如“同室操戈”“反戈一击”“枕戈待旦”“金戈铁马”等，也可以引申出战争、战乱的意思，“偃武息戈”中的戈就代指战争。

干是防御武器，戈是进攻武器，在武王伐商的时候干、戈就在军队中同时使用，后来演变为我们对所有兵器的总称。先秦时期国与国之间作战常用战车，而每辆战车配有兵器，这些兵器是戈、殳、戟、酋矛、夷矛，合称“车之五兵”。而且干与戈也可以合在一起来指代战争和武力，如常用的“大动干戈”“化干戈为玉帛”“倒载干戈”等。

苏州博物馆藏商代晚期青铜戈（左）；2001年河南安阳殷都区花园庄殷墟宫殿宗庙区内商代墓葬出土青铜矛（中）；秦始皇帝陵博物院藏秦代铜盾正反面（右）

4.矛与盾

矛，金文作、，象形字，像矛这种兵器之形，矛是一种尖锋的直刺武器，侧面有环纽，可以用来挂垂缨一类的饰物，金文字形就形象地反映出了矛盾的这个特点。矛是一种人们最熟悉的冷兵器，在我国有着悠久的使用历史。木石器时代使用石矛尖，用青石打制而成；殷周时代矛头用青铜制成；汉代之后盛行铁制矛头。矛的结构简单，易于大量制造，维护成本也较低，所以长矛在古代一直作为军队长期装备的主要兵器。由于这种武器锋刃在前，用于冲刺，所以又被称作刺兵。我们称矛的尖端为"矛头"，常用来比喻攻击时所指的方向，比如将矛头对准某人。

矛主要会造成正面的贯穿伤，可攻不可守，所以一般配盾来防御。盾，甲骨文作、、，金文作、等形，象形字，像盾牌之形，方框像盾的轮廓，竖画像持盾的柄。金文又作，加上了形符"持盾的手"和声符"豚"；金文又作，像人持盾防御之形，这个字形为后世继承，小篆写作。盾是用来护卫身体的工具，是古代最重要的防御武器。在作战时，一般一手持盾，一手持一种攻击性武器，两相配合，胜算大大提高，而且盾还可以抵御弓箭，也就是常说的"挡箭牌"。所以军中历来重视对盾的使用，很多大将都擅长使用盾牌。按照大小、形状、材质，可把盾分为不同的种类；盾上一般还绘制有某些图案，以恐吓敌方，达到增强其防卫效果。

有关矛与盾的最著名的故事就是"自相矛盾"了。这个故事见于《韩非子·难一》，这一篇讲楚国有个卖矛和盾的人，夸自己的盾非常坚固，任何东西都刺不穿，又夸自己的矛锋利无比，没有穿不透的。有人就问他，那用你的矛去刺你的盾会怎么样呢？这个人就哑口无言。后来人们用矛盾连举来比喻言语或行为相互抵触、互不相容，也指文辞相悖。

5. 弓与矢、畀

弓，甲骨文作、，像弓形，画出了弓秘和弓弦，或省略弓弦作；金文作，继承了简略的字形；小篆作。弓是一种用来射箭的武器，与矢配合使用。矢也是象形字，甲骨文作金文作，描绘的就是一支箭的形象，上像箭头，竖像干，下像栝、羽。栝，是箭杆的末端，须借它搭在弓弦上发射。甲骨文又作，金文作，表示栝的部分简化为一条直线，此字形为后世继承，小篆作。矢主要配合弓弩使用，现在还有"有的放矢"的说法。弓和矢合在一起就是射，甲骨文写作，呈现箭在弦上的样子。装箭的箭筒称为箙，甲骨文作，金文作，正像插有箭支的箭筒之形。

畀，甲骨文作，金文写作、，像一种箭头宽大的箭，有学者指出此字主要表示箭头，画出其他部分只是为了使表意更明确。畀的本义是指一种扁平而长阔的箭镞。后来字形镞与箭杆分离，箭杆的下部消失，箭羽也逐渐分开，到小篆作。

有学者认为这种箭头就是文献中所说的“匕”。《左传·昭公二十六年》载:“齐子渊捷从泄声子,射之,中楯瓦,繇朐汰辀,匕入者三寸。”这里先说射箭,后说匕入三寸,说明这里的“匕”指的就是箭头,学者认为这个“匕”就是指这种扁平而长阔的“畀”。汉代有一种箭头叫作錍,也是扁平而长阔,其实也是指畀这类箭头。后代常见的匕首应该也是从这种叫畀的箭头发展而来。

商代两种青铜箭镞,其中狭长而宽大的一个可能就是畀

6.单

单,甲骨文作[字形]、[字形]、[字形],金文作[字形],象形字,像一种武器的形状,具体勾勒出一支带有丫形杈头的长杆,在杈头顶端分别绑有两颗球体物(可以用来攻击),而长杆中段又有圆形物(可以用来防御)的狩猎或杀敌的武器。单字与狩猎和战争息息相关,如“戰”“獸”二字均从单,所以“单”是一种非常实用的武器。在金文中有直接使用“单”表示“战”的,如公伐徐鼎的“攻单无敌”,也就是“攻战无敌”。引申之,“单”又产生了军阵的意思。《诗经·大雅·公刘》云:“相其阴阳,观其流泉。其军三单,度其隰原。”其中的“三单”,即“三阵”的意思。

“单”的“军阵”的意义和一类被称为“单”的社会组织似有某种关系。《竹书纪年》载:“武王亲禽帝受辛于南单之台。”“南单之台”也就是《史记·殷本纪》中的“鹿台”。据著名考古学家俞伟超先生讲,“单”在甲骨文中是地名也是社会组织,在甲骨刻辞中出现了“东单”“南单”“西单”“北单”等词。因此所谓“南单之台”就是位于“南单”的高台,上有纣王搜刮的大量积蓄。这种名称在先秦两汉时都可以见到。

"单"还有尽的意思，大概是因其字形有使用兵器一网打尽之意。如《列子·黄帝》的"单惫于戏笑"，《庄子·列御寇》的"单千金之家"，《礼记·祭礼》的"岁云单矣"等就是这种用法。这种含义后代用"殚"来表示。

四、刑法

刑法是规定犯罪、责任及处罚的法律。在较早的历史时期刑法是很残酷的，谈不上规定犯罪与责任，一般是直接进行残酷处罚，称之为"刑罚"更加符合早期国家时期的刑法特点，这在相关的古文字中是很明显的。

1.戮

戮，商代一种砍头的刑法，也是一种祭祀方式。甲骨文作 ，从戌从奚，奚像手被反绑在背的长发奴隶之形，戌是一种类似斧钺的兵器，整个字形像用戌砍头之形。戮字又作 ，像用戈砍杀反绑双手的奴隶之形；又作 ，奴隶的头与身体已经分离，表示已经被砍下；又作 ，增加了双手，或表示行刑时按压奴隶防止其反抗；又作 、 ，省略了奴隶的头部，表示头已经被砍下。甲骨卜辞中戮是一种砍头以祭的祭祀方式，是处理人牲的一种方法。同时，古文字戮也向我们展示了一幅幅血腥的场面，间接地反映出商代刑法的残酷。被施以戮的人可能是奴隶，也可能是沦为奴隶的战俘。

斩头的死刑刑罚在我国延续了数千年，被称为"大辟"之刑，属五刑中最重的一刑。在魏晋到隋唐时代，我国的死刑只认可"斩首"一种，已属当时世界上最为文明者。但是到宋以后又出现凌迟之类的残酷类型的死刑，实际是一种倒退。

2.刖、劓、刵、剢、辛

《尚书·吕刑》中记载五刑有："墨、劓、剕、宫、大辟。"分别是刻额涂墨、割鼻、断足、阉割（女子则幽闭）、死刑。这五类刑罚在商代甲骨文字中都可以见到。

刖，甲骨文作 、 ，像以锯截去小腿之形，本义就是断腿之刑，是一种残酷的刑罚，也可以写作"跀""䟣"。而另一个字"剕"也表示同一含义。因为古人将小腿称为"腓"，所以"剕"也是截去小腿的意思。《史记》说截腿的刑罚种类有五百，可见这种刑罚面之广。据学者考证，膑字也和"刖"义相近。在商代，常见到刖刑记录，统治者经常贞问在用了刖刑以后人是否死了，可见此刑的凶险性。

劓，甲骨文作、，像用刀割去鼻子的形状，本义就是割鼻之刑，也是上古五刑之一。刵，小篆作，从耳从刀，表示将耳朵割去的刑罚。“劓”与“刵”经常一起使用，如《尚书·康诰》载：“非汝封又曰劓刵人，无或劓刵人。”古时割鼻子耳朵已经算很轻的刑罚，因此很可能常常被一起执行。商代时割鼻割耳与挖眼同属一种刑系，可以统称为“劓”刑，归属于五刑之中。因此殷王盘庚威胁那些作奸犯科的人，若敢行奸，就要对他们轻则施劓刑（指“劓”一系列的刑罚），重则族灭之。

豖，甲骨文作、，像去势之形，就是宫刑，字形反映得很形象。甲骨卜辞记载“庚辰卜，王，朕豖羌，不死”，大意为在庚辰这天商王亲自进行占卜，占卜的内容为“我对羌奴施行宫刑，他们不会因此死去”。可见在商代，宫刑也是一种常见的刑法。

辛，甲骨文作、，像一种尖锐的凿子，乃是凿面施刑所用。用这种用具所做的刑罚即是“五刑”中的“墨”刑，也称“黥”或“剠”。商王会派遣人施行或监督墨刑。墨黥要先刻犯人之面，再用土墨涂上去。这种刑罚就是文身的原理。尖刺物破坏了真皮细胞，使墨料附着在破损细胞的周围。随着人体免疫系统的修复，微小的染料颗粒被大细胞吞噬并一直稳定地保存下来，使得墨色永久留在人体皮层，成为一种难以消除的羞辱。

用过肢体之刑的人一般会沦为奴隶而遭役使，如被用来干一些守门、守园囿、修城等劳苦工作。受墨刑的人使守门，受劓者使守关，受宫者使守内宫，受刖者使守园囿，受髡刑者（即受剃去头发之刑者）使守仓廪委积。春秋时楚国大臣鬻拳以兵器强迫楚文王纳谏，迫使他改错。事后，自认为逼君有罪，于是自刖一脚。文王敬其忠诚，授以大阍之职，使其主管郢都城门。

孔子的弟子子皋在卫做监狱官吏，斩断了刑徒的腿，这些人便被用来守门。可见断足之人被用以守门的做法确属事实。秦代焚书令说：“令下三十日不烧，黥为城旦。”“城旦”是一种一年四季都要维修城墙的苦役。焚书令下达后一个月内若不遵行，就会被刻面涂墨并沦为“城旦”，可见秦法之严峻。

但是这种情况到汉代开始改观。汉文帝十三年（公元前 167 年），齐太仓令淳于意被人上告，法当受肉刑。其幼女缇萦随父进京，上书汉文帝为父求情，愿以身代之。文帝大受感动，认为人死不能复生，肢残不能复原，于是废除了自古以来的墨刑及斩足、割鼻之刑，而以断发、笞刑代替。

当然，在漫长的古代，这些刑罚时有反复，但最终在所有朝代的正式法律中，伤残肢体的行为都被认为是非法的。而上古五刑在隋唐时则演变成为“笞、杖、徒、流、死”（即鞭打、杖打、徒刑、流放、死刑）新的五刑，并一直沿用至明清时代。

3.㚔（幸）与执

㚔（幸），甲骨文作、，象形字，表示一种手梏，是古代用于拘执犯人的刑具。

在古代称手铐脚镣为“桎梏”，分开讲则手上戴的称为“梏”，脚上的称为“桎”。“㚔”就相当于“梏”，今天说手铐的铐，即是从此音而来。在1937年的殷墟考古中，曾发掘出戴手梏的奴隶陶俑。女俑双手拱在身前，男俑双手拱在身后。所使用的刑具和甲骨字形基本一致。

“桎梏”一般是被合用的。《孟子》中说：“尽其道而死者，正命也；桎梏死者，非正命也。”孟子认为被戴上手铐脚镣而死的人，没有能尽到自己的天性，死了也不是“正命”。《史记·齐世家》载：“鲍叔牙迎受管仲，及堂阜而脱桎梏。”一代名相管仲，差点死于齐桓公的报复，却终于脱离手铐脚镣，开始了人生的新篇章。

执，甲骨文作、、，像以刑具“㚔”拘住犯人。甲骨文还有另一个字形作，是执的异体，这个字形中被执之人不但被“㚔”铐住，颈上还带了枷，与后世拘禁犯人并无二样，可见戴枷之刑之久远。甲骨文中经常出现“执”某人，是抓捕并用刑具铐住的意思。如甲骨文中常能见到贞问是否能抓捕到羌人的记录。商人常以羌人为祭品及劳役，故常问卜。而且商人强制很多奴隶做工，因此常会出现奴隶逃跑的情况。有一种“刍”，即畜牧的奴隶，在野外放牧，因监管不善而经常逃跑，因此商王便卜问是否能“执”得他们。羌人若逃跑就被称为“逸羌”，也需要卜问是否能捕得。《诗经·大雅·常武》有写“铺敦淮濆，仍执丑虏”，就是说陈兵于淮水之岸，要前往抓捕众虏（“虏”是对敌人的蔑称）。

“执”又可以用作抓捕动物的动词，如“庚辰卜王弗其执豕，允弗执”，这是说庚辰这一日占卜，预言王抓不到野猪，后来果然应验了。

河南安阳殷墟遗址出土商代戴手梏的奴隶陶俑

4.舂

“舂”的甲骨文字形作、，金文字形作，像双手举着杵捣臼的形状。而在甲骨文中，另有一类舂的字形作、，在臼中装着人，其意为将人舂为肉泥，反映了一种很残酷的刑罚。

“舂”这种刑罚在甲骨资料中少见，难以窥探其面貌，但是在传世文献中有类似的被称为“醢”刑罚。“醢”本指肉酱，作为刑罚时一般认为是将人剁为肉酱，但是早先也可能是舂成的。《史记·殷本纪》载：“九侯有好女，入之纣。九侯女不喜淫，杀之，而醢九侯。”九侯或称“鬼侯”，献女于纣王，不料其女被嫌弃不能讨纣王欢心，于是纣王杀了其女并将九侯处以“醢”刑。汉初梁王彭越因被告谋反而被捕，最后高祖将其剁成肉酱，“盛其醢以遍赐诸侯”。

孔子的弟子子路因为参与卫国蒯聩父子争君位的内乱而死，很快有使者回鲁国向孔子报信。孔子闻讯后，便在庭中恸哭，并接受了友人的吊唁。孔子哭完，向使者询问具体情况时才知子路已被“醢之矣”，孔子听罢即刻命人将家中的肉酱悉数倾倒。

5.系

今天的“系”是“係”“繫”“系”三字合并而来的。甲骨文字形的、、，金文字形的，可以认为与“係”同形，是以绳索绑住人颈部的形象。金文字形中的绳索已经与人脱离开来，形成了今天“係”的基础字形。

“係”在甲骨文中既可以用作动词,也可以用作名词。有人认为“係”是商代统治者用绳索将罪人或俘虏的脖颈绑起来,自己牵着另一端,犹如牵执牲畜。当然,字形显示不全然如此,我们可以更宽泛地将其理解为绑缚犯人。孔子选女婿时曾说:“子谓公冶长:可妻也。虽在缧绁之中,非其罪也。”这里“缧绁”是监狱的代名词,但是其本身就是捆绑犯人的绳索。将犯人或俘虏捆绑起来是古代很常见的刑罚,是剥夺其人身自由的体现。

贾谊在千古名篇《过秦论》中讲述秦始皇的功绩时写道:“百越之君,俯首系颈。”百越之君为求自保而甘于自辱,绑住自己的脖子,将绳子的另一端交给秦人,这体现了百越之君愿认罪服刑、听候处置的降秦诚意,更衬托出了秦王朝的威严。

6.圉

圉,甲骨文作,或作,金文作,像一个放置有手铐的监狱形状,有的是在监狱中画一个被手铐铐住的犯人。此即囹圄之圄,本义为监狱,是用来关押罪人的。

据说在夏代就已经有监狱的设置了。但是监狱的称呼有所区别,夏曰夏台,殷曰牖里,周曰囹圄,“皆圜土也”。所谓“圜土”,就是监狱的意思。“夏台”,或称“均台”,是夏代最为著名的监狱。以监狱为代表的暴力机构的设置,是和文明国家的起源联系在一起的。

据相关学者研究,商代监狱除囚禁本国罪犯之外,还要囚禁抓来的外族俘虏。这些俘虏并不只是被囚禁而已,还需参加强制劳动。在监狱中服刑的囚犯参与劳动的传统一直延续到近现代,称为劳动改造。

金文中,圉还被用作人名,如圉甗、圉卣等。春秋时晋惠公外逃梁国,其妻生下一儿一女。卜人占卜后说其子日后将为他人所奴役,其女将成为他人之妾,因此他将男孩取名为“圉”,女孩取名叫“妾”。可见“圉”确有强制劳役的内涵。

五、奴隶

奴隶是奴隶社会时期最低等的社会成员,完全没有人身自由与权利,是从事杂役与苦力的社会成员。然而随着社会的发展进步,一些与奴隶有关的字的内涵也有了新的变化,其本义逐渐隐去。

1.臣

臣，甲骨文作、、，金文作、。字形向左向右没有区别，象形字，古文字字形像竖着的眼睛之形，有的字形还画出了瞳孔。臣的本义为奴仆，奴仆地位卑微，在主人面前必须俯首从命、恭敬顺从，奴仆们跪在主人面前的情况是常见的，主人居高临下，看奴仆的眼睛就如同是竖置的，因此古人用竖着的眼睛“臣”来表示奴仆。《尚书·费誓》中“臣妾逋逃”的“臣妾”就对奴隶的称呼，臣和妾都是被奴役的对象，男子称臣，女子称妾。奴仆中也有等级之分，高一级的奴仆可以管理低级奴仆，成为奴仆之长，因此臣也逐渐发展为一种职官名，如甲骨文中的“小臣”，后世泛指官员。

臣还有“牵”的意思，是因为臣本来是俘虏的称呼，囚俘人数众多，管理他们的人就要用绳索牵着，这种行为叫作牵，所牵之人为臣。《礼记·少仪》中有“臣则左之”，臣就是囚俘，是征伐时获得的俘虏。臣还有役使、统属的意思，《左传·昭公七年》云：“天有十日，人有十等”，其中“王臣公，公臣大夫，大夫臣士，士臣皁，皁臣舆，舆臣隶，隶臣僚，僚臣仆，仆臣台”。这里臣就是统属，反映出了西周的分封制度。

2.民

民，甲骨文作，金文作、、等形，像用针一类的刺状物刺入眼睛的形象，字形上的点或横是装饰性笔画。在奴隶社会战俘会被刺瞎左眼成为奴隶，这种瞎了左眼的奴隶被称为“民”，其本义就是奴虏。民又是“盲”字的初文，与盲音义相近，所以古文中民、盲通训。贾谊讲“民之为言萌也，萌之为言盲也”，萌就是冥昧、蒙昧的意思，也就是说，民指的是那些社会地位很低、蒙昧无知的群体。“氓之蚩蚩，抱布贸丝”中的氓也是民，是地位很低贱的民。盲、民、氓、萌，都代表了愚昧低贱。与民相关的词语，如“贱民”“刁民”“暴民”“小民”等，都被赋予了贬义的色彩。可以看出在封建社会，民的地位是很低的。

民又可以泛指普通民众，在《诗经·大雅·假乐》中有“宜民宜人，受禄于天”的说法，这里的“民”指的是有别于君主、官僚阶层的庶民，是普通百姓。而《诗经·大雅·生民》记载的“厥初生民，时维姜嫄”中的“民”则是作为人、人类意义上的民。

3.仆(僕)

仆(僕),甲骨文作,金文作,会意字,字从辛,辛是一种刑具,可能是用于墨刑的刀具,人头上戴有辛形的刑具,或表示此人是受过刀墨之刑的罪人;人身上有尾饰,可能是奴仆的装束;人手持,即其,表示畚箕,箕中的小点象征渣滓、垃圾。整个字形像人手持箕洒扫之形,以此来表示奴仆之意。后金文作,改换了意符从人,但依旧保留了手持箕洒扫之形,只是表示箕的讹变严重。

仆在殷商时期是一种奴隶,其来源也可能是战俘,甲骨文有"执仆"这样的表达,"执仆"就是仆被枷铐、被执拘的意思。仆在那个时候不但没有人身自由,身体还经常受到伤害,甚至性命不保。如"贞,刖仆八十人,不死?"大意就是贞问对八十名仆施以刖刑,这些人是否会死。仆还会被当作牺牲用掉,十分残忍。

结合甲骨文仆字所表现出来的做洒扫之事的人的形象来看,仆的本义就是供役使的人。仆作为仆从、奴仆的意思,在文献中很常见,其中需要注意的是"仆夫",是专指车夫、马夫。仆也引申为一类官名,如太仆,主要职能是掌皇帝舆马,或管理马政。

4.妻与妾

妻,甲骨文作、,金文作,像手抓女子的头发之形。有学者认为妻的本义为女性奴仆,因为从字形看表示被人揪着头发,说明地位低下。也有学者认为此字与上古掠夺妇女作为配偶的习俗有关,是掠夺婚姻的反映,妻这个字就是抢夺女子的形象。

"妻,妇与夫齐者也。"即与夫相对等的"妇"才是妻。言下之意,即使有很多妇,在古代妻也是被唯一认可的嫡配。一般人只能娶一妇,即"妻",所谓"女子生而愿为之有家,男子生而愿为之有室",即是指此。而即使公卿大夫妻室众多,也只能有一名正室。就诸侯而言,"夫人"只有一位,其他都称"如夫人"。当时对于妻妾之分甚严,产生了很多礼仪之辨。如《左传·襄公二十六年》就记载了春秋时期宋国左师向戌与宋平公夫人交接之事。春秋时期只有国君的正妻才可以称夫人,其他老婆都称妾。平公的夫人弃,原本是他母亲的养女,被赏给平公做妾,但是也称君夫人。向戌见到夫人的遛马人,就问他是什么人,那人说自己是君夫人的遛马人,向戌就问谁是君夫人,我怎么不知道。那人回去就告诉了夫人这件事。夫人就派人向左师馈赠锦缎、马匹和玉器等重礼，并让人转达是“君之妾弃”送的。向戌一看自己的提醒有了反馈，就改口称弃为“君夫人”，然后又跪拜接受了礼物。左师向戌虽然最后接受了“弃”的礼物，并顺势称“弃”为宋平公夫人，但是也不能改变“弃”是妾的地位。

妾，甲骨文写作[甲骨文字形]，像一个女人跪坐着，头上戴着某种刑具或头饰。金文作[金文字形]，顺承甲骨文，头上戴的刑具或头饰与“僕”头上的相似，表现的是一个女罪犯或女奴隶的样子，也就是这个字的本义。妾是供上层贵族役使的有罪的女子，也就是女奴的意思。妾的地位与臣相当，臣、妾往往连称。《尚书·费誓》中有“窃马牛，诱臣妾”一句，其中“诱臣妾”指的是诱偷奴婢。后来引申为男子在正妻之外不用正式礼法所娶的女子，即“齐人有一妻一妾”“三妻四妾”“妻妾成群”之妾。

在早先，妾并没有庶妻的意思，只是女奴，不但要侍奉主人和主妇，还往往会在祭祀时被杀掉。我们今天所理解的妾，在战国及以前称媵，但战国之后媵逐渐消失，或者与妾连用，所以妾也逐渐有了庶妻的意思。

妾也是女子的一种谦称，即“君当作磐石，妾当作蒲苇”的妾，但此时妾的本义已经不存在了。

5.奚

奚，甲骨文作[甲骨文字形]、[甲骨文字形]，像被人揪住发辫并被反绑之形，反绑说明已被限制自由，被人揪住头发表示被奴役，整个字形形象地反映了奚这类人地位的低下。奚的本义就是奴隶，甲骨文又省作[甲骨文字形]，金文作[金文字形]、[金文字形]、[金文字形]，都突出头部的发辫，古代服饰是地位的象征，不同等级的人有着不同的装束，奚字突出发辫，可能是因为这种发饰是奴隶的着装。另一种说法是奚字字形头部表示绳索，字形反映的是手拉着套在奴隶脖子上的绳索之形，表示奴役。但总体而言都是表现出此人失去了人身自由，所以本义还是奴隶。这种奴隶数量很多，一般是战俘，因为古人对战俘有捽发的做法；也有人认为是从北方的编发部族俘虏来的。这种奴隶平时没有自由，不但要充当劳役，在祭祀的时候还要被用于献祭。在甲骨文中就有以奚三十人为献牲、行侑祭于先王大乙的记录。甲骨文[甲骨文字形]就反映了砍杀这种奴隶的情景。

除了殷商时期有奚这种奴隶，在后世的典籍中也可以发现，《周礼》中有“酒人奄十人，女酒三十人，奚三百人”的记载，这里的奚来自古代犯罪之人的家属，其中少才智的被称为奚，不需要被当作献牲，而且奚奴还可以造酒。不过此时的奚奴与殷商时期已经有所不同。

6.艮

艮，甲骨文作 、 等形，像一个人跪伏着，又有手抑其项背，表现出了捕获敌人、令其驯服的意思，艮本是一种奴隶。艮是“服”的会意初文，有顺从、顺服、降服、征服的意思。艮在甲骨文中用作称呼一种牺牲，有时候一次以十艮为献牲。

在周厉王㝬钟上铸有“南国艮子”字样，这里的“艮”通“服”，服夷是西周的一种奴隶。在奴隶社会时期，奴隶的名目繁多，有时在某一族被征服之后，整族都会沦为奴隶，这种奴隶被称为种族奴隶，有别于国内一般形式的奴隶。服夷就是一种被征服的种族奴隶，南国艮子就是南方的被征服者。艮也泛指被征服的非华夏族的奴隶。艮在西周以后就很少单独使用了，都用服。

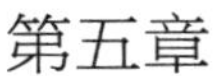

第五章

洵美且异：
汉字书法之美

中国自古就有“文人墨客”之说，文人在人们的印象中总与笔墨难以分割。既然难以分割，汉字也或多或少地反映了文人对美的执着，汉字的书法艺术也就应运而生。我们要纵览汉字的全貌，对汉字所蕴含的美学追求就不得不有所了解。本章将对中国历代的书法及一些因审美而产生的特殊汉字形体，如图腾、鸟虫书、玺印等进行简单的介绍。

第一节　善书不择笔——汉字书法

汉字作为古老的意音文字，从甲骨文时代算起，到今天已经过了三千年三百多年的传承，汉字发展的各阶段都极具自身魅力与特色，体现了时人对汉字审美的追求，而“汉字书法”就是中国人对汉字字形之美独具韵律的告白。

一、笔墨之美

提起书法，人们最先想到的就是笔、墨、纸、砚这四种被称为“文房四宝”的文书工具。元代诗人王冕曾诗曰：“吾家洗砚池头树，个个花开淡墨痕。”由此可见古代文人使用笔墨纸砚之频繁。因其常用，古人就不免重视其制作，如同古人总结出的“剑号巨阙，玉出昆冈”（最锋利的宝剑名为巨阙，最上等的和田玉产于昆仑山）一般，历代文人都会总结出当时公认的最好的“笔墨纸砚”产地。

历史上，因为制造工艺的发展与进步，公认的“笔墨纸砚”最佳产地屡有变化。在南唐时，“笔”特指宣城诸葛笔，其笔锋毫尖锐、提起不散，南唐后主李煜的妻子娥皇就深爱此笔；“墨”特指徽州李廷圭墨，该墨以松烟、珍珠、龙脑等为原料，墨坚如玉，称得上是闻名遐迩的徽墨的宗师；“纸”特指澄心堂纸，其产于徽州，美术史家曾称澄心堂纸“肤卵如膜，坚洁如玉，细薄光润，冠于一时”，南唐后主亦深爱其纸，赞其为纸中之王，乃至后世仍对澄心堂纸多有仿制；“砚”特指歙州砚，产于安徽黄山山脉与天目山、白际山之间的歙州，因其“发墨益毫、滑不拒笔、涩不滞笔”的效果，受到历代书法家的喜爱。

在“笔墨纸砚”之中，对书法艺术影响最大的是笔和纸。自宋朝以来“宣笔”“宣纸”兴盛，宣笔又称宣州笔，主要由动物的毛制成，选料精严、制作考究，毛纯耐用、刚柔并济，在今天仍深得书法家喜爱。古代文人认为宣笔有四德：尖、齐、圆、健。尖是指笔毫聚拢时，末端要尖，这样的笔易出锋；齐指笔尖润开压平后，毫尖平齐，这样笔才能在运笔时“万毫齐力”，使笔画更显苍劲有力；圆指笔毫圆满如枣核之形，书写时才能笔力完足；健指笔腰富有弹力，笔有弹力才能运笔自如，收放得宜。宣笔以四德评判其优劣，而这四德均与汉字的书法艺术息息相关。元代时，盛行已久的宣笔逐渐为湖笔所取代，湖笔又称湖颖，颖便是其最大的特点。所谓颖，就是指笔头尖端有一段整齐而透明的锋颖。锋颖一般以山羊毛制成，白居易曾以“千万毛中拣一毫”和“毫虽轻，功甚重”来形容制笔技艺的精细和复杂。湖笔不仅具有宣笔的四德，还在此基础上增加了“三义”，“三义”指精、纯、美。“精”指拣、浸、拔、梳、结、配、择、装等多道制造工序都一丝不苟；“纯”指选料严格细腻；“美”指形、色及配合的毛杆、刻书、装潢等高度统一。元代书画家赵孟頫于湖州府任职时，对当地制笔十分重视，有一支不如意也会令其重制。赵孟頫的严格要求，使湖笔在元代时风行，直至后朝仍为文人所重。令人惋惜的是，因中国近代战乱频频，湖笔的生产难以为继，今时已不似宣笔常用。

宣纸始于唐代，产于泾县，因泾县在唐代隶属宣州，故称宣纸。宣纸易于保存，经久不脆，不易褪色，故有“纸寿千年”的美誉，至今为人们所常用。宣纸根据其纸张洇墨程度，可分为生宣、半熟宣和熟宣。生宣顾名思义，是指没有经过处理的宣纸，其纸吸水性较强，能产生丰富的墨韵变化，泼墨山水多用此纸。熟宣是在生宣的基础上上矾、涂色、洒金、印花、涂蜡、洒云母等，不易洇水，宜于工笔画。半熟宣，则介于熟宣与生宣之间。

中国的书法艺术不仅仅局限于纸和笔，所谓“善书不择笔”，在纸、笔诞生之前中国就已经有了悠久的书法艺术传统。在甲骨文和金文之中，汉字的美感已经初见端倪。

二、书法艺术

中国悠久绚丽的传统文化是汉字书法艺术成长的沃土，自汉代以来汉字已具有完整系统的书法理论，“笔法”“字法”“章法”“墨法”“笔势”这一系列专有名词便是古代文人智慧的结晶。

（一）笔法

唐代张怀瓘道“大凡笔法，点画八体”，所谓笔法，就是用笔的方法，“点画八体”则是指根据汉字不同笔画使用不同笔法，亦可以用“永字八法”来概括。“永字八法”相传为东晋王羲之或隋代智永或唐代张旭所创，为书写楷书的基本法则，楷书为正体，因此后人又有将“八法”用来表示书法的代称。

永字八法示意图

所谓永字八法，就是以“永”的八个笔画：侧、勒、努、趯、策、掠、啄、磔对应不同的书写方法。其点为侧，也就是书写时需要把毛笔的笔锋侧过来，如鸟之蟠然侧下；其横为勒，其起笔与收笔均需勒住笔锋，如勒马之用缰；其竖为努，书写时笔锋犹如拉弓射箭，苍劲有力；其钩为趯，其笔画形状犹如长空之新月，跳跃活泼；其提为策，落笔快而有力如策马之用鞭；其撇为掠，落笔要轻柔顺滑，如用篦之掠发；其短撇为啄，如鸟之啄物，落笔迅捷且有力；其捺为磔，裂牲为磔，指落笔之时笔锋开张之意。

（二）章法

汉字书法讲究“书画同源”，如同国画讲究留白以表现山水之美难尽的意蕴，书法中的章法亦是如此。汉字书法作品中,字与字、行与行之间的呼应便是章法,也就是书法中的“布白”。

王羲之的《兰亭集序》因其字皆映带而生,被董其昌赞为古今章法第一,由此可见章法在汉字书法中的重要地位。汉字书法的章法,一般由正文文字入手确定其位置,题目、提名等则居次位,要做到主次分明。正文文字除需醒目之外,还需疏密得宜,布局均匀。作品整体中应见开合呼应、参差错落,文字大小得宜。

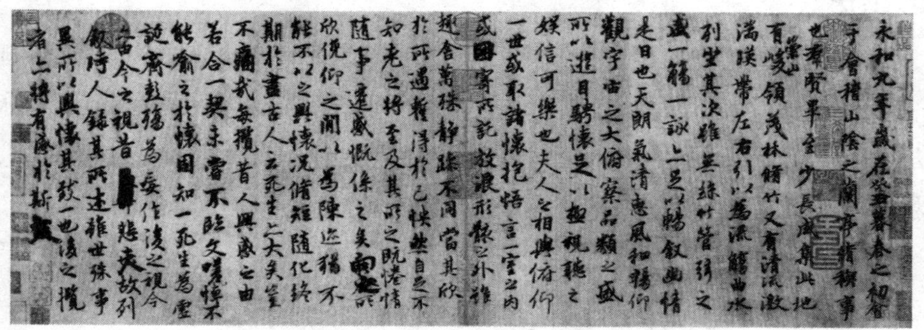

神龙本《兰亭集序》。唐朝冯承素摹本。纸本,行书,纵 24.5 厘米,横 69.9 厘米,28 行,324 字。此本摹写精细,笔法、墨气、行款、神韵,都得以体现,被公认为是最好的王羲之《兰亭集序》摹本。现藏于北京故宫博物院

(三)墨法

古代文人有“墨分五彩”之说,是指墨、水相和洇墨浓度的不同所带来的不同的书写效果,也就是书法中的用墨之法,又称墨法。其五彩,是指用墨的焦、浓、重、淡、清和水的枯、干、渴、润、湿的不同组合,主要有水润墨涨法、破墨法、淡墨法、焦墨法等,书法中较为常用的是焦墨法。焦墨法顾名思义就是以干涩枯笔行字,因其运笔速度较慢故能使笔画凝练,比湿笔更能突显汉字书法的苍劲有力。

(四)笔势

笔势是指运笔的风格与姿势,不同汉字书法对笔势有不同的要求。比如隶书要求其朴素,草书要求其不羁,楷书要求其端庄平直,笔势及审美因人而异。

三、中国古代的书法

中国历史源远流长,历史的厚重感绽放在汉字书法中更为瑰丽多彩。从先秦时期的大篆、小篆,到后来的秦隶、汉隶,东汉魏晋的楷书、行书、草书等字体,汉字

书法之美被中国历史赋予了不同的内涵。

(一)甲骨文与金文

古有仓颉造字的传说,《淮南子》载:“仓颉作书,而天雨粟,鬼夜哭”,以此来表明文字出现所带来的非凡影响。但上古时期的甲骨文与金文比起这份惊天动地的气势,反而更偏向于古朴平直,大概汉字也在以自己的书法表明,其创造者不是有四目的圣贤仓颉,而是质朴平实的古代人民群众。甲骨文多书写于龟甲、牛肩胛骨上,因甲骨坚硬,文字均钻刻而成,故笔画平直少有装饰,笔法以勾廓为主,以细笔较为多见。龟甲质地坚硬,在甲骨上刻字时转刀很困难,故而多使用单刀法,即一刀一个短直笔画,较长的笔画也多是由数刀接续而成的,这种笔法赋予了甲骨文坚实峻朴、简洁果敢的风格,这种风格在甲骨文早期最为明显。

商代武丁时期大字涂朱甲骨刻辞。两版均为牛肩胛骨,所刻之字“字大气而秀朗,气盛而稳重,字字珠玑,行行排玉,中有界划相隔,条条分明”,单字“各臻其极,各具其妙”;整版在刻好后涂上了朱砂,应该是为了让刻出来的字更为清晰明了。现藏于中国国家博物馆

金文,一般指刻于殷周青铜器上的铭文,也叫钟鼎文。其因铸造工艺的不断进步与各地区特色文化的形成,相较于甲骨文的简朴,更具特色。甲骨文因其材质所限,以细笔画为主,线条粗细变化不明显,在笔画的两端多呈锐角且较为纤细,而金文的书写材质不再局限于兽骨龟甲,笔画多圆润匀称,起笔、转笔、收笔多为圆笔,且起笔和收笔时具备了藏锋、露锋等丰富的笔法变化,更为雄壮丰满、圆润有力。在字法结构上,脱离了甲骨的材料限制,金文的字体更为疏密有致、方正匀称,在字

形上更为注重和谐的美感，字的排列上也更注意字距适中、排列整齐，使整体更为疏朗开阔。

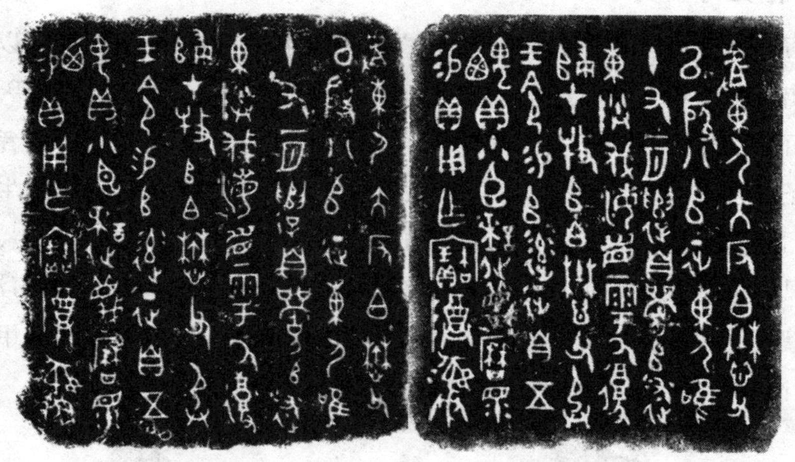

两件西周早期小臣謎簋铭文。20世纪30年代初出土于浚县(今鹤壁市淇滨区)，铭文内容主要记载伯懋父以殷八师征东夷。其上字体为金文，颇具殷商时期金文特色，文字间隔均匀，笔画厚重，字形象形意味较浓

(二)秦代的书法

秦朝是中国历史上第一个统一的多民族国家，战国纷乱的局面在秦代走向了统一。在秦始皇书同文的诏令下，战国繁多的字体被整理统一，这称得上是中国古代文化史上的一件大事。许慎在《说文解字·叙》中说："秦书有八体，一曰大篆，二曰小篆，三曰刻符，四曰虫书，五曰摹印，六曰署书，七曰殳书，八曰隶书。"秦书八体或来源于战国时期不同地域，或承载于不同的器物，各有特色，极富艺术价值。

(三)两汉时期的隶书

汉承秦制，如同这个承上启下的朝代一样，汉代的隶书在承载秦朝文字古朴整洁的审美风格之外，有了对美的进一步追求，汉隶笔画中所具的"波磔"之美便是这一追求的最好体现。波磔，"波"谓隶书笔画左行如曲波，"磔"谓右行笔画的笔锋开张，收尾时有形如燕尾的捺笔。

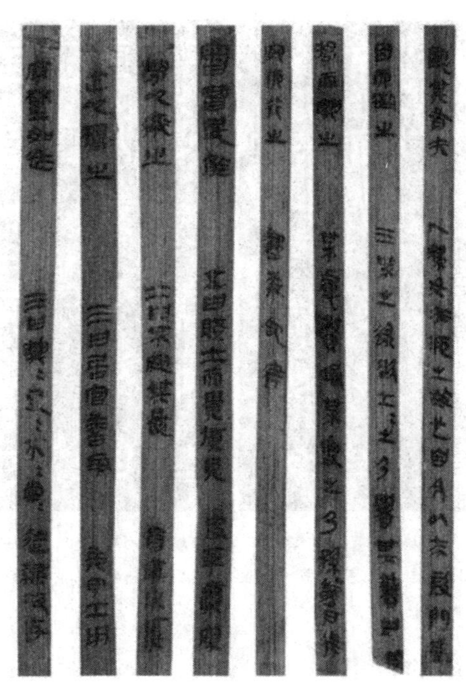

睡虎地秦简(局部)。1975年发掘出土的湖北《云梦睡虎地秦简》,成书于战国晚期至秦统一初期。其内容丰富,对于秦朝历史的考证有极大的意义。“从简中可以看出其脱胎于秦篆,形体中仍保存有大量的母体痕迹,篆隶混杂,秦隶在破坏、肢解秦篆的书写方式中,欹斜相依,肥瘦相间,节奏鲜明平稳,笔画饱满生动,气势连贯,形成质朴而秀朗的书风。”现藏于湖北省博物馆

秦始皇诏版拓本(左);李斯泰山刻石拓本(局部,右)。二者均为秦代官方正体小篆。泰山刻石立于始皇二十八年(公元前219年),是泰山最早的刻石,为秦丞相李斯手书。“书法严谨浑厚,平稳端宁;字形公正匀称,修长宛转;线条圆健似铁,愈圆愈方;结构左右对称,横平竖直,外拙内巧,疏密适宜。元赫经赞道:‘拳如钗股直如筋,曲铁碾玉秀且奇。千年瘦劲益飞动,回视诸家肥更痴。’《岱史》称:‘秦虽无道,然其所立有绝人者,其文字、书法世皆莫及。’鲁迅认为秦泰山刻石‘质而能壮,实汉晋碑铭所从出也’。”

《曹全碑》石刻拓本(局部)。刻于东汉灵帝中平二年(公元 185 年),上书字体为隶书,主要记述了曹全的功绩,风格秀逸,是汉代隶书的代表之作。《曹全碑》上隶书结构匀称,笔画极具阴柔之美,为历代书家所推崇

(四)魏晋南北朝时期的行书

行书是介于楷书和草书之间的字体,行书之名最早见于西晋卫恒的《四体书势》一文,行书在西汉晚期就已出现,于南北朝盛行一时。行书字体风格多放纵不羁,书写时若行云流水、酣畅淋漓,且放中求收,形容其字体静若处子、动如脱兔,甚为合适。

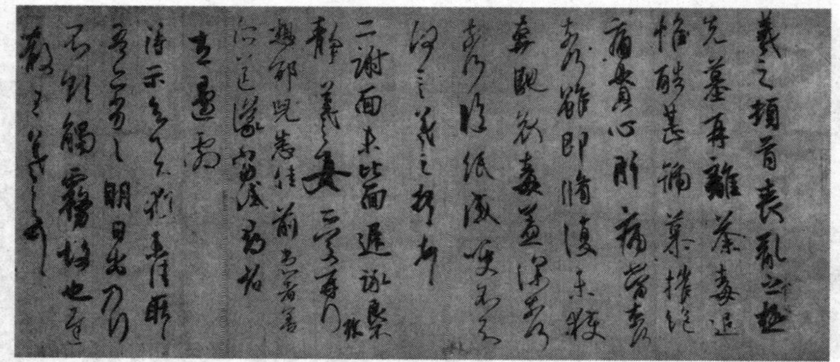

《丧乱·二谢·得示帖》。为唐人摹王羲之尺牍,行书,纸本。现藏于日本宫内厅三之丸尚藏馆。《丧乱帖》(右)硬黄响拓,双钩廓填,白麻纸墨迹;笔法精妙,结体多欹侧取姿,有奇宕潇洒之致,是王羲之所创造的最新体势的典型作品。8 行 62 字,与《二谢帖》(中)和《得示帖》(左)连成一纸,纵 28.7 厘米,横 58.4 厘米。在奈良时期传入日本,对日本书法影响深远

（五）隋唐五代的楷书

唐朝是中国古代最为繁盛的时期，唐代的楷书也如同这个辉煌的时代般空前兴盛，有唐一代书家辈出。其中欧阳询的正楷承接汉隶，融以六朝书风，独创一格，被称为欧体。颜真卿则笔法遒劲，其正楷端庄雄伟，影响后世，被称为颜体。此后，柳公权在颜体的基础上进一步发展，其字体均衡硬瘦，与颜真卿并称"颜筋柳骨"。

欧体《李誉墓志》（局部）。唐代刻石，作于贞观八年（公元 634 年），约立于贞观十五年（公元 641 年），全称"唐故左光禄大夫上柱国德广郡公李公墓志"。正方形，高、宽均为 58.5 厘米。铭文 36 行，每行 36 字，实存铭文 1249 字。小楷，字幅约 1 厘米。该铭笔法刚劲婉润，兼有隶意，疑为欧阳询晚年经意之作。欧阳询楷书法度严谨，笔力险峻，世所无双，被称为唐人楷书第一。他与虞世南俱以书法驰誉初唐，后人以其书"平正中见险绝"而号称"欧体"

颜真卿《多宝塔碑》(局部)。日本东京国立博物馆藏宋拓本。全称《大唐西京千福寺多宝佛塔感应碑文》,原碑高285厘米,宽102厘米,文34行,行66字。此碑为颜真卿中年时楷书作品,于唐天宝十一年(公元752年)写成,字体工整细致,刚劲秀丽,结构规范严密,用笔一丝不苟,因而这方碑石也是后人初学楷书最通行的范本。颜真卿的楷书结体方正茂密,笔画横轻竖重,笔力雄强圆厚,气势庄严雄浑,号称"颜体"

柳公权《玄秘塔碑》(局部)。全称《唐故左街僧录内供奉三教谈论引驾大德安国寺上座赐紫大达法师玄秘塔碑铭并序》,为柳公权六十三岁时所书,属晚年的成熟之作,立于唐会昌元年(公元841年)十二月。原碑藏于陕西西安碑林,楷书,文28行,行54字。结字内敛外拓,紧密挺劲;运笔健劲舒展,干净利落,极具独特面目,因此也成为初习楷书书法者的热门临帖之选。柳公权的楷书匀衡瘦硬,追求魏碑斩钉截铁之势,点画爽利挺秀,骨力遒劲,结体严紧,世称"柳体"。王世贞称:"柳法遒媚劲健,与颜司徒媲美",但"书贵瘦硬方通神",较之颜体,则稍均匀瘦硬,故素有"颜筋柳骨"之称

(六)宋代的书法

提到宋代的书法,就不得不提及名震后世的宋四家——苏黄米蔡,即苏轼、黄庭坚、米芾、蔡京。

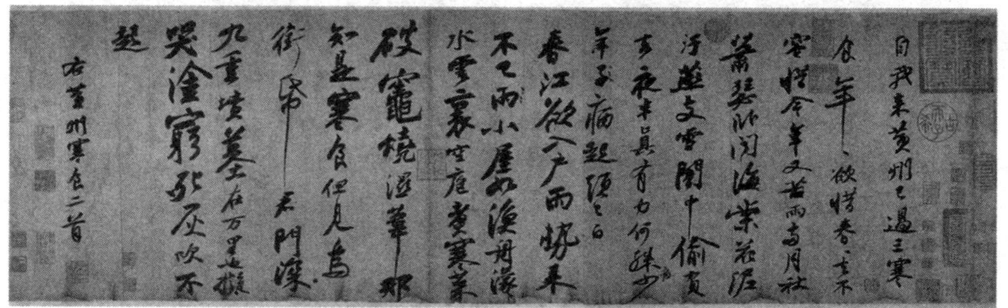

苏轼《黄州寒食诗帖》。纸本,17行,共129字。通篇书法起伏跌宕,光彩照人,气势奔放,而无荒率之笔,被称为"天下第三行书",是苏轼书法作品中的上乘之作。黄庭坚题跋称:"此书兼颜鲁公、杨少师、李西台笔意,试使东坡复为之,未必及此。"

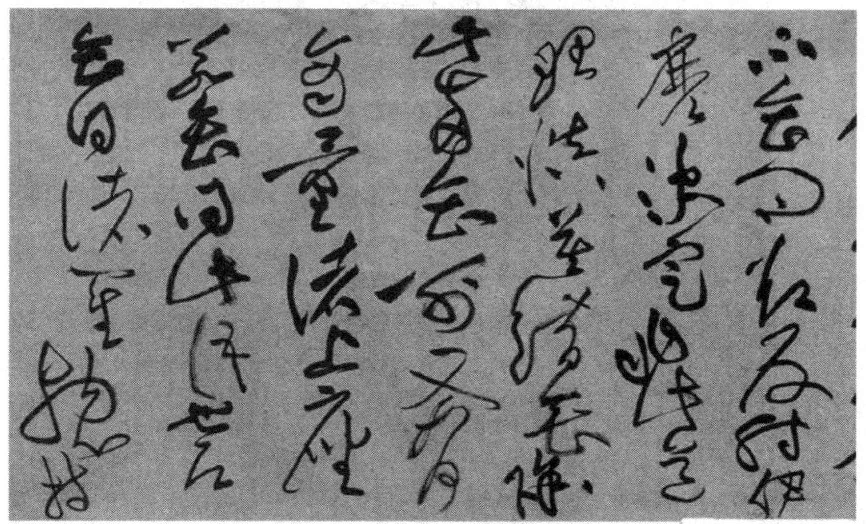

黄庭坚《诸上座帖》(局部)。纸本,手卷,草书。原卷92行,纵33厘米,横729.5厘米。黄庭坚在《山谷自论》中写道:"余学草书三十余年,初以周越为师,故二十年抖擞俗气不脱,晚得苏才翁、子美书观之,乃得古人笔意。其后又得张长史、僧怀素、高闲墨迹,乃窥笔法之妙。"此书学怀素的狂草体,笔意纵横,气势苍浑雄伟,字法奇宕,如马脱缰,无所拘束,尤其能显示出书者悬腕摄锋运笔的高超书艺

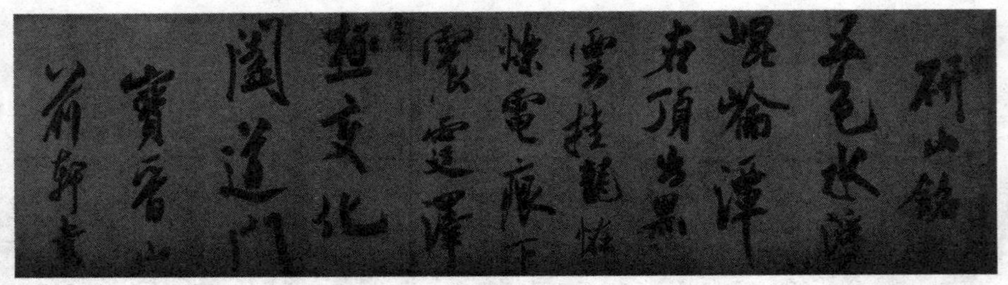

米芾《研山铭》。澄心堂纸本手卷，行书，原卷纵36厘米，横136厘米，共有行书大字39字。现藏于北京故宫博物院。此帖沉顿雄快，跌宕多姿，结字自由放达，不受前人法则的制约，抒发天趣，为米芾大字作品中罕见的珍品，是米芾书法精品中的代表作。米芾书画自成一家，擅篆、隶、楷、行、草等书体，长于临摹古人书法，能以假乱真

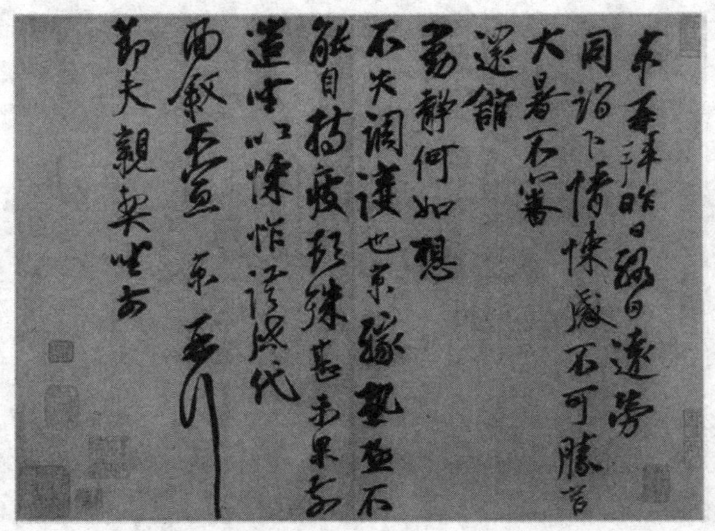

蔡京《节夫帖》，全称《致节夫亲契尺牍》。行书，本幅纸本，墨迹。全帖纵32.2厘米，宽42.3厘米。此帖笔力雄健，气势亦不同凡响，用笔挥洒自然而不放纵；结字笔画轻重不同，出自天然；分行布白在左顾右盼之中求得前后呼应，达到了气韵生动的境地。蔡京，宋丞相，被后世称为"六贼"（即民间对北宋年间六个奸臣的合称，这六人分别是蔡京、童贯、王黼、梁师成、朱勔、李彦）之首，但书法造诣极高。其字体姿媚豪健、痛快沉着，颇具宋朝书画尚意的特点

（七）明清时期的书法

明清时期是中国古代文化最后的巅峰，当时理学兴盛，汉字书法也被赋予了"藏理"的需求。因其时书法尚质，书法的载体为当时书家所重视，衍生出帖学和碑学两大门派。帖学主要研究法帖，崇尚魏晋以来的法帖作品，字体追求飘逸、潇洒之美，代表人物有董其昌、张瑞图等。碑学主要研究考订碑刻源流、时代、内容

等，崇尚碑刻书法，内有南北之分。碑学强调书法古朴庄重，相较帖学的秀美，更为刚健，代表人物有李瑞清、孙诒经、李文田、陶濬宣、康有为等。

（八）现代汉字书法

随着时代的发展变迁，汉字的载体和书写方式都有了极大的改变，但植根于民族灵魂中对汉字美的追求却从未停止，中国的传统的汉字书法在现代仍得到了很好的保留与发展，现今的硬笔书法，也在实用的基础上为汉字书法增添了几分意趣。

现代书法有别于传统书法，在艺术风格和篇章结构上有着自己的创新和突破。首先，现代的书法作品常常打破了线性结构的窠臼，不再遵循依行比格的原则，也不再受限于轴线。欣赏现代的书法作品时，人们更关注作品整体的艺术美感，而不拘泥于字与字的前后顺序。其次，现代书法向国画学习了水分的应用，在创作过程之中极大地发挥了水分的功能，以水分的晕染丰富了作品的表现力，营造出朦胧飘逸的美感。最后，在传统书法的基础上，现代书家进行了书体的扬弃。为了凸显书法艺术的个人特质，讲究书体严谨的隶书、楷书等书体使用渐少，创作自由、灵活多变的行书、草书受到青睐。在此基础上，有些书法家更进一步深入汉字的象形领域，以甲骨文、金文、篆体书体演绎书法作品，兴起书法领域的“复古”潮流。

第二节　别是一番滋味在心头——晋以前的墨书

前面我们已经说过，在纸张未产生之前，我国先民主要的书写载体是简牍，少量为布帛、绢帛，书写工具主要是软笔（即后世的毛笔）。此外的诸如陶器、甲骨、青铜器、玉石等，都是一些特殊的书写载体。软笔书写主要是蘸墨书写于载体上，这些载体可以不同，但主要以竹木简牍为主，这些蘸墨书写出来的文字就称为墨书，我们这里说的墨书是泛称，除蘸墨书写外，还包含蘸朱砂书写形成的朱书。

简牍分为简和牍，一般由竹木材料制成，两者的尺寸有别，简一般窄而薄，牍较宽较厚。一般而言，一支简一般就书写一列文字，而牍可以书写多列，简和牍合称"简牍"。从世界范围内已有简牍的出土时间看，中国是最早使用简牍的国家，早在商代的甲骨文、商金书之中就有连编数简的"册"字，说明至少在商代，我们的先民就已经大量使用简牍作为书写载体了。但是由于竹木远不如金石坚硬，受限于材质，加上年代久远，简牍不易保存，因此今人所见的出土的简牍材料主要是战国时期及以后的，但这也是世界范围内最早的简牍实物。

一、战国以前的墨书

战国以前的简帛材料今尚未发现，但一些出土的其他文物上零星地保留着一些墨书文字，为我们窥探春秋以前的墨书书写情况提供了宝贵的材料。我们在第一章曾提到过,在距今 4100 年左右的山西陶寺遗址中出土过一件带有朱书文字“文尧”(或释读为“文邑”)的陶器碎片,这件书写于陶器上的文字可能是中国迄今发现的最早的墨书材料。除此之外从商代到春秋时期,还有一些值得一提的墨书材料,这里我们简单地列举几例给读者展示。

(一)商代墨书

今发现的商代文字材料以甲骨文为主,但甲骨是一种特殊的书写载体,甲骨文一般用刻刀刻写而成。由于甲骨坚硬,因此形成了甲骨文细劲方折的风格,这并不是商代文字的实际风格,我们可以从商代的金文、甲骨文里的肥笔刻辞以及商代的朱书、墨书文字来窥探商代文字的实际面貌。殷墟出土的商代甲骨、陶片、玉器、石器上,有用黑墨或朱砂书写的文字,是反映商代软笔书写的直观材料。

1.墨书陶文

殷墟出土白陶片。上残存一墨书“祀”字

2.甲骨朱书

殷墟出土朱书甲骨文字

3.玉、石器

商代晚期石璋(左)及朱书摹本(右)。1999年河南安阳龙安区刘家庄北商代墓出土,上有朱书文字五字:弅于𠃌子癸

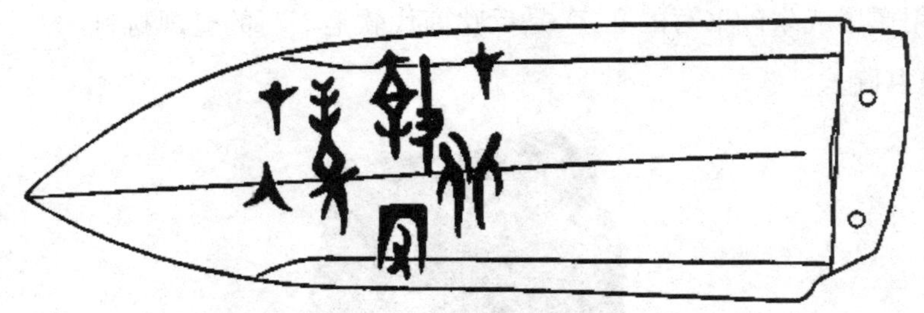

商代晚期玉戈摹本。1975年河南安阳小屯村商代墓葬出土,上有朱书数字,现存7字。从右往左下行可隶定为:才洮敦守𡭗才入

4.甲骨肥笔刻辞

商代甲骨文里有一些肥笔刻辞,这些刻辞与普通的甲骨刻辞不同,它们刻画精致,具有软笔书写的意味,应该是先用软笔书写好文字后再凿刻的,因此可以间接看出殷商时期墨书情况。与之类似,金文也是先用软笔书写好铭文后再制作模板铸造出来的,因此金文保留了软笔书写的意蕴,可以很好地反映当时的书写实际形态。

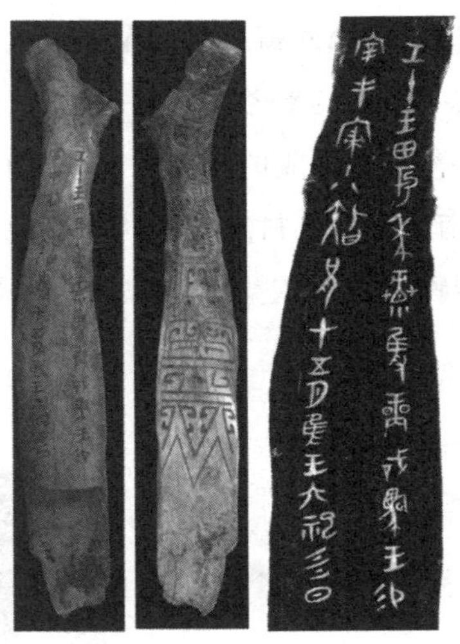

商代晚期宰丰骨匕。上有笔书风格之铭刻。从右到左竖行隶定为：壬午王田于麦麓，获商戠兕，王赐宰丰，寝小𪉖(䪼)贶。在五月，唯王六祀彡日

5.商代金文

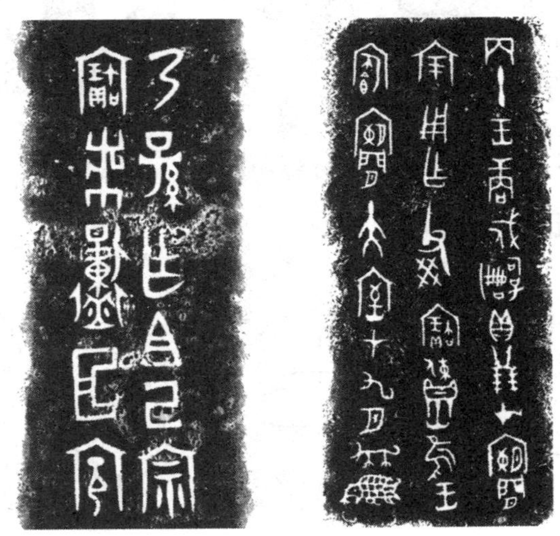

商代晚期乃孙作祖己鼎铭文拓本(左)。上铸铭文11字，从右往左竖行可隶定为：乃孙作祖己宗宝𪓐爟，匚宾。有学者认为它是中国书法史上的方笔之祖，其方硬劲折的线质传达出刀凿斧劈时才具有的锋芒。商代晚期戍嗣鼎铭文拓本(右)。内壁铸铭文29字，从右往左竖行可隶定为：丙午，王赏戍嗣贝廿朋，在管宗，用作父癸宝𩞁，唯王𩛥管太室，在九月。犬鱼

(二)西周墨书

今出土西周时期文字材料以金文为大宗，金文主要以范铸为主，铸造前要先用

软笔写出文字，再进行制模铸造，因此铸造出的金文很大程度上保存了墨书文字的笔意，可以作为研究墨书文字形态的参考。此外，一些出土的西周时期的器物上也残留有墨书文字，是当时书写文字面貌的直观反映，目前考古发现的西周墨书文字很少，主要于1964年在河南洛阳北窑村庞家沟西周墓地出土，多书写在器具上，多为人名，这些写有人名的器物是墓主人生前同僚或好友赠送的陪葬品。这里列举几例。

1.伯懋父簋

西周早期伯懋父簋（左）。内底墨书铭文3字：白懋父（中，摹本）。这三个墨书文字可与同时期的小臣謎簋铭文中的"白懋父"（右）三字对比，可知金文脱胎于墨书

2.史矢戈、封氏戈

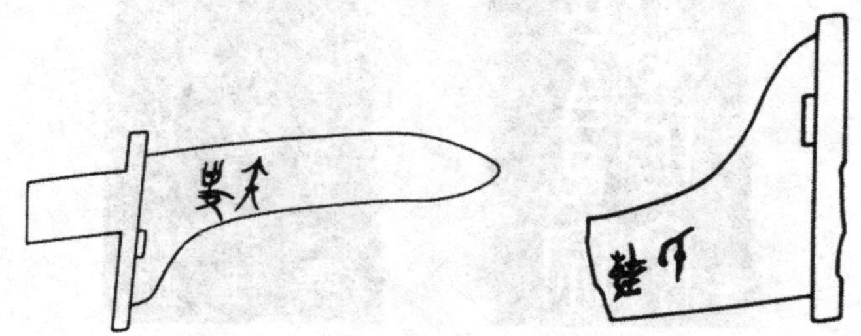

西周早期史矢戈（左，摹本），戈内上墨书铭文"史矢"二字；西周早期封氏戈（右，摹本），戈内上墨书铭文"封氏"二字

3.奄于残玉

此外传世有西周时玉器一件，上残存朱书2字。

西周时期残玉。上朱书“鼋于”二字

(三)春秋时期墨书

今出土春秋时期墨书材料主要有侯马盟书和文献盟书两大宗,我们在第二章第四节有过介绍,这里就不再讨论。

二、战国时期的墨书

(一)楚地简牍帛书

今出土的先秦墨书材料以战国时期楚地和秦国的简牍为主,发现的楚地竹简比秦国年代更早,如信阳楚简就要比青川木牍早约百年。地域和时代的不同带来了风格的显著差异,区别于秦简趋向成熟的古隶书体,战国楚简中有很多“蝌蚪书”,但仍然存在着向隶书发展的趋势。楚简的风格古意浓厚,用笔圆融,在形体构成方面有着不同的风格。

1.曾侯乙墓竹简

曾侯乙墓竹简简文内容属“遣册”,即随葬品清单,其中比较有代表性的是《车载兵器简》。其书体为楚系简帛大篆向古隶过渡过程中的典型,风格肆意浪漫,结构简化频繁,其中横、弧、竖的笔画都有着突出的特点——横画落笔沉着,竖画案立悬针,弧线潇洒利落,形成独特的文字风格。

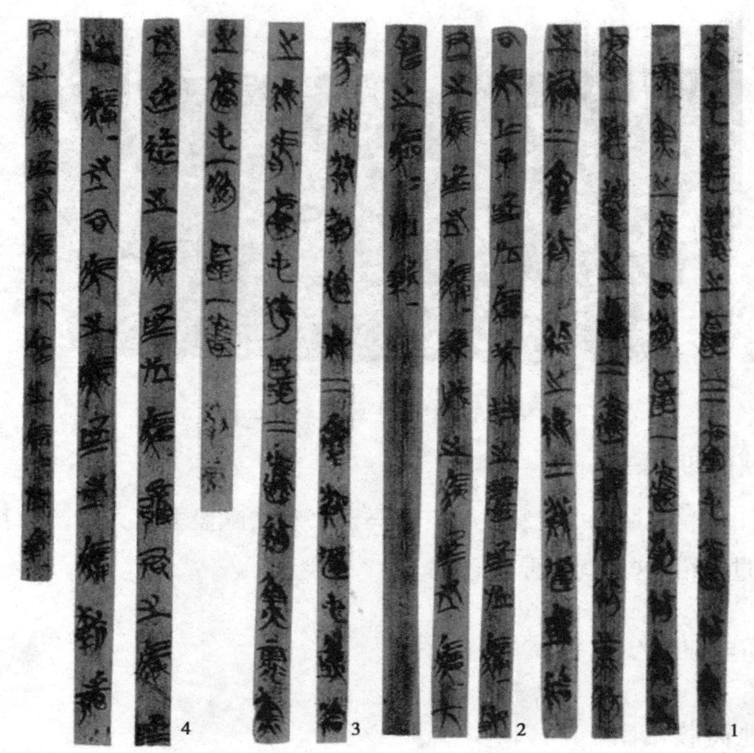

战国早期曾侯乙墓竹简(简 1-4 截图)。1978 年湖北随县擂鼓墩一号墓出土,墓葬年代约为公元前 433—前 400 年,共出竹简 215 枚,简长 70~75 厘米、宽 1 厘米,有上下两道编组。简文墨书,多书于篾黄一面。现藏于湖北省博物馆

2.信阳楚简

信阳楚简与曾侯乙墓竹简同为战国早期的楚国简牍,1957 年出土于河南信阳长台关西北小刘庄,内容多为已佚古书,文献价值较高。在信阳竹简中,《墨子残简》风格尤为突出,其字形扁方,完全突破了金文大篆中字形对称平稳的风格限制。在用笔上,《墨子残简》采用篆书笔法,横画在向右上斜耸之后转为向下弯曲,同时为了实现整个字体的平衡,上宽下狭的字多作圆弧状,形成了战国时期楚地书法代表性的妩媚肆意的风格,与秦地书法大相径庭。

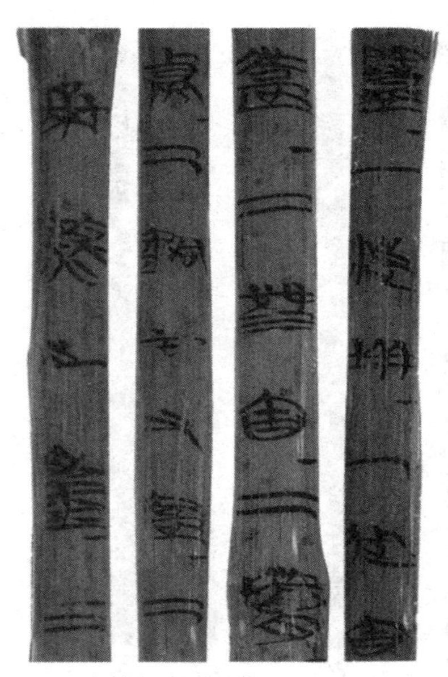

战国早期信阳楚简(局部)。1957年出土于河南信阳长台关一号楚墓。简长68.5~68.9厘米,最长达69.5厘米。简宽0.5~0.9厘米、厚0.1~0.15厘米

3.包山楚简

1987年包山楚简出土于湖北荆门包山二号战国楚墓,计有278枚竹简和1枚竹牍,其中包括司法文书简、卜筮祭祷简和遣策三种。这些竹简内容丰富,纪年明确,当为战国中期的楚地简书代表。包山楚简大多篆体结构,以隶笔行之,虽出自多人之手使书法风格多有不同,但总体风格秀丽雄健、波磔鲜明,极具动态,别有风格。从形体结构的简化、用笔方式、笔画走向等方面都可以看出向隶书发展的趋势,从而反映出由篆变隶的轨迹。其中,“遣册”的笔法率意洒脱、灵活多变,虽然部分笔画仍然显露出篆书笔法,但笔势的重起疾出和线条的张力使字体具有弹性,颇见隶意。包山楚简中的《司法文书档案》显露了书体不断简化的过程,其字形和笔画之中多层堆叠的形式频繁出现,横画更是有着浑圆的笔法和蚕头燕尾之意,接近于汉简,在战国楚简之中可谓是与隶书最相近的作品。

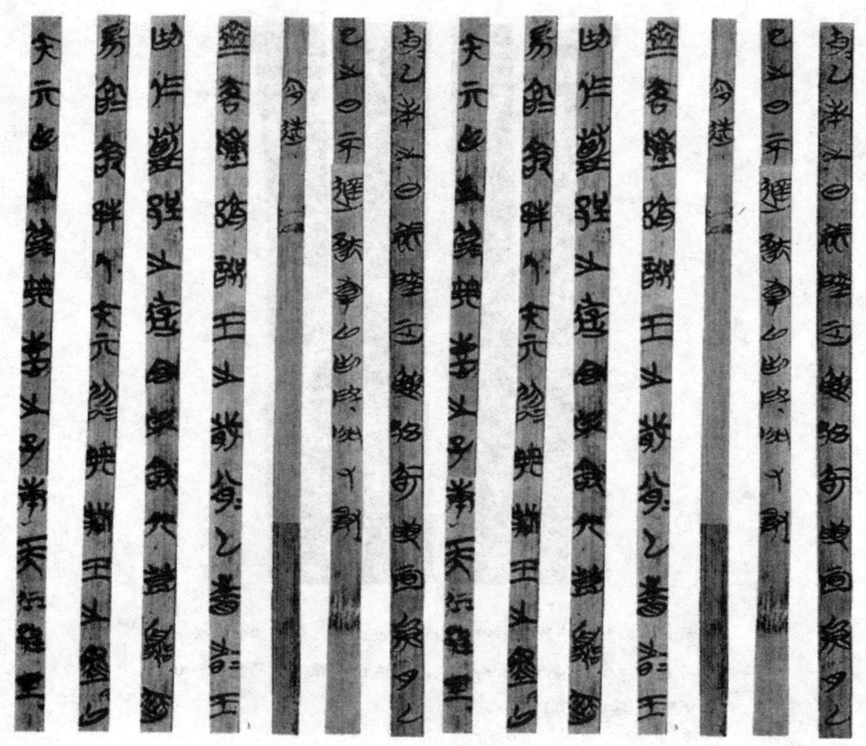

战国中期偏晚包山楚简(部分简截图)。1987 年出土于湖北荆门包山二号楚墓,共出土有字竹简 278 枚。简分三类,遣册类简长 68~72.6 厘米,宽 0.75~1 厘米,厚 0.1~0.15 厘米,大部分为上中下三道丝线编连。卜筮祭祷文类简长 67.1~69.5 厘米、宽 0.7~0.95 厘米;司法文书类简长 55~69.5 厘米、宽0.6~1.1 厘米,这两类简为二道丝线编连。文字大都写于篾黄面,有少数书于竹青面。现藏于湖北省博物馆

4.清华简

清华简行文严谨,纵览现已发表清华简,足以见其文字规矩工整,字与字间隔均匀,留白长度大体一致,给人古朴大气之感。再细看简牍上单个字体,又能见因书手不同而带来的不同的书法特征。陈松长在《清华大学藏战国竹简(一)》中,详细介绍了九篇简文中的五类书法风格。第一类(包括《尹至》《尹诰》《耆夜》《金縢》《祭公》五篇),书者在平实的基础上,做到了刚柔并济,比如简文中“民”“天”等字,横画婉转,竖画刚劲,相间得宜。第二类(《程寤》),所用字体整体较大,给人宽大恢宏之感。第三类(《楚居》),书法风格鲜明,笔画皆起笔粗厚而收笔尖锐,对比鲜明。第四类(《皇门》),行文颇具威严,其笔画纵向尖起尖收,横向则重入平收,十分工整。了解郭店楚简与上博楚简的读者,应该熟悉战国简文文字以点代横

的习惯，此习惯在第五类（《保训》）中亦存。《保训》中以鸟虫书行文，笔画纤细蜿蜒，饰笔包括龙、凤等图案，给人华丽之感。

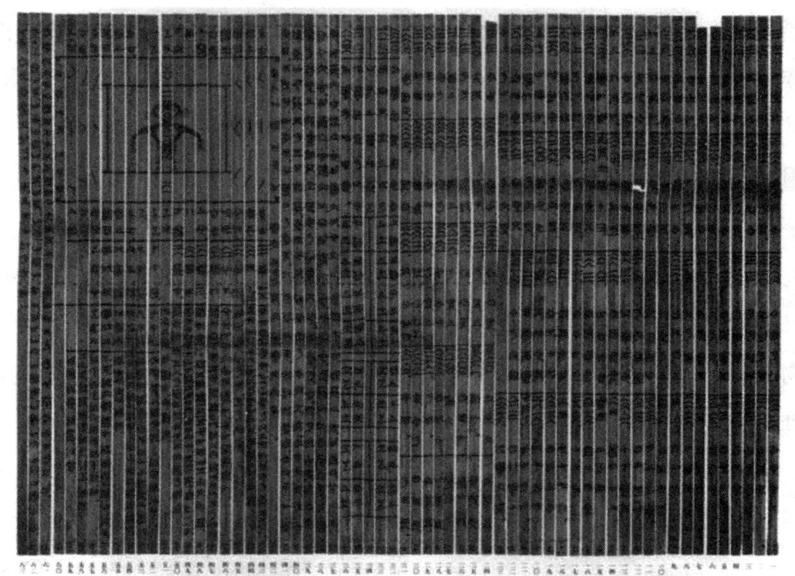

战国中期清华简《筮法》篇。2008 年 7 月赵伟国从境外拍卖得后捐赠给清华大学，共有战国竹简 2388 枚。这批简形制多种多样，最长的 46 厘米，最短的 10 厘米左右

清华简《楚居》简 15 截图

5.楚国帛书

因书写材质为白色绢帛，其上墨迹即称为帛书。绢帛长期以来都作为书法作品的重要载体，相比于竹简木牍轻便易写的特质，绢帛因价格的昂贵使其书法艺术仅供贵族享受。战国时期的楚国帛书毫不逊色于楚国简牍，在书法艺术和地方特色方面甚至有过之而无不及。子弹库帛书于 1942 年被盗掘于湖南长沙东郊子弹库王家祖山楚墓，作于战国中期。帛书由三部分组成，中央为字迹，有方向相反的两段文字，一段 8 行一段 13 行，以标记划分为 3 章，分别记录天象吉凶以及禹治水定岁时的经历。在文字四周绘有 12 种代表神的图画彩绘，3 个一组分为 4 组旋转排列，旁记神名并附有题款，大约每 1 个图画代表一个月份。在帛书的四角各绘有一种植物枝叶，分别代表一年中的四季。有的学者推测这幅帛书是楚地的历书，有的学者推测其与数术有关，也有学者认为子弹库帛书更接近于当时楚地宗教的祭祀用书。在书法方面，帛书的字形多为扁状椭圆形，字与字间距匀称，其中部分字的写法与同时代的楚简完全一致，是富有楚地特色的向隶书发展的代表作品。

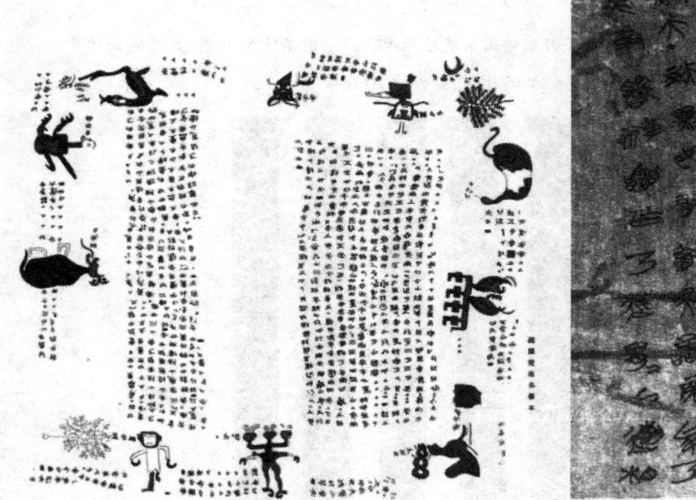

战国时期《长沙子弹库楚帛书》摹本（左）与原本局部（右）。楚帛书上下高 38.5 厘米，左右宽 46.2 厘米，全篇共有 900 多字，中心是书写方向互相颠倒的两段文字，一段 13 行，一段 8 行，可分为甲、乙编。四周是呈旋转状排列的 12 段边文，其中每三段居于一方，四方交角用青、赤、白、黑四木相隔，每段各附有一种神怪图形。另外帛书抄写者还用一种朱色填实的方框作为划分章次的标记。现藏于美国纽约大都会博物馆

（二）秦国简牍

战国时期秦国的简牍墨书，主要有青川木牍、放马滩秦简、睡虎地秦简等。

1.青川木牍

青川木牍存有古隶书约百字，较为清晰，提供了篆系书体隶化过程中的宝贵实体资料。青川木牍记录的是秦武王二年（公元前309年）命丞相甘茂等修订《为田律》之事，因而也被称为战国秦更修田律木牍。青川木牍的发掘地原为蜀地，在秦惠王更元九年（公元前316年）灭巴蜀后才归入秦，其书法上存有很多楚地风格遗存也是可以想见的，但在用笔方面已与蜀地的楚系书法有着很大不同。青川木牍在字体构形时进行了大量简化，对篆书狭长的形态去繁就简、变圆为方，虽然有些字的笔画中仍然有篆书的痕迹，但在字体字形方面已经趋近于隶书。其用笔也已经区分于篆书，有了轻重缓急的变化和平直劲挺的线条，虽然尚未像80余年后的云梦秦简一样有着成熟明显的笔画，但已经初步具备了隶书笔顺、笔势和结构的基本特征。

1980年，四川青川县郝家坪出土战国晚期木牍（编号M50:16）整体图版（左）与正面局部图版（右）。木牍长46厘米、宽2.5厘米、厚0.4厘米。两面均有墨书，正面3行，背面4行，字多漫漶

2.天水放马滩秦简・甲种日书

放马滩秦简 1986 年出土于甘肃天水放马滩一号秦墓,共计 460 枚竹简。简成册于战国末期秦王政八年(公元前 239 年),按照书写时间和风格可以分为前本、后本及墓主记辞。其中甲种日书简内容包括《月建》等 8 章,字形略扁,字间疏朗,字体严谨,古意盎然,初见隶书蚕头燕尾之态。放马滩秦简乙本和墓主记为秦王政八年的抄本,字体风格类似睡虎地秦简,字间紧促,用笔厚重,字形结构介于篆书和隶书之间,笔画简省,线条利落,已显现出相对规整的古隶形态。

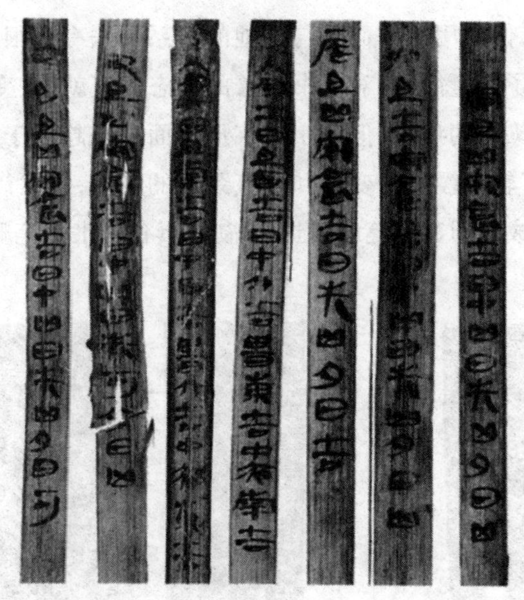

放马滩秦简・甲种日书(部分简截图)。放马滩秦简形制分两种,一种简长约 27.5 厘米,宽 0.7 厘米,厚 0.2 厘米。一种简长约 23 厘米,宽 0.6 厘米,厚 0.2 厘米

3.睡虎地竹简

睡虎地秦墓竹简是战国晚期至秦王政三十年(公元前 217 年)的简牍。内文为墨书秦隶,反映了篆书向隶书转变阶段的情况,数量极多,时间跨度也很大,竹简出自多人之手,很多竹简的书写风格有明显的不同。例如,《为吏之道》笔法平稳沉着,结构方正严谨;《语书》遒劲有力,生动流畅,初见隶法;《效律》洒脱自然,变化丰富;《法律答问》形体为扁状且呈耸斜之势,笔法率性自如。

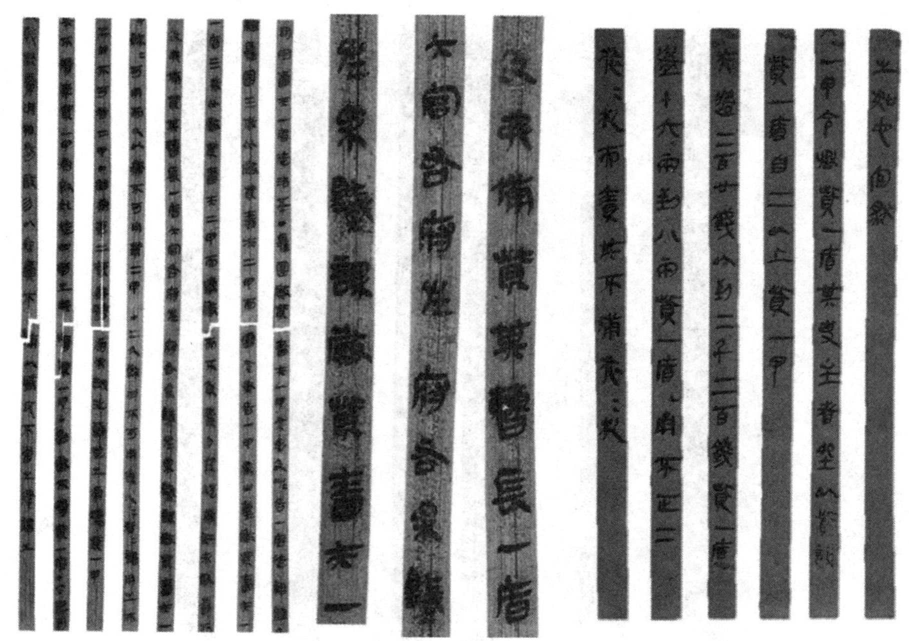

战国晚期睡虎地秦简（部分，左）与单简放大（中、右）。1975 年湖北云梦县睡虎地十一号秦墓出土竹简 1155 枚，简长 23.1~27.8 厘米、宽 0.5~0.8 厘米、厚 0.1 厘米，简上残存上中下三道编痕。绝大多数书于篾黄一面，极少数书于篾青上。现藏于湖北省博物馆

三、秦朝时期的墨书

1.睡虎地秦简《编年记》后半部

秦朝隶书的发展是对战国秦隶的延续，虽然在书法作品的风格上与战国时期有所不同，但同为发扬秦地古隶之法的杰作。秦朝时期的墨书作品比较有代表性的是睡虎地秦简的《编年记》后半部，区别于《编年记》前半部以及其他睡虎地秦简的藏品，《编年记》后半部作为有确切纪年的书法作品，不再飞扬洒脱、潇洒自如，书法风格较为规范统一，笔法老练厚重，字形结构规整，笔画的伸展变化较少，虽然仍能够看出篆书意境的残留，但已经有着更为成熟的隶书风韵。

总的来说，秦地简牍有着共同的艺术特色，开创了秦代古隶这一代表性字体。虽然多处于篆书的形态之中，但秦隶将篆书隶书融为一体，富有古意的同时大巧若拙，这对后世的书法创作和书法审美而言具有开创性的意义。

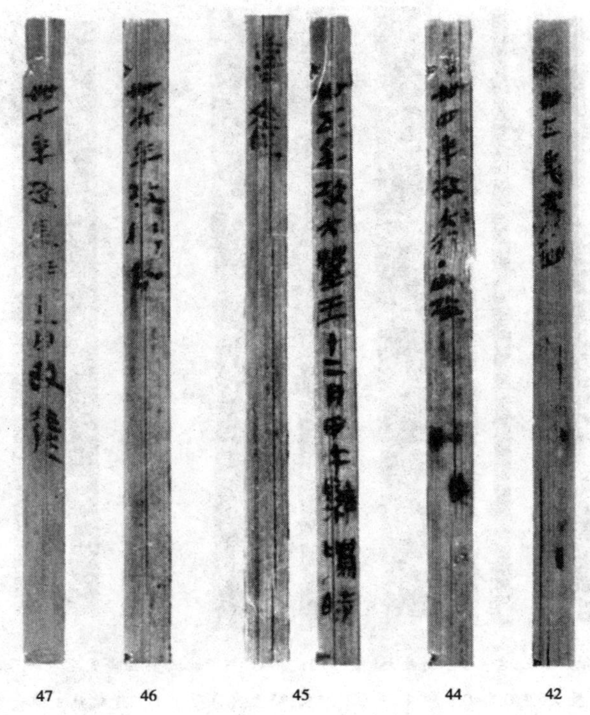

睡虎地秦简《编年记》简 42—47(局部)

2.里耶秦简

2002 年,湘西里耶古城出土大批简牍,时间跨度从战国至秦二世时期,引起了学界的重视。里耶秦简对史学界而言如同一个取之不尽的宝库,相关研究至今仍在进行。

里耶秦简之书法颇具秦地特色,孙鹤的《里耶秦简书法探微》一文和温俊萍的《〈里耶秦简(一)〉的书体研究》一文中均对里耶秦简的书法特点做了详尽的介绍。里耶秦简形制多样,就其规格而言,竹简宽度就有 1.4 厘米、1.5 厘米、1.9 厘米、2.2 厘米等多种规制。其行文布局多错落有致,后一行之字多穿插于前一行两字之间,既保证了书面的整洁也给人带来流畅之感。

王焕林在《里耶秦简书法探论》一文中,将里耶秦简的书法风格分为四类。第一类为小篆风格的简牍,数量较少,篆书风格明显。第二类篆意多于隶意的简牍,此类简牍约占全部简牍的一半以上。第三类为隶意多于篆意的简牍,此类简牍风格与青川木牍相似。第四类则具有楚地风格。里耶秦简极好地保存了由篆书到隶书的转变过程，康有为在《广艺舟双楫·缀法》中概括篆书与隶书的书法，言之“中含者浑劲，外拓者雄强。中含者篆之法也，外拓者隶之法也”。康有为以一语点明了篆书多以中锋行笔，笔法苍劲，隶书则以侧锋行笔，尽显波磔之美的特点，实属难能可贵，而里耶秦简兼具篆书与隶书之风格，更称得上是秦之书法瑰宝！

王焕林概括里耶秦简之核心笔法，谓之“铺毫平出”，其中“铺毫”是指以中锋行笔之时要使笔毫平铺于纸上，此笔法行文有力而朴实；“平出”是指笔画至末不收，顺势而出锋，该笔法尽显肆意酣畅，颇具审美特色。

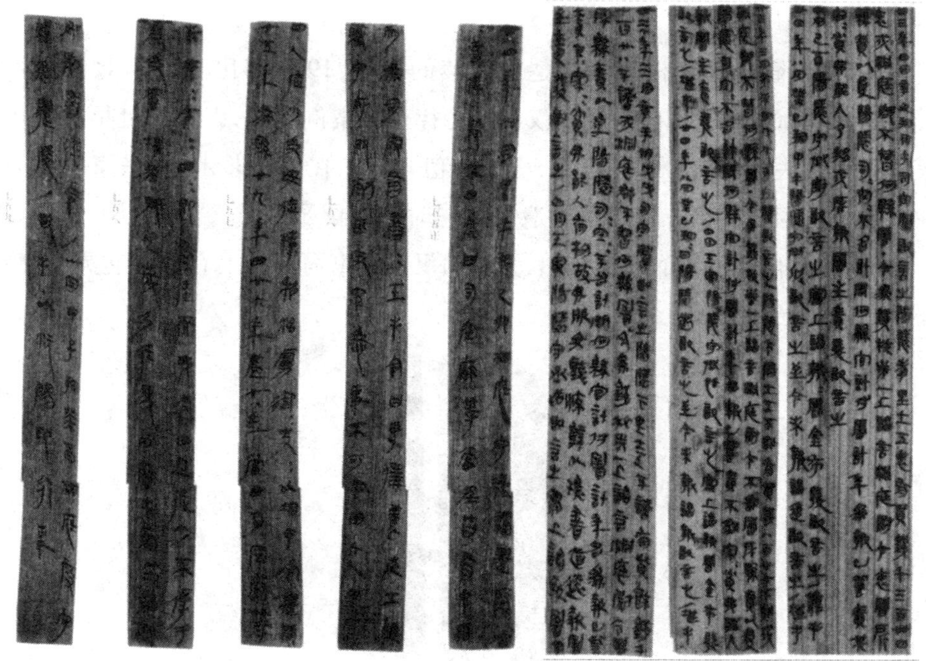

2002年6—7月，湖南湘西土家族苗族自治州龙山县里耶镇里耶古城一号井出土木简牍。里耶木简形制多样，常见长度23厘米，宽窄不一，有的宽达10厘米或长46厘米，大部分文字字体属于秦隶，从小篆演化而来，犹存篆法隶变之势

四、两汉时期的墨书

两汉时期是墨书资料极其丰富的重要时期，简牍资料和帛书资料都有代表性的作品出土。在西汉时期的墨书之中，古隶迅速发展成熟，酝酿出了新生的分书书体，草书、行书和楷书书体也逐渐产生，汉字书法的书体和字体已趋于完备。在先

秦时期流行、秦朝成为正统书体的篆书由于书写不便，使用范围逐渐缩小，虽然汉代发展出了独特的汉篆，但是篆书已不具备书法字体之中的正统和流行地位，逐渐退出汉代墨书的舞台。

由于汉代墨书出土丰富，对汉代墨书的讨论必须按照时间和地域进行划分。从地域上来说，可分为南方简牍帛书和北方简牍帛书，南方的风格大体温和沉静，北方的风格大多率真淳朴。

1.南方简牍帛书

(1)张家山汉简

张家山汉简是汉代长江流域楚地简牍的代表，1983 年出土于湖北江陵张家山，简牍计 1000 余枚，内容包括西汉早期的律令和案例汇编，以及一批早已失传的医学书籍、兵法兵书、算术书、历书，史料价值丰富。在书法艺术上，张家山汉简的艺术风格承自秦代，有着战国楚地遗风的同时也存留了大量秦简的习惯写法。但由于字体的简化和隶书的逐渐成熟，张家山汉简在书写节奏上有着快速灵动、韵律感和节奏感强烈的特点。

张家山汉简(部分)

(2)凤凰山木牍

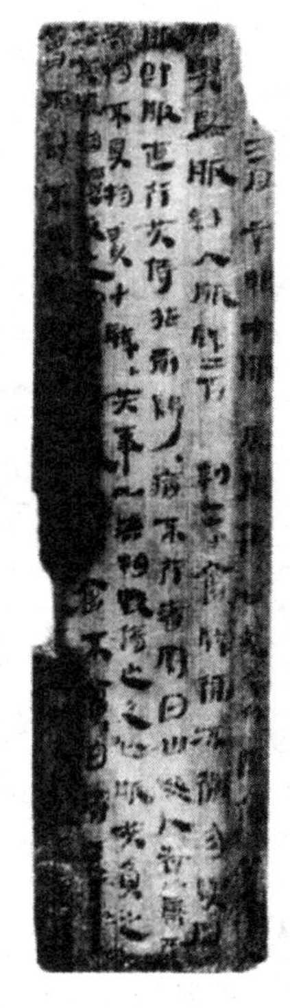
凤凰山木牍

凤凰山木牍与张家山汉简地域接近，也出土于湖北江陵，是西汉文帝时期的墨迹。凤凰山木牍主要有西汉早期的遣册和乡文书，遣册多是当时使用奴隶进行农业生产的记载，乡文书则提供了很多关于西汉早期田税徭役和土地占有情况的宝贵史料。在凤凰山的出土简牍中，《文书》牍在书法艺术方面尤值得称道，虽然书写时间仅晚于张家山汉简十余年，但其书体隶化程度已与张家山汉简有很大不同，其在横画上用力极大、重按疾出，在点画中肥厚变化多端，在结构布局上参差有致、犬牙交错，体现了短短十余年中汉字书法艺术的极大发展，也预示了以分书为代表的新书体的诞生。

(3)阜阳竹简

阜阳竹简1977年出土于安徽阜阳双古堆一号汉墓，墓主人为西汉开国重臣夏侯婴之子夏侯灶，由于墓主人卒于文帝十五年(公元前165年)，阜阳竹简的成书年代应为西汉早期的文帝朝。阜阳竹简保存较差，出土时已有所朽损，但竹简的史料价值极高，其中有亡佚已久的《仓颉篇》，按照内容推测这应是西汉早期通行的识字课本，其书法字势恢宏，书写工整，已经初步具备分书的形态。与凤凰山木牍不同，《仓颉篇》的字体缺少明显的提按笔画，也没有肆意纵横的线条，但是在横画上尤为舒展大气，这应该与《仓颉篇》识字课本的特性有关。除了《仓颉篇》，阜阳竹简中还有包括《诗经》在内的多部古籍的抄本，其中的《诗经》与传世的鲁、韩、齐、毛本有所不同，在音和义两方面体现了《诗经》较为原始的风貌，具有极高的文献价值。

汉代初年阜阳汉简(部分)

(4)马王堆竹简

马王堆竹简1972—1974年出土于湖南长沙马王堆一号和三号汉墓,共有西汉早期文景两代的600多枚竹简,其中78枚为记录随葬物品的“遣册”,还有大量关于养生之道的书籍。其中的“遣册”有着很高的书法艺术造诣,体势雄伟,笔法粗放,结构疏密有致,体现了汉初洒脱肆意的分书艺术风采,是西汉早期古隶至分书演化过程中的杰出作品。

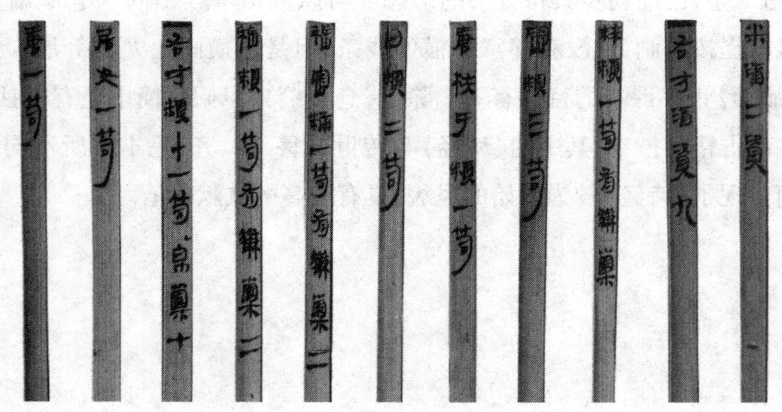

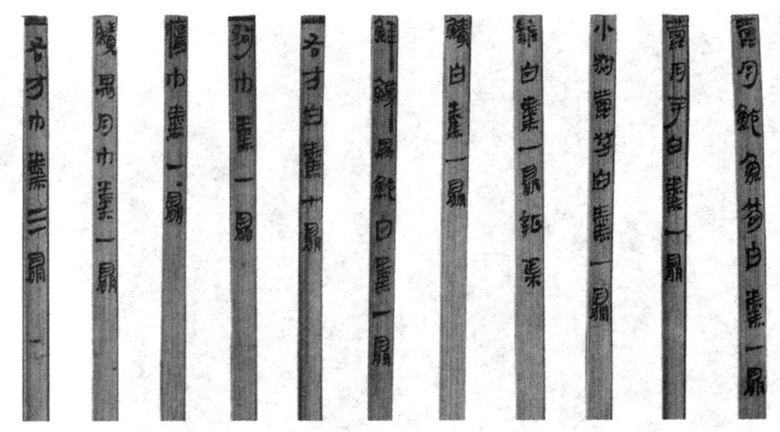

马王堆遣册竹简(局部)

(5)马王堆帛书

马王堆出土了大批珍贵的帛书,是汉代出土帛书作品最为丰富的一次。出土的帛书由墓主于文帝十二年(公元前 168 年)下葬,作品都来自西汉早期。在文字风格上,除了少部分作品以秦篆夹杂楚国蝌蚪书之外,大部分都是古隶向分书转化过程中的产物,成书时间从汉高祖朝直至文帝初年,是隶书分化过程中的代表之作。这批帛书区别于竹简木牍,由于材料的昂贵使得帛书的抄写都是出自当时的书法名家之手,用笔多考究精致,字形结构严谨,线条灵动流畅,因此马王堆帛书自出土以来便一直受到广大书法家和爱好者的重视。

2.北方简牍帛书

与南方有所不同,北方出土的西汉初期的简牍帛书作品较少,大多是汉武初年至东汉时期,正好在年代上与南方简牍进行衔接,补全魏晋以前从篆到古隶再到分书的发展脉络。

(1)银雀山汉简

银雀山汉简是汉代北方简牍中年代较早的,成书于汉武帝初年,出土于山东临沂银雀山汉墓。银雀山汉简出土数量较多,可惜大部分残损,其中价值较高的有汉初的诸子著作,包括《孙子兵法》《孙膑兵法》《尉缭子》《晏子》等早已亡佚的古书抄本,还有当时流行的阴阳占卜著作和一份武帝元光元年(公元前 134 年)的历谱,史料价值可以想见。其中,出土的《孙膑兵法》共有 440 枚,字数达万字,较为全面地保存了这部中国历史上享誉已久的兵法名著的原貌。这部《孙膑兵法》的字体

长沙马王堆帛书《老子乙本》(局部)

为讲究凝重与变化的古隶，但由于抄写过程中间断较多，在用笔规律、字体风格上不太统一，少量字之间的连字连笔已初见行隶之意，预示着未来书法艺术中章草的萌发。

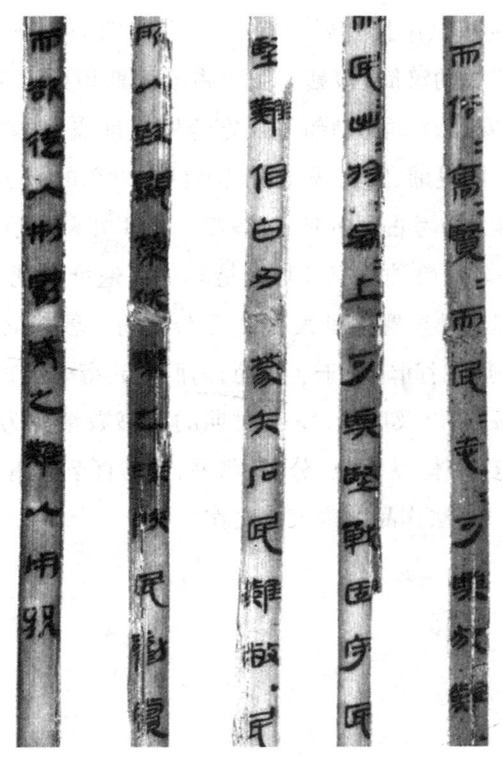

银雀山汉简(局部)。简分三类，第一类长69厘米，约合汉尺三尺，经缀连共32简；第二类长27.6厘米，约合汉尺一尺二寸，约5000简；第三类复原长度为18厘米，约合汉尺八寸，此类简仅10简

(2)居延汉简

由于出土时间的不同，居延汉简分为旧简和新简，旧简是指1930年由中国和瑞典学者组成的西北科学考察团在甘肃、内蒙古的额济纳河两岸和额济纳旗黑城东南的汉代边塞遗址中发现的一万多枚汉简，而1972年甘肃居延考古队和甘肃博物馆文物队先后在破城子、肩水金关遗址等地再次展开挖掘工作，其出土的即为居延新简。通过对新简、旧简的整理可以发现，居延汉简涵盖了汉武帝元狩四年(公元前119年)至东汉中期顺帝永和二年(公元137年)两百多年的跨度，几乎可以构建出西汉中期到东汉中期的完整脉络。而从书法上来说，居延汉简中古隶、分书、

汉篆、草书、楷书、行书无所不有，其数量之多、文书形式之全、书体种类之多样都可谓是汉代墨书之最，实可称之为汉代书法的百科全书。

(3)敦煌汉简

敦煌汉简分为多批，其中最重要的有三批，分为旧简和新简，旧简是中华人民共和国成立前出土挖掘的汉简，包括英国考古学家斯坦因于 1907 年、1913—1915 年先后多次在敦煌、安西、酒泉、鼎新等汉塞烽燧遗址盗掘的九百多枚木简，以及 1944 年西北科学考察团夏鼐、阎文儒在敦煌小盘城以东的汉边塞遗址挖掘的几十枚简。新简包括甘肃文物考古研究所于 1977—1981 年陆续在玉门辖地花海农场采集的近百枚简和在敦煌酥油土汉长城烽燧马圈湾遗址发现的一千多枚简，以及 1990—1992 年在敦煌汉悬泉置遗址发掘的万余枚简。敦煌简的时代跨度与居延汉简大致相当，但是延伸时间略晚于居延简，为西汉武帝末年直至东汉晚期的桓帝朝，其中东汉光武帝后期以及明帝、章帝时期的墨书数量尤为众多。与居延简相似，敦煌简也有着诸多书体，从古隶、分书、草书、行书直至楷体，各具特色的书法作品都有出土，成为两汉书法作品的集大成之作。

第三节　“图腾”——商周先民的族徽

图腾（Totem），一般认为是对北美印第安人方言的音译。关于图腾的意思，有人称作“他的亲族”，有人称“我的血亲”“种族”，还有人称为“标记”。美国人类学家摩尔根认为图腾是“一个氏族的标志或族徽”。所谓图腾，就是原始社会时期人们所崇拜的某种动物、植物、非生物或者自然现象，以某种事物作为图腾，往往是对此事物充满崇敬、敬畏。世界上很多民族都有图腾崇拜，我国先民的图腾崇拜情况目前尚不明了，但我国存在另外一种形式的“图腾”，即族徽。族徽与图腾不同，族徽是一个家族或部落所承认的标记，是为家族或部落成员共同使用的符号，这些族徽并不神秘，人们也不必对它充满敬畏。就目前掌握的资料来看，殷人有使用族徽的习惯，出土的商代和西周早期的铜器上存在大量商人的族徽，这些族徽为我们传递着商人别具风味的审美追求。

近人根据古文字为一些姓氏设计了“族徽”，而且这些“族徽”也为许多姓氏所接受，但必须要说明的是，这些族徽并不是历史上存在的族徽，而且许多都是随意拼凑的，看似古老，实际上我们现在的这些姓氏在西周之前基本都不存在，因此这些所谓古老的族徽，并不是真正的古老。那么古老的殷人族徽究竟是什么样子，这就是本节我们要讨论的问题。

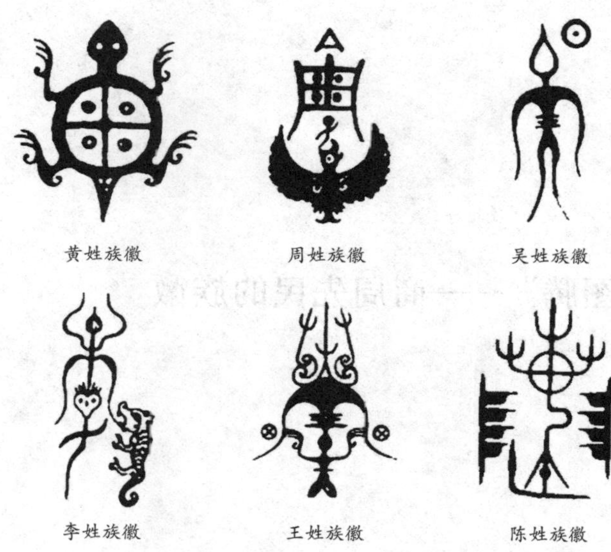

黄姓族徽　　周姓族徽　　吴姓族徽

李姓族徽　　王姓族徽　　陈姓族徽

一、族徽的概念

族徽是一个族群选择的一种易于识别、具有象征性的图形或文字符号，它被用来作为本氏族的标识。族徽最基本的意义是身份的识别，不仅能够区别本族和他族，还传达着氏族共享的某种情感，拥有凝聚本氏族的一种特殊力量。

戍甬鼎铭文拓本

作册折尊铭文拓本

形式各异的族徽

在中国，族徽为殷人广泛使用，出土的商代与西周早中期青铜器上有大量族徽存在，常见于青铜器铭文的开头，如戍甬鼎；或位于铭文结尾部分，如作册折尊；有的还位于铭文中间；有的是单独的符号；还有的是牛、羊、虎、象、犬等动物的形象。其中具有强烈象征性的文字或标记一般就是器主所属的氏族标识，也可以称为族徽文字。在商代末到西周这一长时段内，刻于青铜器上的族徽文字不断演变和发展，据统计，商代后期时族徽文字较多，西周中期逐渐减少，到了西周末期则慢慢消失。

二、族徽文字的特点

族徽文字有很强的独立性，又因其本身强烈的标识性而不同于一般的铭文字体，所以早在金石学发端时就引来研究者的关注。族徽的研究从宋代开始一直持续到近现代，各家著说，成果颇丰。跟其他金文相比，族徽文字有其独特的表现方式和形态特征，具有较强的象征性和标识性，装饰色彩浓厚。

族徽文字种类繁多，有单一的，也有复合的，还有介于图画和文字之间的。族徽文字以其多变、独特的表现形式和书写风格为青铜器铭文增添了更多的装饰性色彩和象征性意义。刘钊从文字构形学的角度，将族徽文字的特点归纳为五点。

(1)文字图案化

文字图案化，即改变文字的线条，以图案的方式呈现文字的内容。例如：将“蛙”字图案化，写作下面几种类型。

“蛙”形族徽

还有常见的“羊”“鸟”“牛”“虎”“鱼”“象”“犬”等族徽，在图案化之后写成如下图所示的样子。

将文字进行图案化处理，整个字体看起来犹如一幅图画，直观形象，趣味生动，使族徽文字的图腾特征更为鲜明。

(2)装饰意味浓重

早期族徽文字多写为相同的两个，使之对称，产生强烈的装饰色彩。这种情况又表现为两种类型：一种是单一的族徽常写成两个相同的字符，如下图所示为青铜器铭文中常见的具有对称性的族徽文字。

对称性的族徽文字

另一种是二字、三字字符的组合族徽，即将其中的一个字符重复书写，使整幅图案生动繁杂，装饰性更强。

重复书写的族徽文字

对称规律的发现与运用，是人类审美发展的重要标志，在字体的对称性设计中，协调匀称的线条比例会让整个图案布局显得紧凑美观，产生一种很强的视觉冲击力。这种布局将简约的图案变得丰富华丽，具有趣味性，强化了族徽文字的图画性特征，突显了装饰性功能。

(3)“借笔”装饰

所谓“借笔”即两个或多个符号共用同一个偏旁或部首。商周时期的青铜器铭文字体中经常用到借笔的方法，增强了图与图之间，偏旁与偏旁之间的相互联系。通过借笔的手法，使族徽文字更加简洁，显得惟妙惟肖。如后图中使用了借笔装饰的族徽文字，巧妙地将偏旁与符号联系在一起，增强了画面的美感。

借笔装饰的族徽文字

（4）几何变形

早期青铜器铭文注重图案化，使一些字的形体在书写过程中发生变化，有些形体甚至脱离字形本来的形状，变得不容易识别。这些族徽文字在使用上类似于现在的美术字、花体字，变幻莫测，趣味性更强。

变形后的族徽文字

（5）外加边框

日常生活中，为了使标志图案更加清晰醒目，设计者经常在标志图案周围添加几何形的边框，这样的设计让标志看起来更加美观形象，易于被人们辨识。例如，很多学校的校徽就多饰以边框，在增加徽章图案信息量的同时可以保证图案及内部文字的错落有致，使之更具内涵。

族徽文字中也经常饰以边框，很多字符外经常添加“亞”字形框线（一说亚是职官名），当时的人们借这个字形框线装饰自己的族徽，使本氏族的族徽显得与众不同。这种边框的设计宗旨在于使族徽显得醒目大方，美观新颖，整体看来既有边框本身整齐、细致的效果，又让边框内的字符更加紧凑有致，设计新颖独特。

带有“亞”字形边框的族徽

三、族徽文字的分类

(一)单一族徽

单一族徽由单独的氏族名称构成,多为单字,构形简单,易于识别,如“”(天)、“”(子)、“”(犬)就是单一族徽。单一族徽的位置不论是在铭文开头还是末尾,一般而言都不会改变其含义。如下图所示就是商周青铜器铭文中经常出现的一些单一族徽。

单一族徽

(二)复合族徽

复合族徽又叫复合氏名,一般由两个或两个以上的氏族名组合而成,这种族徽文字往往单独出现或者以不同的组合方式出现。青铜器上的族徽文字是作器者对自己族名的自称,用来表明青铜器的制作者或所有者,而复合族徽的出现除了代表所铸刻的青铜器由几个氏族共同铸造外,也有可能体现着几个氏族之间的血缘关系和姻亲关系,我们可以由此感受到商周时期人们独特的设计思路和巧妙的设计灵感。

“聑”族和“髭”族的复合族徽

“子”族和“刀”族的复合族徽

“丙”族和“天”族的复合族徽

“庚”“豕”“马”三族的复合族徽

（三）准族徽

张懋镕首先提出“准族徽”的概念，即族徽文字不是一个具体的族氏的标识，而是与职官或职事有关的名称，因而它很少单独出现，常与其他族徽广泛连缀在一起，以一种比较稳定的形式出现，它既不同于一般的族徽文字，又与通常所见的非族徽文字有别。按照张懋镕的观点，我们可以这样理解准族徽文字：准族徽通常与其他族名连缀，较少单独出现，用来表明官名或社会身份。常见的准族徽文字有“册”“亚”“子”三种。

“册”字族徽　“亞”字族徽　“子”字族徽

四、族徽文字的意义

族徽文字在商、周两朝的广泛传播代表了它们有适应时代的现实意义，而它们区分氏族的用途则使其具备了寄托家族情感、承载文化含义的功能。

（一）寄托家族情感

族徽文字本就是区分氏族的标记，区别外族的同时自然兼具标明本族的含义。在族徽文字的设计和使用之中，处处可见家族成员对于氏族共同体的认识，而其寄托家族情感的意义也越来越得到凸显。在商代末期，受限于当时的青铜铸造技术，也由于其时较为朴实的铸刻风格，青铜器铭文的内容一般比较简短，多为以简单的族徽文字作为家族标记标明所属权。伴随着青铜铸造工艺的发展和宗法制度的兴起，周代的族徽文字愈加丰富，但青铜器铭文的内容也越来越多，甚至增加了很多歌颂家族功绩的内容，相对简单的族徽文字便难以承载越来越多的信息量而逐渐式微。

为了标明家族的传承和悠久的历史，除了家族的专有标记外，有的家族还会在族徽中附加世袭职司的标志。这些附加符号因世袭官职被代代沿用，逐渐成为族徽文字的组成部分。例如，册和亚都是常见的官职，也是常用于族徽文字的附加符号，在族徽之中增添这些符号可以凸显家族的传承历史和政治地位，从而寄托了一代代族人对于家族共同体的深厚感情。

（二）承载文化含义

族徽文字有的从图腾演化而来，在设计和创造的过程之中力图承载更多的信息量，这些形象生动的文字虽然不能够一一释读，但是依据依类象形的原则创造的族徽文字完整而又具体地记录了当时社会背景中的文化信息，并通过图画的方式直观地传达到今日。在创造族徽文字时，设计者多近取诸身、远取诸物，以本族生活中常见的题材（如家族职业或家族居住环境）作为设计元素，既可能表达单一物体，也可能通过组合多种物象来表达更为确切的内容。

据统计，以单一物体为族徽来源的主要有动物类、地理要素类、武器造型类、建筑设计类、生活用具类、人体构成类和人体动作类，其中以人体为原型的族徽文字尤为多见，一般与氏族人的突出性格或生活习惯有关，亦可能与本族经常从事的活动或工作职业有关，最具有代表性的就是人挑着贝的形象，贝在殷商时期多用于贸易，人挑着贝说明了这一氏族的活动与商贸紧密相连，也是当时人从事商业贸易的证据。

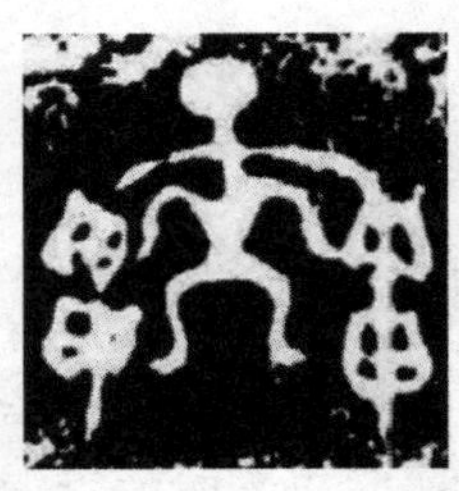

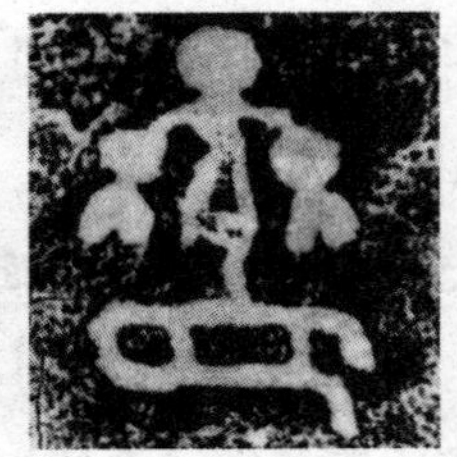

人挑贝形族徽

在族徽设计中，多个物象组成的复合族徽在设计原则上与单一族徽近似，是以两个或两个以上的单一族徽通过排列组合构成一个新的族徽文字，可能与氏族形成过程中的家族融合有关。复合族徽中不同部分的组合形式并不固定，上下排列、左右排列、环绕排列都很常见。

殷商末期至西周，族徽文字伴随着青铜器的兴盛开始了自身的发展之路，以氏族为单位逐步融合的进程被青铜器铭文中的族徽文字直观地记录下来，成为承载当时文化信息和家族观念的研究宝库和重要证据。

第四节 雕虫小技——变幻莫测的鸟虫书

“雕虫小技”这个典故出自西汉扬雄的著作《法言》,有人问扬雄是不是少年时就喜欢写诗作赋,扬雄答曰:不错,但那只是小孩子“雕虫篆刻”般的技艺,成年就不作了。“雕虫篆刻”是西汉学童必习的小技,指的是雕琢虫书,篆写刻符,比喻微不足道的技能。雕虫篆刻实际上是教小孩子学习古文字,西汉时已流行隶书,学习古文字只是一种技能学习,实际的用途不大,所以这个词后来慢慢演变发展为“雕虫小技”。

“雕虫小技”中的“虫”并不是指昆虫,而是一种类似于“虫子”的美术书体,叫“虫书”,还有一类字形类似凤鸟的书体,叫“鸟书”,与虫书合称“鸟虫书”,是金文中以篆书为主体的一种特殊的美术字体。这种字体的笔画设计跟飞鸟、昆虫的形状很相似,鸟、虫在文字中起装饰作用,可以突显字体的美感。鸟虫书最初只是在篆书笔画之外连缀一些鸟或虫的形状,使线条纤细修长,后来逐渐演变发展成为以虫、鸟的形状代替篆书笔画。如后图中的王子于戈上铸刻的就是鸟虫书,其书体笔画纤细隽秀,线条多作繁杂的转曲摆动,回环缠绕,栩栩如生。

虽然鸟虫书的字体设计工整华丽、美观新颖,不过由于其难以书写、难以辨识,因此在一定程度上影响了这种书体的普及。《北史》中记载,有着“北地三才子”之美誉的北齐史学家、文学家魏收擅长虫书,北齐东郡太守李浑对魏收的虫书神技自愧不如,说:“雕虫小技,我不如卿!”

春秋晚期王子于戈(左)与铭文摹本(右)。1961年山西万荣县宝鼎乡庙前村贾家崖出土,戈各面有错金鸟篆铭文7字,摹本从右往左竖行隶释为:"王子于之用戈。扬(或释擗)"

一、鸟虫书的起源

春秋战国之际,政治、经济、文化等方面的巨大变革导致汉字形体发生了前所未有的剧烈变化,有一类汉字形体向美术化、装饰化的方向转变,开始出现一种新兴的书体——鸟虫书。这种新兴的书体多作鸟身、鸟首、鸟爪之形,或辅助以虫形以及其他符号作装饰之用。从美术字体的装饰和设计角度来看,其图案纹饰绝大多数都是鸟与蛇虫等的结合,即将具体的鸟形图案与回环盘曲的蛇虫形纹饰互相结合而成的一种美术字体。

鸟虫书,一开始称为虫书,原为秦至汉初文字八体之一。汉代许慎在《说文解字·叙》中记载:"自尔秦书有八体,一曰大篆,二曰小篆,三曰刻符,四曰虫书,五曰摹印,六曰署书,七曰殳书,八曰隶书。"到了王莽统治时期,将"秦八体"变成了"汉六体",《汉书·艺文志》记载:"六体者:古文、奇字、篆书、隶书、缪篆、虫书。"颜师古注《汉书·艺文志》时指出:"虫书,谓为虫鸟之形,所以书幡信也。"大意是说当时用鸟虫书来书写幡信,说明这种书体还是很流行的。王莽新政时期,虫书开始称为鸟虫书。而东汉时,鸟虫书又称为鸟篆,并设有相关机构专门培养擅长鸟虫书的人才。

作为一种装饰性文字,鸟虫书最早出现于春秋战国时期的兵器上,关于它的起源,有以下几种说法。董作宾先生在《殷代的鸟书》一文中认为鸟虫书起源于商代。王恒馀先生也认为早在殷商武乙时期的甲骨文中就已经出现鸟书。还有其他学者认为鸟虫书产生于春秋末期,盛行于长江中下游地区的吴、越、楚、蔡、宋等地区。而这些地区在历史上曾经是东夷、淮夷等族的活动区域,经研究考证得知,这里的先民曾以鸟为图腾,这可能是该区域盛行鸟虫书的一个重要原因。

二、鸟虫书的定义

鸟虫书以篆书为基础,又叫鸟虫篆、虫书、鸟篆等,是一种在文字构形过程中将抽象性的鸟形、虫形等融入字体中,将笔画摆动拉伸作盘旋弯曲的状态而形成的一种具有装饰性的美术字体。这种字体的笔画中部鼓起,首尾出尖,长脚下垂,犹如虫类身体弯曲之状,因而得名。有的鸟虫书也在原有字体上以鸟形、虫形作为辅助修饰,从而起到美化字体的效果。鸟虫书多刻于兵器、乐器、容器、玺印、瓦当等物上。

从出土实物来看,东周时期的鸟虫书或像鸟形,或像虫形,有时候鸟、虫同时出现,以达到辅助修饰字体的效果。盛行于春秋战国时期的鸟虫书,大部分只有单独的鸟形用于装饰图案。而虫形的字体用于装饰的,见于传世的王子适匜,其铭文中“之”字下缀有两个“虫字”。当然,不管是“鸟书”还是“虫书”,字体均在笔画书写的过程中添加类似于鸟形或虫形的线条,使整个字体呈现弯曲、盘旋的形式。

王子适匜及铭文。内底铸鸟虫书铭文6字(从右往左竖行):“王子适之会匜”。现藏于北京故宫博物院

三、鸟虫书的构形特点

鸟虫书的特点是将鸟形或虫形的图案错杂在回环诘屈的笔画中,使笔画多作蜿蜒盘曲之状,工整华丽,变化莫测。其结构形式多样,有在文字旁边附加鸟形作装饰的,也有将鸟形镶嵌到字体中的,甚至还有将笔画弯曲成鸟形、虫形的,凡此种种不一而足。笔画和图案的缠绕交错,必定会增加识别文字的难度,因而古代著录金石类的书籍多将鸟虫书称作"奇字",将刻有鸟虫书的剑称作"奇字剑"等,虽然这种称谓不是很恰当,但从一个侧面反映了辨识鸟虫书绝非易事。

同一种书体在发展演变中,可能会因地域和国别或者时间的前后差异呈现出各区域独有的构形特色。鸟虫书也不例外。

(一)越国

越国统治的地区大致在今天的江苏扬州等地,其鸟虫书构形的特色是以尖嘴的、抽象化的鸟形为饰笔,有意将笔画拉长,线条流转纤细,呈现出栩栩如生的状态。有的字体也将抽象而简约的鸟形附于笔画之中,千姿百态,令人叹服。越国兵器和乐器上篆刻的鸟虫书布局工整,注重对称的美感,具有很强的艺术性,如越王勾践剑、越王州句矛、越王者旨于睗钟等。

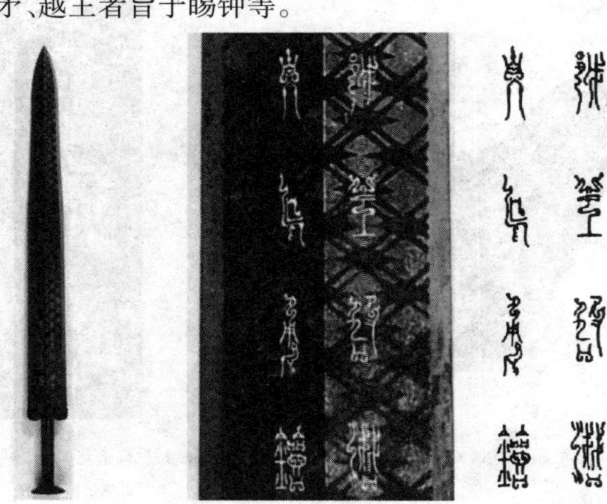

春秋晚期越国青铜剑,1965年冬出土于湖北荆州江陵县望山一号楚墓群中,剑长55.7厘米,宽4.6厘米,剑柄长8.4厘米,现藏于湖北省博物馆。剑脊两侧有错金铭文8字(从右往左竖行):"越王勾践,自作用剑"

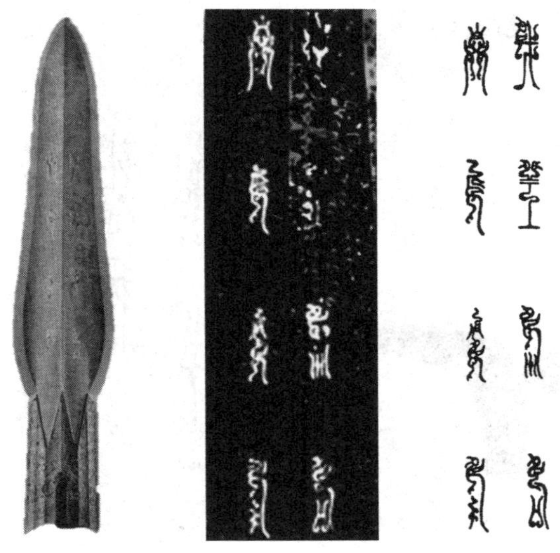

战国早期越王州句矛及铭文拓本、摹本。此矛出土时间和地点不详，后流入英国，现藏于英国大英博物馆。矛身中脊两侧有错金铭文 2 行 8 字(从右往左竖行)：“越王州句，自作用矛”

越王者旨于赐钟及铭文(摹本)。战国早期的青铜乐器，出土于宋代，原藏于赵仲爰处，后归藏宋内府，现佚。钟正背面钲间鼓部铸有鸟虫书铭文 54 字，从右往左竖行隶释为：“唯正月季春，吉日丁亥，越王诸稽于赐择厥吉金，自作龢钟。我以乐考、嫡祖、大夫、宾客，日日以鼓之，夙暮不忒，顺余子孙，万世无疆，用之勿丧”

(二)吴国

吴国统治的地区包括今江苏、安徽两省的大部和浙江北部，吴国国都位于今江苏苏州。其鸟虫书很大程度上承袭了越国的书写风格，但吴国的鸟虫书喜欢在笔画的弯曲处加粗增肥，鸟形多缀于笔画首段，笔势伸展，构形巧妙。吴国兵器上篆刻的鸟虫书纤细秀美，笔画首端多饰有作张嘴之状的鸟形，如王子于戈、吴王光桓戈、攻吴王光剑等。

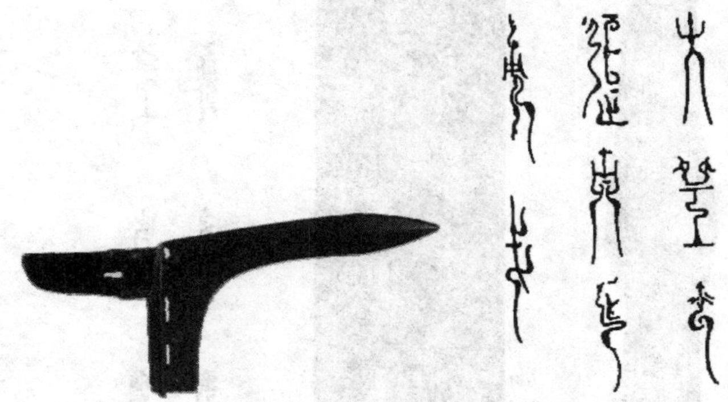

春秋晚期吴王光桓戈及铭文摹本。援和胡部铸铭文8字，摹本从右往左竖行隶释作："大王光桓，自作用戈"

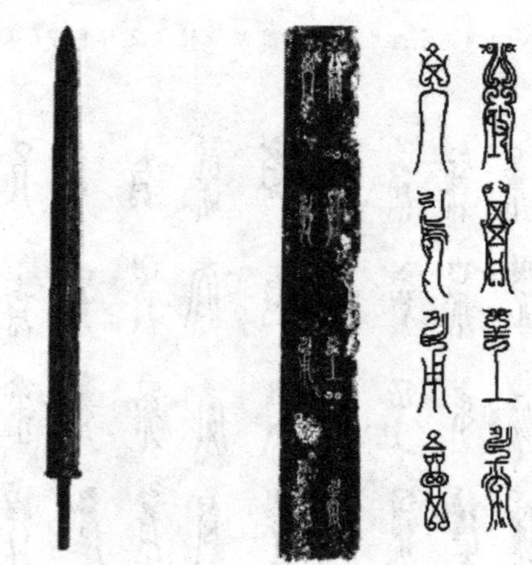

春秋晚期攻吴王光剑及铭文拓本、摹本。1993年春被盗掘出土，现藏于上海博物馆。剑身铸有铭文2行8字，从右往左竖行隶释为："攻吴王光，自作用剑"

（三）蔡国

蔡国是周朝分封的诸侯国，都城遗址大概在今天的河南上蔡县。蔡国鸟虫书的构形较为独特，以张开状的鸟足作为装饰，线条一般形体修长，笔锋精婉柔韧，转笔多带圆弧，直笔处多作弯曲状。蔡国兵器上的鸟虫书的线条摆动幅度较小，笔画首端点缀有逼真抽象的鸟首，如出土于安徽淮南的蔡侯产剑、蔡公子加戈等。

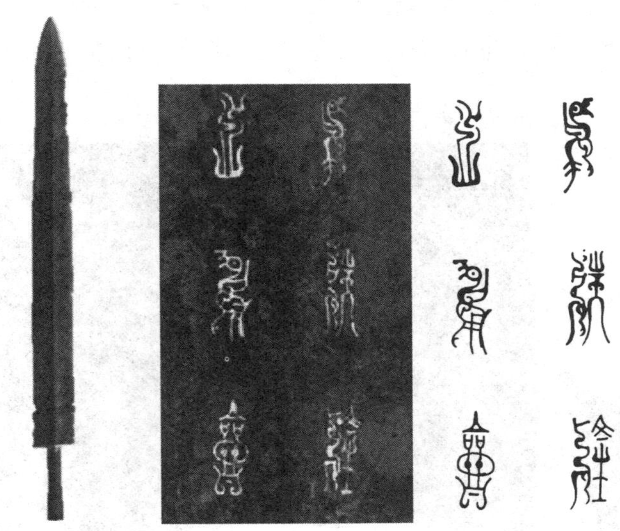

战国早期蔡侯产剑及铭文拓本、摹本。1959 年出土于安徽淮南蔡家岗赵家孤堆战国墓，长约 52 厘米，剑柄长 8.7 厘米，柄部残存丝绳缠绕痕迹。剑身处刻有 2 行 6 字错金鸟虫书（从右往左竖行）“蔡侯产之用剑”。现藏于安徽博物院

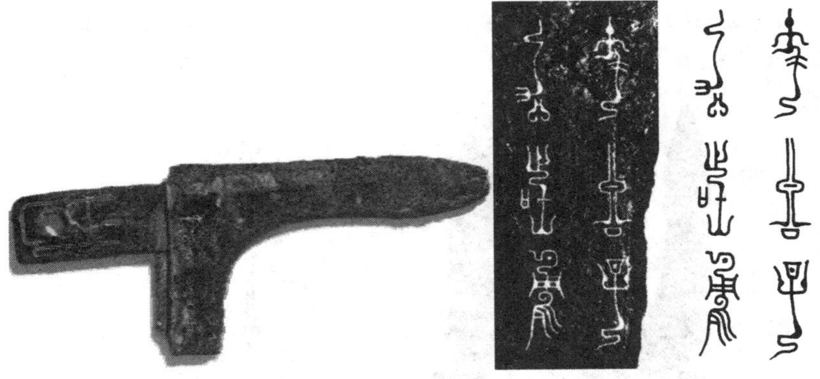

春秋晚期蔡公子加戈及铭文拓本、摹本。胡部刻有错金铭文 2 行 6 字（从右往左竖行）：“蔡公子加之用”。现藏于上海博物馆

（四）楚国

楚国古称荆楚，其统治范围包括今天的湖北、湖南两省，安徽、河南的部分地区，是诸侯封国中存在历史较长的国家之一，楚国的文化也具有鲜明的地域特色，鸟虫书最具有代表性。楚系鸟虫书，字体修长飘逸，线条弯曲富有流动美，对南方诸国产生了深远的影响。其构形既有简化的鸟，也有写实的鸟，有些笔画中附有双

鸟形，风格多样，如楚国兵器楚王酓璋戈、楚王孙渔戈等，尤其是王子午鼎，其线条流畅曲折，首尾添加圆转的饰笔，突出了线条的表现力，可以称作是鸟虫书的开山之作。

春秋晚期王子午鼎及铭文拓本。1978 年 8 月河南淅川县下寺二号楚墓出土，通高 62 厘米、口径 62.3 厘米，重 97.4 千克，腹内壁刻有内壁铸鸟虫书铭文 14 行 84 字（其中重文 3 处），现藏于河南博物院。铭文从右向左下行隶释为："唯正月初吉丁亥，王子午择其吉金，自作肆彝盪鼎，用享以孝于我皇祖文考，用祈眉寿，温恭舒迟，畏忌趩趩，敬厥盟祀，永受其福。余不畏不差，惠于政德，恕于威仪，阑阑兽兽。令尹子庚，繄民之所亟，万年无期，子孙是制"

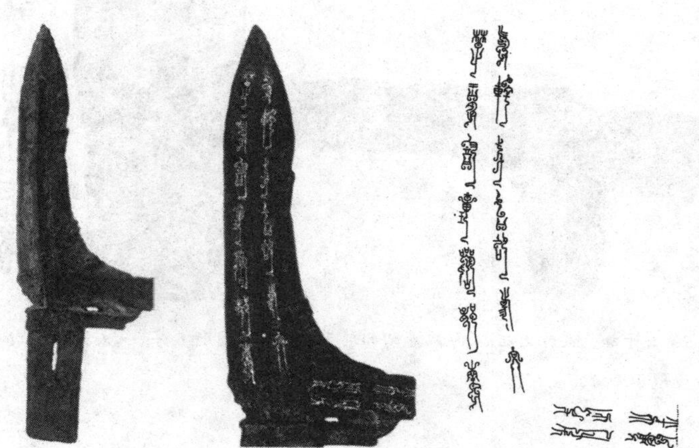

战国早期楚王酓璋戈及铭文拓本、摹本。1936 年在上海出现，出土地不详，现藏于北京故宫博物院。胡部残缺，援部和胡部处铸有错金鸟虫篆铭文 19 字。铭文援部左起竖行，胡部右起左行，隶释为："楚王酓（熊）璋严恭寅，作軫軺（此二字为合文）戈，以昭扬文武之茂庸"

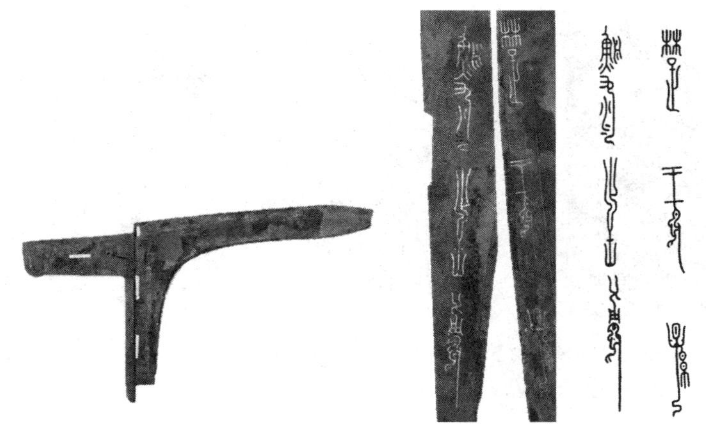

春秋晚期楚王孙渔戈及铭文拓本、摹本。1958 年湖北江陵县长湖南岸楚墓出土，援部、胡部各刻错金铭文 3 字，摹本从右往左下行隶释为："楚王孙渔之用。"现藏于中国国家博物馆

各国鸟虫书设计风格相异，但总体而言，鸟形或虫形的装饰位置比较灵活自由，鸟形与笔画渐渐融合在一起，笔画中附加有鸟首、鸟尾和鸟爪，线条首尾粗细对比明显，突显了这种书体的秀丽与华美。总之，各个区域特色纷呈，反映了春秋战国时期文化的地域性，为我国书法艺术的多元化增添了活力。

四、鸟虫书的发展

鸟虫书一度在兵器上盛行，后来渐渐进入现实生活，一些青铜容器、酒器上也多饰以鸟虫书，表现出越来越显著的实用功能。春秋战国时期，一些富贵人家为了彰显身份，常常将鸟虫书作为入印的文体之一，创作鸟虫篆印。到了晚清及民国初期，鸟虫篆印空前发展，各家融入独特的创作风格，自成体系，推动了鸟虫书这一艺术形式的进一步发展。

（一）满城汉墓出土的错金银鸟虫书铜壶

西汉初期，一些青铜器物上也出现了鸟虫书的刻辞，内容多为表达对物质生活的追求和对延年益寿的向往。1968 年，河北保定满城汉墓出土了两件错金银鸟虫书铜壶（此处以甲、乙壶区分），两壶壶身通体布满有金银丝镶嵌刻篆的鸟虫书，字体纤细、逶迤回环，出神入化，是传世铜器中罕见的艺术珍品。

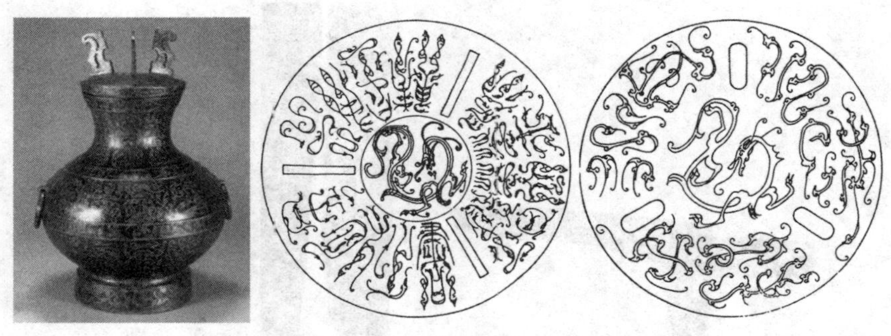

满城汉墓出土汉代错金银鸟虫书铜壶。甲壶壶盖(中)有铭文12字(顺时针方向):"为金盖,错书之,有言三,甫金鯀"。乙壶壶盖(右)有铭文3字(顺时针方向):"槃趕盖"

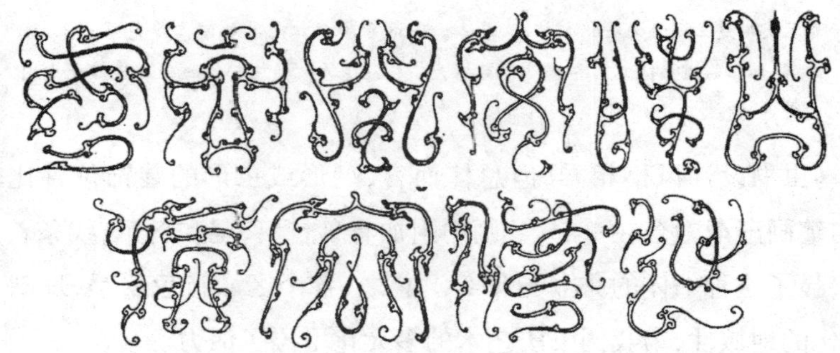

乙壶腹部铭文10字(从右到左):"口味交闰血膚延寿去病",铭文大致表达了器主对美好生活和延年益寿的期盼与向往

(二)鸟虫篆印

随着社会的发展,达官贵人们为了彰显身份,纷纷篆刻鸟虫印以示高贵,鸟虫篆印应运而生。鸟虫篆印是指以鸟虫篆文字入印的印章,最早见于战国玺,兴盛于两汉时期的鸟虫篆印是印章中独具特色的一门艺术,能于方寸之间展示绚丽的风貌。鸟虫篆印将抽象的动物形象进行了提炼与简化,其笔画屈曲转合,饱满地充斥在整个印面上,以达到雅俗共赏的效果,因而有着"袖珍碑刻"的美誉。我国国内以邓尔雅和方介堪等人的鸟虫篆印最为著名。

1.邓尔雅

邓尔雅先生对历代印章风格进行了吸收与借鉴,其篆刻作品多以碑刻文字入印,包括仿古玺、秦汉印、玉印、鸟虫印、肖形印等形式。邓先生一生篆刻的印章数以万计,培养了一批篆刻名家,他的篆刻多将图画融入印中,字与画相互渗透,讲究印文字体的多变性，刀法凝练有力，印面布局平稳有序，整体设计错落有致，匠心独运，对我国篆刻艺术的发展产生了深远的影响。

波治　　少昂　　梅在斯

南飞鹤　　百箑斋　　万千之印

邓尔雅鸟虫篆印。邓尔雅（1884—1954年），广东东莞人，原名溥霖，后改名为万岁，字季雨，号绿绮台主、风丁老人，精于书法、篆刻和文字训诂，外甥容庚是我们著名的金石学家，晚年多以六朝碑刻文字入印，其篆刻风格清新恬淡、疏朗清秀，风格独特。著有《印斋印赏》《邓斋印谱》《篆刻危言》等

2.方介堪

方先生的大多数鸟虫篆印选用玉质材料刻制而成，这是因为玉石的质地柔滑、坚硬，篆刻过程中自由度较大，当然，在操作过程中要把握力度和运刀的深浅度，否则就会缺乏艺术性和审美感。此外，鸟虫篆印还多用“戈头矛角”作为辅助装饰，使其获得更加丰富、直观的视觉效果。方先生的鸟虫篆印刀法朴实，章法布局严谨，架构紧凑，整体上呈现出刚柔并济、隽秀挺拔的艺术特色。

依江阁　　张氏大千　　鱼饮溪堂

方介堪的鸟虫篆印。方介堪（1901—1987年），浙江温州人，原名文渠，后改名岩，字介堪，号玉篆楼主、蝉园老人等，是我国著名的金石学家和篆刻家，尤其精通鸟虫篆印。其鸟虫篆印出神入化，整体上体现出雍容大度、灵动自然的艺术特色，在印学界影响深远。著有《方介堪篆刻》《两汉官印》《古印辨伪》《介堪论印》等

作为一种美术字体,鸟虫书将文字的实用功能和艺术性完美结合,其风格纤巧华丽,体现了自由、奔放、浪漫的创作精神,具有很强的感染力。这种书体鲜明地反映了当时的社会风尚和人们的审美倾向,鸟虫书对后代的书法艺术和篆刻艺术有着重大的影响,是我国汉字书法史上一朵灿烂、绮丽的奇葩。

第五节　刀走凌云志——玺印

刘熙《释名》中说:“印,信也。”玺印也叫印章,多用于政治、军事上,是一种作为凭证的重要信物,印章在中国有着悠久的历史。春秋战国时期,玺印是人际交往的信用保证,也是国家行政机构施行职权的工具,玺印不分,尊卑通用。后来秦始皇统一六国之后,只有皇帝的印才可以称“玺”,从此玺成了历代皇帝至高无上权力的象征,而官吏及一般平民的印章只能称“印”。汉代又称“章”和“印信”,唐以后又将印称为“记”或“朱记”,但一般都可以通称为“印”。古印都有纽,纽上有孔,可以系带,便于佩戴在身上。

根据用途我们可将玺印分为官玺和私玺两种,印面形制各异,以方形、圆形、长竖形居多。印纽形式多样,主要有鼻纽、龟纽、虎纽等。印文有阴文和阳文,印面上的字体按时代又各不一样,有先秦时代的六国古文、秦汉至魏晋南北朝时期的篆字、隋唐以后的隶书和楷书等。下面我们将逐一了解历代玺印或印章的特征及构形。

一、历代玺印

(一)春秋战国玺印

根据出土实物,中国使用玺印的历史可以追溯到商代晚期,但自战国时期开始盛行，战国玺印数量较多，已发现的多达6000余枚，因而我们在这里主要谈一谈战国玺印。战国玺印大多为铜质，印面既有铸造的也有凿刻的。战国官玺通常为2～3厘米，其内容一般为“司马”“司徒”等官职名称。私玺则稍小一点，一般为1～2厘米，内容除了姓名外还包括生动的动物形象和吉祥用语。从形制上看，官玺绝大多数是正方形，也有圆形和其他形状，但数量极少。这种形制被后人认可并一直延续至今，成为中国历代印章最基本的形制。

相对于战国官玺，私玺的数量则较多。春秋战国时期，百家争鸣，出现了许多学派和学说，私玺在一定程度上受到诸子思想的影响，出现了一些成语玺，如“正行亡（无）私”“思言敬事”等。其中还包含一定数量的吉语玺，如“出入大吉”“宜有千万”等。此外，图画印在战国玺印中也屡见不鲜，这类印主要被古人佩戴在身上避邪，以寻求心理寄托。

商代晚期印章

商代晚期印章

战国吉语玺千秋。现藏于上海博物馆

战国吉语玺敬事。现藏于上海博物馆

在秦统一六国之前，中原地区还处于列国纷争、诸侯割据的局面，由于地域、国别的不同，各国文字的构形风格和特点各不相同，从而导致玺印在文字笔法、类型、印面设计等方面亦有显著差异。王国维将战国古文字分为东西两大区域，东土区域包括齐、楚、燕、三晋（韩、赵、魏），西土区域以秦为主。李学勤又进一步将战国文字细分为了齐、燕、楚、三晋（魏、赵、韩）、秦五大体系。下面我们就战国时期各个区域的玺印做一介绍。

1.齐系

所谓齐系，是指以齐国为中心的鲁、宋、滕、薛、莒、杞等国共同构成的齐鲁文化圈。其疆域为今山东沂蒙山以北大部、河北东南部、河南东部和江苏北部一角。齐系玺印的文字笔画一般比较匀称，印面内的文字布局较为随意。齐系官玺印面多为方形，白文，印面边长一般为2.3～2.5厘米。私玺印文既有白文也有朱文，一般带有边框。

齐国古玺:子栗子信玺,
尺寸:2.9 厘米×3 厘米。
现藏于中国历史博物馆

齐国古玺:王倚信玺,
尺寸:1.4 厘米×1.4 厘米。
现藏于上海博物馆

2.燕系

春秋战国时期,燕国地处北边,统治地区包括今辽宁大部和河北北部,山西和内蒙古的西北部、北部也属于其管辖的一部分。燕官玺根据形制大体可分为三类:条形朱文玺、方形朱文玺和方形白文小玺。燕系文字多苍劲有力,一些官玺文字的横笔画多方头方尾,竖笔画和斜笔画多方头尖尾,具有一种犀利的美感。燕玺有边框,一般没有界格,文字排列整齐,官职称谓有固定的格式,如“××都××”,“都”前为地名,“都”后为官职名,如“庚都右司马”。私玺中有少数是长竖形,也有椭圆形或心形等样式。

燕国古玺:司马之玺,
尺寸:1.85 厘米×1.9 厘米。
现藏于上海朵云轩

燕国古玺:庚都右司马,
尺寸:2.1 厘米×2.1 厘米。
现藏于北京故宫博物院

3.楚系

今天的湖北、湖南、安徽以及河南的大部分地区都是春秋战国时期楚国的疆域,楚系文字的范围除涵盖吴、越、蔡、徐、宋等周边诸侯国外,还包括江淮地区的一些小方国。楚系文字具有流畅的线条,结构比较散逸,风格特色比较鲜明。有些玉质楚玺晶莹透亮,整体形成一种疏朗清秀、错落有致的格局,在视觉上给人以美的享受。楚官玺以方形居多,形制比较杂乱。相对于官玺,私玺的形制则丰富得多,以长方形、椭圆形、菱形等较为常见。

楚国古玺:述保之玺,
尺寸:1.85 厘米×1.9 厘米

楚国古玺:安昌里玺,
尺寸:1.9 厘米×2.1 厘米

4.晋系

公元前 403 年,韩、赵、魏三家分晋,成为各自独立的诸侯国,但意识形态、思想观念等方面都有内在的联系。晋系文字的涵盖范围是很广泛的,除了韩、赵、魏三国外,还包括中山国、郑国等一些小国的文字,由于这些地区的文字风格相近,不好作具体区分,故而统称为晋系文字。晋系文字线条较细,浑厚有力,结构规整,印面布局精巧细致,多为朱文。晋官玺官职称谓独特,有"啬夫""眂事"等。

晋系古玺:半侗,
尺寸:1.3 厘米×1.3 厘米。
现藏于天津博物馆

晋系古玺:高欧,
尺寸:1.25 厘米×1.25 厘米。
现藏于上海朵云轩

晋系古玺:盂画,
尺寸:1.4 厘米×1.45 厘米。
现藏于上海朵云轩

晋系古玺:兇奴相邦,材质:玉,
尺寸:2.4 厘米×2.5 厘米。
现藏于上海博物馆

晋系古玺:春安君,材质:玉,
尺寸:2.3 厘米×2.3 厘米。
现藏于上海博物馆

5.秦系

秦国本来实力弱小,自商鞅变法图强之后,其国力慢慢雄厚,先后灭掉其他六国,最终完成统一大业。秦系玺印文字基本上为篆体,一般称印,有丞相印、工官印、武官印、田官之印等。这也从侧面反映了秦分工细致,官制体系已经比较完善,有些职官名称如丞相甚至还一直为后世沿用。印文之间多用"田"字或"日"字格分开,秦系文字结构比较紧凑,字体笔法流畅,转角圆润,设计格局多工整有序。

秦印:右司空印,

尺寸:2.1 厘米×2.2 厘米

秦印:公孙穀印,

尺寸:2.2 厘米×2.2 厘米

秦印:法丘左尉,

尺寸:2.4 厘米×2.4 厘米

秦印:焦得,

尺寸:1.1 厘米×1.9 厘米

(二)秦汉玺印

1.秦朝

秦始皇于公元前 221 年统一六国后,规定皇帝所用的印章只能称作“玺”,其他人员的印章称作“印”或“章”,自此皇帝用玺的制度为历代沿用。官印是官员行使职权的凭证,秦官印和战国秦系古玺大致相似,纽制款识差异不大,亦有方形和长方形,方形官印尺寸约为 2.3 厘米;长方形的官印尺寸为 1.3~2.3 厘米,据研究表明,此类秦长方形官印的职位较低。秦官印多为铜质,印纽式样繁多,印文为篆体,笔画圆润齐整,线条流畅。秦印多带有“田”字或“日”字界格,文字排列没有一定的规律,有左右行、上下行还有对角交叉等排列的方式。因此,田字格是判定秦官印的一个重要特征。

秦代官印:右马厩将,尺寸:2.4 厘米×2.5 厘米。现藏于上海博物馆

秦代官印:芷阳少内,尺寸:2.2 厘米×2.2 厘米。现藏于天津博物馆

秦私印数量较多，以铜质为主，也有玉、石、陶等材质，形制主要有长方形和正方形，印文多为白文，印纽通常为坛形鼻纽。秦私印印纽为二层至三层，这是秦私印最独特的特征。秦私印刻法较官印灵活，笔法流畅平稳，印面空间布局严整，具有一种秀气、灵动又不失稳重的艺术风格。

秦代私印：张状，尺寸：2.2 厘米×1.2 厘米。现藏于珍秦斋

秦代私印：王鞅，尺寸：1.6 厘米×1.2 厘米。现藏于北京故宫博物院

2.西汉玺印

公元前 202 年，高祖刘邦建都长安，史称西汉。汉承秦制，西汉初期的印章沿袭了秦印的风格，印面仍有“田”字或“日”字界格，字体苍劲古朴，印面布局较为疏朗。这一时期的玺印形制规整精细，字体安排错落有致，印文笔画略有弧度，转角处作圆转和方折等形式，整体上显得更加自然朴实。据史籍记载，西汉皇帝有六玺：皇帝行玺、皇帝之玺、皇帝信玺、天子行玺、天子之玺、天子信玺等，这些皇帝专用的玺都用珍贵的白玉刻制而成，并雕刻有精美的蟠龙。据文献记载，汉成帝时期严格规定了印章的大小、质地、字数及纽式，这一规定使西汉中期的印章形成了较为统一的面貌。

西汉玉印：皇后之玺，尺寸：2.8 厘米×2.8 厘米。现藏于陕西历史博物馆。经考证是吕后（吕雉）受封为皇后时（公元前 202 年）制作的玺印

西汉玉印:淮阳王玺,尺寸:2.3 厘米×2.3 厘米。现藏于中国历史博物馆

西汉时期的私印除姓名印外还包括刻有马、牛、龟、虎等动物形象的肖形印和吉语印,还有少量的鸟虫书印,上面小节已详细介绍鸟虫印,此处不再赘述。私印的纽式有坛纽、桥纽、穿带纽等,风格多样,浪漫色彩浓重。

西汉私印:桓启,材质:玉,尺寸:2.4 厘米×2.4 厘米,1959 年出土于湖南长沙左家塘一号墓。现藏于湖南省博物馆

西汉玉质鸟虫书私印:侯志,材质:玉,尺寸:2.3 厘米×2.3 厘米

西汉私印:邓弄,尺寸:2.3 厘米×2.3 厘米;1954 年出土于湖南长沙新河五十四号墓。现藏于湖南省博物馆

3.王莽新朝玺印

王莽篡汉建立的新朝虽然只持续了 15 年,但大体沿用了西汉的印制,我们习惯称为新莽政权。新莽官印的大小约为 2.3 厘米,印文署有王莽改制后的官名、地名、爵称等,印文多为五至六字,通常分作三行,“印”“章”等字单独占一行。官印以铜质为主,也有金、银质地,印面多为正方形,官印有龟纽和鼻纽两种。由于当时工艺发达,印章和印纽的制作比较精巧。如“康武男家丞印”“修和县宰印”。

官印:康武男家丞印

官印:修合县宰印

新莽私印的大小、印文安排与官印相同,纽式多样,除鼻纽、龟纽外,也有兽形纽式,一般称“印”或“印信”,印的制造纤巧细致,精美绝伦,如“高鲔之印信”“杜嵩之印信”。

私印:高鲔之印信

私印:杜嵩之印信

4.东汉玺印

公元25年,光武帝刘秀建都洛阳,史称东汉。东汉玺印同西汉晚期的风格一脉相承,印文为方正的篆体,多凿刻而成,笔画均匀,整体呈现出厚重平实的风格。官印多无界格及边栏,印纽以龟、虎、骆驼居多,材质有金、银、铜、玉等,其中玉印线条刚劲有力,印文婉转遒劲,呈现出一种高贵典雅的艺术气息。

东汉金质官印:广陵王玺,材质:金,尺寸:2.37厘米×2.37厘米,龟纽。1981年出土于江苏邗江县(今邗江区)甘泉二号汉墓,是东汉光武帝刘秀第九子广陵王刘荆的佩印。现藏于南京博物院

东汉金质官印:汉委奴国王,尺寸:2.4厘米×2.4厘米,蛇纽。1784年出土于日本九州。现藏于日本福冈市博物馆

东汉金质官印：朔宁王太后玺，尺寸：2.4 厘米×2.4 厘米，龟纽。1954 年出土于陕西宁强县阳平关。现藏于重庆中国三峡博物馆

东汉银质官印：琅邪相印章，尺寸：2.5 厘米×2.5 厘米。现藏于北京故宫博物院

东汉私印形制多样，有金、银、玉、玛瑙、琥珀等材质，但铜印居多，除了方形外亦有两面印、字母印、套印等形制，成语印多上附有人物、鱼鸟等形象，风格朴实简约。印文安排以先右后左、先上后下为常规，错落有致，整体上具有一种庄严厚重之美。

东汉私印：赵遂之印，尺寸：2.2 厘米×2.2 厘米。现藏于北京故宫博物院

东汉私印：赵安，尺寸：2.2 厘米×2.2 厘米。现藏于广州博物馆

（三）魏晋南北朝玺印

1.三国（魏、蜀、吴）印

魏晋南北朝是中国历史上朝代更迭最为频繁的时期，前后持续 360 余年。公元 208 年赤壁之战奠定了三国分立的局面。220 年曹操死后，曹丕建都洛阳，自立为魏文帝；221 年刘备定都成都，建立蜀国；229 年孙权建立吴国，至此中国历史上魏、蜀、吴三国鼎立的局面正式形成。三国时期的官印以龟纽居多，也有鼻纽、瓦纽等。印文书写及布局较为随意。私印出现了五面印和六面印，纽印多为柱形，印台

印面不分。

三国魏铜印：虎牙将军章，尺寸：2.35 厘米×2.35 厘米。此印为三国时魏国掌管征伐的虎牙将军佩戴。现藏于上海博物馆

三国魏金印：平东将军章，尺寸：2.5 厘米×2.5 厘米，龟纽。1958 年出土于山东峄县。现藏于中国国家博物馆

2. 两晋（西晋、东晋）印

公元 266 年晋武帝司马炎灭魏，建立晋朝，史称西晋。公元 290 年晋武帝死，西晋爆发八王之乱，中原处于一种战乱分裂的状态。公元 317 年西晋后裔司马睿在建康（今南京）建立政权，史称东晋。两晋官印与三国时期官印大体相仿，受当时社会动荡不安的局面影响，印文凿刻较为草率，不及汉印之精美端庄，此时两面印、六面印较为盛行。

两晋官印：武猛校尉，材质：铜，尺寸：2.5 厘米×2.4 厘米，龟纽。武猛校尉为武官名。现藏于北京故宫博物院

两晋官印：武卫次飞武贲将印，材质：铜，尺寸：2.4 厘米×2.4 厘米，鼻纽。现藏于北京故宫博物院

两晋官印：折冲将军章，尺寸：2.35 厘米×2.4 厘米。折冲将军为武官名。现藏于北京故宫博物院

魏晋"曹氏"六面铜印，纽上凿"曹氏"，底面为"曹氏印信"，印体四面为"女言疏""曹新妇白疏""官""印完"

3.十六国印

十六国时期，中国历史进入了大动荡、大混乱的分裂时期。除中原地区各个政权互相征伐外，西北地区先后建立了后凉、南凉、北凉、北魏等割据政权；南方地区亦有成汉等政权，故将这一动荡割据的时代称作十六国时期。由于这一时段战事较多，王朝更换频繁，因而印章无固定的模式。总体来看，印章的制作比较粗糙，印文散漫，缺乏神韵。

北汉：右贤王印，材质：铜，驼纽。现藏于北京故宫博物院

北凉：择地羌王

北齐：临泉男章

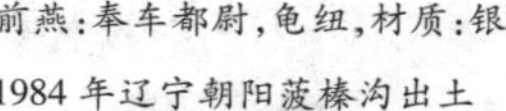

前燕：奉车都尉，龟纽，材质：银。1984年辽宁朝阳菠棒沟出土

后赵：归赵侯印，马纽。现藏于北京故宫博物院

北汉：辅汉校尉印。现藏于上海博物馆

4.南北朝印

公元420年刘裕建立宋朝，公元502年梁武帝萧衍建立梁朝，公元557年陈霸先代梁称帝，建立陈朝。当时社会动荡，遗留的印章为数不多，从遗存的南朝印来看，制作草率随意。北朝包括北魏、东魏、西魏、北齐、北周等政权，多为北方少数民族所建，因此北朝时期的印章亦有北方民族豪放粗犷的特色，如印台较大、纽式粗壮、印文凿刻草率随意难以识别。

南朝印：安西将军司马，尺寸：2.5 厘米×2.45 厘米，龟纽。现藏于上海博物馆

北齐印：江源男章，材质：铜，尺寸：2.5 厘米×2.45 厘米，龟纽。现藏于上海博物馆

南朝刘宋印：庐陵太守章

南朝刘宋印：巴陵子相之印

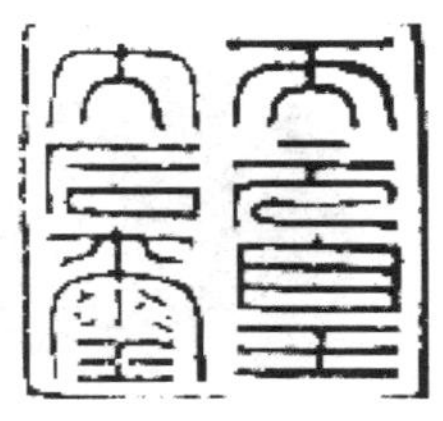

北周金印:天元皇太后玺,1993 年出土于陕西咸阳。天元皇太后是北周武帝宇文邕的“武德皇后”阿史那氏

(四)隋唐玺印

1.隋朝印

公元 581 年杨坚建立隋朝,史称隋文帝。隋朝印传世极少,就现存隋印来看,形制较大,印文多为朱文。随着纸张的广泛使用,隋印的印面普遍较大,这样钤盖在纸张上会使印文更加清晰。隋印多为铜质,尺寸为 5.3~5.6 厘米,多为鼻纽,官府规定:“并归于官府,身不自佩”,即官员不得自身携带,而由相关机构专门管理。传世的隋印有“广纳府印”和“观阳县印”。

隋代官印:广纳府印,印背刻:“开皇十六年十月一日造”。现藏于北京故宫博物院

隋代官印:观阳县印,印背刻:“开皇十六年十月五日造”。现藏于天津博物馆

2.唐朝印

公元 618 年唐高祖李渊建立唐朝,唐印与隋印基本相同,印文多采用小篆,笔画安排疏密适当,凿刻痕迹明显,边款格局硬朗。这一时期存在一个明显的特征即刻制好印章后,会在印纽部位刻上制造日期及印面内容,这也是后来刻制印章边款的雏形。另外,唐朝官印多配有印盒,可以起到防止印章磨损的作用。隋唐时私人用印的出土实物极为少见,只能在同时期的书画作品的落款处见到一些姓名印和书斋名号印。

唐代官印:会稽县印,铜质,附加方形铜印盒,印面边长约为 5.5 厘米。1958 年出土于浙江绍兴。现藏于浙江省博物馆

唐代官印:金山县印,铜质,印面边长约为5.5厘米,附加方形铜印盒。1968年出土于浙江安吉县。现藏于浙江省博物馆

(五)两宋玺印

公元960年陈桥兵变,赵匡胤黄袍加身,建都开封,建立宋朝,史称北宋。公元1127年宋高宗赵构建立政权,史称南宋,1279年南宋灭亡。我们一般将960年至1279年这一时段称为两宋。宋朝建立后,沿用了唐五代的印章制度,改“玺”为“宝”,宋太祖赵匡胤刻制“大宋受命之宝”,表示宋朝建国是受于天命的含义。从此,这种将朝代名称刻入受命宝中的印文形式为各代所接受,如明朝有“大明受命之宝”和“奉天承运,大明天子宝”;清代有“大清受命宝”和“大清嗣天子宝”等。宋代的官印尺寸为5~6厘米,印面大多呈长方形,州县官府长官以上官印称为“印”,县长官及县尉以下官吏用印称作“记”或“朱记”,如下图中的“拱圣下七都虞侯朱记”和“驰防指挥使记”。

据记载,宋神宗立诏规定官员死后入葬时必须用印章随葬,不按此制者依宋律治罪。此外,画押印的使用始于宋代,如宋徽宗赵佶是有名的书法家和画家,其创作的书画作品上多附有“押”字。从宋代开始,官印的书体风格发生了变化,即将笔画弯曲折叠,使印面紧凑匀称,这种书体最大的特点是“曲屈平满”,被称为“九叠篆”,如下图中的“上清北阴院记”和“鹰坊之印”。但“九叠篆”并不一定都是九叠,也有十叠、八叠、六叠不等,与官职等级和差别有关。

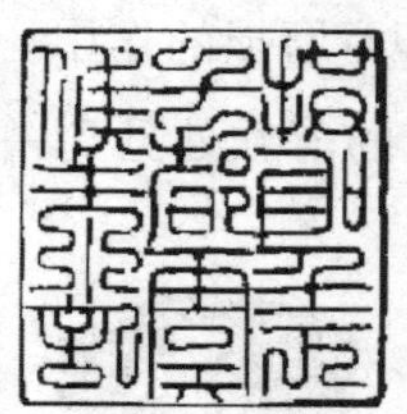

宋印:拱圣下七都虞侯朱记

宋印:驰防指挥使记

宋印:上清北阴院记

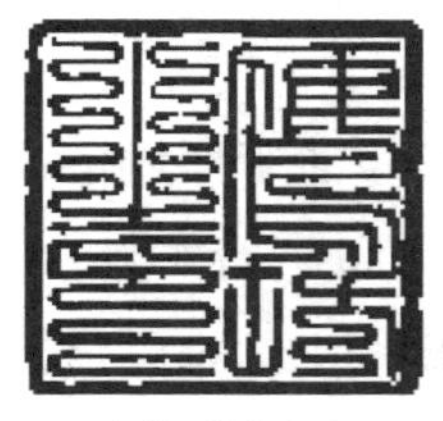

宋印：鹰坊之印

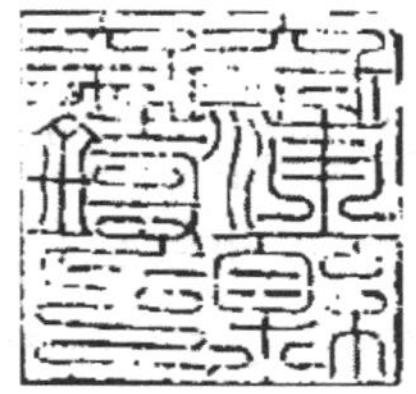

宋印：新浦县新铸印，橛纽，印背刻“太平兴国五年十月铸”

宋人完成书画作品时，落款处多使用印章。宋真宗时，严禁庶人私自铸印，规定庶民之印都要雕木为文，即使用木制印章。由于木印易腐烂，不易保存，导致宋代传世的私印数量较少。

宋代私印：吴越世瑞，材质：木

宋代私印：顿首再拜，材质：木。现藏于北京故宫博物院

（六）辽金西夏玺印

1.辽代印章

公元916年辽太祖耶律阿保机统一契丹各部，建立辽朝。辽朝官印印文有汉字和契丹文两种，以契丹文入印的多为私印，以汉字入印的多为辽宋边界官吏所用印信，辽朝私印遗存的极少。

辽印：中书门下之印。1983年出土于吉林舒兰嘎呀河畔的一座古城旁

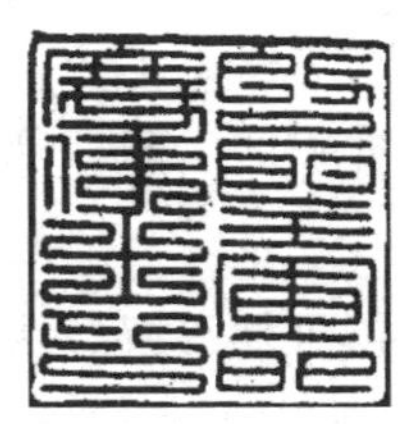

辽印：启圣军节度使之印。1972年辽宁阜新知足山出土

辽印：灵安州刺史印。1988年出土于内蒙古库伦黑城子古城遗址

契丹文大字九叠篆官印。1964年辽宁凤城乌骨城出土

契丹文篆书官印。1972年辽宁盖县（今盖州）高台出土

2.金代印章

公元1115年女真族首领完颜阿骨打建立金朝。金官印承袭宋印风格,印文多为九叠篆,印台上多凿刻年号或编号,如“上京路万户王字号印”“行军万户字号之印”等。金代私印遗留者极少,从仅存的几方金私印来看,印文书体难以辨识。

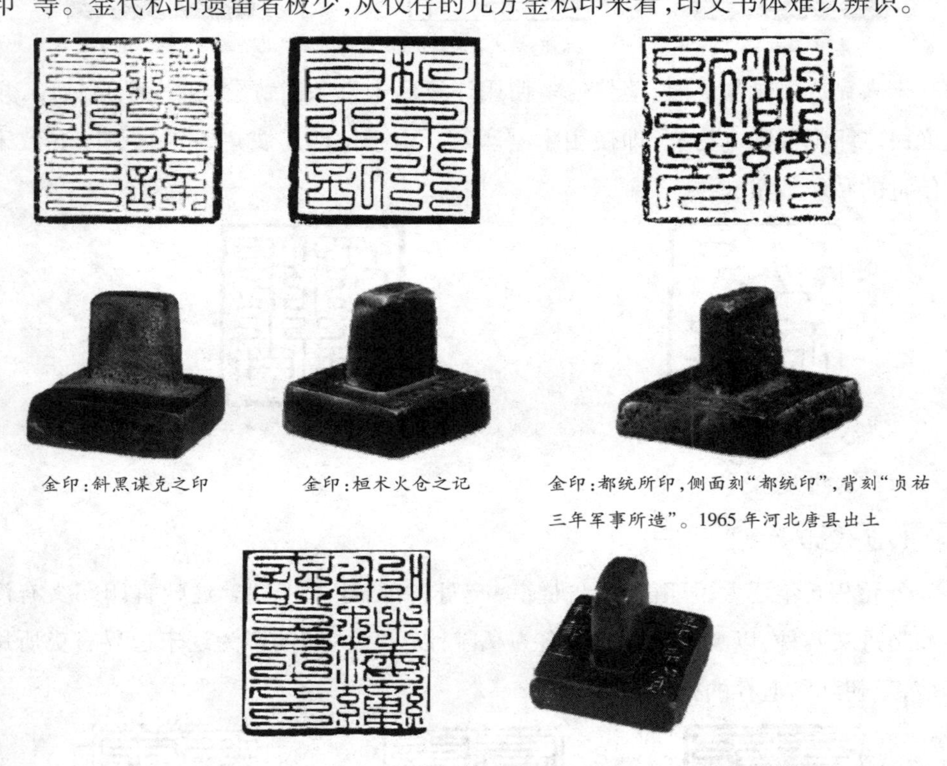

金印:斜黑谋克之印

金印:桓术火仓之记

金印:都统所印,侧面刻“都统印”,背刻“贞祐三年军事所造”。1965年河北唐县出土

金印:和拙海栾谋克之印,印背凿刻有“大定十八年八月”。现藏于天津博物馆

3.西夏印

公元1038年李元昊称帝,建立西夏政权。西夏官印大小与宋官印大致一样,纽式为上大下小的倒梯形,印背上凿刻有西夏文,左边为印章使用者的姓名,右边为年款。从现存的西夏官印实物来看,印文字体有二、四、六字,二字印作上下排列,四字印分作两行,每个字占印面的四分之一。印文字数无论是二字、四字或者六字均在印面上平均分配,工整排列。西夏私印多以西夏文入印,不易辨识,故有些字义尚不明确。

西夏“首领”印。1986年内蒙古准格尔旗西营子出土

西夏“工监”印。1986年内蒙古准格尔旗纳林征集所得,由当地农民耕作时发现

(七)元明清玺印

1.元朝玺印

元世祖忽必烈定都大都后,规定以八思巴文为国书,后沿用唐宋制度,铸印时均以八思巴文制作印文,当时蒙古贵族刻制印章时,也以八思巴文入印。后来元代印章又出现了一种独特的“花押”形式,这类印多为朱文,形制以长方形居多,也有少量是壶形、琵琶形或葫芦形的,有的还饰以鹿、龟等动物的形象,因流行于元代,又称为“元押”。八思巴文印或花押在元代官府和蒙古贵族间比较流行,一般民众仍然使用以篆书入印的印章。

八思巴文印

管军上百户之印。现藏于长沙博物馆

元朝国师统领诸国僧尼中兴释教之印

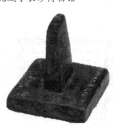

管军下千户弹压印。现藏于长沙博物馆

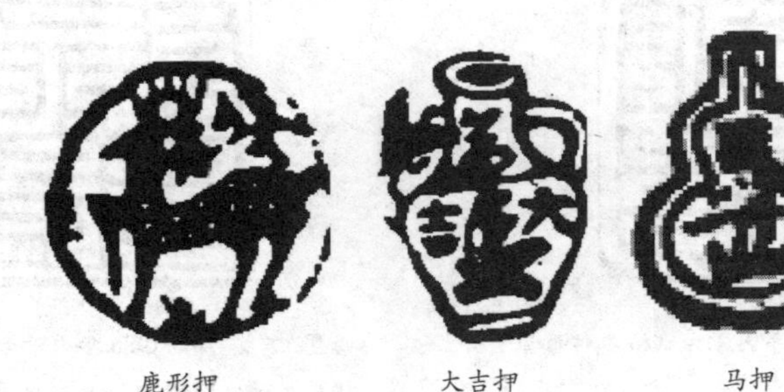

鹿形押　　大吉押　　马押

2. 明朝玺印

明官印又称"御宝""宝",据史籍记载,明初有 17 种御宝,其中有"皇帝奉天之宝""天子行宝"等,到嘉靖年间又增加 7 种,如"大明皇帝之宝""皇帝尊亲之宝"等,与明初十七宝合为二十四宝。另外,印章背面刻有铸刻时间、编号和机构,而时间前又冠有当朝皇帝年号,质地以铜居多,也有金、银材质。明代的官印制度较为完善,仍沿用宋朝时的九叠印制,朝廷对官印的质地、印文及使用都有相关规定:叠篆文为官印独用,私人不得使用,皇室及各地官府用印,需用金、玉材质铸刻九叠文;将军印用铜质;藩王印用玉材;监察御史用八叠文等。其中九叠印的笔画折叠相扣填满整个印面,给人一种回环往复、错综复杂的美感。

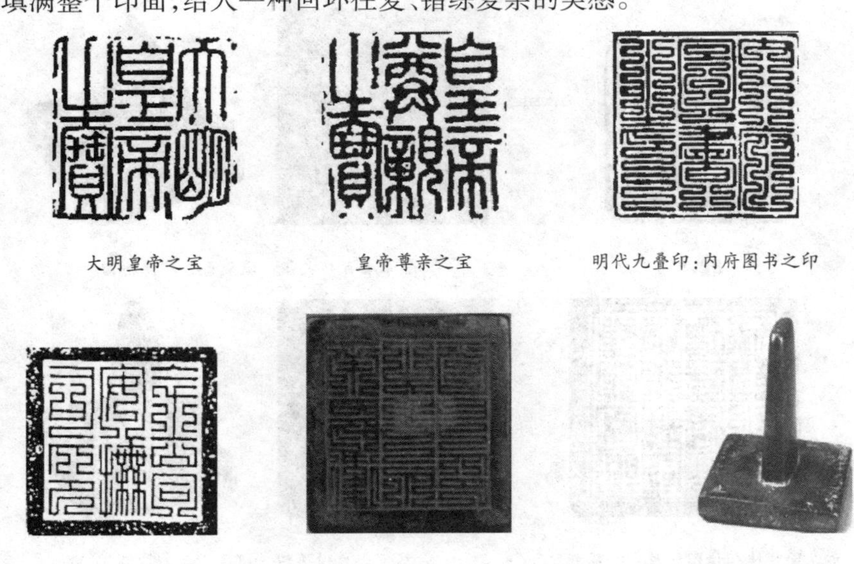

大明皇帝之宝　　皇帝尊亲之宝　　明代九叠印:内府图书之印

明代九叠印:金峒安抚司印　　明代九叠印:南阳卫中千户所百户印,印背两侧分别刻有:"洪武十三年五月□日礼部造""梁字六十三号字样"。现藏于河南博物院

3.清朝玺印

清印的刻辞布局、风格等大多沿袭明制，皇帝御用玺也可称为“宝”，官印的铸造和管理程序更为严格，除了皇帝玺外，还有后妃及太子印、亲王印、文武官印等。乾隆皇帝之前御宝一般没有确切的数目，乾隆十一年（公元1746年）统一为25种御宝，如“大清受命之宝”“大清嗣天子宝”“皇帝尊亲之宝”等，印面都刻有满文和汉文两种字体。而颁授给各地的官印除汉字书体外，还要根据颁发印章的地区铸刻相同内容的满文、蒙文、藏文等，每一方印都刻有当朝皇帝的年号。皇帝玺的纽制一般以龟、龙、麒麟等为主，以玉居多，显得高贵、隆重，象征皇权的独一无二。

顺治皇帝御用玺：广运之宝，印面边长为9厘米，高15.6厘米，材质：墨玉。二十五宝中体积最大者，此宝作“以谨封识”之用，即凡是皇帝亲笔题写的地方若要用印，则钤盖此宝。现藏于北京故宫博物院

康熙皇帝御用：清宁之宝，印面边长为4.5厘米，高6.4厘米，材质：玉，马纽。现藏于北京故宫博物院

乾隆皇帝御用：古稀天子之宝，尺寸：12.9厘米×10.8厘米×5.2厘米。此玺制于乾隆四十五年（公元1780年），正值乾隆帝七十大寿。现藏于北京故宫博物院

清朝银印：祺皇贵太妃之宝，龙形纽，印面铸满、汉两种文字，长宽各 12.7 厘米，高 10 厘米。祺皇贵太妃是咸丰皇帝的端恪皇贵妃，系满洲镶黄旗头等侍卫裕祥之女，咸丰八年（公元 1857 年）进宫，咸丰十一年（公元 1861 年）被封为祺妃，宣统皇帝尊称为“皇祖祺皇贵太妃”。现藏于天津博物馆

清朝皇帝二十五宝之一：大清受命之宝，材质：白玉，盘龙纽，高 12 厘米，印面边长为 14 厘米，左满文，后汉文。此宝作“以章皇序”之用，即彰显大清皇帝受命于天的正统身份。现藏于北京故宫博物院

清朝皇帝二十五宝之一：大清嗣天子宝，材质：金，盘龙纽，高 16.2 厘米，印面边长为 14 厘米，左满文，右汉文。此宝作“以章继绳”之用，即大清遵照上天的标准行事。现藏于北京故宫博物院

上面简要介绍了我国各个朝代玺印的风格及特征，下面我们来谈谈由玺印演变而来的篆刻艺术，首先我们有必要简单了解一下篆刻技法。

二、篆刻技法

篆刻是一门具有四千多年历史的古老艺术，具有很高的欣赏价值。书法注重“神采”，绘画追求“气韵”，而篆刻讲究“风骨”，具有丰富的艺术力和表现性。一件赏心悦目的篆刻作品能通过印文的布局、线条的疏朗、刀法的遒劲等展现出创作者独有的精神风貌和艺术风格。掌握篆刻技法，先要了解篆法、刀法、章法等创作要素。

（一）篆法

篆法是篆刻艺术的基础，印章文字多为篆书，而篆书是最早形成的书体，其笔画、部首、偏旁都有一定的规范性。篆书又分为大篆和小篆，大篆包括甲骨文、金文、石鼓文等。小篆又叫秦篆，是秦朝建立后统一的文字，因注重笔画间的工整对称，不易书写，不能适应人们的需要，在秦朝灭亡后被隶书取代。但篆书作为一种成熟的书体，在历代绵延不绝，为了表示庄严隆重，官府的文书、牌匾、玺印、货币等仍用篆体书写，历朝历代的篆书风格和笔法也不尽相同，各有千秋。随后涌现出了元代的赵孟頫、明代的李东阳、清代赵之谦和吴昌硕等一大批有名的篆刻家和书法家。

掌握篆法技巧，首先要熟悉篆书的用字规律、造型特征，同一种篆书，因不同时代的人书写，必定会形成不同的时代特色，只有将不同的篆书风格熟谙于心，注重积累临摹，才能在创作时信手拈来，达到理想的效果。篆法与书法紧密结合，在学习篆法的过程中可以临摹碑刻文字，在学习时要反复揣摩，深入体味，熟悉用字的笔势、形体和字与字之间的相互关系，把握篆法的独特韵味，展现出细腻、丰富的创作风格。

（二）刀法

刀法作为一种独特的表现手段，是篆刻艺术的灵魂。刀具是篆刻艺术的工具，在操作过程中持刀的姿势和用刀的力度都会对篆刻作品的效果产生很大的影响。持刀时手指、手腕、肘部和肩膀这些部位的用力程度要协调一致，合理有效的持刀方法能使刀具在手中运转自如，可以随意调整用刀的力度、深浅度以及刀锋的角度，这样就会使印文的线条苍劲有力，可以突显出印文的神韵和风骨。用刀的方法有运刀和持刀两种，其中持刀法包括五指持刀法、握刀法、捏刀法等，而运刀方法又包括冲刀法、切刀法、冲切混合法等。用刀方法应视具体情况而定，但要掌握相应技巧，使用起来才能得心应手，展现出作品的节奏感和立体感。

刀法可以表现篆刻艺术的形式美，是形成不同篆刻风格的重要因素，只有熟练地掌握刀法技巧，运刀时才可流畅灵动，操作自如，从而恰当传神地表现出印文的独特韵味，突显出印文的造型美和韵律美。

(三)章法

章法是篆刻作品的印面布局及字里行间的位置安排,从而呈现出大方端正的印面格局。中国自有印章以来可以看到的实物多达万计,每一枚印章的印面布局皆不尽相同,各具特色。章法包括印文排列、笔画线条粗细、边框虚实、留白等元素,篆刻家通过独有的创作思维可以将这些因素进行巧妙对称、虚实相合、疏密安排等艺术化处理,达到富于变化又和谐统一的艺术效果。古印中对印文安排主要有以下方式:增减印文笔画、调整移文、印文穿插挪让、笔画夸张变形等。

章法没有固定的模式,但要讲究字与字之间的疏密虚实、穿插避让等效果,从而展现出匀称端庄、自然朴实的创作风格。篆刻章法反映了印章整体布局的结构特点,留白设计能够增强印文的表现力,协调印面的构图格局和色彩对比,增强印章的艺术审美性。而印章的边框和界格的粗细、线条疏密也是构成章法的诸多因素,起增强印面的稳定性和修饰的作用。

三、篆刻艺术的发展

同中国传统书画一样,篆刻艺术也是我国特有的传统艺术门类,历经了几千年历史文化的沉淀,又因为其本身有比较高的审美价值,所以深受文人墨客的喜爱。篆刻包括"篆"和"刻"两部分,"篆"代表书法,"刻"则代表雕刻制作。这种以刀代笔的创作方式不仅彰显了雕刻的气势之美,也展现了书法的阴柔婉转之美。印章是篆刻艺术最集中的表现方式。篆刻艺术兴起于秦朝,在汉朝时期达到鼎盛,元明清时期,大量的文人墨客开始给自己制作私印,篆刻才逐渐发展成为一种独立的艺术门类。

这期间最具代表性的人物是文彭。文彭作为江南四大才子之一的文徵明的后人,因善于刻印,被称为篆刻鼻祖,他既有家学影响,又善于创新,将刻印与书画创作完美地结合起来,开辟了刻印创作向个性化创作发展的先河。文彭创作的印章多刻有边款,除题刻姓名年月外,还另加抒情、记事的其他词句,细细赏读,令人回味无穷。

文彭印：读书于兼诗秋水之间，椭圆形，雕有兽纽，高 2.3 厘米，印面长 5.5 厘米，宽 3.5 厘米，环绕椭圆形印身刻有边款“嘉靖庚子夏日作，文彭”

文彭对印：左“一庭花月”、右“半榻琴书”，石质，龟纽，高 3.3 厘米，边长各 2.6 厘米，印的侧面各刻有行书边题：“仿元人篆法，三桥”“嘉靖丁亥秋日作。文彭”

到了明末清初，印材、技法、创作理论等逐渐成熟，篆刻艺术得到了空前的发展，印人辈出，流派变换，蔚然成风，这段时间涌现出了有“晚清三大家”之称的赵之谦、吴昌硕、黄牧甫及齐白石等艺术家。

（一）赵之谦

赵之谦是清末著名的书法家和篆刻家，其书法承袭颜真卿，并注重书法、绘画、印章、诗歌的有机结合，通过特殊的笔法将这四个体系巧妙融合在篆刻作品中，风格平和稳重，自成一家。赵之谦十分注重强调文人的雅性，他的作品往往能巧妙处理字与字、行与行之间的关系，耐人寻味，浑然天成，形成了一种婉转秀丽、苍秀雄浑的自然韵味。

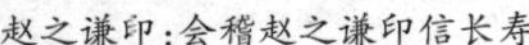

赵之谦印:会稽赵之谦印信长寿　　赵之谦印:汉学居

赵之谦印:燮咸长寿,尺寸:3.8 厘米×3.8 厘米×6.3 厘米,现藏于君匋艺术院。赵之谦(1829—1884 年),浙江绍兴人,清代著名的书画家、篆刻家,字益甫,号冷君,是“海上画派”的先驱人物,其篆刻艺术讲究“印外求印”的创作风格,对近代及当代的篆刻艺术影响深远,代表作有《二金蝶堂印存》《六朝别字记》

(二)吴昌硕

吴昌硕是晚清印坛最具代表性的人物之一,其篆刻风格博采众家之长,强调参差错落的印文布局,注重内部线条的巧妙处理,其刀法苍劲有力,字体挺拔秀丽、刚柔并济,善于将封泥、石鼓文、瓦当文、古玺、汉印上的文字以及诗词、书画等元素巧妙运用到自己的篆刻创作中,形成了诗、书、画、印一体化的艺术格调,增加了篆刻款识的文化内涵,引领了当代篆刻艺术的审美倾向。

吴昌硕书画印:元配章夫人梦中示形刻此作造像观老缶记

喜陶之印

竺道人

吴昌硕的篆刻作品。吴昌硕(1844—1927年),又名苍石、仓石、缶庐,别号老苍、石尊者、苦铁、破荷亭长,今浙江湖州人,晚清民国时期著名的书法家、篆刻家、画家,“清末海派四大家”之一,集“诗、书、画、印”为一家,融金、石、书、画于一炉,自成体系,在篆刻学方面有很深的造诣,代表作有《吴苍石印谱》《缶庐印存》等

(三)黄牧甫

作为晚清印坛影响力较大的人物之一,黄牧甫对金石之学也颇有研究,其作品透露着一种厚重的金石之气。黄牧甫七岁开始学习刻印,在父亲黄德华的教导下逐渐接触到篆刻艺术。他的弟弟黄至甫说,黄牧甫的篆刻视野颇为广泛,自飞鸟至商周青铜器、唐宋碑刻,皆成为其兄创作的灵感来源。章法上,黄牧甫坚持“印外求印”的创作风格,线条匀称,在参差错落中寻求均衡。综览其篆刻作品,入印刀法娴熟,笔画古朴浑厚,看似平淡无奇,细细体味则清隽雅逸,别具雅意。

“古槐邻屋”印

祗雅楼印

人生识字忧患始

好学为福

盘根错节

足吾所好玩而老焉

黄牧甫的篆刻作品。黄牧甫(1849—1908年),安徽黟县人,原名士陵,字牧甫,晚年别号黟山人、倦叟、倦游窠主,著有《竹瑞堂集》,为“晚清三大家”之一

(四)齐白石

齐白石集书、画、印于一身,善于借用隶书的笔法,显示出作品中古朴、凝重的意味。四川博物院共收藏 17 枚齐白石的篆刻作品,作品贴近自然,追求纯净、古朴之美,其创作风格率性随意、简洁利落、气势磅礴,给中国篆刻艺术平添了新的风格。齐白石习惯将印面分割成大小不等、形状各异的几何图形,印面各部分相映成趣,表现出富有趣味的空间装饰感,视觉对比强烈,展示出一种空旷、浑厚之美。他的作品不事雕琢、线条造型朴素简洁,字形结构雄强恣肆、富有张力,章法布局奇崛生动、险峻跌宕,充满着朴实和自然韵味,形成独树一帜的审美格调,在篆刻界影响深远。

齐白石:长年大利,尺寸:2.7 厘米×2.7 厘米×5.5 厘米,1933 年制,兽纽,侧面刻楷书边款两行:“癸酉七十三岁之白石”。现藏于四川博物院

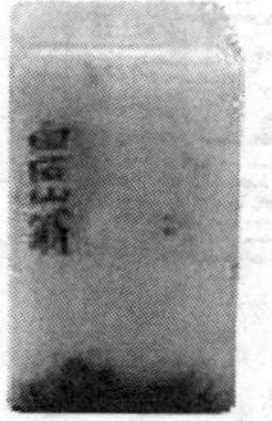

齐白石:戎马书生,尺寸:3 厘米×3 厘米×5 厘米,平纽,侧面刻边款一行:“白石山翁”。现藏于四川博物院

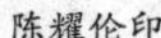

陈耀伦印

周极甫印

冶园藏书

齐白石的篆刻作品。齐白石(1864—1957 年),祖籍安徽宿州,生于湖南湘潭,字渭青,号白石、兰亭、寄萍堂上老人,是近现代中国绘画大师、篆刻家,代表作有《墨虾》《牧牛图》等

四、当代篆刻艺术

当今中国的国际化步伐越来越快，一些国际团队和社会人士开始慢慢将关注点放在中国的传统文化上。伴随着时代的进步和中国的发展，篆刻也逐渐开始呈现出一种新的艺术风貌，不仅运用于印章，而且更多地运用在雕塑物件、广告设计、建筑标志中。比如代表中国风格和中国韵味的2008年北京奥运会会徽“中国印”，会徽设计将中国特色和奥林匹克运动等元素巧妙结合起来，在弘扬中国传统文化的同时，又充满动感和进取精神，集中体现了中国的传统文化和艺术美感。

篆刻艺术源远流长，篆刻作品虽然体积较小，但方寸之间包含了书法、绘画、雕刻等诸多美学元素，又有独立的艺术规律和独特的表现方式。在漫长的历史发展过程中，篆刻艺术作为一种文化载体，反映了各个时代的典章制度和文明风尚，篆刻作品以其强烈的艺术感染力丰富了人们的文化生活，提高了人们的审美境界。

中国传统文化要被继承和弘扬，就要走向世界、走向国际，当今的篆刻艺术逐渐呈现出了一种大众化趋势，近年来涌现出的大批国学爱好者通过篆刻展览、比赛等方式让篆刻艺术为越来越多的人认知，而众多国际化艺术交流活动的开展也加深了中西方思想和文化的沟通与融合，使篆刻艺术的设计理念被西方文化所接受，因此篆刻已经成为一种展示中国传统的思想观念、文化理念的艺术方式。

第六章

妙趣横生：文字的使用

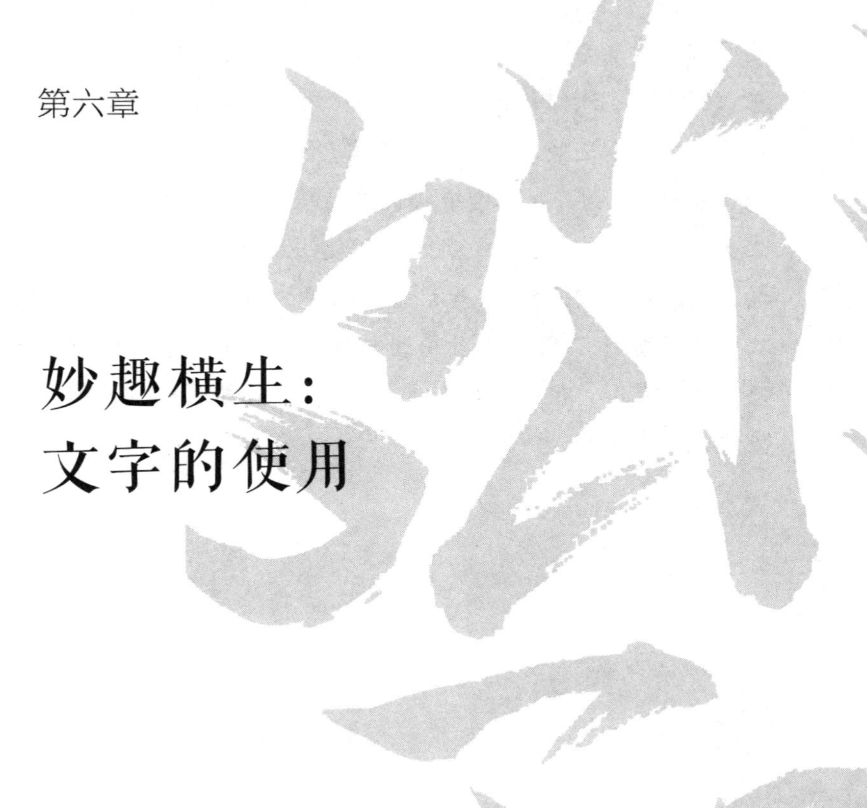

文字作为我们平时交流沟通的重要符号，在中华民族的形成、发展和成长过程中扮演着重要的角色。我们的先民不仅创造了许多影响后世的政治制度、经济制度，而且在其发展进程中，还不断丰富、创新自己的文化，对文字的创新使用就是其中的代表之一。这些文字的创新使用，不仅给我们的历史留下了浓墨重彩的一笔，而且也给我们的传统文化增添了些许异彩。在历史的长河中，这些文字的创新使用既相互继承，又不断创新，不仅涉及与我们日常生活密切相关的避讳、对联、回文诗等文字使用案例，而且还涉及一些与我们经济生活紧密联系的标志设计等案例。相信通过本章的介绍，我们可以更加了解并热爱我们的文字。

第一节　缺文改字——避讳

语言文字对文化的积累、交流和传播有着重要的媒介作用，而文字的使用则在其中扮演了不可或缺的角色。文字的使用有很多种方式，避讳就是其中一种比较奇特的方式。避讳使用的历史可谓非常悠久，中国古代典籍里就有关于避讳的记载，如《礼记·曲礼》中"入竟而问禁，入国而问俗，入门而问讳"的描述。平时我们说的很多词语，其实都是避讳的产物，比如一些地名的由来、一些成语的产生，潜移默化就被人们流传下来了。由此可见，避讳对人们的日常生活和交往产生了深刻的影响。

一、避讳的概念

虽然"避"和"讳"的行文使用在西周时就已经开始了，但是将避讳一词连用，最早见于《淮南子·要略》："故言道而不明终始，则不知所仿依；言终始而不明天地四时，则不知所避讳。"对于避讳的概念，《说文解字·辵部》云："避，回也。"《说文解字·言部》云："讳，忌也。"由此可知避讳即回避、忌讳的意思，封建君王或贵族为了显示其威严，规定人们说话中应避免直呼其名或在行文中直写其名，而以别的字代替；同时，避讳又是一种修辞手法，即说话、撰文遇到忌讳的内容时，不可直说，而要用别的文字来表达。

《春秋公羊传·闵公元年》载："春秋为尊者讳，为亲者讳，为贤者讳。"这是避讳最重要的也是最主要的原则，后来随着时代发展，人们在这一原则的基础上又进一步延伸和拓展，使避讳的范畴大大扩充。

二、避讳的发展历程

避讳作为一种言语和行为的禁忌现象，它的形成与发展如同语言文字一样有一个过程。下面我们就说说避讳在中国古代发展的大概历程。

（一）先秦秦汉时期

避讳滥觞于西周。《左传》记载："周人以讳事神，名，终将讳之。"唐孔颖达疏曰："自殷以往，未有讳法。讳始于周。周人尊神之故，为之讳名。"上述虽没有避讳二字出现，却记载了早在西周时期就已经有避讳了。到了春秋战国，又出现了避讳规则，如"临文不讳""诗书不讳""二名不偏讳""不讳嫌名""卒哭乃讳"等。

秦王嬴政统一六国之后，建立了中国历史上第一个封建君主专制的集权国家，为显示其"德高三皇，功过五帝"的伟绩，把自己独尊为秦始皇，并把避讳作为体现自己至高无上地位的一种政治手段。如秦始皇名政，为避"政"字与同音字"正"，把文书中的"端正法度"改为"端直法度"。

汉朝也把避讳当作一种政治措施来实施，而大改人名、地名、山名、动物名、侯爵名、姓氏等名词，为前代所不及。如为避汉高祖刘邦的"邦"字，班固将《汉书》中的"邦"字都改为"国"字。

（二）三国到隋唐五代时期

三国两晋南北朝时期是中国历史上有名的乱世时期，避讳并无太大的发展。到了隋唐五代，避讳盛行。除了上述一般的避讳情况外，还出现了一些新变化。如唐代多为嫌名避讳（嫌名就是指字音相近或相同的字），还要求人们对七世以内的已故帝王进行避讳，也为太子讳名。隋唐以后，连同音字都不能用了，只能改为同义字，如五代时扬州人为避杨行谧的名讳，把"蜂蜜"改叫"蜂糖"，因为"蜜"与"谧"同音。

（三）宋元明清时期

宋朝的避讳可谓极具特色，一是缺笔（即当遇到需要避讳的字，就在原字基础上缺省笔画，一般是省去应避之字的最后一笔）避讳盛行；二是嫌名避讳更为突出。

如为避宋太祖赵匡胤的名讳，“胤”字缺笔写，或用“允”代替。为避宋太祖的祖父赵敬的名讳，宋人把“镜子”改称“照子”或者“铜鉴”；把“敬州”改成“恭州”。除此之外，宋朝的家讳范畴也扩充了。

元朝是少数民族建立的政权，并无避讳的习惯，所以避讳在元朝一代也没有明显的体现。元朝统治者连科举制都能废除，当然也不会接受避讳这一具有汉族特色的文化。但是这并不意味着元朝没有实行避讳，只是少见而已。

明朝时避讳并无太多的特点和变化，但是到了清朝，伴随着封建君主专制主义达到顶峰，避讳的发展也达到了最高峰。最典型的例子当属康熙、雍正、乾隆三朝大兴的“文字狱”。如清雍正年间，主考官查嗣庭在科举考试中以《诗经》中的诗句“维民所止”为试题，该句出自《诗经·商倾·玄鸟》，大意是说，国家广阔土地，都是百姓所栖息、居住的，有爱民之意。但是雍正皇帝认为“维止”二字正好是去掉了头的“雍正”二字，暗示着雍正要人头落地，这是大不敬，于是便把他打入大牢，查嗣庭病死狱中还惨遭戮尸枭首，他的儿子被处斩，兄侄也被流放。其他如“庄氏史案”“戴名世案”等重大文字狱案都是因为没有避讳而造成的。

语言文字是我们日常生活中沟通和交流的最重要的工具，作为交际工具，它的使用不应该存在什么禁区。但是避讳却从中产生了，并逐渐成为文字使用中的一种奇特的方式。这也恰恰说明了我们中国文字的博大精深。

三、避讳产生的原因

避讳历史悠久，它是在多种因素共同作用下产生的。其来源于生活，具有一种神秘色彩，人们在使用它的过程中，不断发展而流传于世。

（一）避讳来源于古代禁忌

由于社会生产力水平的低下以及人们知识水平的有限，古人对自然现象的产生缺乏科学的认识，对上天产生了一种莫名的敬畏和惧怕之情，于是产生了各种行为或者语言的禁忌，而避讳就是来源于各种禁忌。古人有一种禁忌，相信人的名与自己的身体是统一的，名出问题的话，自己的生命将会受到危害。为了避害，古人在取名的同时还会取字，用字来代替名，如孔子，名丘，字仲尼，称孔子的时候，不会直呼丘，而是叫仲尼。也就是说名是不能随便叫的，而字是可以随便叫的，久而久之便产生了名的避讳，古人就把取名又取字的习俗流传了下来。

(二)避讳产生的政治原因

一方面,避讳是古代封建帝王为了维护其皇帝独尊、至高无上的地位,巩固统治的一种手段和工具。臣下如胆敢犯上直呼皇帝的名字,就是对皇帝的不尊敬,就治以“大不敬”之罪,在这种压迫下,臣子、百姓不得不屈从于皇帝的意愿。于是这一特殊的维护帝王尊严的避讳方式便有了滋生的土壤,并被后世王朝所继承沿用。另一方面,避讳也是宗法制度的体现。宗法制度是西周一项重要的政治制度,它所表达的是血缘关系的亲疏、远近以及贵族之间等级关系的高低,而避讳正好符合这一制度的要求,因为避讳用于统治阶级,就变成了一种等级的体现。

(三)避讳产生的文化原因

儒者和儒家文化在其中扮演了重要的角色,这大都体现在儒者所撰写的儒家经典中。如《春秋公羊传·闵公元年》云:“春秋为尊者讳,为亲者讳,为贤者讳。”《礼记·曲礼》云:“入竟而问禁,入国而问俗,入门而问讳。”《论语·颜渊》云:“齐景公问政于孔子。孔子对曰:君君,臣臣,父父,子子。公曰:善哉!信如君不君,臣不臣,父不父,子不子,虽有粟,吾岂得而食诸?”由此可知,儒家是非常讲究避讳的。到了汉朝,汉武帝采纳董仲舒的建议,实行“罢黜百家,独尊儒术”,儒家思想成为国家的正统思想,后世历朝历代都基本沿着汉朝这一条文化路线走,避讳作为儒家思想的一个重要组成部分,当然也随之被沿袭下去。除此之外,儒家所提倡的“孝道”以及把避讳作为言语修辞的手法和方式也是促使避讳产生的文化原因。

四、避讳的方式

古人对于避讳的应用可谓非常有方法和讲究,他们创造出了多种避讳的方式。我们了解这些方式,对于理解避讳有很大的帮助。归纳起来,避讳的方式主要有以下五种。

(一)改字

遇到需要避讳的字时,改用与之同义近义、意义有联系或相对相反、音同音近的字,这种方法称为改字法。所避之字称为讳字,改用的字称为避讳字。这是最常用的避讳法,自秦汉使用之后,一直被沿用。如“山药”原名“薯蓣”,唐代宗名“李豫”,因避讳改为“薯药”,北宋时因避宋英宗“赵曙”讳而更名“山药”,经过两次改名；又如因清康熙帝名“玄烨”，为了避讳，“玄武湖”一度更名为“元武湖”，连《千字文》中的“天地玄黄”也被改为“天地元黄”。

（二）省字

遇到需要避讳的字时，将其省掉不写，这种方法称为省字法。如南朝时齐国人薛道渊，因避齐太祖萧道成名讳，将自己名字中的“道”字去掉，自称薛渊；唐朝人为避唐太宗李世民名讳省去了观世音菩萨的“世”字而称为“观音菩萨”。

（三）空字

遇到需要避讳的字时，空其字而不写，或用“□”和“某”来代替，又或者直接写上一个“讳”字，这种方法称为空字法。如许慎在写《说文解字》的时候，把禾部中的“秀”字、艸部中的“庄”字都空其字而不写，只注“上讳”二字，这都是为了避汉光武帝刘秀、汉明帝刘庄的名讳。

（四）缺笔

遇到需要避讳的字时，在原字基础上缺省笔画，一般是省去应避之字的最后一笔，这种方法称为缺笔法。如唐代为避唐太宗李世民名讳，将“民”字的最后一笔漏去，写作“尸”；因宋仁宗名祯，为避其名讳，宋版书“贞”字都缺笔写。

清嘉庆二十年（公元1815年）阮元校刻《十三经注疏·毛诗正义》部分书影。其中丘、玄缺笔，分别避先圣孔子名丘讳和清康熙皇帝玄烨讳

(五)改音

遇到需要避讳的字时,不能读出本音,而要改变它的读音,但不改字。如秦始皇名政,为避“政”字与同音字“正”,要求人们把正月的“正”读成“征”;宋英宗名曙,曙与树音近,故将贞女树喊作“正女木”。

综上所述,我们可以发现避讳的方式主要表现在字形、字义、字音等几方面,而最常见的就是以上五种方式。当然还有其他的避讳方式,只是其他的避讳方式使用起来带有一定的限制,所以就不常见或常用罢了。

五、避讳的种类

根据“为尊者讳,为亲者讳,为贤者讳”的避讳原则,我们可以对避讳做出以下分类:国讳、家讳、圣讳以及后来随着避讳范畴和内容的不断发展而形成的宪讳。

(一)国讳

国讳又叫公讳,即“为尊者讳”,是指对帝王、贵族名字的进行避讳的现象。国讳是避讳的主体,几乎历朝历代都以此为重心。因避讳帝王、贵族名字而改变姓名、地名、官名、物名、书名等情况可谓屡见不鲜。

如汉安帝的父亲名庆,就把“庆氏”改为“贺氏”。晋愍帝司马邺为了避自己名讳,而将都城“建邺”改称“建康”。隋文帝杨坚的父亲名忠,而“忠”与“中”同音,于是改官名“中书”为“内史”、“侍中”为“侍内”。唐代为避唐太宗李世民名讳,唐人在著述时就将“世”改为“代”,将“民”改为“人”;还把政府机构六部中的“民部”改称“户部”。宋人为避宋太祖赵匡胤名讳,将《论语・宪问》中的“一匡天下”改为“一正天下”。

(二)家讳

家讳又叫私讳,即“为亲者讳”,是指对祖父母、父母亲的名字进行避讳的现象。家讳多在士阶层中流行,《礼记》中的“入门而问讳”就是对家讳的描述。

如汉代淮南王刘安的父亲叫刘长,刘安在编撰《淮南子》的时候,凡是遇到要用“长”字的地方都用“修”字来代替。南朝范晔的父亲叫范泰,为避其父讳,范晔在撰写《后汉书》的时候,将《郭泰传》中的“泰”字写作“太”。北宋司马光的父亲叫司马池,司马光就把他朋友韩持国的名字写成韩秉国,因为“持”与“池”同音,以同义字“秉”来代替。

(三)圣讳

圣讳又叫贤讳,即“为贤者讳”,是指对统治阶级、民间所推崇的圣人贤者的名字进行避讳的现象。圣讳虽然是避讳类型中的一种,但是其流行程度远远比不上国讳、家讳。圣人贤者的避讳,以避孔子的情况最多,其他的就是避黄帝、尧、舜、禹、周公、老子、关羽、朱熹等人了。

如在宋代,为了避孔子名讳,将地名瑕丘县改为瑕县、龚丘县改为龚县。在明代,要求读书人读到孔丘的地方时,都读作某,然后用红笔圈起来。在清代,雍正皇帝规定孔孟的名字必须敬避,尤其是孔子之名“丘”字,古书中凡有此字,都必须缺笔写;除天坛圜丘的“丘”字不避外,其他如姓氏、地名的丘字都要加偏旁写作“邱”;《说文解字》中的“邱”字,段玉裁为其作注说:“今制,讳孔子名之字曰邱。”

(四)宪讳

宪讳又叫官讳,是指下级官吏对自己上级长官及其祖父一代的名字进行避讳的现象。宪讳出现的时间相对于国讳、家讳、圣讳较晚,多用于官场及辖区内。

关于宪讳的故事或者闹剧民间流传着很多,如陆游在《老学庵笔记》里记载:相传宋朝有个州官叫田登,非常忌讳别人触犯他的名讳,下令州内百姓不许说“登”字以及与“登”同音的字,否则就要治罪。到了正月十五日元宵节的时候,家家户户都要放灯笼,因“登”与“灯”同音,为了避田登的名讳,他的下属想到了一个办法,就是把“灯”字改为“火”字,于是发出通告,曰:“本州依例放火三日”。于是全州百姓都喊“灯”为“火”,“点灯”也说成了“点火”。后来人们为了讥讽他,便产生了“只许州官放火,不许百姓点灯”的俗语,一直流传到现在,甚是滑稽可笑。

由上述可知,避讳主要分为四大类:国讳、家讳、圣讳以及宪讳。每一类都有其特定的对象和使用方法。随着时代的发展,这四类的避讳不断发展并被后人使用,有些避讳甚至在今天仍可见到,这已经成为中华民族一种独具特色的文化而潜移默化地影响着现当代的人们。

六、避讳的影响

避讳作为中华民族一种独特的文化现象,历经数千年而不衰,并对人们的社会生活产生了深刻的影响,这主要表现在行为和语言两方面。

(一)避讳对人们行为的影响

避讳逐渐演变为人与人之间表示尊敬的一种特有方式,并最终成为民间的一门艺术。如古人对尊长不直呼其名以表尊敬,即使同辈之间也是常称字不呼姓,这在古代已经是一种比较流行的交际方式,一是显示自己的礼貌,二是为了尊重对方,由此可见避讳的影响至广至远。但是避讳在往好的方面发展的同时,也走向了另外一个极端,给人带来了消极的影响。如唐朝人科举考试非常讲究家讳,号称"诗鬼"的李贺,因其父亲叫李晋肃,"晋"与"进"同音,如果李贺考取进士,那就是犯了家讳,将遭到他人的非议。尽管李贺才华横溢,文采飞扬,为了不犯家讳,他还是放弃了进士考试。后来只做了一个职掌祭祀的九品小官,终生不得志,27 岁便郁郁寡欢而死。韩愈还特地为李贺的事写了一篇文章《讳辩》,质问道:父亲叫晋肃,儿子就不能考进士;那如果父亲名仁,儿子岂不是不能做人了?但他的这篇文章还是遭到了士大夫们的攻击诋毁,终究不能破除当时的偏见。

避讳对人们的行为的影响最典型的例子当属清朝的文字狱案,因为人一旦稍有不慎触犯了忌讳,轻则罢官免职,鞭笞流放,重则引来杀身之祸,人头落地,殃及宗族。如乾隆在一次祭礼后回宫途中,看见某户居民门楣上写着"五福临门"四个字,非常气愤,第二天便下诏通令全国不得再题写这四个字,有人犯禁则治罪,就是为了避顺治皇帝爱新觉罗·福临的名讳。乾隆四十二年(公元 1777 年),江西举人王锡侯因为撰写《字贯》一书时,在"凡例"中提到玄烨、胤祯的庙号及弘历的名字时没避讳,被认为"大逆不法"而遭斩首。乾隆四十四年(公元 1779 年),智天豹命其徒弟向皇帝献《大清天定运数》一书,书中写到乾隆的年号没有避玄烨的庙号,也被认为是"大不敬",结果智天豹被斩首,徒弟也被判斩监候。内阁学士胡中藻任广西学政时,他引用《周易》中的爻象之说,以"乾三爻不像龙"为试题,被诬为攻击皇上,暗示乾隆皇帝要被分尸,使胡中藻遭到了满门抄斩的下场。

(二)避讳对人们语言的影响

上面所述的文字狱案也是避讳对人们语言影响的体现。除此之外还体现在很多方面,如二十四节气之一的"惊蛰",在先秦时叫"启蛰",到了汉朝时为避汉景帝刘启的名讳,乃改作"惊蛰",被沿用至今。人们讳"离散"而把"梨"称为"圆果",

把“伞”称为“竖笠”。渡船人讳“翻”字,就把“幡布”称为“抹布”或用“划”来代替“翻”字。

但是避讳对人们语言的影响最显著的还是体现在我国的文化上面。一是对古汉语的影响;二是对古籍的影响。在古汉语方面,避讳促成了一些新词汇的产生,如世代、庄严、正直、明显、满盈、治理、开启、修长、庆贺等一系列词汇;又如“只许州官放火,不许百姓点灯”的谚语的产生;“皮里阳秋”“京师”与“京都”等词的出现,这都极大地丰富了古汉语的词汇量,促进了古汉语的发展。在古籍方面,因为历朝历代都讲究避讳,古籍中被修改的姓氏、人名、地名、物名、职官名等还保留在书中,读起来就不是那么容易了。尤其是清朝编撰的《四库全书》,由于避讳和文字狱的影响,很多原版书中的内容就被篡改或删除,若原版书遗失或被销毁,那么很多古籍就失去了其本来的面目和真义,这不得不说是一大遗憾。

避讳既是我们古代独特的一种文化现象,也是我国文字使用中的一种奇异的方式。从其产生到现在已有数千年之久,已深深地烙印在国人心中,在现今社会的日常生活中我们亦能窥其一二,进入避讳的世界,你会发现它是很有趣的东西。通过避讳,我们也可以看出中国文化的博大精深和源远流长。

第二节　合文叠字——趣味字漫谈

合文，是汉语古文字当中的一种特殊形态，也被称为“合书”。通常是指两个或两个以上的字紧密结合成一个整体，或共用偏旁，或共用笔画，或紧紧靠拢、还有的同时增加一个符号“=”为标记，成为一个构形单位，但仍保留原来多音节读法不变的文字形式。

这种特殊的文字形式有着悠久的历史，它最早见于殷商甲骨，在两周金文、战国古玺、简帛文书等中亦不少见，但主要存在于小篆之前的各种古文字系统中。自秦始皇统一六国推行“书同文”政策后，这种特殊的文字形式便极少出现在官方文字系统中，倒是在民间民俗艺术中还有部分保留。尤其是宋代以后，通常使用合文来表达祥瑞的寓意，如“招财进宝”“孔孟好学”等。另外，佛教道教的经书中亦有合文出现。直至今日，合文亦活跃在民间民俗艺术、标志设计、书法篆刻艺术等活动中。伴随着合文发展的历史，我们一起来领略一下合文的奇妙。

一、甲骨文合文

甲骨文逐渐产生之后，就以它独特的魅力展现着自己的身姿。而作为文字特殊形态的合文，也在这一时期活跃在文字的世界中。正是因为甲骨文正处在逐渐发展和演变的过程中，所以有时候会出现构字部件的置换、重用，甚至会出现减省的现象。正是在这样的情况下,合文活跃在商王朝的历史舞台上。众所周知,商王朝统治时期是中国历史上奴隶制王朝发展的巅峰时期,这一时期留给后人的甲骨文也向我们揭示了商王朝的统治情况。

《春秋左传注·成公十三年》载:“国之大事,在祀与戎。”尤其是在先秦时期,祭祀与战争往往在国家生活中扮演着重要的角色。而这一时期的统治者也通常会通过祭祀祖先神灵来祈求祖先护佑、国泰民安、风调雨顺、战事顺利等。至今出土的商王朝甲骨文中,有200余个合文,这些甲骨文合文词语作为祭祀活动的一部分,主要有这四类:一是表示商先公先妣以及称谓类的词语;二是表示时间的词语;三是表示数量的词语;四是其他一些词语。

(一)表示商先公先妣以及称谓类的词语

编号	拓片/摹本	释文	出处/著录号
1		祖甲	《甲骨文合集》19812 正
2		祖乙	《甲骨文合集》19851 反
3		祖丁	《甲骨文合集》19872
4		祖己	《甲骨文合集》35862
5		祖辛	《甲骨文合集》19858
6		小示	《甲骨文合集》33296
7		中己	《甲骨文合集》27385
8		司母	《甲骨文合集》27607
9		父丙	《甲骨文合集》23297

(二)表示时间的词语

编号	拓片/摹本	释文	出处/著录号
1		一月	《甲骨文合集》102
2		二月	《甲骨文合集》26586
3	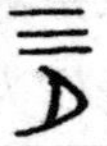	三月	《甲骨文合集》4476
4		四月	《甲骨文合集》10812 乙
5		五月	《甲骨文合集》19844
6		六月	《甲骨文合集》4065
7		七月	《甲骨文合集》5165
8	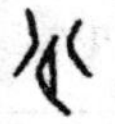	八月	《甲骨文合集》7780 正
9	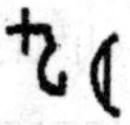	九月	《甲骨文合集》20738
10		十月	《甲骨文合集》26907 正
11		十一月	《甲骨文合集》2294 正
12		十二月	《甲骨文合集》377
13		十三月	《甲骨文合集》227
14		十四月	《甲骨文合集》21897
15	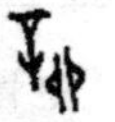	辛卯	《甲骨文合集》20272
16		乙卯	《甲骨文合集》33012

（三）表示数量的词语

编号	拓片/摹本	释文	出处/著录号
1		十五	《甲骨文合集》29537
2		二百	《甲骨文合集》10349
3		四百	《甲骨文合集》10344 反
4		八百	《甲骨文合集》15777 反
5		三千	《甲骨文合集》6168
6		六千	《甲骨文合集》17913
7		二人	《甲骨文合集》19799
8		九牛	《甲骨文合集》33305
9		十羊	《甲骨文合集》14801

（四）其他一些词语

编号	拓片/摹本	释文	出处/著录号
1		二祀	《甲骨文合集》37837
2		大吉	《甲骨文合集》30695
3		用吉	《甲骨文合集》29800
4		生月	《甲骨文合集》34489

以上就是商王朝甲骨文合文中的代表性例子，从中可以发现，甲骨文合文中，既有上下结构，也有左右结构，而且行间距也不固定，这样就会显得有些杂乱。虽说甲骨文作为公认的中国最早的成熟文字，但是在字形结构方面依旧没有完全成型，合文现象的出现大概就是基于这样的原因。

随着时代的进步和文字的演变发展，尤其是书写载体的不断丰富，越来越多的文字被完整地保留到了今天。而今天的许多考古发现，也向我们再现了很多存在于两周时期青铜器、玉器、陶器或其他器物上的合文，其中金文合文最多也最丰富。

二、金文合文

据考古发现，金文最早见于商代，两周时期逐渐成为书体的主流。因其保存较为完整，笔画也相对清晰，所以更为清楚地展现在了世人的眼前。

随着金文的发展成熟，留给后人的金文合文数量相比较甲骨文合文少了很多，仅有100余个。这些合文主要分为四大类：一是表示人物官职的词语；二是表示时间的词语；三是表示数量的词语；四是其他一些词语。

（一）表示人物官职的词语

编号	器名	拓片/摹本	释文	出处
1	遹簋		大子	《铭图》10卷245页
2	二祀邲其卣		大乙	《铭图》24卷271页
3	曹公子沱戈		公子	《铭图》32卷88页
4	戍嗣子鼎		嗣子	《铭图》5卷77页
5	小臣传簋		小臣	《铭图》11卷266页
6	秦公簋		小子	《铭图》12卷137页
7	史楳覞作祖辛簋		祖辛	《铭图》9卷259页

(二)表示时间的词语

编号	器名	拓片/摹本	释文	出处
1	戎生钟		一月	《铭图》27 卷 226 页
2	寓鼎		二月	《铭图》5 卷 90 页
3	剌鼎		五月	《铭图》5 卷 251 页
4	寯卣		辛卯	《铭图》24 卷 163 页

(三)表示数量的词语

编号	器名	拓片/摹本	释文	出处
1	裘卫盉		八十	《铭图》26 卷 231 页
2	宜侯夨簋		六百	《铭图》12 卷 145 页
3	季姬尊		六十	《铭图》21 卷 294 页
4	应侯视工簋		三千	《铭图》11 卷 278 页
5	𠑇匜		五百	《铭图》26 卷 392 页
6	效父簋		五八六	《铭图》9 卷 446 页

(四)其他一些词语

编号	器名	拓片/摹本	释文	出处
1	荣仲鼎		大牢:"牢"似一房间,里面圈养着祭祀用的牛	《铭图》5卷225页
2	周窀匜		子子孙孙:"子"字左下方的那一串是"孙",结合起来为子孙,再加一个合文符号,象征子孙繁茂	《铭图》26卷290页
3	郜伯祀鼎		无疆:"田"地多,且无边际	《铭图》4卷396页

以上就是金文合文中的代表性例子,可以发现,金文合文中主要以上下结构的合文为主,合文符号"="开始出现在合文的书写中。同时,随着文字的发展,金文合文逐渐呈现出后世"方块"字的趋势,这就使写出的文字更加优美。

三、其他古文字合文

合文除了在甲骨文和金文中有被发现以外,在简帛盟书、玺印文字、货币文字、陶文文字、刻石文字中都有发现,因其数量较少,就简单列举几个合文文字。

编号	拓片/摹本	释析	出处
1		二万	《古文字类编》1432
2		八月	《战国古文字典》1495
3		邯郸	《古玺汇编》4034
4		白羊	《古玺汇编》3099
5		千金	《古玺汇编》5494
6		上官	《古玺汇编》3971
7		亡忌	《古玺汇编》1385

以上是简帛盟书、玺印文字、货币文字、陶文文字、刻石文字中合文的代表性例子。这一时期留给后人的合文中，专有名词已经大大增多，合文符号“=”也被广泛地使用，这就为以后文字一字一音的发展奠定了坚实的基础。

而这些列举的合文字中，基本上是以左右(右左)结构、上下结构或紧紧依靠这三种方式构成的。

一、左右(右左)结构构成的合文字，多采用共用或减省偏旁部首的方式构成。如：邯郸二字共用了“阝”，祖甲等字则省略了偏旁部首“礻”，这样书写可以更加美观，若是将以上这类词语写成上下结构的话，则会显得太长。

二、上下结构构成的合文字，则更多地采用共用笔画的方式构成。如：二万、五百、五月等词语，采用上下结构后都共用了“一”，使构成的词语更加美观。

三、紧紧依靠方式构成的合文字，多通过恰当的位置将字的部分形体放入另一个字中，如：辛卯二字将“卯”左右距离稍加拉大，然后将竖长的“辛”放入其中，更显美观，嗣子二字则将“子”放在“嗣”右下角，使构成的字显得饱满方正。通过这些方式，合文不仅表达了自己的含义，也将美观的寓意形象地表达了出来，这为后世利用合文构字原理创作打下了坚实的基础。

这些小篆之前的各种古文字系统中的合文，是我们研究学习先秦历史不可或缺的资料。从甲骨文合文、金文合文、简帛盟书合文、古玺合文等古文字系统中，可以清晰地发现，这些构成我国汉字基础的文字在历经几千年的发展后，已经相当成熟，为后世文字的发展奠定了坚实的基础。同时我们可以看到，随着文字的发展成熟，合文字的数量和种类也在不断减少，甲骨文中合文有200余个，金文中合文仅有100余个，其他文字中合文数量更少，而商周时期的神祇、先公先妣、福祸等合文在后世的文字系统中已经很难再发现了，这是与不同时代特定的政治经济环境和文字一字一音的发展趋势密切相关的。此后，随着时代的发展，汉字便逐渐成熟并固定了下来。

四、合文的艺术运用

中国文字经历了长达千年之久的发展，到了战国后期文字渐趋规范。秦始皇统一六国后，小篆被确立为全国标准的文字，合文便极少出现在官方文字系统中。虽说在规范的文字系统中合文极少出现，但是在非规范、非正式的场合，这种特殊的文字形式却被保留了下来，而且获得了不错的发展。同时，合文元素以及一些设计理念也被发掘并应用在一些创意作品中。如在民间民俗艺术、商标设计以及书法篆刻艺术等方面，都得到了很好的运用。

（一）民间民俗艺术

秦朝以后合文虽极少出现在人们的视野中，但是从宋代起，开始流行把一些寓意吉祥的字词合书成一个字（通常只有构字部件的置换、拼合和重用，没有部件的减省），写在斗方[①]上，合文便以这样的方式重获新生。这种合文通常应用于节日，作为一种祥瑞的张贴类饰品，或作为一种文字游戏使用，并不应用在写作中。其中，我们耳熟能详的“双喜”便是民间民俗艺术中的代表。

双喜是传统中国传统文化中的一部分，每逢结婚办喜事，都要写上大红的“囍”，以此来表示喜庆，它还有一段颇具传奇色彩的来历。相传，北宋名相王安石年轻时，去京师汴梁赶考，途经一户马姓人家时，看见这户人家门前挂着一盏走马灯，灯上写着半副对联：“走马灯，灯马走，灯熄马停步。”原来这户人家有个才貌双全的女儿要招婿，小姐自己想出这半副对联来，谁能对上就嫁给谁。王安石欣赏这联语构思巧妙，便暗自爱慕上了制联人。

到了汴京，王安石顺利闯过诗、赋、策论三关，没想到主考官还要来一次考验应对能力的面试。轮到王安石面试时，主考官手指衙门前竖立的飞虎旗，出了个下联：“飞虎旗，旗虎飞，旗卷虎藏身”，要求王安石对出上联。王安石灵机一动，开口就把那家姑娘制的那半副联语当上联对了出来。考官大喜，连连颔首称赞。

面试结束后，王安石不等发榜就星夜兼程赶赴马家。那盏挑女婿的走马灯还在，王安石就用考官出的下联应对。马小姐说对得妙，这门婚事就这样成了。

拜天地的那天，忽然有报子来传：“王安石进士及第，金榜题名！”这可真是喜上添喜呀！乐不可支的王安石马上在红纸上挥笔写下连体的“囍”字贴在门上，再赋诗一首：“巧对联成双喜歌，走马飞虎结丝罗。洞房花烛题金榜，小登科遇大登

① “斗方”，国画界的常用术语，中国书画装裱样式之一。一般指25～50厘米见方的书画作品。在民间年画中，把这种尺寸和形式的作品也称作“斗方”。一尺见方的小斗方，又称为“小品”。

科”，更添喜庆的氛围。从此，人们每逢新婚吉庆时，都喜欢在门户、厅堂、洞房以及器物上贴上红纸的双喜字，这反映了人们盼望喜事成双来临的心理。（也有说故事中的主人公为明代书生方明秋。）

双喜字图

该合文集民间智慧和审美于一体，结构巧妙，是中国民间民俗艺术中的一绝。这两个左右并列的喜字方正、对称，骨架结构稳定，如男女并肩携手而立，平等互爱。四个口子，既象征男女欢喜，又寓意着子嗣繁茂，表达了人们对于美好生活的向往。按照民间说法，一般有女出嫁，大门上都要贴单喜字，有子娶媳妇，则要贴双喜字，只要路过的人看到单喜或双喜，立即就会明白该户人家正在操办喜事。长久以来，对于“囍”字的创意设计也源源不断地展现在世人面前。上图只是形形色色的“囍”字中的一部分，未来肯定还会有更多创意涌现在我们面前。

这一巧妙的设计，被广泛地应用于民间民俗艺术中，用于传达喜庆祥和的寓意。同时亦受到各个华人群体的青睐，可以毫不夸张地说，全球有华人的地方都会在结婚嫁娶的时候运用这个喜庆的字符。除了“囍”这一合文以外，还有一些寓意吉祥的词语。比如，“寿”字也常常运用合文来表达晚辈对长辈的祝福。

中国的寿文化，也是优秀传统文化中的重要组成部分，其中尤其是表现在祝寿活动上。民间老人们过生日一般称为寿诞，60 岁花甲寿，70 岁古稀寿，80 岁、90 岁耄耋寿，100 岁期颐寿。过生日的时候，相对来说会比较简单，但是每当遇到 60 岁、70 岁等逢十大寿时，往往会举行隆重的仪式去庆祝。而在这一文化背景下，围绕“寿”字，合文文化也大放异彩。

“一百年大寿”图围绕“寿”字，巧妙地将“一百年大寿”这几个字融入其中形成

“一百年大寿”图

一个字,将晚辈对长辈的美好祝福通过合文字的形式展现出来。这不仅仅是一幅精巧的字体设计,更是一幅创作精美的画作。

除此以外,我国民间民俗艺术的设计,往往还会集民众的智慧与创意,历来多有设计精巧、寓意深刻的作品产生,其中有一部分就是借助合文造字的原理设计出来的。通常,生意人最希望自己能够“财源广进,生意兴隆”,基于这样的期望,一些合文字也应运而生,如下图所示。

日日有见财　　黄金万两　　招财进宝　　日进斗金

以上四个字,“日日有财见(见财)”“黄金万两”“招财进宝”“日进斗金”都是巧妙地运用合文的构字原理设计出来的,这是标准的、完整的合文造字原理。看似简单的几个字,如果一个个写出来,读出来会显得单调乏味得多。但是运用合文构字原理将其合为一个字之后,虽说读音还是一样,但是寓意却更加深刻,所要表达的祝福也更形象具体。

(二)标志设计

合文不仅在民间民俗艺术中得到了很好的发展,而且到了近代,合文以及合文设计原理越来越多地被应用到了标志(商标)的设计当中。它以独特的方式和新颖的样式,更准确、更形象、更完整地传达了所要传达的信息。

如“西南大学”校徽,主体图案为西、南、大、学四个字的小篆组成一口象形大钟。钟形校徽的内涵是:钟通常放置于高处,且声音洪亮,振聋发聩,发人深省,并能传千里之遥。钟的形象在中国传统文化中地位很高,有“黄钟大吕”之说。寓意西南大学在中国教育界的地位,也暗喻西南大学办学精神之源远流长。

西南大学校徽

“永久”牌自行车商标

又如,张雪父先生于 1957 年设计的“永久牌”自行车标志,该标志将“永”与“久”二字巧妙地结合在一起。两个字的两撇各延长共用这一笔画,形成一个圆圈,仿佛两个车轮,中间的“永”形似于车架。该设计构思巧妙,造型独特,寓意深刻,更加形象地体现了企业的性质。

如今,合文及其合文元素被应用于标志设计的例子数不胜数,它独特的设计以及形象具体的表达,使越来越多的人倾向于运用它。当然,今天对合文及其合文元素的运用还有广阔的空间,还需要我们不断去创新。

(三)书法篆刻艺术

合文除了在标志设计方面发挥巨大的作用外,还在书法篆刻艺术方面为人们所熟知。将合文元素融入书法、篆刻艺术中,自古以来就是一种重要的创作手段,至今仍深受广大书法、篆刻爱好者喜爱。书法作品如王金凯先生创作的“鸡年吉祥”作品,利用草书的牵连变化将“年”“吉”“祥”三个字巧妙地融合在“鸡”这个字中,构思精巧,笔法流畅。又如樊中岳先生创作的书法作品“邯郸学步”“犀牛望月”,以及篆刻作品“行者无疆”“庖丁解牛”“司马武当”等都巧妙地运用了合文的构字原理,如后图(从左往右)所示。

“邯郸学步”中,运用合文符号“=”,将“邯郸”二字合用,同时“步”字仿佛人的两只脚一样,形象地将该成语表达了出来;“犀牛望月”中“望月”二字设计独特,就好像是用一个望远镜远望月亮一般;篆刻作品中的“行者无疆”“庖丁解牛”“司马

鸡年吉祥　　邯郸学步　　犀牛望月

行者无疆　　庖丁解牛　　司马武当

武当”也都巧妙地使用合文以及合文元素，以崭新的形式、独特的造型展现了合文文字的美。

合文，是中华民族优秀的文化遗产，它不仅是我国非常宝贵的一笔资源和财富，而且艺术性、实用性较强。虽说合文在上述方面获得了不错的发展，在某些方言以及合文签①等方面也获得了一定的发展，但它毕竟不是人们日常生活中经常使用的文字，时间久了，不可避免地会被人们所遗忘。如何传承这一优秀的传统文化，成为摆在我们面前的巨大挑战。这就需要我们在学习合文文化的同时，更加注重将合文文化与当今经济与民俗艺术生活紧密结合，推陈出新，更好地将合文文化发扬光大。

---

① 合文签是一种有中国民间艺术特色的签名，往往是利用名字中几个字的相同部首将名字设计成一个字或是将名字组合成一个图案的设计方法。

第三节　说文解字——字谜、谶语、测字

文字是一个国家、一个民族文明的象征。世界上曾流传着无数不同的文字，但只有汉字跨越千年直至今日仍生机勃勃，并扎根于民间的土壤中开出朵朵文化奇葩。曾有一种观点认为汉字的生命在民间，汉字文化的生命也是在民间。而近几年说起民间的汉字文化，大多数人也许会想到风靡一时的《中国汉字听写大会》《中国成语大会》《中国诗词大会》一类的综艺节目。确实，这一类节目或多或少地普及了些汉字知识，激发了大众学习汉字的热情与乐趣。回溯千年历史长河，我们发现那些在民间活跃了几百年甚至上千年的汉字文化实际上也有极高的欣赏研究价值。

这里说的汉字文化专指那些缘起民间的、面向普众的、以汉字为基石的文化。这类汉字文化将汉字运用到极致，兼具娱乐性和实用性。比如说普通大众中风靡的行酒令、字联、字谜、测字，甚至某些神秘气息浓重的图谶文字。以字谜、谶语、测字为例，三者的共同性均是基于汉字的字体结构大做文章，传情达意。尽管历来有些学者认为这是一种“把戏”，难登大雅之堂。但从另一方面来说，其蕴含的汉字运用之美是不可否定的。汉字本身就具有创造性和灵活性，它不是一潭死水，而是汹涌灵动的汪洋大海，想将其圈养起来是不可能的；更为重要的一点在于汉字本身并不具备预测、占卜、把戏之类的性质功能，若要因此而归咎，那可真是白玉无罪，匹夫有罪了。

一、字谜中的汉字运用

据文献记载,“字谜”之名源于南朝宋文学家鲍照所作的《字谜三首》。字谜虽只是谜语中的一个分属,但却享有“万谜之源”之称,我们甚至可以将字谜作为所有谜语的基础。

我们说的字谜,顾名思义是以字作为谜底的谜语。一般来说,我们将谜语分成两大类,一类是以民间常见的“事”和“物”作为谜底,我们称之为事物谜;一类则是以单字、各种词语、词组或者句子等作为谜底,我们称之为文义谜。显然,若是以性质归类,字谜当属文义谜。

字谜有单个字、词语或者句子的谜底,但还是以单个汉字作为谜底为主。就组成部分来说,主要包括谜面、谜目、谜眼、谜底四个部分。谜面是谜作者对谜底汉字或词句的描述、解释。谜目简单来说就是提示语,一般来说,谜语的谜目概括了谜底的属性、类别和数量等。谜眼是谜作者安插在谜面中的线索,大概一到两个字眼,往往是谜底汉字拆分之后的某个字或几个字。而谜底就是谜面的答案。

字谜的创作是以汉字为基础的。谜作者基于汉字象形、一字多音多义、笔画结构灵活多变的特点,常常通过拆合汉字字体结构的方法来制作字谜。除此之外,也借助减笔、增笔的方法制作字谜,且常常与拆字、合字连用。一些更加复杂的字谜中还常常会见到修辞综合运用的现象,如借助比喻、双关、互文等常见修辞格。这一类字谜往往更加曲折含蓄,更具智慧、雅致。但无论字谜的形式如何多样,拆合汉字结构永远是字谜成型的基础。

(一)拆合汉字在字谜中的运用

只要是字谜,就会用到拆合汉字。拆合汉字结构是创造字谜的基本方法,也是解谜者解答字谜的必经之路。所谓拆合汉字,应分为两个部分——拆字、合字。拆字,即将某个汉字拆分成多个独立的汉字或者偏旁甚至笔画;相对应地,合字自然是将单独的几个汉字或者偏旁笔画合成一个字。拆合汉字的出现和发展得益于汉字字体结构以及汉字运用理论的完善,比如汉字笔画的规范、文字学的发展,以及六书说的出现。但拆合汉字并不是严格按照文字学理论以及“六书”规则来的,实际上在字谜中汉字结构形体的拆合具有相当大的随意性和主观性。比如字谜“汩

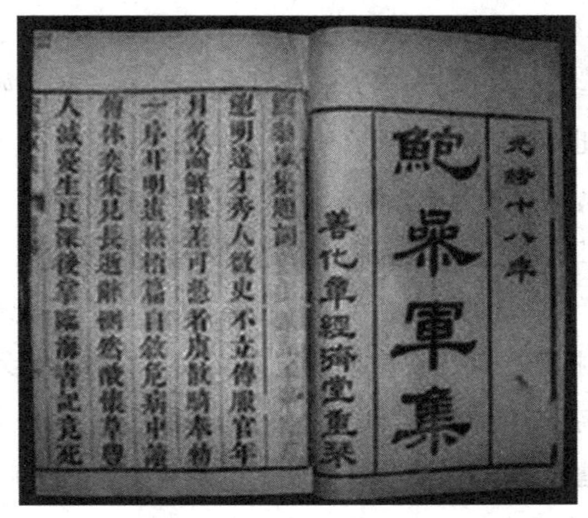

《鲍参军集》,清光绪年间善化章经济堂刻本。鲍照,字明远,南朝宋文学家。代表作《鲍参军集》。《字谜三首》就收录其中。《字谜三首》将“井”字谜、“龜(龟)”字谜、“土”字谜合为字谜三首,“字谜”之名正式确定,具体内容如下:

“二形一体,四支八头。四八一八,飞泉仰流。”(打一“井”字)

“头如刀,尾如钩。中央横广,四角六抽。右面负两刃,左边双属牛。”(打一“龜”字)

“乾之一九,双立无偶。坤之二六,宛然双宿。”(打一“土”字)

罗一大夫”打一字,此谜的谜底为“潜”。这里谜作者将“潜”字拆分成了“汩”“一”“大”“夫”四个部分。若单纯按照能不能成字的标准来评判,此处的谜面是符合标准的。若按照六书理论,“潜”字却万万不能拆成这四个部分。这便是我们所说的随意性、主观性了。它给予谜作者更多的发挥空间,字谜也因此而妙不可言。

从古至今,“拆合”在字谜中的运用比比皆是,各种诗谜、字谜著作中都能看到其身影。我们通过对其中一些案例进行分析,字谜的制作和解答方法也得以一窥。汉代时,较为完善的成品谜已出现,比如著名的孔融诗谜、曹娥碑谜。与这两则字谜相关的故事在民间也多有流传。孔融诗谜全称《离合郡姓名字诗》,分属于离合诗,且被视作离合诗中的代表之作。顾名思义,离合诗以拆合汉字之法为基,具体表现为合体字各取一半先拆后合。有关《离合郡姓名字诗》的内容在下文将具体介绍。曹娥碑本是为纪念孝女曹娥而立的石碑,后有东汉著名文学家蔡邕感曹娥孝德题“黄绢幼妇,外孙齑臼”八字而成碑谜。曹娥碑谜因蔡邕而诞生,可其传世却与曹操和杨修关系密切。据《世说新语·捷悟》记载:“魏武(曹操)尝过曹娥碑下,杨修从,碑背上见题作‘黄绢幼妇,外孙齑臼’八字。魏武谓修曰:‘解不?’答曰：'解。'魏武曰：'卿未可言，待我思之。'行三十里，魏武乃曰：'吾已得。'令修别记所知。修曰：'黄绢，色丝也，于字为绝；幼妇，少女也，于字为妙；外孙，女子也，于字为好；齑臼，受辛也，于字为辤（辞），所谓绝妙好辞也。'魏武亦记之，与修同。乃叹曰：'我才不及卿，乃觉三十里。'"

曹操和杨修都是名垂千古的人物，他们二人对"黄绢幼妇，外孙齑臼"的解答是"绝妙好辞（辤）"。字谜的解析在《世说新语》中也有直接记载。"丝、女、子"是从"绢、妇、孙"三字拆下来的，一望即知，无须多说。"色、少、女、受、辛"却分别隐含在其余五个字的字义中。黄隐含色，幼隐含少，外隐含女（女系下辈都冠以外），齑臼隐含受辛（臼是舂物器具，齑是辛辣物，如姜、蒜之类的调味品，所以齑臼隐含受辛二字）。可见，曹娥碑迷在单纯的拆合字体之外，还运用了汉字修辞格将字谜的答案隐含其中，引人深思之外更让不得不感叹着实是"绝妙好辞"。

从解读字谜的角度看，拆合汉字的关键点在于将拆分出来的汉字或部首合成一个字。不论谜眼或者谜底的具体拆合方式是否在谜面中直接表现出来，解谜的关键点总是谜面中的信息点是否能合成一个汉字。寻找谜面信息点时可以优先考虑谜面中一些可以拆分成几个汉字的字或者一些较为简单的字体。比如"裁"字谜"十载枕戈不脱衣"，就是将"十""戈""衣"三字组合在一起而成。与此类似的还有"千里之行，始于足下"，谜面中的"千""里""足"中可组合成汉字"踵"。这两则字谜中解谜的关键信息点在谜面中都毫无掩藏，一望即知。但还有一些字谜会表现得更为曲折。例如字谜"牛过独木桥"，此谜的谜底字为"生"。解谜的关键点在于"独木桥""牛"，此处的"独木桥"可会意为"一"，而"一"与"牛"则可合为"生"；再如"雪"字谜"雨余山色浑如睡"，首字"雨"无须多说。关键点在于"山色浑如睡"一句中谜作者将"山"想象成横卧的"彐"，如此入谜确实妙不可言。

（二）增损汉字在字谜中的运用

基于拆合汉字结构，增损汉字在字谜中的运用也十分广泛。

增损汉字俗称增笔、减笔。在字谜中，总会出现以有意减少汉字笔画来成就谜底的现象，此即减笔。减笔又分为直接减笔和间接减笔两种。直接减笔，顾名思义就是直接减少字体的笔画。而间接减笔，则与直接减笔相对，即不主动减少字体的笔画，而是通过读者的联想会意实现笔画的减少。一般来说，间接减笔的出场率更高。比如之前提到的孔融诗谜基本上是在拆合汉字的基础上运用间接减笔来实现的,非常典型。

渔父屈节,水潜匿方(“渔”离“水”为“鱼”)
与时(繁体“時”)进止,出行施张(“時”离“寺”为“日”)

——合为“鲁”

吕公矶钓,阖口渭旁(“吕”离“口”为“口”)
九域有圣,无土不王(“域”离“土”为“或”)

——合为“國”(“国”的繁体)

好是正直,女回子匡(“好”离“女”为“子”)
海外有截,隼逝鹰扬(“截”离“隼”为“乚”)(“截”的异体字为“乿”)

——合为“孔”

六翮将奋,羽仪未彰(“翮”离“羽”为“鬲”)
龙蛇之蛰,俾也可忘(“蛇”离“它”为“虫”)

——合为“融”

玟璇隐曜,美玉韬光[“玟”离“玉(古字为‘王’)”为“文”]
无名无誉(繁体“譽”),放言深藏(“譽”离“言”为“與”)
按辔安行,谁谓路长(“按”离“安”为“扌”)

——合为“擧”(“举”的异体字)

若将其全部合为一体,则为“鲁国孔融文举”(孔融,字文举,东汉末人,鲁国曲阜人,名列“建安七子”之一)。如果将此诗的每一句单独拎出来,则是十一则字谜。以第一句诗为例,“渔父屈节,水潜匿方”中的谜眼是“渔”“水”以及“潜”,而“潜”则是谜眼的精华所在。“潜”字的出现意味着“渔”“水”的拆合方式是“渔”离“水”而成“鱼”。以此类推,后面出现的“出”“阖”“无”“回”“逝”“行”等都明确表示“没有”“去掉”的意思。基于此思维方式,便可推论出谜底。

与此相似的字谜如“句”字谜“向西一直去”,此谜的谜眼是“向”“一”二字,“去”字则表示笔画的取舍。再如“终日不成章”——“辛”,“东西南北燕分飞”——“口”,“水流绝涧终日”——“门”等。值得注意的是,这些谜面中大都运用了表示“减损”意义的汉字,这些汉字暗示哪些笔画需要减损,如上面所提到的“去”“终”“分”。除此之外,还有一些运用表示方位意义的汉字,如东、南、西、北、中、上、下、左、右、前、后、头等。这些方位词是用来进一步提示怎样取舍笔画、部首的。

这类字谜的特征是表达直接,少有曲折。当然也有些字谜谜面中会对减损的笔画引申附会,以增强表现力。此类字谜便更为曲折,但趣味性也随之增强。比如“一”字谜“春雨连绵妻独宿”。此处的谜眼是“春”,打眼一看,谜面中并未直接出现表减损意义的汉字。可仔细琢磨后,发现“雨连绵”即没有太阳,故“雨连绵”就暗示“春”无“日”,而“妻独宿”可会意推出“夫不在”,即从“𡗗”中减去“夫”字,最后剩下就是“一”。因此,在解读运用减笔的字谜时,关键在于准确地找出被减损的汉字,然后根据表减损意义的汉字找出要减损的部件,如此就能准确地解读出谜底。

所谓增笔就是直接或间接地有意增加一些汉字的笔画。增笔的构成要素同减笔一样,有三种,即原字、表示增加意义的汉字、将要增加的汉字或者笔画。比如“习习入户驱炎暑”打一字,此谜的谜底为“扇”,谜眼则是“习”字与“户”字,“入”字则表示增加的意义。同减笔一样,增笔中也常有表示“增加”意义的汉字,比如“添”“加”“增”“要”“进”“入”“来”“钻”“补”等。关于如何解答运用增笔的字谜在此就不再赘述,其原理同减笔是一样的,关键点在于找准增笔的三要素,即被增加的汉字、表示增加意义的汉字、将要增加的部件。

(三)其他

一些较为复杂的字谜还会出现修辞综合运用的现象,如比喻、双关等常见修辞格。这些修辞格往往不会单独出现,而是和拆合、增损同时出现。加入了比喻等修辞格的字谜往往更具画面感、更显雅致,比如之前说过的曹娥碑谜、“雪”字谜(“雨余山色浑如睡”和“春雨连绵妻独宿”打一字),都是将关键的提示信息隐藏在一两个词语中,需要猜谜者积极会意想象才能与谜底沾上边。解答此类的字谜,对猜谜者的想象力确实是一个考验。

以往解析字谜总是在汉字的形体上下功夫,但是除了“望形析义”之外,我们还要掌握一些字谜的常用“套路”,比如顿读、别解、异读。

顿读,实际上就是断句。但字谜中的顿读和常见的文字断句不同,这种顿读要改变以往的习惯顿读。比如“花前半隐听琴声”打一字,若按常规的断句规则会让人摸不着头脑，无法得出谜底。若顿读为花前/半隐听/琴声，则一目了然。“花”之前为“艹”，“听”半隐为“斤”或“口”，“艹”、口”两偏旁不能组合成字，只有“艹、斤”能组合成谜底“芹”字。

字谜中的“别解”，则是赋予一个字、词新的意义。运用别解拆词的同时，往往还会与语音异读的手段结合起来。比如字谜“尽没重点”打一字，这是一则运用减笔成谜的字谜。显然，在“尽”字中去掉“两点”就可得出谜底“尺”。乍看之下很简单，但谜面中的“重”字实则运用了别解和语音异读两种手段。我们知道，“重”字有两个不同的读音，读音不同，语义也不同。现代汉语中“重”“点”连用时，“重”读zhòng，表示重要的意思，可于解谜来说并不妥帖。反而是“重复”的“重”更加贴合，意为两点。如此一来，谜底“尺”字便呼之欲出了。

字谜是极具娱乐性、充满想象力的一种汉字文化。它要求我们具有汉字智慧，又不拘泥于文本知识，往往别具一格、新意层出，这也是字谜为何流传数百年到今日又重现生命力的原因吧。

二、谶语中的汉字运用

谶语，也称谶言，或单称谶。《辞海》中将“谶”解释为预言、征兆。古谶语往往依托神意、天命来预言吉凶祸福，因此总脱不掉封建迷信的帽子。从史学角度研究谶语自古以来就有，但单纯从文字学方面对谶语做出研究的文章却并不多见。古代谶语肇始于原始占卜，往往被当作争权夺利的工具、武器；除此之外在一些文学作品中也偶有出现，经考察《水浒传》《红楼梦》等著作中谶语的身影时有出现，且占据着举足轻重的地位。古谶语的表现形式多样，有卜辞、谣谶、纬书、诗谶等；其句式组成也往往掺杂隐喻、排比、双关等多种修辞方式，拆分汉字也是较为常用的一种。但并不是所有的谶语都能从文字学的角度来解析，例如“亡秦者胡也”“楚虽三户，亡秦必楚”之类的谶语政治指向性非常直接，一目了然，自然无须再进行解析。只有那些以汉字拆分增损为基石的谶语才能从汉字、文字学的方面进行解析。

之前说到“字谜”之名源自南宋，但谜语在春秋时就已萌芽了，只是当时还未有谜语的说法。据文献记载，古人当时称之为“廋词”“隐语”。关于隐语，南朝梁刘勰在《文心雕龙·谐隐》中将其解释为“遁辞以隐意，谲譬以指事也”。简单来说就是表示曲折隐晦并带有折射意味的话语。在汉代图谶思想泛滥以及隐晦政治环境的影响之下,汉字的可分解性甚至是汉字的谐音也开始为谶语所用,并成为常用手段。

据史书记载,刘邦与项羽争夺天下时曾有一条谶语流传于世:“卯金刀,在轸北;字禾子,天下服。”很明显,“卯金刀”实际上是汉字“刘(劉)”的拆分,而“禾子”则是汉字“季”的拆分。而刘邦,字季,所以这条谶语便是以拆分“刘季”之名这种隐讳的方式来暗示刘邦将要当皇帝。诸如此类的记载不知凡几,比如《后汉书·光武帝纪》中也有“卯金刀”的相关记载:“王莽篡位,忌恶刘氏,以钱文有金刀,故改为货泉。或以货泉字文为白水真人。”这里的用意更深,“金刀”同“卯、金、刀”一样,是由“刘”字拆分而成;而“货泉”中的“泉”自然拆分为“白”“水”二字,所以为白水真人。按照五德终始论的说法,汉朝为火德,而在五行相克中,水克火,这正是王莽用“泉”字的原因。东汉末年,权臣董卓作乱误国,《后汉书·五行志》中就记载了一则与董卓相关的谣谶:“千里草,何青青;十日卜,不得生。”其中“千里草”“十日卜”合而为“董卓”大名。东汉人虽对董卓恨之入骨,但又不得不忌惮于董卓,所以只得以如此曲折隐晦的谶语诅咒他。类似于此类的记载还有后世《晋书·五行志》中预言前秦攻灭鲜卑的一条谶言:“鱼羊田斗当灭秦。”

谶语除了作为当权者争权夺利的工具,还广泛运用在文学作品中,比如《水浒传》第三十九回就有一则童谣式的谶言,预言宋江举义旗反叛朝廷。原文中写道:“小儿谣言四句道:‘耗国因家木,刀兵点水工。纵横三十六,播乱在山东。’”从字面来看,“耗国因家木”一句的谜眼是“家”“木”,二字拆合则为“宋”;“刀兵点水工”一句的谜眼是“水”“工”,是个江字;一组合便是我们耳熟能详的宋江之名;“播乱在山东”则是在山东造反的意思。如此一来,此小儿谣言正合宋江造反在山东。《红楼梦》中也大量运用了诗谶描写人物的命运,小说中最大的诗谶是在《红楼梦》第五回中贾宝玉在太虚幻境看到预言贾府女性命运的《金陵十二钗》图册和判词。比如《金陵十二钗》中对迎春的判词是“子系中山狼,得志便猖狂。金闺花柳质,一载赴黄粱”。而书中后来便写到迎春嫁给绰号“中山狼”的孙绍祖后,被孙绍祖拳打脚踢后命不久矣。《红楼梦》大量运用这些暗示人物命运走向的谶语,凸显了贾府的悲惨。虽然此处的谶语与汉字拆合增损无关,但中国古典小说作为汉字运用之美的代表,其欣赏价值不言而喻。

三、测字中的汉字运用

测字，在隋朝时被称为破字，至宋代时又称作相字，之后就以测字、拆字之称居多。但无论其名称如何多变，都是在拆字的基础上随时代习惯而变化的。之前说到拆字广泛应用在字谜、谶语之中，除此之外，古人也常用这种拆字法来判断人事因果、预言吉凶祸福，并因此诞生了一批以拆字为业的人群，称作“测字先生”。说起测字先生，大家脑海里可能立马就浮现了一个个在街边正襟危坐的算命先生。实际上，测字术就是一种算命术。测字的特点是通过拆合汉字字体结构的方式附会人事，进而推测祸福吉凶、预卜人事前程。但某个人的前途命运是不可能由简单的几个字来决定的，所以一直以来测字术也被定义为一种迷信活动。但抛开表层的神秘，测字术所运用的拆合字体架构的方法是值得拿来讨论的。

测字术通常有两种方法：一是先让被测字者随意写一字，测字者根据字体的间架结构来发挥答疑；二是由测字先生以抽签的方式让测字者自行选择，抽到何字就测何字。一般来说，测字的过程是以拆字法为基础，再辅以八卦、五行、干支、六神来解析的。测字涉及的内容非常杂乱，上至军国大事、国家命运，下到百姓家庭琐事。在我国古代，由于当时的认知水平跟不上客观事实，测字十分盛行。有关测字的奇闻逸事也可谓五花八门。据传明朝末年有一宦官来到一个测字摊前先后写下“友”“有”“酉”三字。测字先生依次解来，所谓“友”字意为反贼出头；“有”字乃“大”字掉了一半，“明”字去了半边，是为不吉，是“大明”岌岌可危之意；而“酉”字则是“尊”字去头去尾，皇帝至尊也快完了，真是一字比一字吓人。这则故事看起来虽然有些无稽却也有趣。从中也可看出测字先生对拆字术的运用相当灵活。但归根结底这种测字术本质上是测字先生对前来测字的人“审其性情，察其动静，兼明其踪迹”之后推断出来的结果。无论你写的什么字，结果都是一样的，目的性极其强烈，切不可囿于迷信的怪圈。

除此之外，历代以来还出现了不少测字大师，比如宋朝的谢石、清朝的程省等，与他们相关的故事也流传至今。被奉为中国测字祖师爷的谢石，最初在家乡靠测字得名，之后受宋徽宗赏识赐予官职。谢石测字的故事很多，流传最广的是他与宋高宗的相遇。相传高宗微服出巡时遇谢石，一言不发，只用手杖在地上写了一个

“一”字和一个“問”字，谢石却连忙跪倒在地，口呼万岁。高宗奇怪之余，问他为什么知道自己是万岁。谢石说：“‘一’字写在土上，土上加一横，是‘王’字，这时就知道是显贵王侯之尊，只是不知是哪位王侯，所以未曾多言。接着皇上又写了‘問’字，左右向外张开，无论正反左右都是君字（因写在地上‘問’字旁边的两竖向着外面），君王至尊当然是当今皇帝。”

清代测字大师程省，终其一生钻研测字之学，并将一生最为得意的测字事例撰成《测字秘牒》一书。据记载，一日有一官宦以“卜”字向程省测问婚姻，程省随口便说道：“此人大贵，非本地人，婚姻可成。”其一，“卜”字之体为金枝玉叶，一竖为金枝，一点为玉叶，所以得“此人大贵，为千金小姐”。另外，“卜”字又是“外”字的一边，由此得出“非本地人”。且“卜”字字形可上可下，所以婚姻易成。程省测完后，官宦讶异而去，竟是半点不差。这些故事传得神乎其神，也不知其真假，但这测字术中的拆字之法当真是灵活多变。

汉字承载了近五千年的中国历史，从甲骨文、金文、大篆到秦统一文字后的小篆，再由篆而隶，汉字的笔画结构逐渐变得系统规范。数千年来，不仅汉字结构日益完善，汉字所承载的文化因素也越来越厚重，成为中国传统文化的根基和典型。无论是字谜、谶语还是测字，它们的盛行与流传虽摆脱不了一定的时代环境因素，但归根结底都在于汉字稳定又灵活的特点。正因为汉字历经千年不衰，它们才能在今日还能为人所熟悉。

第四节　咬文嚼字——对联、回文诗

古人对文字的使用与造诣可谓是非常有心得的，他们尤其喜欢咬文嚼字，玩“文字游戏”，而对联与回文诗就是他们游戏的舞台。对联与回文诗都由长短句构成，讲究的是格式、押韵、形式以及内容，自诞生以来便备受人们的喜爱。尤其是文人雅士的积极推崇和不断创作，使其逐渐形成一种风俗，直至今日仍不失光彩。许多自古流传而来的对联、回文诗作品，如今品读起来仍朗朗上口，颇有韵味，不失为一笔庞大的精神财富。其流传之广泛，影响之深远，堪称中国古代文学艺术宝库中的珍宝，现在就让我们去领略一下它们的魅力与风采吧。

一、对联

日常生活中，对联可说是无处不在。我们现如今所说的对联，在古代常被称为楹联，也是对联的雅称。所谓楹是指堂屋前的柱子，常用木、石制成。古代建筑多有楹，从现今保存下来的古建筑中仍可看到，而贴或挂在柱子上的对联，就叫楹联。除此之外对联还有一些俗称，如联语、联句、联对、对句、偶语、对语、对子、门贴、门联等。

《现代汉语词典》将对联解释为：“写在纸上、布上或刻在竹子上、木头上、柱子上的对偶语句。”对联一般分作上下两联，偶尔还有横批。就上下两联来讲，对联一般要求字数相等、平仄相对、左右对称、词类相同。以郑板桥的名对为例,“春风放胆来梳柳,夜雨瞒人去润花”。对照对联成联的基本原则,此联上下字数相等,均为七言,十分对称;平仄也完全相反,前一联是平平仄仄平平仄,后一联是仄仄平平仄仄平,读起来朗朗上口;词性完全相同,均是名对名、动对动。郑板桥此联可谓标准经典,数言之间便将汉字的字形、字音、字义发挥到极致。可以说对联就是中国汉字文化的一种独特产物,是中国文坛的一朵奇葩。

(一)对联的由来与发展历程

对联孕育于先秦时期的对偶句式,植根于中国古典文化、民间文化的沃土之中,直至清代才算得上完全发育成熟。对偶句式在先秦典籍中不胜枚举,如《诗经·卫风·淇奥》中的“如切如磋,如琢如磨”,《诗经·郑风·子衿》中的“青青子衿,悠悠我心”,《论语·雍也》中的“君子坦荡荡,小人长戚戚”,《楚辞·离骚》中的“朝饮木兰之坠露兮,夕餐秋菊之落英”等。对联的诞生并不是凭空而出的,对偶修辞文体就是对联最初的文学来源。

至秦汉年间,民间出现了一种桃符。所谓桃符,实际上是一种桃木板。古人将《山海经》中执掌鬼神的两位神仙“神荼”和“郁垒”的名字或者画像写画在桃木板上,再将其悬挂或者张贴起来,以此压邪驱鬼、辞旧迎新、庆祝新年。随着时代的推移,桃符也逐渐脱离了以往“神荼”和“郁垒”二言对的形式,出现了所谓的消灾降福的诗句,即“桃符诗句”。据《梁史·蜀世家》等书记载,后蜀国主孟昶于除夕亲自题写“新年纳余庆,嘉节号长春”一联。不少研究者都认为这是在史书上见到的最早的一副春联。

明、清两代,对联的发展真正进入鼎盛时期。明、清两代皇帝、官吏及知识分子都酷爱对联,并极力倡导,且此间的科举取士尤注重骈文,由此对联在明清两代迅速发展。如明代开国皇帝朱元璋就极力提倡作对联。据说,朱元璋曾于微服出访之时为一屠户人家写下一副春联“双手劈开生死路,一刀割断是非根”。清代的几位皇帝如康熙、乾隆等都十分喜爱对联,常于微服游玩之际作上几副对联。此外,明代的解缙、唐伯虎、祝枝山、徐渭等,清代的纪晓岚、翁方纲、阮元、袁枚、郑板桥、俞樾等都是当时闻名的对联高手。

(二)对联的种类

历史上对联之多,数不胜数,其中不乏一些读来令人醍醐灌顶的经典名联。而今时今日，对联在我们日常生活中的出场率也只高不低。面对如此庞大的对联家族，我们很难对其做出十分细致精准的分类。只能根据对联所处场景、表达方式、表达情绪的不同、字数的差别、结构形式的差异、运用的技巧等方面进行基本分类。

1.短联与长联

以对联字数之长短可将对联分成短联、长联两个大类。一般来说，对联的长短之分以七个字为界限，七字以下为短联，七字以上则为长联。而短联最短可短至一字，如“墨/泉”“墨/柏”；这种一字联虽然短小，却五脏俱全。以“墨/泉”为例，这“墨”字由一个“黑”字和“土”字组成，而“泉”字则由“白”字和“水”字组成。两相对比，二者词性相同，词义相反，和谐对称。长联最长到十几字、几十字、百多字、几百字，乃至上千字。号称“海内第一长联”“古今第一长联”的昆明大观楼长联洋洋洒洒有180字，而钟云舫拟题的重庆江津临江楼长联更是长达1612字，比大观楼长联更长，只因是拟题，没有刊刻在临江楼之上，所以并没有大观楼长联有名，但实际上这对长联应属长联之最了。

2.喜庆联与哀挽联

以对联表达的感情色彩可将对联分成喜庆联、哀挽联两个大类。喜庆联常见于婚嫁、节庆、乔迁、生辰祝寿、升职升学等场合。为表喜庆美好，喜庆联的书写一定要用红纸，红纸上又常用黑色或者金色的颜料书写。比如说春联就当属于喜庆联的典型代表。每逢春节，家家户户都不会忘了往大门上贴上一副红底黑字或者金字的春联，诸如“岁岁平安”“财源广进”“出入平安”“五谷丰登”，以此寄托一家一户对新年的美好愿望。

与喜庆联相对，哀挽联是表示对死难者的哀悼、惋惜，常见于葬礼灵堂。人去世之后，亲朋就要准备哀挽联，诸如“月照寒枫，空谷深山徒泣泪”“霜封宿草，素车白马更伤情”，并将其张贴在灵堂之上，或悬挂于花圈两旁，以示对死者的悼念和尊重。与喜庆联相反，哀挽联一定是白底黑字，且字体也要求为楷体。只有这样才能衬托出葬礼庄严肃穆的气氛，表示对死者和死者家属的尊重。

3.张贴悬挂式对联与雕刻式对联

以对联存在形式的差异可将其分为张贴悬挂式对联与雕刻式对联两个大类。张贴悬挂式对联都是张贴或者悬挂在门两边或者室内的对联，以门联和堂联为典型代表。门联就是张贴在门两旁的对联；堂联，又称室内联，最为常见的就是中堂两侧所张贴或者悬挂的对联。这些张贴类的对联一般来说都是临时性的，保存性较差。

雕刻式对联就是将对联以雕刻的方式刊刻在一些古建筑或者楼堂馆所里。其中最为典型的就是名胜联和馆堂联。名胜联是雕刻在名胜古迹上的对联，而馆堂联则是雕刻于楼堂馆所门楹上的对联。前后二者最大的区别就在于贴挂撰写的方式不同，雕刻式对联更易保存，如前文提到的昆明大观楼长联。

4.工对与宽对

按对联对仗的宽严可将对联分为工对、宽对两大类。对联的创作是要讲究格律的，对联最大的格律就是对仗、对偶。除此之外，上下两联要保持字数相等，词性相同，结构相同，平仄相对，避免重复。但这个规则存在很大的灵活性，所以我们常常会看到上下格律相当工整、对仗的对联，如前文提及的郑板桥名联，即工对；也会看到一些不那么工整规律，语言结构大体相同，平仄大体协调，并允许少数字重复使用对联，即宽对，如苏州灵岩山馆的对联："白鹤归来，崖畔千年红杏；绿云深处，天下第五名山"。其中"归来"和"深处"，前者是联合结构，后者是偏正结构；"杏"与"山"，前者是植物，后者是地形；而"红"表颜色，"名"表程度。

5.机巧联

与律联相比，机巧联对格律和平仄的要求较为宽松，形式更灵活多变，也更讲究文化知识的厚积薄发，因此趣味性、游戏性、知识性更强。机巧联的内容集时事政治、文字游戏、诗词歌赋、成语俗语、古今中外历史典故、天文地理、自然等为一体，表现手法上尤重视对汉字文化的理解与研究，涵盖范围广而深，是对联文化中相当重要的一部分。限于篇幅，只得就其中的常用技巧举例说明，包括拆合、复字、叠字、顶真、连环、双关、集名等。

拆合是机巧联中最为常见的一种技巧，拆合即将汉字的字形或拆开或合拢，再赋予其新的含义。用这种方法所做之对联，谓之拆合对，又称拆字联。如"鸿为江边鸟，蚕是天下虫"，上联是将"鸿"拆开成"江"和"鸟"，下联则将"蚕"拆成"天"和"虫"。再如"竹寺等僧归，双手拜四维罗汉；木门闲客至，两山出大小尖峰"，此联将"竹"和"寺"合成"等"，两个"手"字合成"拜"，将"四""维"合成繁体的"罗"，将

“木”“门”合成“闲”,将两个“山”字合成“出”,将“大”“小”合成“尖”。历史上流传着许多趣味横生的拆字联故事,相传宋代大文豪苏东坡在庙间游玩,见到佛印和尚正与三个木匠设计雕刻一个木头的小狗,四人围在一起,对着木头狗品头论足。苏东坡见此灵机一动,上前对佛印和尚说:“我有一上联在此,佛兄可对否?”随即出口吟道:“四口围犬终成器,口多犬少。”佛印一听,心想这是一个拆字联,四口人围住一只犬,正是一个“器”字,四口对一犬,即口多犬少。佛印正皱眉时,忽看见有两人抬着一根木材走了过来。他眼前一亮,出口道:“二人抬木迈步来,人短木长。”苏东坡听罢,连声称妙。原来,“来”(來)字是“木”字腰窝两个小“人”,木头挺长,人却极短。这则拆字联可谓十分巧妙,天衣无缝。

对联中还会出现一个或者数个同样的字相继重复出现,我们将之称作叠字联或复字联。如“高高下下树叮叮咚咚泉,重重叠叠山曲曲折折路”,利用叠字的技巧把“树”“泉”“山”“路”这四个景象活灵活现地展现在我们面前,凸显了画面感。所以这一类字联常常出现在一些园林景观建筑中,比如西湖天下庭园的一副著名叠字联“水水山山,处处明明秀秀;晴晴雨雨,时时好好奇奇”,抑扬起伏,清脆悦耳,显得生动活泼。浙江奉化休休亭上的叠字联“行,行,行,行行且止;坐,坐,坐,坐坐何妨”,联语声情并茂,富有节奏感。山东济南千佛山趵突泉观澜亭上的叠字联“佛脚清泉,飘飘飘飘飘下两条玉带;源头活水,冒冒冒冒冒出一串珍珠”,栩栩如生地摹拟出泉飘水冒的动态美和色彩美。观泉读联,令人赏心悦目,心旷神怡。除此之外,还有一类联语中通过字词反复出现达到连绵不断回环往复的效果,我们称之为连环对。实际上,连环对使用的技巧同样也是叠字、复字,如“无锡锡山山无锡,平湖湖水水平湖”,“南通州北通州,南北通州通南北”。

顶真和双关是诗词歌赋中的常用技巧,所谓顶真是将上句最后一个词作为下句开头的词。用这种方法做对联,首尾相连,类似于我们熟悉的成语词语接龙游戏。如“金水河边金丝柳,金丝柳穿金鱼口”,“玉栏杆外玉簪花,玉簪花插玉人头”。双关即一语双关,如“因荷而得藕,有杏不须梅”。其中“荷”“藕”“杏”“梅”四字谐音双关,摇身一变就成了“因何而得偶,有幸不须媒”,音同义异,十分巧妙,别有深意。

集名则是将同属性类别的名词聚集连缀起来,使用这种技巧创作出来的对联就被称为集名对。集名对,又俗称名称对。集名对可细分为人名对、地名对、戏名对等。人名对,如:“蔺相如,司马相如,名相如实不相如;魏无忌,长孙无忌,彼无忌此亦无忌”。地名对,如重庆十个地名组成的对联:“西峡东林,北碚南泉中渡口;黄山青木,红岩黑石白沙砣”。戏名对,如:“琼林宴后千钟禄,招赘女状元,花魁独占白玉带;汾河湾边万里缘,教子双告诰,墙头马上黄金台”。还有其他名称的集名对,如金木水火土的五行对,春夏秋冬的季节对,东南西北、里外前后、上下左右的方位对,以及树名对、草名对、花名对、书名对、刊名对、歌名对、词牌名对等。

对联是中国文学所特有的艺术形式,它建立在汉字文化的基础上,是地地道道的汉民族特产。鲁迅先生曾说过汉字有三美:“意美以感心,一也;音美以感耳,二也;形美以感目,三也。”对联讲究对仗工整、节奏和谐、言简意深,短短数言间就完美展示了汉字三美——形式美、音韵美和意蕴美。可以说,对联艺术集中体现了汉字文化,而汉字文化也成就了对联艺术。

二、回文诗

诗歌是中国文学上的一座宝库,而回文诗则是这座宝库中的一颗璀璨明珠。作为诗歌中一种独特的诗体,回文诗古往今来都备受文人墨客的青睐,由此可见其魅力之所在。现在我们就来领略一下回文诗的魅力吧。

(一)回文诗的概念

回文诗也称回环诗,是我国古典诗歌中一种较为独特的体裁。唐代吴兢所著《乐府古题要解》中把回文诗解释为:“回文诗,回复读之,皆歌而成文也”。也就是说回文诗顺读、倒读都能够朗诵成诗文,给人一种意犹未尽的感觉,充分体现了汉语的博大精深与妙趣横生。

由宋代桑世昌编辑、明代张之象增订、清代朱象贤续编的《回文类聚》,不仅汇集了历代大量的回文诗词,还收录了各种形状的回文诗图 48 种,可以说是集回文诗之大成,我们想要了解什么样的回文诗都可以从里面找到。

(二)回文诗的形式

回文诗有很多种形式,典型的主要有以下五种:句内回文、逐句回文、半篇回文、全篇倒读回文、连珠回文。这五种类型的回文诗都各有其形式和特点。

1.句内回文

句内回文,即在一句诗之内进行回文。这一类回文诗的代表作当数施子江所作的《宋陵回文诗碑廊题赞》:"石刻诗章诗刻石,辉增国粹国增辉。锦生文字文生锦,才出神机神出才。倒转奇词奇转倒,回环妙韵妙环回。岳河欢唱欢河岳,碑竖长廊长竖碑。"仔细拜读了这首诗之后,你就会发现每一句诗里面都进行了回文,在每句七言里面,两边的三个字都围绕中间的一个字构成对称,可谓独具匠心,这便是句内回文的一大特色。

2.逐句回文

逐句回文,即一组诗句的后句为前句的逆读。这一类回文诗多见于《菩萨蛮》词牌当中。如清初诗人丁药园的《菩萨蛮·寄书》:"下帘低唤郎知也,也知郎唤低帘下。来到莫疑猜,猜疑莫到来。道侬随处好,好处随侬道。书寄待何如,如何待寄书。"在这首词里面,共有八句四组,都是逐句回文,而在同一组内,同样的词语出现了两次,朗诵起来给人一种环环回扣的感觉。

3.半篇回文

半篇回文,即诗的前半部分是顺读,后半部分的诗句是前半部分的倒读。这一类回文诗的代表作有南朝梁简文帝萧纲所写的《咏雪》:"盐飞乱蝶舞,花落飘粉奁。奁粉飘落花,舞蝶乱飞盐。"这是一首双句回文诗,其特点是每两句成一组,后两句是前两句的倒读。

4.全篇倒读回文

全篇倒读回文,即整首诗顺读、倒读都能朗诵成一篇诗文。这一类回文诗的大家当数宋代大文豪苏轼所作的《题织锦图上回文三首》(其一):"春晚落花余碧草,夜凉低月半枯桐。人随远雁边城暮,雨映疏帘绣阁空。"全诗倒读之后又创作出一首新诗:"空阁绣帘疏映雨,暮城边雁远随人。桐枯半月低凉夜,草碧余花落晚春。"读罢,苏轼的一首诗经过全篇倒读回文之后变成了两首诗,而且都是名作,由此可见作者才学之高超。

5.连珠回文

连珠回文,即顶针回文,用前一句结尾的三字或四字作为后一句的开头,首尾相联结,从而形成一首环形七绝诗。这一类回文诗的代表作有北宋秦观所写的作品，被尊为婉约派一代词宗的他用“静思伊久阻期归忆别离时闻漏转”这十四字创作出了一首七言绝句诗：“静思伊久阻归期，久阻归期忆别离。忆别离时闻漏转，时闻漏转静思伊。”品味完这一首诗之后，你会发现在诗句之中，有部分文字是被多次使用的，而且后一句与前一句是有部分重叠的，这就是连珠回文的一大特色，给人一种无尽缠绵的感觉。

（三）回文诗赏析

回文诗的起源大约是从前秦时苏蕙创作的《璇玑图》开始的，经过后人的继续创作和发展，回文诗的形式和内容不断丰富多样。下面主要给大家介绍一下比较著名的且有特色的回文诗。

1.宋代李禺《两相思》赏析

两相思

（宋）李　禺

枯眼望遥山隔水，往来曾见几心知？
壶空怕酌一杯酒，笔下难成和韵诗。
途路阻人离别久，讯音无雁寄回迟。
孤灯夜守长寥寂，夫忆妻兮父忆儿。

这是一首可以全篇倒读的回文诗。乍看之下并无什么奇特的地方，只是描述丈夫思念妻子的焦急状态，但是仔细研读一番，你就会发现，这首诗从后面倒读回来，也是一首诗：“儿忆父兮妻忆夫，寂寥长守夜灯孤。迟回寄雁无音讯，久别离人阻路途。诗韵和成难下笔，酒杯一酌怕空壶。知心几见曾来往，水隔山遥望眼枯。”然而所表达的情感就不一样了，与顺读起来所表达的情感刚好相反，是妻子思念丈夫的那种急切状态。两首诗合起来正好呼应了“两相思”这个题目，可谓别出心裁呀。

2.宋代苏轼《西江月·咏梅》赏析

西江月·咏梅

（宋）苏　轼

马趁香微路远，沙笼月淡烟斜。渡波清彻映妍华。倒绿枝寒凤挂。
挂凤寒枝绿倒，华妍映彻清波。渡斜烟淡月笼沙。远路微香趁马。

这是一首半篇回文的回文诗。苏轼作为“唐宋八大家”之一以及豪放派大词人,他的作品一定要仔细品味才能够读出诗中所藏的独特韵味及寄托之情。读完这首词的上半阕,你就会发现词的下半阕原来就是上半阕的倒读,如此一来,词中之韵味便读出来了。但是这却是一首悲情词,是苏轼写给他逝世的侍妾朝云的,已经 61 岁的他本来应该享天伦之乐,然而却沉浸在痛失亲人的苦楚之中,人已去,思无尽,最后不得不以咏梅表达自己的悼念和缅怀之情。读罢,对苏轼处境之同情怜悯便油然而生。

3.清代张芬《寄怀素窗陆姊》赏析

寄怀素窗陆姊

(清)张　芬

明窗半掩小庭幽,夜静灯残未得留。

风冷结阴寒落叶,别离长望倚高楼。

迟迟月影移斜竹,叠叠诗余赋旅愁。

将欲断肠随断梦,雁飞连阵几声秋。

这是一首可以全篇倒读的回文诗,但是又与一般全篇倒读的回文诗不一样。倒读之后,再把诗句的标点符号重新划分,你就会发现它还可以读成一首词——《虞美人》:“秋声几阵连飞雁,梦断随肠断。欲将愁旅赋余诗,叠叠竹斜,移影月迟迟。楼高倚望长离别,叶落寒阴结。冷风留得未残灯,静夜幽庭,小掩半窗明。”通过回文,实现诗词之间的互换,作者独具慧心,不失为一篇名作。

4.清代翁与淑《联环结・秋夜》赏析

联环结・秋夜

(清)翁与淑

浅云行散红霞敛,敛霞红散行云浅。

中正月亭空,空亭月正中。

砌蛩吟雨细,细雨吟蛩砌。

灯烬欲阑更,更阑欲烬灯。

这是一首逐句回文的回文诗。这首诗共八句四组,在读的过程中,你就会发现每一组的后句为前句的倒读,因此每一句诗里面所写景物及意象都会重复出现,如作者描写的浅云、红霞、夜月、空亭、细雨、蚱蜢、残灯等,都给人一种似曾相识的感觉,而作者想要构造的秋夜图也清晰地展现在人们眼前。

5.明代唐伯虎《咏秋》赏析

咏　秋

(明)唐伯虎

悠云白雁过南楼,
雁过南楼半色秋。
秋色半楼南过雁,
楼南过雁白云悠。

这是一首连珠回文的回文诗。但是你可能想不到的是,就是这么一首七言绝句诗,竟是用“悠云白雁过,南楼半色秋”这十个字来创作的,但是这首诗又与我们上述“回文诗的结构与形式”那一部分所讲的环形七绝诗不一样,这一首更为特别,在品读的过程中你会发现,前两句、后两句都使用了连珠回文,而后两句又是前两句的倒读,也就是说这一首诗既使用了连珠回文又使用了半篇回文,创作难度非同一般,这是顶针回文里面的一种特殊形式。

综合上面的论述和分析,我们对回文诗这一特殊诗体有了初步的了解,也对一些比较著名和经典的回文诗进行了赏析。在这整个过程当中,我们可以充分地感受到回文诗的乐趣和神奇。由此可以看出,回文诗是古代才子才女别出心裁的创作,也反映出了古人对于遣词造句的深厚功力。古今汉语诗歌中,有大量的回文诗,它具有特殊的文体价值,为汉诗文体的艺术性、观赏性和审美性的发展独辟蹊径。阅读和学习这些回文诗,不仅能使我们发现文字的乐趣,也能帮助我们深入了解我们所使用的汉字。

主要参考文献

[1] 陈炜湛.甲骨文简论[M].上海:上海古籍出版社,1987.
[2] 启功.古代字体论稿[M].北京:文物出版社,1999.
[3] 林沄.古文字学简论[M].北京:中华书局,2012.
[4] 高明.古陶文汇编[M].北京:中华书局,1990.
[5] 裘锡圭.文字学概要[M].修订本.北京:商务印书馆,2013.
[6] 王宇信.甲骨学通论[M].修订本.北京:中国社会科学出版社,2015.
[7] 曹锦炎.古玺通论[M].修订本.杭州:浙江大学出版社,2017.
[8] 朱凤瀚.中国青铜器综论[M].上海:上海古籍出版社,2009.
[9] 赵诚.二十世纪甲骨文研究述要[M].太原:书海出版社,2006.
[10] 高明.中国古文字学通论[M].北京:北京大学出版社,1996.
[11] 王辉,陈昭容,王伟.秦文字通论[M].北京:中华书局,2016.
[12] 何琳仪.战国文字通论(订补)[M].南京:江苏教育出版社,2003.
[13] 陈光田.战国玺印分域研究[M].长沙:岳麓书社,2009.
[14] 孙刚.齐文字编[M].福州:福建人民出版社,2010.
[15] 张振谦.齐系文字研究[D].合肥:安徽大学,2008.
[16] 李守奎.汉字学论稿[M].北京:人民美术出版社,2016.
[17] 庄新兴.战国玺印分域编[M].上海:上海书店出版社,2001.

[18] 骈宇骞.简帛文献纲要[M].北京:北京大学出版社,2015.
[19] 黄德宽.古文字学[M].上海:上海古籍出版社,2015.
[20] 黄德宽.古汉字发展论[M].北京:中华书局,2014.
[21] 王宇信,杨升南.甲骨学一百年[M].北京:社会科学文献出版社,1999.
[22] 王爱民.燕文字编[D].长春:吉林大学,2010.
[23] 吴良宝.中国东周时期金属货币研究[M].北京:社会科学文献出版社,2005.
[24] 吴镇烽.商周青铜器铭文暨图像集成[M].上海:上海古籍出版社,2012.
[25] 喻遂生.文字学教程[M].北京:北京大学出版社,2014.
[26] 陈梦家.殷虚卜辞综述[M].北京:中华书局,1988.
[27] 唐兰.中国文字学[M].上海:上海古籍出版社,2001.
[28] 唐兰.古文字学导论[M].增订本.济南:齐鲁书社,1981.
[29] 刘又辛,方有国.汉字发展史纲要[M].北京:中国大百科全书出版社,2000.
[30] 王凤阳.汉字学[M].长春:吉林文史出版社,1989.
[31] 李学勤.字源[M].天津:天津古籍出版社,2012.
[32] 黄德宽,陈秉新.汉语文字学史[M].增订本.合肥:安徽教育出版社,2006.
[33] 叶蜚声,徐通锵.语言学纲要[M].修订版.北京:北京大学出版社,2010.
[34] 周有光.人类文字浅说[M].北京:人民文学出版社,2009.
[35] 刘钊.新甲骨文编[M].增订本.福州:福建人民出版社,2014.
[36] 容庚.金文编[M].北京:中华书局,1985.
[37] 许慎.说文解字[M].影印本.杭州:浙江古籍出版社,2012.
[38] 张守中.睡虎地秦简文字编[M].北京:文物出版社,1994.
[39] 李守奎.楚文字编[M].上海:华东师范大学出版社,2003.
[40] 董莲池.新金文编[M].北京:作家出版社,2011.
[41] 高明,涂白奎.古文字类编[M].增订本.上海:上海古籍出版社,2008.
[42] 牛清波.中国早期刻画符号整理与研究[D].合肥:安徽大学,2013.
[43] 安徽省文物研究所,蚌埠市博物馆.蚌埠双墩——新石器时代遗址发掘报告[M].北京:科学出版社,2008.
[44] 西安半坡博物馆,陕西省考古研究所,临潼县博物馆.姜寨——新石器时代遗址发掘报告[M].北京:文物出版社,1988.

[45] 国务院三峡工程建设委员会办公室,国家文物局.秭归柳林溪[M].北京:科学出版社,2003.

[46] 河北省文物研究所.藁城台西商代遗址[M].北京:文物出版社,1985.

[47] 河南省文物考古研究院,中国科学技术大学科技史与科技考古系.舞阳贾湖[M].北京:科学出版社,2015.

[48] 河南省文物考古研究所.郑州商城——1953~1985年考古发掘报告[M].北京:文物出版社,2001.

[49] 江西省文物考古研究所,樟树市博物馆.吴城——1973~2002年考古发掘报告[M].北京:科学出版社,2005.

[50] 龙虬庄遗址考古队.龙虬庄——江淮东部新石器时代遗址发掘报告[M].北京:科学出版社,1999.

[51] 山东省文物管理处,济南市博物馆.大汶口:新石器时代墓葬发掘报告[M].北京:文物出版社,1974.

[52] 西安半坡博物馆.西安半坡[M].北京:文物出版社,1982.

[53] 浙江省文物考古研究所.庙前[M].北京:文物出版社,2005.

[54] 浙江省文物考古研究所.良渚遗址群[M].北京:文物出版社,2005.

[55] 中国社会科学院考古研究所.二里头陶器集粹[M].北京:中国社会科学出版社,1995.

[56] 段玉裁.说文解字注[M].上海:上海古籍出版社,1988.

[57] 阮元.十三经注疏[M].清嘉庆刊本.北京:中华书局,1980.

[58] 徐元诰.国语集解[M].北京:中华书局,2002.

[59] 朱熹.四书章句集注[M].北京:中华书局,1983.

[60] 杨伯峻.春秋左传注[M].北京:中华书局,2009.

[61] 黄能馥,陈娟娟.中国服饰史[M].上海:上海人民出版社,2014.

[62] 杨宽.西周史[M].上海:上海人民出版社,2003.

[63] 何九盈.汉字文化学[M].北京:商务印书馆,2016.

[64] 司马迁.史记[M].北京:中华书局,1982.

[65] 李孝定.甲骨文字集释[M].台北:“中研院”历史语言研究所,1970.

[66] 刘正成.中国书法全集[M].北京:荣宝斋出版社,2005.

[67] 沙孟海.印学史[M].杭州:西泠印社出版社,1987.
[68] 祝遂之.中国篆刻通议[M].上海:上海书店出版社,2003.
[69] 刘钊.古文字构形学[M].福州:福建人民出版社,2006.
[70] 何星亮.中国图腾文化[M].北京:中国社会科学出版社,1996.
[71] 曹锦炎.鸟虫书通考[M].上海:上海辞书出版社,2014.
[72] 王镛.中国书法简史[M].北京:高等教育出版社,2004.
[73] 郭沫若.甲骨文合集[M].北京:中华书局,1978—1982.
[74] 郭若愚.殷契拾掇 [M].上海:上海古籍出版社,2005.
[75] 李宗焜.甲骨文字编[M].北京:中华书局,2012.
[76] 何琳仪.战国古文字典[M].北京:中华书局,1998.
[77] 故宫博物院.古玺汇编[M].北京:文物出版社,1981.
[78] 暴慧芳.汉语古文字合文研究[D].重庆:西南大学,2009.
[79] 洪东流.字谜[M].北京:知识出版社,1985.
[80] 朱承平.细说字谜[M].长沙:岳麓书社,2005.
[81] 杜建春.万字字谜字典[M].济南:济南出版社,1992.
[82] 黄穆灿.中华字谜鉴赏大典[M].南昌:江西科学技术出版社,2002.
[83] 王德海,蔡芳.常用谜语字典[M].成都:四川辞书出版社,2009.
[84] 林芳胜,韦建光,李天贵.古今对联荟萃[M].南宁:广西人民出版社,1981.
[85] 苍舒.中国对联艺术[M].太原:山西教育出版社,2000.
[86] 谷向阳.中国楹联学概论[M].北京:昆仑出版社,2007.
[87] 谷向阳,刘太品.对联入门[M].北京:中华书局,2007.